정치
철학

POLITICAL PHILOSOPHY
by Steven B.Smith

openyalecourses
http://oyc.yale.edu

이 도서의 국립중앙도서관 출판예정도서목록(CIP)은
서지정보유통지원시스템 홈페이지(http://seoji.nl.go.kr)와
국가자료공동목록시스템(http://www.nl.go.kr/kolisnet)에서 이용하실 수 있습니다.
(CIP제어번호: CIP2018011638)

오픈예일코스

openyalecourses

정치 철학

스티븐 스미스

오숙은 옮김

political philosophy

문학동네

딜런, 조프, 메리, 레베카, 레크, 예디디아, 이샤이에게,

그리고 선데이 클럽을 추억하며

일러두기

1. 이 책은 Steven B. Smith, *Political Philosophy* (Yale University Press, 2012)를 완역한 것이다.

2. 본문의 [ ]는 옮긴이 첨언이고, 인용문의 { }는 인용자(스티븐 스미스)의 첨언이다. 원서에서 이탤릭체로 된 강조 부분은 고딕체로 표시했다.

3. 본문의 인용문은 한국어판이 있는 경우 기본적으로 한국어판의 번역을 참고하되 부분적으로 수정했으며, 한국어판 출처는 앞쪽 '주요 참고도서'에 밝혀놓았다.

4. 단행본과 잡지는 『 』로, 논문이나 기사는 「 」로, 영화 등은 〈 〉로 표시했다.

의지만 있다면, 그것은 결코 꿈이 아니다.

—테오도어 헤르츨, 『오래된 새 땅Altneuland』

차례

서문

이 책은 내가 여러 해 동안 예일대에서 진행해온 정치철학 입문 강의를 바탕으로 엮은 것이다. 예일대 출판부 시리즈의 하나로 내면서 그동안 해온 강의 내용을 편집하고 수정할 수 있어서 기뻤다.

나는 틀에 박힌 기존의 정치사상사 책보다는 정치철학을 처음 접하는 이들을 위한 입문서를 염두에 두고 이 책을 썼다. 내가 이해하는 정치철학에 관해서는 1장에서 다루게 된다. 일단 지금으로선 정치철학이 독특하고 보기 드문 사유 형태이며, 전반적인 정치 언어에 대한 연구나 1950~60년대에 유명했던 무미건조한 '개념 분석'과 정치철학을 혼동해서는 안 된다는 점만 말해두자. 정치철학이란 모든 사회가 마주할 수밖에 없는 정치적 삶의 영원한 문제, 즉 '누가 통치할 것인가?' '갈등은 어떻게 관리할 것인가?' '시민과 정치가를 어떻게 교육할 것인가?'를 탐구하는 학문이다.

내가 이 책에서 다루게 될 저서와 저자를 선택한 이유는 그 글이 쓰였던 시대의 특정한 문제 때문이라기보다는 정치적 삶의 영원한 문제들을 조명하는 데 도움이 된다고 보았기 때문이다. 나는 플라톤이나 마키아벨리, 토크빌을 애써 우리 관심사에 끼워 맞추려 하지 않았으며, 그보다는 가장 진지한 옛 사상가들의 렌즈를 통해서 볼 때 비로소 우리 관심사를 분명히 이해할 수 있다는 걸 보여주고자 했다. 오늘날 우리가 마주하는 문제들은, 그것이 여전히 정치적인 문제로 남아 있는 한, 기원전 5세기 아테네와 15세기 피렌체, 17세기 영국이 마주했던 문제들과 정확히 일치한다. 다르다고 생각하면 착각이다.

이 책은 과거의 위대한 사상가들에게 여전히 배울 것이 있다는 나와 같은 믿음을 가진 독자들을 염두에 두고 썼다. 그들에게 배울 점이 있다는 사실은 분명해 보이지만 오늘날 정치학계 내에서 그것은 뜨거운 논쟁거리가 되고 있다. 정치학이 물리나 화학 같은 학문이라고, 또는 그 자체의 역사에는 거의 관심 없는 경제학이나 심리학의 특정 분야와 같다고 믿거나 그렇게 되도록 애써야 한다고 믿는 사람들이 있다. 내가 그동안 가르치고 글을 쓰는 데에만 전념해왔던 이유는 그런 학문적 건망증에 저항하기 위해서였다. 내가 염두에 둔 이상적인 청중이란 배움의 열망 외에는 전문 분야가 따로 없는 일반 독자들이다.

이 책을 쓰면서 나는 어떤 새로운 것을 주장하지 않는다. 내가 하는 말은 대부분 예전의 성찰이나 잘 알려진 텍스트를 곱씹어본 것에 지나지 않는다. 그럼에도 나는 이런 강의들을 나만의 방식으로 엮었고, 그 결과 거기에는 나만의 특징이 배어 있다. 강의는 형식에 얽매이지 않으려 했고 심지어 대화의 방식을 지향했으며, 자세한 학술적 논쟁은 피하려고 애썼다. 아울러 주석과 그밖의 학술적 참고문헌은 최소한으로 줄이는 한편, 오랜 세월 동안 나에게 크나큰 가르침을 주었던 다른 학자, 교사, 동료에게 진 빚은 기꺼이 인정했다.

그동안 강의록을 쓰고 또 고쳐 쓰는 과정에서, 이 강의에서 영향을 받았을 학부생보다 오히려 내가 훨씬 더 많이 배우게 되었다는 사실에는 의심의 여지가 없다. 이 강좌 내내 훌륭한 학생들이 그렇게 많이 강의실에 앉아 내 과목에 관심을 표해주었다는 것은 영광이요 특권이었다고밖에 말할 수 없다. 초고를 읽고 많은 조언을 해준 옛 수강생 저스틴 재럼비에게 특별히 감사를 전하고 싶다.

주요 참고도서

소포클레스, 『안티고네』

Sophocles, *Antigone*, trans. Elizabeth Wyckoff (Chicago: University of Chicago Press, 1954)

[한국어판: 『오이디푸스 왕 / 안티고네 외』(천병희 옮김, 문예출판사, 2006) 참조]

플라톤, 『소크라테스의 변명』 『크리톤』

Plato, *Apology of Socrates* and *Crito*, in *Plato and Aristophanes: Four Texts on Socrates*, trans. Thomas G. and Grace Starry West (Ithaca: Cornell University Press, 1984)

[한국어판: 『소크라테스의 변명』(강철웅 옮김, 이제이북스, 2014), 『크리톤』(이기백 옮김, 이제이북스, 2014) 참조]

플라톤, 『국가』

Plato, *The Republic*, trans. Allan Bloom (New York: Basic Books, 1968)

[한국어판: 『국가』(천병희 옮김, 도서출판 숲, 2013), 『국가 · 政體』(박종현 옮김, 서광사, 2009) 참조]

아리스토텔레스, 『정치학』

Aristotle, *The Politics*, trans. Carnes Lord (Chicago: University of Chicago Press, 1984)

[한국어판: 『정치학』(천병희 옮김, 도서출판 숲, 2009), 『정치학』(김재홍 옮김, 길, 2017) 참조]

『뉴옥스퍼드 주해성서』

The New Oxford Annotated Bible, ed. Herbert G. May and Bruce M. Metzger (New York: Oxford University Press, 1977)

[한국어판: 『표준새번역 성서』(대한성서공회) 참조]

니콜로 마키아벨리, 『군주론』

Machiavelli, Noccolò, *The Prince*, trans. Harvey C. Mansfield (Chicago: University of Chicago Press, 1985)

[한국어판: 『군주론』(박상섭 옮김, 서울대학교출판문화원, 2013) 참조]

니콜로 마키아벨리, 『니콜로 마키아벨리의 논문들』[『로마사 논고』 등]

Machiavelli, Noccolò, *The Discourses of Niccolò Machiavelli*, trans. Leslie J. Waker, S. J. (London: Routledge and Kegan Paul, 1975)

[한국어판: 『로마사 논고』(강정인 · 안선재 옮김, 한길사, 2003) 참조]

토머스 홉스, 『리바이어던』

Hobbes, Thomas, *Leviathan*, ed. Edwin Curley (Indianapolis: Hackett, 1994)

[한국어판: 『리바이어던 1, 2』(진석용 옮김, 나남, 2008) 참조]

존 로크, 『통치론 제2론』

Locke, John, *Second Treatise of Government*, in *Two Treatises of Government*, ed. Peter Laslett (Cambridge: Cambridge University Press, 1991)

[한국어판: 『통치론』(강정인 · 문지영 옮김, 까치, 1996), 『통치론』(조현수 편저, 타임기획, 2006) 참조]

장자크 루소, 『논문들과 다른 초기 정치 저작』[『인간 불평등 기원론』 『학예론』 등]

Rousseau, Jean-Jacques, *The Discourses and Other Early Political Writings*, trans. Victor Gourevitch (Cambridge: Cambridge University Press, 1997)
[한국어판: 『인간 불평등 기원론』(김중현 옮김, 펭귄클래식코리아, 2015) 참조]

장자크 루소, 『사회계약론과 다른 후기 정치 저작』[『사회계약론』 등]

Rousseau, Jean-Jacques, *The Social Contract and Other Later Political Writings*, trans. Victor Gourevitch (Cambridge: Cambridge University Press, 1997)
[한국어판: 『사회계약론』(김중현 옮김, 펭귄클래식코리아, 2015) 참조]

알렉시스 토크빌, 『미국의 민주주의』

Tocqueville, Alexis de, *Democracy in America*, trans. Harvey C. Mansfield and Delba Winthrop (Chicago: University of Chicago Press, 2000)
[한국어판: 『미국의 민주주의 1, 2』(임효선 · 박지동 옮김, 한길사, 1991) 참조]

1장

왜 정치철학인가?

관례대로라면 이 강좌를 시작하면서 정치철학이라는 주제에 관해 무언가 이야기해야 할 것이다. 그러나 이는 수레를 말馬 앞에(또는 강좌 이전에) 다는 격이라 할 수 있다. 정치철학을 공부하기도 전에 정치철학이 무엇인지 말하는 것이 어떻게 가능한가? 그럼에도 나는 무언가 도움이 되는 말을 해보려 한다.

어떤 의미에서 보면 정치철학은 그저 정치학의 한 갈래 또는 '하위 분야'에 지나지 않는다. 이를테면 정치철학은 미국 정부론, 비교정치학, 국제관계론 같은 나머지 정치 탐구 영역과 나란히 존재한다. 그러나 또다른 의미에서 보면 정치철학은 정치학에서 가장 오래되고 중요한 분야이다. 정치철학은 가장 오래된 정치학, 또는 고전적 의미에서의 정치학이다. 정치철학의 목적은 정치학 연구를 구성하는 근본적인 문제, 개념, 범주를 낱낱이 발가벗기는 데 있다. 이런 의미에서 정치철학은 정치학의 한 갈래라기보다 정치학의 바탕이자 뿌리다.

오늘날 정치철학 연구는 종종 정치학과 관련된 위대한 저서를 연구하는 것으로 시작된다. 정치학은 가장 오래된(경제학, 심리학, 사회학보다 훨씬 더 오래된) 사회과학이며, 플라톤과 아리스토텔레스부터 마키아벨리와 홉스, 헤겔, 토크빌, 니체, 한나 아렌트, 레오 스트라우스까지 엄청난 실력자들이 위용을 과시하는 분야이다. 정치철학이 무엇인지 알아내는 최선의 방법은 그냥 정치철학의 거장들이 쓴 책과 그 사상을 공부하는 것이다. 이 분야를 일궈온 사람들의 글을 주의 깊고 신중하게 읽는 것보다 더 나은 배움의 길이 또 있을까?

그러나 그런 접근법은 자칫 위험할 수 있다. 몇 가지만 예를 들어보자. 어떤 책이나 사상가를 위대하게 만드는 것은 무엇인가? 그것이 위대하다고 누가 판단하는가? 왜 다른 누구도 아닌 이 사상가들을 연구해야 하는가? 위대한 사상가나 텍스트의 목록이 다분히 임의적일 수 있고, 그 목록에 포함되지 않은 것들이 오히려 더 많은 이야기를 들려줄 수도 있지 않을까? 더욱이 과거의 위대한 저서와 사상가를 연구하는 작업은 현학이나 고서 애호로 쉽게 변질될 수 있다. 너무도 유명한 명단에 금세 주눅이 든 나머지 결국 우리는 스스로 생각하기를 포기하게 될 수도 있다. 옛 문헌(종종 아주 오래전 문헌)을 연구하다보면 오늘날 우리가 마주한 문제를 간과하게 되지는 않을까? 오늘날의 글로벌 세계, 테러리즘, 윤리적 갈등에 관해 아리스토텔레스와 홉스가 무엇을 말해줄 수 있을까? 이전 몇 세기 동안 정치학이 조금이라도 진보하기는 했을까? 어쨌거나 경제학자들은 더이상 애덤 스미스를 연구하지 않는다. 심리학자들도 더는 프로이트를 읽지 않는다. 그런데 왜 정치학은 계속 아리스토텔레스와 루소를 연구해야 할까? 이런 것들은 모두 진지하게 생각해봐야 할 질문이다. 우선 여기에 답해보자.

정치학자들 사이에서 널리 인정되는 관점은 정치학이 자연과학 못지않게 발전하고 있는 진행적 분야라는 것이다. 현대의 입자물리학자가 물리학의 역사를 공부할 필요성을 느끼지 않는 것처럼, 정치학은 예전 역사를 훌쩍 넘어 지나치게 커졌다. 이른바 실험적이고 행동과학적인 사회과학(종종 그렇게들 주장한다)의 방법론과 기술에 묻혀 아리스토텔레스나 마키아벨리, 루소 등이 제시했던 예전의 미성숙한 사색은 결국 잊혔다. 실제로 우리가 이런 사상가들을 공부한다는 것은 현대 사회과학 지식의 총체적 집합체에 그들이 남긴 업적에만 관심을 갖는 큐레이터나 기록학자의 입장에 더 가까워져버렸다.

이와 같은 진행적 모델, 즉 과학적 정치학 모델은 종종 역사주의나 상대주의 같은 모델과 결합되는 경우가 많다. 이런 관점에 따르면, 모든 정치사상은 그 나름의 시대와 장소, 상황의 산물이다. 우리는 15세기 피렌체나 17세기 영국, 또는 18세기 파리의 대중에게 읽히기 위해 글로 쓰였던 생각들이 21세기 미국 독자들에게 어떤 교훈을 주리라고 기대해서는 안 된다. 모든 사상은 그것을 탄생시킨 시대와 장소에 묶여 있다. 과거의 저자나 텍스트에서 영원한 지혜나 교훈을 끌어내려는 시도는 잘못이라는 것이다. 그러나 오늘날 만연해 있는 이런 믿음은 사실은 말 그대로 자기 논박이다. 모든 사상이 해당 시대와 장소에 한정된다면, 이 논리는 모든 사상이 해당 시대와 장소에 한정된다는 바로 그 주장 자체에도 적용되어야 한다. 때로 상대주의 또는 역사주의로 불리는 사상은 자신만이 진실이며 영원히 타당하다고 주장하면서, 다른 모든 사상을 그것이 속했던 역사적 상황의 산물이라 선고해버린다. 상대주의가 그 자신의 어법에서조차 모순적이라는 것은 굳이 식견 높은 논리학자가 아니어도 쉽게 이해할 수 있다.

역사주의적 해석 방식은 플라톤, 아리스토텔레스의 저작과 마키아벨리, 홉스, 루소 같은 사상가들의 저작을 이어주는 하나의 전통이 있음을 부정한다. 그런 전통을 '신화 만들기'의 관행이라며 경멸하듯 넘겨버리곤 한다. 역사주의는 더욱 엄밀한 역사적 정확성을 추구한다는 명목으로, 위대한 저서들을 애써 국지적인 것으로 만들면서, 순전히 지역적인 맥락과 이해에 한정시켰다. 역사주의적 테제는 흔히 사상이란 기존의 서로 다른 사회적 이해관계에 대한 합리화라고, 또는 그것을 표현하는 '이데올로기'에 지나지 않는다고 생각한다. 그러나 실제로 사상에는 나름의 인과적 힘이 있다. 사상은 결과를 낳을 뿐 아니라, 그 결과는 종종 당장의 맥락과 환경을 뛰어넘어 멀리 뻗어나간다. 영국에서 발전했던 존 로크의 입헌정부론 같은 경우 북미 대륙처럼 다른 곳에 이식될 때 종종 나름의 생명을 가지기도 한다. 공산주의, 파시즘, 민주주의 같은 이데올로기들이 충돌했던 20세기 역사는 세계를 형성하는 사상의 힘을 입증해 보인다. 아이러니하게도, 순수하게 경제학적인 역사 이론의 한계를 분명히 지적하기 위해서는 경제학자 존 메이너드 케인스 같은 권위자가 필요했다. "경제학자와 정치철학자의 사상은 그것이 맞을 때나 틀릴 때를 막론하고 사람들이 흔히 생각하는 것보다 훨씬 막강하다. 실제로 그밖의 다른 것이 세계를 지배하는 경우는 거의 없다. 실용적인 사람들은 자기만큼은 어떤 지성의 영향에서도 벗어나 있다고 믿지만, 대체로 그들은 이미 사멸한 경제학자의 노예들이다. 허공 속의 목소리를 듣는 미치광이 권력자들은 과거 몇 년 전 어느 학자가 끼적거린 글에서 뽑아낸 문장으로 자신의 광기를 희석하고 있다."[1]

정치철학 연구는 단지 정치학의 몸통에 붙어 있는 부속물이 아니다. 그것은 자연사박물관의 박제된 유물처럼 예전의 위대한 영광을 생생하게 보존하는 식의 큐레이션 기능을 하지도 않는다. 정치철학은 정치적 삶에서 가장 심오하고 다루기 힘들며 영속적인 문제들을 연구해왔다. 그런 문제의 수는 결코 무한하지 않으며 오히려 적은 편에 속한다. 정치철학 연구는 항상 다음과 같은 질문을 다루어왔다. 여기엔 '나는 왜 법을 지켜야 하는가?' '시민이란 무엇이며 시민을 어떻게 교육할 것인가?' '누가 법을 만드는가?' '자유와 권력은 어떤 관계가 있는가?' '정치학과 신학은 어떤 관계여야 하는가?' 등을 포함해 몇 가지가 더 있을 것이다.

앞으로 만나게 될 사상가들은 우리가 정치를 생각할 때 토대가 될 기본 뼈대(기틀이 되는 개념과 범주)를 제공한다. 바로 이들이 제공한 분석 형태가 있었기에 그 궤도 안에서 그들보다 덜 중요한 사상가들이 연구하고 저술할 수 있었다. 법, 권력, 정의와 자유에 관해 우리는 계속해서 플라톤, 마키아벨리, 홉스 등이 했던 질문을 똑같이 반복한다. 물론 그들과 똑같은 방식으로 답하지는 않는다. 비록 우리가 그들의 답을 전부 받아들이진 않을지 몰라도, 그들의 질문 자체는 종종 견줄 데

없이 명료하고 통찰력 있게 제기된다. 이런 질문들은 그냥 사라지지 않으며, 정치학 연구의 핵심을 구성한다. 사실 지금도 자신을 아리스토텔레스학파, 토마스학파, 로크학파, 칸트학파, 마르크스학파, 하이데거학파라고 부르는 사람들이 있다. 지금까지 수많은 과학 이론이나 우주론이 사멸하거나 신임을 잃어 역사의 쓰레기통에 버려졌지만, 이런 학설들은 결코 논박당하거나 묻히지 않았다. 이것들은 여전히 살아 있고 많은 부분 우리의 가장 기본적인 관점과 태도를 구성하는 요소로 남아 있다.

이 책을 읽으면서 여러분은 한 가지를 알게 될 것이다. 정치철학 연구에서는 영원한 답은 없으며 영원한 질문만 있다는 것. 위대한 사상가들도 가장 기본적인 질문, 심지어 정의, 권리, 자유, 그리고 권력의 적절한 범위 등과 관련된 질문에 대해서는 종종 크게 의견이 엇갈린다. 흔히 생각하는 것과는 달리, 위대한 인물들이 모두 서로 비슷하게 생각하지는 않는다. 여기에는 어느 정도 이점도 있다. 위대한 사상가들 사이에 이견이 있다는 사실은 우리가 그들의 대화 속으로 들어가 우선 그들의 말에 귀기울이고, 그들의 차이에 관해 생각하고, 우리 스스로 판단할 여지를 준다. 내가 위대한 사상가가 아니라는 점은 인정하지만, 그렇다고(곧바로 이 말을 덧붙여야겠다) 여러분이 예일대나 다른 여느 대학에서 위대한 사상가를 쉽게 만나볼 수 있는 것도 아니다. 자칭 철학자라고 하는 사람들도 대부분은 그저 철학교수에 불과하다. 그 차이는 무엇일까?

진정한 철학자는 드물다. 어쩌면 평생에 한 번, 아니 백 년에 한 번이라도 그런 인물을 만난다면 운이 좋은 사람이다. 그런데 바로 이 지점에서 철학은 다른 분야와 구별된다. 예를 들어 평범한 역사학자나 화학자는 그럭저럭 무리 없이 자기 역할을 할 수 있다. 그러나 평범한 철학자는 어법상으로 모순되는 말이다. 평범한 철학자는 결코 철학자가 아니다. 그러나 우리 같은 사람이 위대한 사상가는 아닐지라도 적어도 유능한 학자가 되기 위해 노력할 수 있다. 학자가 신중한 태도와 체계를 갖추도록 훈련받은 사람인 반면, 위대한 사상가는 과감하되, 〈스타트렉〉의 대사로 표현하자면 아무도 가보지 않은 곳을 가는 사람이다. 학자는 대사상가의 저작에 계속 의존할 뿐 범접하지 못할 높이에 오르지 못한다. 학자란 대사상가들의 대화에 귀기울이고 그들의 차이를 계속 부각시킴으로써 만들어지는 사람이다. 그러나 과거의 사상가들에 비해 내가 유리한 점이 적어도 하나는 있다. 아리스토텔레스와 홉스는 위대한 사상가였지만 오래전에 죽었다. 적어도 나는 살아 있다는 게 여러분에게는 이점으로 작용한다.

그렇다면 우리는 이런 대화를 어디서, 어떤 질문으로, 어떤 사상가와 함께 시작해야 할까? 모든 일이 그렇듯, 늘 출발점에서 시작하는 것이 가장 좋다. 정치철학의 고유한 주제는 정치 행동이다. 모든 행동은 보존이나 변화를 목표로 한다. 우리는 무언가를 더 낫게 만들고자 변화를 추구한다. 우리는 무언가가 나빠지는 것을 막고자 보존하려 한다. 심지어 행동하지 않겠다는 결정도 일종의 행동이다. 따라서 모든 행동은 더 낫거나 더 나쁜 것에 대한 판단을 전제로 한다. 다만 우리는 특정 관점에서 좋은 것을 생각하지 않고서는 더 나쁘거나 덜 나쁜 것을 생각할 수 없다. 우리가 행동할 때는 좋은 것에 관한 생각이나 견해를 내놓기 위해서 행동하며, 정치적으로 행동할 때는 정치적 선이나 공동선common good에 관한 생각을 제기하고자 그렇게 한다. 정치철학에서 공동선을 의미하는 용어는 좋은 사회 또는 정의로운 사회, 때로는 그냥 최선의 체제 등 다양한 이름으로 불려왔다. 정치적 삶의 모든 질문 가운데 가장 오래되고 근본적인 질문은 '최고의 체제는 무엇인가?'이다.

체제regime라는 개념은 아주 오래되었으면서도 친숙한 말이다. 우리는 지금도 체제 형성이니 체제 변화니 하는 말을 종종 듣지만, 정확히 체제란 무엇일까? 체제의 종류는 얼마나 많을까? 체제는 어떻게 규정되고 있을까? 무엇이 체제를 하나로 묶고 또 분열하게 만들까? 유일무이한 최고의 체제가 있기는 한 것일까? 체제라는 말의 기원은 플라톤, 심지어 그 이전까지 거슬러올라간다. 우리가 플라톤의 『국가』로 알고 있는 책제목도 사실은 국가구조 또는 체제를 뜻하는 그리스어 폴리테이아politeia를 옮긴 것이다. 무엇보다 체제를 정치학 연구의 중심 테마로 만든 이는 아리스토텔레스였다. 폭넓게 말하면 체제는 어떤 정부 형태를 가리킨다. 한 사람이나 소수나 다수가 지배하는 정부든, 아니면 이 세 지배 요소가 혼합·조합된 정부든 상관없다. 체제는 우선 어떤 방식으로 사람들을 통치하는가, 공직은 어떻게(선거, 출생, 탁월한 개인적 자질에 의해) 분배되는가, 사람들의 권리와 책임은 무엇인가에 따라 규정된다. 무엇보다 체제는 정부 형태와 관련이 있다. 정치의 세계는 무한히 다양하게 나타나진 않는다. 그것은 몇 가지 기본적인 체제 유형, 즉 왕정, 귀족정, 민주정 등으로 구성되고 정리된다. 이는 정치학의 가장 중요한 명제 중 하나이다.

그러나 한 체제는 일군의 공식적인 정치 구조 이상이다. 그것은 사람들을 지금 현재의 모습으로 만드는 전체적인 생활방식(도덕적이고 종교적인 관행, 습관, 관습, 정서)으로 이루어진다. 체제는 아리스토텔레스가 에토스ethos라 부른 것, 다시 말해 독특한 인간 유형을 키워내는 독특한 특성을 구성한다. 모든 체제는 독특한 인간적 특질과 자질을 지닌 독특한 인간적 특성을 빚어낸다. 그러므로 체제 연구는 부분적으로 시민 집합체를 구성하는 독특한 성격 유형에 대한 연구이기도 하다. 토크빌은 『미국의 민주주의』에서 미국 체제를 연구하면서 먼저 헌법에 열거된 공식 정치제도, 즉 권력 분립, 주와 연방의 권한 구분부터 시작했지만, 나중에는 민주주의에 대한 미국인의 독특한 방어적 성향은 물론, 예절과 도덕 같은 비공식적 관행들, 소규모 시민 연합체를 결성하는 경향, 미국인의 물질주의와 진득하지 못한 성격까지 연구했다. 이 모든 것이 미국 민주주의 체제를 구성한다. 이런 관점에서 보면 체제는 한 사회의 성격이나 분위기, 그 사회가 가장 칭송할 가치가 있다고 여기며 존중하는 것 등을 설명해준다.

이런 통찰은 당연한 추론으로 이어진다. 체제는 항상 특정한 무엇이다. 그것은 다른 체제 유형과는 대립관계에 있다. 그로 인한 갈등, 긴장, 전쟁의 가능성은 그 정치 구조 자체 안에 내장되어 있다. 체제는 불가피하게 당파적이다. 사람들이 뉴욕 양키스나 보스턴 레드삭스, 예일대나 하버드대에 대해 당파심을 느끼는 것과 똑같이 체제는 사람들에게 특정한 충성심이나 열정을 불어넣는다. 이런 열정적 애착은 단순히 서로 다른 체제 사이에서만 일어나지는 않는다. 그런 애착은 체제 내에서도 일어나는데, 서로 다른 정당, 파벌, 집단이 서로 다른 충성심과 애착을 가지고 인간 행동의 세 가지 주요 동기인 권력, 명예, 이익을 두고 경쟁하기 때문이다. 장차 우리가 체제 정치의 기본 구조를 극복하고 지상에 글로벌한 정의의 표준과 국제법을 만들 날이 오기를 희망하는 건, 오늘날 국내외를 막론하고 많은 이의 바람이다. 그런 희망이 실현될 수 있을까? 가능성을 전적으로 배제할 수는 없으나 그런 세계(국제재판소, 판사와 사법부가 통치하는 세계)는 더이상 정치적인 세계가 아닐 것이다. 정치는 오직 체제라는 구조 내에서만 가능하다.

여기서 또다른 질문이 떠오른다. 체제는 어떻게 세워질까? 무엇이 체제를 등장시키고 시간이 지나도 존속하게끔 만드는 걸까? 토크빌 같은 사상가는 인류 역사가 오랜 세월 진화해오면서 정치제도와 그에 대한 우리의 사고방식을 결정지어왔던 깊은 구조 안에 체제가 끼워 넣어졌다고 생각한다. 그러나 다른 목소리들(플라톤, 마키아벨리, 루소)은 체제는 위대한 정치가들, 미국의 경우에는 '건국의 아버지들'의 의도적인 행동을 통해 자의식적으로 세워질 수 있었다고 믿는다. 이런 정치가들(우리가 워싱턴, 제퍼슨, 애덤스를 생각하는 것처럼 마키아벨리는 로물루스, 모세, 키로스를 꼽는다)이 바로 그 국민과 제도를 만든 장본인이라는 것이다. 알렉산더 해밀턴은 『연방주의자 논집』의 첫머리에서 아주 분명한 어조로 이 문제를 제기한다. "자주 언급되곤 하는 말이 있다. 이 나라 국민들에게는 인간 사회가 진정으로 성찰과 선택을 통해 훌륭한 정부를 세울 능력이 있는지 없는지, 또는 정치 체제를 우연과 무력에 의존하도록 영원히 운명지워져 있는지 하는 중요한 문제에 대해서, 그들의 행동과 본보기로써 판단하는 과제가 맡겨져 있다는 것이다."[2] 해밀턴은 이 질문에 답하지 않았지만, 체제 수립이 의도적인 국정운영의 행위일 수 있다고 믿었음은 분명하다.

체제가 의도적인 국정운영의 행위에 의해 만들어질 수 있다는 생각은 체제와 관련된 또하나의 질문, 즉 정치가는 어떤 사람인가라는 질문을 제시한다. 가장 오래된 의미에서 정치학이란 국정운영의 과학을 뜻한다. 정치가들에게는 국가라는 배를 조종할 임무가 맡겨졌다. 좋은 정치가가 되려면 어떤 자질을 갖추어야 할까? 국정운영은 다른 활동들과 어떻게 다를까? 플라톤이 주장하듯 좋은 정치가는 수학과 형이상학에 정통한 철인哲人이어야 할까? 아니면 아리스토텔레스가 말하듯 정치력이란 심사숙고와 경험에 근거한 판단이 필요한, 순전히 실천적인 기술일까? 마키아벨리가 주장한 것처럼 위대한 지도자들에게는 비도덕적으로 행동할 수 있는 잔인한 성향과 의지가 필요할까? 루소의 주장처럼 입법자는 인간 본성을 변화시키는 능력이 있어야 할까? 또는 홉스와 로크가 믿었듯 주권자는 심판이나 주심처럼 어느 정도 얼굴 없는 권력일까? 『국가』 『정치학』 『군주론』 『사회계약론』 등 우리가 보게 될 텍스트는 국가를 설립하고 유지하는 데 필요한 자질에 관해 제각기 다른 견해를 제시한다.

정치철학의 이런 실천적 측면은 우리가 볼 텍스트의 모든 저자가 몸소 보여준 바와 같다. 그들 중 누구도 정치라는 현실세계를 떠나 골방에 처박혔던 학자나 대학교수가 아니었다. 플라톤은 시라쿠사의 참주들에게 조언하기 위해 세 번이나 길고 험난한 여행을 했다. 아리스토텔레스는 알렉산드로스 대왕의 스승으로 유명하다. 마키아벨리는 활동하던 상당 기간 고향 피렌체의 외무부에서 일했고 메디치가의 조언자로서 글을 썼다. 홉스는 영국 내전으로 망명중이던 영국 왕실 가족의 가정교사였다. 로크는 섀프츠베리 백작 일파와 관련이 있었고 또 다른 영국 왕에 대한 반역 음모로 기소된 뒤 역시 망명길에 올라야 했다. 루소는 공식적으로 정치에 관여하진 않았지만 자기 서명을 할 때 '주네브 시민'이라고 썼으며 폴란드와 코르시카 섬의 헌법을 기초해달라는 부탁을 받기도 했다. 그리고 토크빌은 프랑스 국민의회 의원이었으며 미국 민주주의를 경험한 뒤에는 유럽의 미래를 바라보는 관점을 크게 바꾸었다. 위대한 정치철학자들은 모두 자기 시대의 정치에 가담했고, 우리가 우리 시대의 정치를 어떻게 생각해야 할지에 관해 모델을 제시하고 있다.

체제 연구는 특정 사회나 기존 사회의 경계를 뛰어넘는 한 가지 질문을 암암리에 또는 노골적으로 제시한다. 체제는 사람들의 생활방식, 그것을 위해 살아갈(그리고 어쩌면 죽을) 가치들을 구성한다. 비록 우리는 민주주의 체제에 가장 익숙하지만, 정치철학을 공부하다보면 체제의 유형이 다양하고 체제마다 뚜렷한 주장이나 원리가 있으며, 그것들끼리 서로 경쟁하고 잠재적으로 서로 충돌한다는 것을 알게 된다. 이런 불협화음 밑에는 어떤 체제가 가장 좋은지, 어떤 체제가 우리의 충성심과 합리적 동의를 차지해 마땅한지, 또는 그래야 하는지 하는 질문이 놓여 있다. 그리고 정치철학은 언제나, 가장 좋은 체제에 대한 질문을 길잡이로 삼는다.

그러나 무엇이 최고의 체제일까? 고대인들이 믿었던 대로, 최고의 체제란 으뜸가는 몇몇 소수만이 관습에 따라 통치하는 귀족주의 공화정일까? 아니면 근대인들이 믿었던 것처럼, 오로지 사회 성원이라는 이유만으로 모든 사람에게 주요 정치 직책이 개방된 민주공화국이 최고의 체제일까? 미래의 최고 체제는 여러 세대 동안 인간적 완성을 향해 엄청난 노력을 기울여온 소규모의 닫힌 사회일까? 아니면 모든 인류를 포용하는 하나의 거대한 세계시민사회, 저마다 자유롭고 평등한 남녀로 구성된 국가들의 세계적 동맹일까? 최고의 체제가 어떤 형태를 띠든, 그것은 특정한 성격을 갖춘 특정 유형의 인간을 선호할 것이 틀림없다. 그 인간 유형은 민주정치에서와 같은 보통사람일까, 귀족정치에서처럼 취향과 돈을 가진 기득권자일까, 전사일까, 또는 신정정치에서의 사제일까? 이처럼 근본적인 질문도 없을 것이다.

마지막으로 이는 최고의 체제와 실제 기존 체제와의 관계에 대한 의문을 제기한다. 최고의 체제는 정치학에서 어떤 기능을 할까, 그것은 지금 여기서 우리의 행동을 어떻게 인도할까? 훌륭한 인간과 훌륭한 시민의 차이를 이야기한 아리스토텔레스의 말은 이 문제를 가장 유명하게 공식화했다. 훌륭한 시민은 애국심만 있으면 되는데, 그런 시민에게는 자기 나라의 법이 자기 것이라는 사실이 필요조건이자 충분조건이기 때문에 그 법을 지키고 수호한다. 시민적 덕목에 대한 이런 관점은 한 체제의 훌륭한 시민이 다른 체제의 훌륭한 시민은 아닐 수 있다는 반대의견에 부딪힐 것이 틀림없다. 오늘날 이란의 훌륭한 시민이 동시대 미국의 훌륭한 시민과는 같지 않을 것이다.

그러나 훌륭한 시민이 곧 훌륭한 인간은 아니다. 훌륭한 시민은 자신이 속한 체제(특정 체제)와 관련해 상대적인 반면, 훌륭한 인간은 어디서나 훌륭하다. 훌륭한 인간은 훌륭한 것을 사랑한다. 자기 것이기 때문이 아니라 훌륭하기 때문에 사랑한다. 언젠가 링컨은 헨리 클레이[미국 정치가]에 관해 이런 말을 한 적이 있다. "그는 자기 나라를 사랑했다. 자기 나라라는 이유도 없지는 않았지만, 그 나라가 자유국가라는 것이 주된 이유였다."[3] 적어도 링컨의 이야기에서 클레이는 철학자 비슷한 면모를 보여준다. 그가 사랑했던 것은 자유사상이며, 이 사상은 특별히 미국의 자산이 아니라 모든 훌륭한 사회의 자산이다. 아마도 훌륭한 인간이란 최고의 체제 안에서만 진정으로 마음 편하게 지낼 수 있는 철학자인지도 모른다. 그러나 우리가 아는 한 최고의 체제는 현실성이 많이 부족하다. 그러므로 최고의 체제는 최고의 역설을 빚어낸다. 그것은 현실의 모든 체제보다 우월하지만 구체적인 실체는 전혀 없다. 이 때문에 철학자들은 현실의 어떤 체제에서도 훌륭한 시민이 되기 힘들다. 철학자들은 최고의 체제가 아닌 어떤 체제에서도 결코 진정으로 편안함을 느끼지 않을 것이며, 결코 진정으로 충성하지도 않을 것이다.

최고의 체제와 현실의 체제 간의 이런 긴장은 정치철학을 가능케 하는 공간이다. 최고의 체제에서 정치철학은 필요하지 않거나 너무 넘쳐날 것이다. 최고의 체제는 시들지도 않을 것이다. 마르크스는 미래의 이상적 사회주의 사회에서는 마침내 사회가 투명해질 것이기 때문에 거기 사는 사람들에게 철학이 더이상 필요하지 않게 된다고 믿었던 것으로 유명하다. 이와 비슷하게 플라톤의 이상적 도시국가 칼리폴리스kallipolis에서도 철학자가 왕으로서 통치하고 왕이 철학자가 되는 것이 실현된다면, 철학이 어떤 기능을 계속하게 될지는 분명하지 않다. 그런 세계에서는 철학이 고유의 비판적 기능을 멈추고 사물의 존재 방식을 설명하는 데 그칠 것이다. 그게 무엇이 잘못이냐고 묻는 독자도 있으리라. 사회적 불의가 계속되리라고 받아들이는 것은 정치철학이 존속하기 위해 치러야 할 값비싼 대가처럼 보인다. 정치철학은 현상태와 되어야 할 상태 사이, 현실과 이상 사이의 불확정성의 지대에 존재하며, 거기에서만 존재할 수 있다. 철학은 완벽하지 않은 사회, 해석은 물론이고 부득이하게 정치적 비판을 필요로 하는 세계를 전제로 한다. 바로 그런 이유 때문에 철학은 언제나 잠재적으로는 파괴적인 작업이다. 최선의 체제에 관한 지식을 찾아 여행을 시작하는 독자 여러분은 여행을 마치고 돌아올 때에는 아마도 전과 달라져 있을 것이다. 전혀 다른 충성심과 헌신성을 가지고 돌아올지도 모른다. 그러나 적어도 이 여행에는 어느 정도 보상이 있다. 그리스인에게는 이런 탐색, 최고의 체제에 관한 지식을 추구하는 이 욕망을 일컫는 근사한 단어가 있었다. 바로 에로스eros, 즉 사랑이다. 철학은 에로틱한 행동으로 이해되었다. 정치철학 공부는 사랑에 바치는 가장 고귀한 경의일 것이다.

2장
안티고네와 갈등의 정치학

오이디푸스와 그 어머니 이오카스테가 낳은 딸 안티고네. 소포클레스의 그리스 비극 장면.(사진 제공: Chris Hellier / Alamy)

갈등의 문제, 즉 갈등은 무엇이고, 그 원인은 무엇인가, 갈등을 어떻게 통제하고 억제할 것인가 하는 문제는 정치적 삶에서 가장 오래된 쟁점 중 하나이다. 미국의 위대한 정치학자 제임스 매디슨이 썼듯이 "정부 자체가 인간 본성을 가장 잘 반영한 것이 아니라면 무엇이겠는가? 인간이 천사라면 정부는 전혀 필요 없을 것이다."[1]

매디슨의 요점은 우리에게 협력과 합의가 자연스럽게 여겨지고 이루어진다면 질서를 강요할 법, 국가, 정치제도 같은 수단은 필요하지 않으리라는 것이다. 경쟁, 질시, 불화 등이 우리의 자연상태라는 것인데, 앞으로 보겠지만 갈등은 토머스 홉스가 자신의 저작에서 거듭거듭 매우 힘주어 이야기하는 사안이다.

우리가 사는 세계에 다루기 힘든 깊은 갈등이 만연하다는 생각은 고대 그리스인까지 거슬러올라간다. 이른바 소크라테스 이전 철학자들은 인간 세계, 심지어는 우주 전체가 끝없이 계속되는 변화에 의해 지배된다고 보았다. 질서와 안정은 대체로 깨지기 쉽고 불확실하며, 인간사를 위협하는 만연한 혼돈을 억제하기 위한 인공적 산물이었다. 소크라테스 이전 철학자 중 모든 것은 변한다는 통찰을 가장 잘 이해했던 이는 헤라클레이토스였다. 이 같은 혼돈, 깨지기 쉬운 삶에 대한 깊은 이해는 그리스의 비극 작가들이 아주 비중 있게 다루었다.

특히 소포클레스는 근본 가치와 생활방식 사이의 갈등은 인간 본성의 기본 구조 속에 내재되어 있다고 보았다. 플라톤의 『국가』, 루소의 『사회계약론』, 혹은 마르크스의 계급사회처럼 갈등이 사라진 세계는 말 그대로 생각할 수 없는 세계였을 것이다. 인간으로서 존재한다는 건 서로 상충하는 목표와 충성심 사이에서 어렵고 때로는 위험한 선택을 할 수밖에 없는 필요성이 혼재하는 갈등의 세계 속을 방황하며 살아가는 일이다. 이렇게 경쟁하는 선(요즘 표현으로는 서로 비교될 수 없는 성질) 사이에 벌어지는 다루기 힘든 갈등의 역할에 대한 자각은 우리를 소포클레스의 『안티고네』 한가운데로 데려간다.

어떤 이들은 『안티고네』를 고대 비극의 가장 위대한 표본으로 꼽는다. 그러나 우리 관심은 희곡의 정전에서 『안티고네』가 차지하는 위치라기보다 이 작품이 밝히고 있는 정치적 삶의 속성이다. 『안티고네』는 정치에서의 갈등과 그 역할을 다룬 희곡이다. 더 나아가 서로 다른 여러 수준의 갈등을 다룬 희곡이다. 여기서 갈등은 가정(오이코스$_{\text{oikos}}$)과 국가(폴리스$_{\text{polis}}$) 사이, 남성과 여성 사이, 자연과 관습 사이에 존재한다.

더욱이 이 작품은 정치적 삶에서 이성의 역할을 탐구하고 있기도 하다. 창조적인 인간 이성, 즉 말(로고스$_{\text{logos}}$)은 크레온이 믿는 것처럼 정치적 삶을 지배하고 자연세계를 정복하기에 충분한가? 인간의 실천이성보다 말이나 글로 명시되지 않은 친족의 불문율 또는 그 기원이 이성의 범위를 넘어선 종교적 의무를 더 우선시해야 하는가? 아마도 『안티고네』는 인간이 만든 법, 즉 실정법에 선행하는 도덕률에 호소하는 최초의 작품일 것이다.(449~460행) 위대한 철학자들이 그랬듯 소포클레스 역시 본성, 한계, 인간 합리성의 힘, 인간사에서 합리성의 역할에 관심이 있었다. 그는 극작가이면서 그에 못지않게 철학자이기도 했다.[2]

『안티고네』는 정치적 삶에서 가장 오래되고 가장 지속적인 것, 바로 갈등을 다룬다. 인간 이성과 조상으로부터 내려온 믿음 사이의 갈등, 도시국가와 신神 사이의 갈등은 20세기의 위대한 정치철학자 레오 스트라우스가 말한 "신학 대 정치 딜레마"를 보여준다.[3] 이 문제는 가장 크고 중요한 논점, 다시 말해 권력의 궁극적 근원이 무엇인지를 다루고 있다. 권력은 국가로부터, 그리고 통치자로 지명된 사람들로부터 나오는가, 아니면 유일신 또는 여러 신들과 사제 및 신의 통역사로 지명된 이들로부터 나오는가? 이 문제는 지금까지도 오늘날 정치학의 핵심을 찌르지만, 교회와 국가를 분리하는 근대적 개념에서 볼 때 답은 하나뿐이다.

그러나 이 신학 대 정치 딜레마는 은유적으로 말하면, '예루살렘과 아테네', 다시 말해 신앙의 도시와 철학의 도시 간의 갈등에서 극명하게 표출된다. 예루살렘에서는 신을 두려워하는 것이 가장 심오한 인간적 경험인 반면, 아테네에서의 그것은 지적 호기심이며 최고의 인간적 가능성을 타진하는 우리 이성에 대한 자신감이다. 이 두 가지 중에 어느 것이 옳을까? 이 문제에 답하려는 모든 시도는 궁극적으로 믿음의 행위라고 인정할 수 있다. 그렇다면 우리는 예루살렘의 편을 들지 않겠다는 것일까? 그러나 어쩌면 우리는 그 답을 모르고 있으며 양쪽 주장에 기꺼이 귀기울이려 하는 입장인지도 모른다. 먼저 귀를 기울이고 그다음에 판단하겠다고 말한다는 건 아테네의 편을 들지 않겠다는 이야기일까? 어느 경우든 이 문제는 서구의 신경 또는 핵을 구성한다. 이 문제에 대한 성찰은 중세의 위대한 정치철학자들(마이모니데스, 알파

라비, 토마스 아퀴나스)과 함께 절정에 이르긴 했지만, 그것을 맨 처음으로, 그리고 어쩌면 가장 기억할 만하게 표현한 것은 종교적 신심信心과 이성의 한계라는 문제로 고민했던 그리스 비극작가들과 철학자들의 저작이었다.

『안티고네』의 줄거리는 비교적 단순하다. 오이디푸스의 딸 안티고네는 테베의 왕 크레온의 명령을 어기고, 테베의 배신자이자 자기 오빠인 폴리네이케스의 시체를 땅에 묻어준다. 안티고네는 혈연과 친족의 유대를 강조하는 조상 전래의 가족법을 따름으로써 크레온의 포고령에 불복한 것이다. 그러자 크레온은 그녀가 법에 불복종했다는 이유로 그녀를 생매장하라고 명령한다. 그러나 이 명령이 실행되기 전에 안티고네는 자살한다. 크레온의 아들 하이몬은 아버지의 잔인함에 반항하며 역시 스스로 목숨을 끊는다. 마지막으로 크레온의 아내는 아들의 죽음을 알고 자살한다.

오늘날의 독자에게는 가족과 혈연에 대한 주장이 이렇게 막강한 형태로 나타나는 세계를 상상하기가 쉽지는 않다. 고전학자 버나드 녹스는 이렇게 썼다. "혈연관계에 대한 주장은 우리에게는 그다지 강력한 힘을 갖지 않는다. 가족과 국가가 갈등을 일으키는 생생한 역사가 우리에게는 없다."[4] 그렇다면 우리 시대의 독자는 가족의 의무가 절대적이며 원시적인 충성의 형태를 띠던 세계를 상상해볼 필요가 있다. 우선 떠오르는 예는 영화 〈대부 2〉의 마지막 회상 장면이다. 여기서 마이클은 일본의 진주만 공격이 있은 뒤 해병대에 입대했다고 형들에게 말한다. 형 소니는 화가 나서 가족이 아닌 다른 사람을 위해 목숨을 걸 권리는 없다고 소리친다.("그래, 너 바보가 되려고 대학에 갔어?") 이 장면의 끝, 콜레오네 가족은 가장의 생일을 축하하기 위해서 모이지만 마이클은 홀로 있다. 그는 무슨 생각을 할까? 어쩌면 그는 콜레오네 가족의 일원으로서의 자신과 미국인으로서의 자신 사이에서 갈등하고 있을 것이다. 어느 것이 더 큰 중력을 가질까? 혈연과 가족의 유대? 아니면 국민적 정체성의 유대? 소포클레스라면 얼마든지 이해했을 만한 갈등이다.

『안티고네』가 그리는 세계를 이해하는 데에는 또다른 걸림돌이 있다. 오늘날 우리는 이 희곡을 개인과 국가 권력 간의 갈등으로 보는 경향이 있다. 이는 지난 세기에 이 희곡이 종종 상연되었던 방식이다. 현대의 각색본들은 종종 크레온을 일체의 반대 의견과 개인의 자유를 탄압하는 파시즘 독재자로 묘사하곤 한다. 그러나 분명 소포클레스는 이 희곡이 그렇게 읽히기를 의도하진 않았을 것이다.

더욱 최근에는 『안티고네』가 억압적인 가부장제에 대한 여성의 투쟁을 나타낸다고 보고 크레온과 안티고네의 갈등을 묘사하는 페미니즘 드라마로 해석하는 경향도 있다. 이 작품이 전반적으로 남성과 여성의 전형을 통해 원초적 갈등을 표현한다는 것은 중요한 측면이지만, 현대 페미니즘 이론의 도덕주의적 렌즈로 이 작품을 읽는 것은 전체주의 국가의 제단에서 희생된 감성적 개인이라는 지나치게 단순한 이원론을 들이대는 것만큼이나 옳지 않다.

한편 이 작품을 선과 악이라는 도덕주의 범주로 축소하려는 태도는 비극적 갈등의 진정한 성격을 바라보는 소포클레스의 입장을 제대로 평가하지 못하는 것이다. 안티고네와 크레온의 충돌은 선과 악의 단순한 충돌 이상이다. 그것은 서로가 타당하면서도 상충하는 사회적 도덕률, 저마다 똑같이 법적 구속력이 있는 도덕률 사이의 갈등이다. 『안티고네』가 오늘날까지도 우리를 감동시키는 이유는 그름에 대해 옳음을 내세우기 때문이 아니라, 도덕적으로 정당한 주장을 또다른 주장과 겨루게 하기 때문이다. 『안티고네』는 서로 경쟁하는 두 도덕률 사이의 갈등이며, 그것이 바로 비극의 본질이다.

지금껏 이런 관점이 가장 훌륭하게 나타난 글은 헤겔의 『종교철학 강의』에서 그리스 비극을 다룬 대목이다. 괜찮다면 좀 길게 인용해보겠다.

> 최고의 두 도덕적 힘 사이의 충돌은 비극의 절대적 전형인 『안티고네』에서 재현된다. 여기서 가족애, 신성한 것, 내향적인 것, 내면의 감정에 속하는 것, 따라서 신들의 법칙으로도 알려진 것은 국가의 권리와 충돌한다. 크레온은 틀린 쪽에 있는 게 아니다. 그는 국가의 법, 정부의 권위가 존중되어 지켜지도록 하고, 그 법을 위반하면 처벌하도록 관리한다. 이 양쪽은 각각 윤리적 힘의 한 면만을 현실화하며 그 하나만을 내용으로 가진다. 이것이 그들의 일면성이다. 따라서 영원한 정의의 의미는 자명해진다. 그들은 일면적이기 때문에 둘 다 불의가 되지만 또한 둘 다 정의로워지는 것이다.[5]

이 인용문은 쉽지 않지만, 헤겔이 말하려는 전반적인 요점을 이해하기에 무리는 없다. 안티고네와 크레온의 관점은 도덕적으로 상충한다. 그게 아니었다면(만약 어느 하나가 그냥 옳고 나머지 하나가 그냥 틀렸다면) 상황은 비극적이지 않았을 것이다. 크레온이 단지 폭군에 불과하다면, 그는 안티고네가 도전할 만한 가치가 없는 인물이었을 것이며, 그의 패배가 비극적 광경이 되지도 않았을 것이다. 그러나 크레온은 공적인 법의 권위라는 목소리를 대표한다. 크레온은 단순한 폭군이 아니다. 그보다는 국가의 목소리, 공적 삶의 목소리, 공공의 행위에 영향을 미치는 모든 사안에 대해 국가의 패권을 주장하는 목소리다. 그의 목소리는 오로지 시민의 안전과 복지에 헌신하는 정신을 나타낸다. 크레온에게는 국가의 안녕이 최고의 윤리적 의무이다.

이는 크레온이 자신의 행동을 정당화하려고 선악, 귀천 같은 도덕적 개념을 사용하는 대목을 검토해보면 분명해진다. 그는 첫번째 대사에서 친구와 적의 범주는 도시국가에 유용한가에 따라 구분된다고 밝힌다.(162~219행) 선한 사람이란 공공의 안녕을 촉진하는 사람들인 반면, 악한 사람은 도시국가의 행복을 훼손하는 사람이다. 아가토스agathos(선한 사람)의 자질은 국가에 대한 그 사람의 가치와 불가분의 관계에 있다. 따라서 반역자 폴리네이케스를 명예롭게 매장한다면 선한 사람에게나 악한 사람에게나 똑같은 혜택을 부여하는 일이 된다. 크레온에게 국가와 국법은 가족과 혈연이라는 자연적 유대를 초월한다. 심지어 국가는 하나의 가족처럼 되어 국가를 명예롭게 하는 사람을 예우하는 것으로 비춰진다. 크레온은 이렇게 말한다. "나는 결코 사악한 자들을 존중하거나 올바른 자들을 거부하지 않을 것이오. 국가에 선의를

가진 사람은 내가 죽어서나 살아서나 공경할 것이오."(207~210행)

그렇다면 크레온에게 인간이 만든 정의로운 법을 가진 국가는 사물의 최고 질서를 나타낸다. 이 관점의 바탕에는 오로지 이성만이 인간사를 통치하는 데 적합한 도구라는 깊고 심오한 확신이 깔려 있다. 크레온이 좋아하는 은유 중 하나는 일을 옳게 또는 곧바르게 일으켜세우는 이성의 이미지다. 첫번째 대사에서 그는 이 이미지를 세 번 사용한다.(163, 167, 190행) 세번째에서 그는 "우리가 진정한 친구를 사귈 수 있"도록 "우리를 지켜주고 무사히 항해하는" 것으로서 국가를 언급한다.

인간의 이성은 안전과 복지를 위해 공공의 법을 만드는 데 그치지 않는다. 크레온은 나아가 자연을 이용하고 통제해 인간의 목적에 봉사하는 기술적 지배의 원천으로서 이성을 찬양한다. 크레온의 이런 관점은 합리적 동물, 비할 데 없는 인간의 지략과 독창성을 찬양하는 초반 코러스에서도 메아리치는데, 그 밑에는 일종의 합리주의적 인본주의가 깔려 있다. 다음의 유명한 합창을 생각해보자.

> 무시무시한 것이 많다 해도 인간보다 더 무서운 것은 없다네. 그는 사나운 겨울 남풍 속에서도 잿빛 바다를 건너며 내리덮치는 파도 아래로 길을 연다네. 그리고 신들 가운데서 가장 성스러우며 다함이 없고 지칠 줄 모르는 대지를 그는 말馬의 후손으로 갈아엎으며 해마다 앞으로 갔다가 뒤로 돌아서는 쟁기로 괴롭힌다네…….
>
> 또한 말言과 바람처럼 날랜 생각과, 도시에 질서를 부여하는 심성을 그는 독학으로 배웠다네. 그리고 맑은 하늘 아래 노숙하기가 싫어지자 서리

와 폭우의 화살을 피하는 방법도 배웠다네. 그가 대비할 수 없는 것은 아무것도 없다네. 아무 대비 없이 그가 미래사를 맞는 일은 결코 없다네. 다만 죽음 앞에서 도망치는 수단만을 손에 넣지 못하였을 뿐. 하나 그를 좌절시키는 질병으로부터 도망치는 방법은 이미 궁리해냈다네.

발명의 재능에서 바라던 것 이상으로 영리한 그는 때로는 악의 길을 가고 때로는 선의 길을 간다네. (332~368행)

이 유명한 송가는 정치와 자연 세계를 대하는 특정한 도덕적 태도를 확인시켜주는데, 바로 그것이 크레온 세계관의 중심이다. 매우 시대착오적인 발언이 될 위험을 무릅쓰고 말한다면, 이는 계몽주의의 태도라고 부를 수 있다. 계몽은 기본적으로 인간의 기술 또는 솜씨로 세계를 길들일 수 있다고 여긴다. 이런 관점에서 보면 법과 정의로 통치되는 국가는 인간의 산물이며, 적대적이고 무심한 환경에 우리의 통제력을 행사하는 과정 속의 중대한 한 걸음이다. 이 질서에서 벗어나면 어떤 것이든 자연의 원시적 혼돈으로 다시 돌아갈 위험이 있다. 앞으로 보겠지만 이것은 데카르트, 홉스, 그리고 계몽운동의 위대한 주창자들의 책에서 다양하게 표현되는 관점이다.[6]

이 같은 계몽적 인본주의 입장은 프로타고라스를 비롯한 그리스 소피스트들의 저작을 통해 우리가 익히 아는 한 문장으로 강력하게 표출되었다. "인간은 만물의 척도이다." 이 유명한 선언은 이성적인 인간 행위야말로 우리가 자연을 지배하고 통제하려고 할 때 기준 삼아야 할 표준이라는 관점을 나타낸다. 이성을 능숙하게 사용할 때에만 우리는 진정으로 우리 운명의 주인이 된다. 한마디로, 우리가 자기결정권을 갖게 된다. 이 코러스의 송가 밑에는 진보에 대한 근대 계몽운동의 교의에서 중심이 될 태도, 즉 이성적 기술과 계획성을 의식적으로 적용함으로써 자연을 완벽하게 통제하고 우리 자신의 창의력, 자치권, 자기결정권을 확보할 수 있으리라는 태도가 깔려 있다.

이 계몽적 인본주의의 관점에 맞서는 자가 안티고네다. 그녀는 가정과 가족 세계의 대변인이다. 여기서, 그리고 작품 전체에서 안티고네가 자기 자신을 사사로운 도덕률을 표현하는 개인으로 여기지 않는다는 점, 편협한 공권력에 의해 자신이 좌절당했다고 생각한다는 점을 주목하자. 그녀가 "불문율"(459~460행)을 환기시키는 모습에서, 일부 사람들은 국가의 보수적 규범에 의해 좌절당한 개인의 내면적 양심이라는 훗날의 인본주의적 이상과 어렴풋하게나마 비슷한 점이 있다고 생각한다. 안티고네에 대한 이런 관점은 틀렸다.

안티고네는 자신을 한 개인으로 여기지 않는다. 그녀는 무엇보다도 딸이자 누이이며, 한 가족의 성원으로서 죽은 오빠에 대해 특정한 윤리적 의무를 가진 사람이다. 가족과 가족에 대한 의무는 그녀 존재의 핵심이다. 심지어 그녀를 보수적이라고 말할 사람도 있을 것이다. 그녀는 가족의 우위성과 신성을 방어하고 크레온의 합리주의적 혁신에 반대하는 데 몸을 바친다.

안티고네의 도덕률은 가족 유대의 도덕률일 뿐 아니라, 가정과 종교 사이의 관계는 그녀의 도덕적 경험에서 중심을 이룬다. 가정은 신들을 위한 자연적인 집이다. 이 책에서 지금 이 장章은 그리스 도시국가 세계에서 종교의 역할을 논의하는 공간은 아니지만, 종교가 전적으로 가정사로 이해되고 있었음을 주목할 필요가 있다. 이는 19세기 프랑스 고전학자이자 인류학자 퓌스텔 드 쿨랑주가 자신의 저서 『고대 도시』에서 가족과 종교의 결속을 강조하며 훌륭하게 끌어낸 바 있다. "고대의 가족 성원들은 출생, 애정, 또는 물리적 힘보다 더 강한 힘으로 단합되어 있었다. 이것이 바로 신성한 불의 종교, 죽은 조상들의 종교였다. 이것은 현세에서나 내세에서나 가족이 하나의 단일체를 형성하도록 만들었다. ……사실 종교가 가족을 창조한 것은 아니나 종교가 가족에게 그 규칙을 부여한 것은 틀림없다. 그리하여 고대의 가족은 그 토대를 자연적 애정에 빚지고 있었음에도 그 구성은 훗날의 가족과 크게 달랐던 것이다."[7]

오늘날 퓌스텔의 관점을 이해할 수 있는 사람은 거의 없겠지만, 그는 그리스 폴리스가 세속적 민주주의가 아니라(물론 현대의 많은 해석가가 쓴 글을 읽는다면 독자 여러분은 폴리스가 민주주의였다는 점을 쉽게 이해할 수 있을 것이다) 종교, 법, 정부가 서로 불가분의 관계에 있는 하나의 공동체, "종교가 공적 생활과 사적 생활 모두의 절대적 주인인" 곳이라고 보았다. "여기서 국가는 종교 공동체, 왕은 대사제, 치안판사는 사제였고, 법은 성스러운 공식이었다. 여기서 애국주의는 경건함이었고 망명은 곧 파문이었다. 여기서 개인의 자유란 알려져 있지 않았다. 인간은 그의 영혼, 육체, 재산을 통해 국가의 노예가 되었다. 법과 의무, 정의, 애정 같은 관념은 모두 국가의 범위 내에 묶여 있었다. 인간적 제휴는 프리타네이온(공회당) 주변의 특정 범위 내에 불가결하게 제한되어 있었다. 인간들은 더 큰 사회 건설의 가능성을 전혀 이해하지 못했다."[8]

신정神政 기구로서의 폴리스라는 개념은 안티고네의 관점과 완전히 일치한다. 그녀는 자신의 행동은 인간이 만든 이성적인 법의 명령이 아니라 더 높은 법의 명령이라 여긴다. 그러면서 그녀 자신도 그 기원을 알지 못한다고 기꺼이 인정한다.(449~460행) 인간의 행위나 업적을 초월한 힘에 호소하는 그녀는 인간 합리성의 창조적 힘을 강조하는 크레온의 반대편에 서 있다. 안티고네의 세계는 공적 이성의 영역이 아니라 자연, 숭배, 신비의 사적 세계다. 공적 인물인 크레온이 이해하지 못하는 것이 바로 이 세계다. 크레온은 폴리스 시민들의 유대를 칭송하기 위해서 혈연과 가족의 유대를 부정하려 한다. 그러나 안티고네의 관점도 똑같이 배타적이다. 그녀는 가족에 대한 의무를 지배하려는 공적인 법의 힘을 부정하려 한다. 그녀의 입장은 정치 이전의, 심지어는 정치 이하의 것이다.

크레온은 개인들이 공적 생활에 이바지할 때에만 개인을 존중하는 반면, 안티고네는 혈연과 친족이 더 자연적이기 때문에 혈연과 친족이라는 사실이 더 근본적이라고 생각한다. 그녀의 관점에서는 가족이 국가보다 더 오래되었기에, 그리고 가족은 항상 존재해왔기에 더 깊은 도덕적 애착의 근원이며, 비록 가족은 국가 없이도 존재할 수 있지만 국가는 가족 없이 존재할 수 없다는 생각이 깔려 있다. 더욱이 국가는 하나의 도구로서 의지의 행동에 따라 존재하지만, 가족은 태생부터 더 높은 법에 의해 존재한다는 것이다.

『안티고네』에서 묘사된 갈등은 두 사회제도(국가와 가족)의 갈등을 넘어서서, 이 두 제도가 나타내는 근원적인 젠더 차이를 묘사한다. 소포클레스가 묘사한 바대로, 크레온으로 대표되는 국가는 남성의 덕목인 이성, 질서, 자치, 자주성을 나타낸다. 반면에 가족은 경건함, 순종, 전통, 조상에 대한 공경 같은 여성의 덕목을 나타낸다. 이 희곡은 신성에 의해 승인된 법, 그리고 자주적 유연성과 실용적 판단을 요구하는 인간 정치력 사이에 지속되는 영원한 갈등을 말하고 있다. 간단히 말해 이 작품의 요점은 사람들이 만물을 지배하는 신적 질서 또는 우주적 공정성을 인정하지 않고서 스스로 만든 법에 따라 살려고 할 때에는 비극이 따른다는 것이다.

위대한 비극작가들이 모두 그렇듯, 문화적 보수주의자였던 소포클레스는 인간에게 불행이 생기는 이유는 우리가 스스로 만든 합리적 설계를 세계에 부여함으로써 자연, 가족, 종교가 우리에게 요구하는 것을 부정하려 하기 때문임을 보여주고자 했다. 인간 합리성의 한계를 묘사하는 것이야말로 비극의 목적이다.

그러나 만약 크레온이 남성성을 대변하고 상황을 지배하고 바로잡으려는 남성의 충동을 대변한다면, 안티고네는 모든 창조성과 변화에 대한 일종의 거부를 나타낸다. 그녀의 세계는 가족의 세계다. 그 세계는 출생, 성장, 쇠퇴의 자연적 주기를 나타낸다. 가족에 대한 그녀의 태도는 신심信心의 태도에서 가장 잘 포착되는데, 여기서 신심이란 만물의 신성한 질서 또는 대대로 내려온 질서에 대한 순종을 의미한다. 이 질서는 신들이 세운 것이기 때문에 비판적 질문은 엄격히 금지되어 있다. 가족 신심의 세계는 조상 대대로의 전통적 생활방식에 무조건적으로 순종 또는 굴복하는 세계다.

그렇다면 이 희곡이 분명히 제시하는 두 입장은 철저하게 서로 반대되며 사실상 평행하다. 여기에 탈출구가 있을까? 작품 끝에서 크레온은 뒤늦게 인정한다. "오랜 전통의 법을 죽을 때까지 지키는 게 최선이로구나."(1113행) 이것이 진심이라면, 그는 약간 뒤늦게 안티고네의 입장으로 선회한 듯 보일 것이다. 희곡은 안티고네를 옹호하는 것으로 결론이 날 것이다. 이는 비극적 상황은 지나친 자만에 의해 빚어진다는, 이 경우에는 상위의 법을 희생시키면서까지 자연과 가족에 대해 통제권을 행사하려는 크레온의 욕망, 즉 교만 때문에 빚어진다고 보는 그리스 비극의 표준적 관점에 부합할 수도 있다. 그러나 나는 그것이 소포클레스의 희곡에 대한 정당한 평가는 아니라고 생각한다.

소포클레스는 순수한 이성(인간이 만물의 척도라는 소피스트들의 주장)의 정치와, 이성이 통제할 수 없는 것들 앞에서의 성스러운 경외심과 신심의 태도 사이에 존재하는 내재적 긴장을 제시하고자 한다. 소포클레스의 『안티고네』는 인간 이성의 한계를 다룬 작품이다. 이성에는 원래 평준화하고 환원하려는 고유의 경향이 있다. 이런 경향은 곧 이성이야말로 여러 가지 선善 사이의 갈등을 평가하고 판결하는 척도라는 믿음이며, 경쟁하는 선 사이의 모든 갈등에는 합리적 해결책, 또는 보다 작은 목표들을 모두 아우르는 최우선적인 선이 있어야 한다는 관점이다. 비극작가들은 비이성주의자들이 아니었다. 그들은 이성의 한계를 축하하지 않았다. 그렇다기보다는 사물의 다양성을 근본적인 통합과 질서로 환원시키려는 이성의 경향에 내재된 심오한 위험을 간파했다. 이성의 그런 경향은 폭압의 징후인 획일성을 추구하는 데서 그치지 않고 획일성을 강요한다. 이성에 대한 비판은 따지고 보면 정치적 비판이다. 다수를 하나로(다양성을 근본적 통일성으로) 축소하려다보면 결국 우리는 만물의 의미를 왜곡하게 된다. 정치가 오직 이성에만 바탕을 둔다면 차이에 무심할 것이며, 남성과 여성, 가족과 국가, 공적 생활과 사적 생활 등의 자연적 차이에 무관심해질 것이다. '상황을 바로잡기' 위해 단순하고 획일적인 표준을 찾으려다보면 불가피하게도 우리는 경험의 복잡성을 바라볼 시야를 잃어버릴 것이다. 이성이 상상하는 이성의 위력과 창조력의 위험을 끄집어내어 드러내는 것이야말로 비극의 목적이다.

3장

소크라테스와 성찰하는 삶

자크루이 다비드(1748~1825), 〈소크라테스의 죽음〉, 캔버스에 유채, 1787.
(사진 제공: World History Archive / Alamy)

플라톤은 아테네 사람이었다. 그는 기원전 427/428년 무렵 태어났다. 아테네와 스파르타 사이의 대전쟁, 이른바 펠로폰네소스 전쟁이 잦아들던 시절 그는 젊은 청년이었다. 그가 태어나던 해는 아테네의 정치가 페리클레스가 사망한 해이기도 했다. 그래서 플라톤은 아테네 황금기의 마지막 나날을 살았다고 할 수 있다. 그가 소크라테스와 인연을 맺은 때는 10대 후반이나 20대 초반(학부생 나이)이었다. 플라톤은 훗날 자신이 여러 대화편에 묘사한 것처럼, 이 유명한 스승에게 마음을 뺏기고 눈을 반짝이던 청년들과 다르지 않았을 것이다. 기원전 399년 소크라테스가 죽을 당시 플라톤은 20대 후반이었다.[1]

플라톤은 나아가 최초의 대학교 비슷한 것을 설립했고, 아카데미아라는 이름을 붙였다. 아카데미아에서 공부하기 위해 그리스와 지중해 세계 전역에서 사람들이 찾아왔는데, 그중에는 그리스 북부에서 온 청년 아리스토텔레스도 있었다.(그에 대해서는 나중에 자세히 알아보자.) 훗날 플라톤은 시칠리아로 세 차례나 길고 위험한 항해를 떠나 그곳에서 시라쿠사의 두 폭군, 이름이 같은 두 디오니시오스의 고문으로 일했고(결과가 성공적이지는 않았다) 그뒤 정계에서 은퇴해 집필과 교육, 아카데미아 관리를 했던 것으로 보인다. 그는 80세 무렵 아테네에서 삶을 마감했다.

플라톤은 35편의 저작을 남긴 다작의 저술가였는데, 이 저작들은 모두 대화 형식으로 되어 있다. 작품의 길이는 단 몇 쪽짜리부터 몇백 쪽에 이르는 것까지 다양하다. 독자 여러분 중 단 한 명이라도 플라톤에 대한 열의를 갖게 된다면(그저 지나가는 흥미가 아닌 평생의 관심으로 발전해갈 열정을 말한다) 나는 이 강의가 엄청난 성공을 거두었다고 여길 것이다.

내가 플라톤의 저작 『소크라테스의 변명』을 최고의 정치철학 입문서로 꼽는 이유는 두 가지다. 첫째, 이 책은 동료 배심원들 앞에서 자신과 자기 삶의 방식을 설명하는 소크라테스를 보여줌으로써 정치철학의 창시자로서 그의 면모를 소개한다. 플라톤의 대화편 중 유일하게 이 저작에서, 정치적 삶을 위한 철학의 사회적 유용성을 옹호하며 광장에서 연설하는 소크라테스가 등장한다. 둘째, 『소크라테스의 변명』은 국가와 관련해 정치철학의 취약성을 보여준다. 소크라테스에게 철학이란, 오늘날 흔히 이해하듯 단순히 학문의 이름이 아니라 자유로운 탐색의 삶이자 적극적으로 진실을 추구하는 방식이었다. 『소크라테스의 변명』은 소크라테스라는 특정 개인만이 아닌, 철학에 대한 생각까지 재판에 붙인다. 철학과 국가는 그 시초부터 서로 갈등 관계에 있었다. 소크라테스는 젊은이를 타락시키고 신들에게 불경을 저질렀다는 (다시 말해 반역자라는) 죄목으로 아테네 시 당국에 의해 고발당한다. 내가 아는 한 정신적 삶에 대한 요구와 정치적 삶의 요건 사이의 갈등(불가피한 갈등)을 이보다 잘 묘사한 작품은 없다.

오랜 세월 동안 소크라테스의 재판은 표현의 자유 침해를 대표적으로 보여주는 상징으로, '성찰하는 삶'에 헌신하면서 편견과 선입견을 가진 다수에 저항했던 개인을 제시한 사례로 부각되었다. 이런 해석을 가장 명쾌히 보여주는 선언은 존 스튜어트 밀의 유명한 소논문 『자유론』에서 찾아볼 수 있다. "인류는 한때 자기 시대 법의 권위를 상대로 기억에 남을 만큼 충돌을 빚었던 소크라테스라는 이름의 남자가 있었다는 사실을 아무리 자주 상기한다 해도 지나치지 않다."[2] 소크라테스는 '발언의 자유에 몸 바친 순교자'로 수없이 묘사되어왔다. 그는 서로 다른 시기를 살았던 예수나 갈릴레오, 토머스 모어 경과 비교되곤 했으며, 헨리 데이비드 소로부터 간디, 마틴 루터 킹 주니어까지 여러 사상가와 정치활동가의 역할 모델이 되어왔다.

『소크라테스의 변명』이 표현의 자유에 대한 보고서, 검열과 박해의 위험을 경고한다는 해석은 엄청난 영향력을 발휘해왔지만, 과연 플라톤이 그러한 해석을 의도했을까? 소크라테스가 무제한의 자유 발언 원칙을 거론하며 자신을 변론하지는 않았음을 주목하자. 그보다도 그는 '성찰하는 삶'만이 살 만한 가치가 있다고 주장한다. 스스로의 사고를 맑게 하고 혼란과 모순의 모든 근원을 제거하려고 끊임없이 투쟁하는 사람들만이 자유롭고 가치 있는 삶을 살아간다고 할 수 있다는 것이다. "성찰하지 않는 삶은 살 가치가 없다." 소크라테스는 그렇게 확신한다.(『소크라테스의 변명』, 38a) 나머지는 어떤 것도 중요하지 않다. 그에게 중요한 것은 자기완성을 위한 매우 사적이고 개인적인 노력이지 자유로운 표현의 가치에 관한 그런 교의는 아닌 것으로 보인다.

그러나 『소크라테스의 변명』에는 매우 정치적인 무언가가 있다. 소크라테스와 그를 고발한 사람들이 벌이는 논쟁의 중심에는 아테네의 미래 시민과 정치가들을 교육할 권리는 누구에게 있는가 하는 문제(어쩌면 결코 직접적으로 언급되지 않는 문제)가 있다. 플라톤의 대화편이 모두 그렇듯 소크라테스의 변론은 궁극적으로 교육에 관한 연설이자, 다음 세대의 정치 지도자들을 교육할 권리를 가진 사람은 누구인가에 관한 연설이다. 궁극적으로 그것은 가장 오래된 정치적 질문, '누가 통치할 것인가?', 더 정확히는 '누가 통치해야 하는가?'를 둘러싼 논쟁이다. 소크라테스를 법정에 세웠던 도시가 당시 여느 도시와 달랐음을 기억하자. 그 도시는 특정 부류의 도시국가, 즉 아테네였고 매우 최근까지도 아테네는 역사상 가장 유명한 민주주의 국가였다. 아테네의 배심원들 앞에서 하는 소크라테스의 연설은 곧 민주주의 자체를 재판에 세우려는 플라톤의 의도였다. 『소크라테스의 변명』은 단지 소크라테스로 하여금 국가 앞에서 그 자신과 그 자신의 생활방식을 옹호하게 하는 데 그치지 않는다. 소크라테스 또한 철학이라는 상급 법원 앞에 아테네를 재판에 세우고 그 도시국가 스스로 변론하게 한다. 이어지는 논쟁은 궁극적인 정치적 권한을 마땅히 부여받아야 하는 이는 데모스demos, 즉 시민인가 아니면 철인왕 소크라테스인가를 둘러싼 투쟁으로 해석될 수 있다.

정치적 맥락

소크라테스의 재판은 기원전 399년에 벌어졌다. 일부 독자는 알고 있겠지만, 이때는 펠로폰네소스 전쟁 직후였다. 이 전쟁 이야기는 소크라테스의 위대한 동시대인이자 그보다 약간 나이가 많았던 아테네의 역사가 투키디데스가 기술한 바 있다. 펠로폰네소스 전쟁은 그리스 세계의 두 강대국인 스파르타와 아테네 사이에 일어났다. 당시 아테네는 권력의 최전성기를 구가하고 있었다. 아테네는 으뜸가는 시민 페리클레스의 지도 아래 막강한 해군을 창설했으며, 제국을 확장하고 전례 없는 예술적, 문화적 삶을 창조했다. 또한 아테네는 고대 세계에서는 전례가 없던 어떤 것, 바로 민주주의 자체였다. 페리클레스는 청중을 향해 이렇게 자랑했다. "우리의 제도는 이웃 나라의 법을 모방하지 않았습니다. 우리는 남을 모방하기보다 남에게 본보기가 되고 있습니다."[3]

오늘날까지도 '아테네 민주주의'라는 말은 역사상 존재했던 민주 정부 가운데 가장 완벽한 이상형을 나타낸다. "우리는 정치 생활에서 자유롭고 개방적인데 일상생활에서도 마찬가지입니다." 페리클레스는 계속해서 말한다. "아테네에서 우리는 우리가 원하는 대로 살고 있습니다." 아테네인은 이웃들을 시기하고 감시하기는커녕 전례 없이 개방적인 태도를 취한다. "우리 도시는 온 세계에 개방되어 있으며, 적에게 유리할 수 있는 군사기밀을 훔쳐보거나 알아내는 것을 방지하려고 외국인을 추방하지도 않습니다."[4] 페리클레스는 아테네 정부가 "헬라스[그리스]의 학교"라고 주장한다. "말하자면 우리는 고상한 것을 사랑하면서도 비용을 많이 들이지 않으며, 지혜를 사랑하면서도 나약하지 않습니다. 우리에게 부富는 행동을 위한 수단이지 자랑거리가 아닙니다. 가난을 시인하는 것은 부끄러운 일이 아닙니다. 가난을 면하기 위해 실천하지 않는 것이 진정 부끄러운 일입니다. 우리 아테네 정치가들은 정치만 하는 게 아니라 개인적인 일도 돌보며, 우리 아테네 시민은 생업에 종사하면서도 정치를 공정하게 심판합니다. 다른 나라 시민과는 달리 우리 아테네인은 정치에 참여하지 않는 자들을 야심 없는 사람이 아니라 쓸모없는 사람으로 간주합니다."[5]

그 오랜 세월 동안 많은 사람이 물었던 질문은 이것이다. 세계에서 가장 자유롭고 개방적이었던 사회가 자신의 무지를 허심탄회하게 말하는 사람, 다른 무엇보다 미덕과 인간의 탁월함을 중요하게 여긴다고 공언한 사람에게 어떻게 사형선고를 내릴 수 있었을까?

펠로폰네소스 전쟁이 발발할 때, 소크라테스는 마흔 살 정도였고, 우리가 『소크라테스의 변명』을 통해 아는 바로는 이미 군역을 마친 뒤였다. 거의 30년 동안 계속되던 전쟁이 기원전 404년 아테네의 패배로 막을 내리면서, 아테네에는 30인의 참주로 알려진 친親스파르타 과두정이 세워졌다. 참주정에 가담한 사람들 중 소크라테스의 제자였던 크리티아스와 플라톤의 삼촌 카르미데스도 있었다.(두 사람 모두 각자의 이름을 딴 플라톤의 대화편에 나온다.) 아리스토텔레스에 따르면, 30인의 참주에 의해 처형된 사람은 1,500명에 달했고, 민주주의에 동조하다 추방당한 사람은 그보다 더 많았다고 한다.[6] 기원전 401년에 이 과두정 정치가들이 쫓겨나고 아테네에 민주정부가 다시 들어섰다. 그리고 불과 2년 뒤, 30인의 참주에 맞서 민주주의 저항 운동을 하며 싸웠던 세 사람(아니토스, 멜레토스, 리콘)은 젊은이들을 타락시키고 아테네의 신들을 믿지 않는다는 죄목으로 소크라테스를 고발했다.(24b)

이 세 사람이 소크라테스를 고발한 죄목은 난데없이 나온 게 아니었다. 옛 속담대로 "아니 땐 굴뚝에 연기나지 않는" 법이다. 어쩌면 질문을 이렇게 고쳐야 할지도 모른다. 왜 아테네인들은 소크라테스를 진작 법정에 세우지 않고 그가 오랫동안 법과 그들의 권위에 도전하도록 계속 눈감아주었을까? 더욱이 소크라테스가 재판을 받았을 당시는 민주주의가 재확립된 시기였을 뿐 아니라, 그에게는 30인의 참주 지배에 연루되었던 많은 친구, 많은 옛 제자가 있었다는 사실을 명심할 필요가 있다. 소크라테스는 확실히 의심받을 여지가 있었다. 그와 가까웠던 제자인 알키비아데스는 처참하게 끝난 시칠리아 원정을 계획했다가 결국 스파르타로 도피했고, 나중에는 페르시아로 망명했다. 알키비아데스는 페리클레스 이후 세대의 대표적인 아테네 정치가였다. 그와 소크라테스의 복잡한 관계는 플라톤의 대화편 『향연』에서 술 취한 알키비아데스를 통해 생생하게 이야기된다. 결국 소크라테스의 재판은 군사적 패배, 음모, 배반의 그림자 속에서 벌어졌다.

두 가지 죄목

소크라테스는 변론을 시작하며 자신에게 혐의를 씌운 현재의 고발자들은 자신에게 비우호적 선입견을 만들어낸 이전 세대 고발자들의 후손이라고 주장한다. 그 혐의도 새로운 것이 아니며, 배심원들 다수가 자신에 관해 좋지 않은 소리를 들었을 거라는 사실을 소크라테스는 암시한다. 그는 예전의 그 고발자가 '희극 시인'이라고 넌지시 내비치는데, 이는 틀림없이 희극작가 아리스토파네스를 두고 하는 말이었다.(18d)

아리스토파네스에 대한 암시는 『국가』에서 소크라테스가 "철학자와 시인 사이의 오랜 논쟁"이라고 부르는 것에서 나타난다. 이 논쟁은 플라톤 대화편의 핵심이다. 그것은 실제로 아리스토파네스가 등장하는 『향연』의 중심 테마이며, 『국가』의 핵심 내용 중 하나이기도 하다. 『국가』에서 소크라테스는 시가 정의로운 국가와 양립하려면 시를 검열하고 통제해야 한다고 말한다. 사실 독자 여러분은 『국가』의 시적 배경, 그리고 소크라테스와 시적 전통 사이의 오랜 관계를 이해하지 못한다면 『국가』를 제대로 이해할 수 없다.

이 논쟁의 핵심은 미학적 성격뿐 아니라 정치적 성격도 띤다. 그것은 누가 미래 시민과 정치 지도자를 교육할 자격을 가장 잘 갖추었는가 하는 질문의 본질에 맞닿아 있다. 인류를 위한 진정한 입법자는 철학자인가, 시인인가? 소크라테스 시대의 그리스인에게는 이미 호메로스와 헤시오도스까지 올라가는 몇백 년 된 시적 전통이 있었고, 그 전통에 따라 시민적 덕목과 영웅적 행위의 본보기가 되는 특정 모델들이 확립되어 있었다. 호메로스와 헤시오도스의 서사시가 그리스 세계에서 차지하는 위치는 우리에게 성서가 차지하는(또는 차지했던) 위치와 다를 바 없었다. 신들의 방식, 신들과 인간 세계의 관계, 전쟁 중 인간에게 적절한 덕목의 유형 등과 관련해 서사시는 궁극의 권위를 지니고 있었다. 시적 전통이 찬양했던 덕목은 곧 전사 문화와 호전적 시민의 덕목이었다. 몇 세기 동안 그리스인의 길잡이가 되어주고 그들의 나라를 위대한 강국으로 이끌어주었던 것, 르네상스 시대의 피렌체, 엘리자베스 시대의 잉글랜드, 괴테의 바이마르 시대와 비슷한 수준의 예술적, 지적, 정치적 업적을 달성할 수 있게 해준 것이 바로 그런 자질들이었다.

소크라테스와 시인들 간의 이 논쟁에서 중요한 부분은 무엇일까?

우선 소크라테스가 가르치는 방식은 시인들이 가르치는 방식과는 확연히 다르다. "노래하소서, 여신이여. 아킬레우스의 노여움을." 『일리아스』의 첫 문장이다. 시인들은 신탁 사제와 비슷하다. 그들은 여러 신을 불러내어 노래로 신들을 고무하고 감화시키며, 초인적인 힘과 용기를 지닌 사람들의 이야기를 들려준다. 반대로, 소크라테스의 방식은 대화식, 즉 '변증법적'이다. 그는 논쟁하고 같이 대화하면서 어느 주장이 이성적 검토와 논증의 시험을 가장 잘 견딜 수 있는지 사람들이 깨닫기를 원한다. 그는 이 새로운 시민 교육의 본질에 대해 계속해서 비판적으로 질문한다.(이야기를 들려주거나 시를 암송하진 않는다.)

둘째로, 호메로스와 시인들은 전장에서 싸우는 남자의 덕목을 노래한다. 그러나 소크라테스는 전사 시민을 대체할 전혀 새로운 시민 덕목을 갖춘 시민 유형을 만들고 싶어한다. 소크라테스식 새 시민은 호메로스식 옛 전사의 특징을 일부 가질 수는 있겠지만, 이제 군사적 전투는 말로 하는 새로운 유형의 전투로 대체되어 가장 훌륭한 주장을 하는 사람이 승자가 될 것이다. 유명한 '소크라테스식 방법론'으로 이루어지는 논쟁만이 전투와 싸움이 지배하던 옛 호전적 문화에서 남은 잔재의 전부이다. 소크라테스식 시민 정치가는 대화의 기술을 훈련받아야 한다. 소크라테스가 새 유형의 시민에게 부여한 자질이 무엇인지는 조금 뒤에 살펴보겠다.

소크라테스는 자기 자신을 내세우며 시적 전통에 도전한다. 『소크라테스의 변명』은 낡은 시적 모델을 대체할 새로운 유형의 영웅으로 그를 제시한다. 소크라테스는 이렇게 시적 전통에 도전함으로써 아리스토파네스를 비롯한 예전 고발자들로부터 분노를 사게 되는 결정적 단초를 제공한다. 사실 그들은 소크라테스를 매우 심각한 위협으로 생각했다. 아리스토파네스의 희곡 작품인 『구름』은 사람들을 가르치는 소크라테스의 직업 자체를 헐뜯고 비웃기 위한 것이었다. 아리스토파네스의 희곡은 소크라테스가 당시 위대한 동시대인들에게 얼마나 심각하게 받아들여졌는지 보여주는 가장 확실한 예이다. 비웃음은 유명하고 막강한 상대에게 보낼 수 있는 가장 진지한 형태의 찬사 중 하나로 남아 있다.

『소크라테스의 변명』 몇몇 판본은 『구름』을 나란히 실어 출간되기도 했다. 여기서 아리스토파네스는 소크라테스를 프론티스테리온 Phrontisterion, 즉 문자 그대로 '생각하는 가게'로 불리는 일종의 초기 싱크탱크의 우두머리로 등장시킨다. 아버지들은 아들에게 소크라테스식 지혜의 비밀을 주입시킬 생각으로 아들을 끌고 찾아온다. 희곡에서 소크라테스는 구름을 더 잘 보기 위해 바구니 속에 담긴 채 무대 위 공중에 매달린 모습으로 묘사된다. 이는 그가 동료 시민들이 살아가는 일상사에는 무관심함을 나타낸다. 소크라테스는 신들을 조롱할 뿐 아니라, 근친상간이나 부모를 때리는 것조차도 허용될 수 있다고 가르치는 스승으로 비춰진다. 긴 이야기를 짧게 간추리면, 이 희곡은 소크라테스에게 불만을 품은 한 제자가 소크라테스의 싱크탱크를 완전히 불태우는 것으로 끝맺는다.

아리스토파네스가 묘사하고 있는 소크라테스의 초상은 얼마나 정확할까? 『구름』은 소크라테스가 40대 중반이던 기원전 423년에 쓰여서 처음 상연되었다. 아리스토파네스의 희곡 속 소크라테스는 기본적으로 공중이나 땅속의 것을 연구하는 자연철학자, 오늘날 우리가 말하는 과학자이다.(18b) 이런 모습은 『소크라테스의 변명』에서 젊은이들을 타락시킨 죄와 무신앙의 죄로 기소된 소크라테스와는 상당히 거리가 있어 보인다. 아리스토파네스의 이야기에 답하기 위해, 소크라테스는 그 재판이 있기 오래전, 그 자신을 전혀 새로운 길로 이끌었던 계기가 된 한 사건을 들려준다.(사실상 지적 자서전을 들려준다.) 카이레폰이라는 한 친구(『고르기아스』에서 다시 등장)가 델포이 신탁소를 찾아가 소크라테스보다 현명한 자가 있는지 물었더니, 여사제는 소크라테스보다 현명한 사람은 없다는 데 동의했다. 소크라테스는 이를 도전으로 받아들였다. 그는 신탁이 정확하지 않다는 걸 입증하기에 나선다. 그는 신탁의 오류를 입증하기 위해 자신보다 현명한 사람을 찾으러 떠났던(평생의 탐색) 이야기를 들려주는데, 그 과정에서 정치가, 시인, 기술자 등 박식하다고 소문난 모든 사람을 만날 때마다 질문하고 캐물었다. 대화는 자연의 과학적 현상이 아닌 인간적 질문으로 이어졌다. 질문은 이러했다. 누가 인간과 시민의 덕목을 가르칠 수 있는가?(20b)

이것이 그 유명한 '소크라테스의 전환'(때로 소크라테스의 '두번째 항해'라고도 불리는)이다. 그가 자연현상에 관한 연구에서 인간적이고 정치적인 것에 대한 탐구로 방향을 튼 순간이었다. 델포이 신탁 이야기의 진위야 어쨌든, 이는 소크라테스의 지적 전기傳記에서 중요한 전환점이다. 즉 '소크라테스 이전'의, 자연의 근본 요소들을 탐구하던 젊은 철학자 소크라테스에서, 정치학의 창시자로서 도덕적, 정치적 삶의 덕목, 정의, 최고의 체제 등을 추구하는 우리에게 친숙한 플라톤적 소크라테스로 옮아가는 순간인 것이다. 그는 왜 자연현상에 대한 연구에서 인간적, 정치적 문제에 대한 연구로 방향을 틀었을까? 소크라테스는 델포이 신탁을 다른 사람들과 철학적 대화를 나누라는 명령으로 해석했다. 왜 이것이 적절한 해석으로 보이는 걸까, 그리고 그는 이전에 왜 그런 대화를 하지 않았을까? 젊은이를 타락시키고 신앙이 없다는 혐의로 기소된 것은 바로 이 소크라테스, 플라톤적 소크라테스이다. 소크라테스가 저지른 죄의 본질은 무엇일까? 그가 타락시킨 사람은 누구이며, 무신앙은 무엇을 의미할까? 이 질문에 답하기 위해, 새로운 소크라테스적 시민의 성격을 살펴보자.

소크라테스적 시민

아니토스와 멜레토스가 소크라테스에게 씌운 새로운 혐의는 무신앙과 타락이었다. 정확히 이 혐의는 무엇을 뜻할까? 무신앙은 무엇이며 왜 범죄로 여겨졌을까? 고대 아테네인에게 무신앙은 어떤 의미였을까? 적어도 무신앙은 신들을 공경하지 않음을 시사한다. 비록 멜레토스가 무신앙과 무신론을 혼동하기는 했지만, 무신앙이 꼭 무신론을 의미하지는 않는다. 다만 그것은 사회가 가장 소중하게 여기는 것에 대한 불손함, 심지어 신성모독을 암시한다. 오늘날 미국인들이 성조기를 불태우는 행위를 가리켜 '모독'이라고 말할 때, 그들은 불경을 이야기하는 것이다. 멜레토스(이 이름은 그리스어에서 실제로 '보살핌'을 뜻한다)는 소크라테스가 아테네 동료 시민들이 관심을 쏟는 것에 제대로 신경쓰지 않았다고 비난한다.

모든 사회는 믿음 또는 신앙이라는 매개 안에서 움직인다. 미국의 건국 문서인 독립선언서는 모든 인간이 평등하게 창조되었으며, 우리에게는 양도할 수 없는 권리가 주어졌고, 모든 합법적 정부는 국민의 동의에서 나온다고 선언한다. 이런 믿음은 미국인들의 국민적 신조, 미국인이 된다는 것의 의미를 형성한다. 그러나 무엇이 이런 믿음을 진리로 만드는지 조리 있게 설명할 사람이 얼마나 될까? 그런 믿음은 과연 진리일까? 우리는 대부분 어린 시절부터 늘 그렇게 배워왔기 때문에, 또는 토머스 제퍼슨이 그렇게 썼다는 이유에서, 이런 것들을 믿음의 문제로 여긴다. 그렇다면 무신앙이나 믿음이나 모두 그 시민의 자연스러운 조건이다. 어떤 부류의 사회이든 모든 사회의 통치 원리에는 이런 부류의 믿음이 포함되어야 한다.

그러나 철학은 그저 믿음만으로 만족할 수 없다. 철학은 의견을 지식으로 대체하고, 믿음을 참된 원리로 대체하려는 열정어린 욕망(가만히 있지 못하는 고집스러운 욕망)에서 생겨난다. 철학으로선 신앙에 대해 믿음을 가지는 것으로는 충분하지 않다. 자신의 믿음에 대해 이유를 대거나 주장할 수 있어야 한다. 철학의 목표는 믿음이나 신앙을 이성이나 진리로 대체하는 것이다. 따라서 철학은 믿음과는 사이가 좋지 않을 수밖에 없다. 이것만큼은 자명하다. 시민은 특정한 정치 질서나 체제에 애착이 있기 때문에, 또는 우리가 믿게끔 키워져온 이런저런 것 때문에, 신앙에 대한 믿음을 받아들일 수 있다. 반면에 철학자는 언제 어디서든 늘 참된 진리에 비추어서 판단하려 한다. 지식에 대한 탐색 때문에, 철학과 믿음 사이에는, 또는 달리 말해서 철학자와 국가 사이에는 필연적이고 불가피한 긴장이 존재한다.

이런 관점에서 보면 소크라테스의 무신앙은 유죄였을까? 겉보기에 혐의는 정당해 보인다. 소크라테스는 동료 시민들의 관심사에는 관심이 없었거나 또는 그들처럼 신경쓰지 않는다. 그가 배심원들에게 한 첫 말—"(저는) 이곳 말투에는 그야말로 생소한 외국인의 처지입니다"(17d)—은 아테네인의 방식과 관심사에 대한 관심의 결여 또는 그 방식에 대한 불만을 나타내는 선언이다. 그러나 소크라테스가 전혀 관심이 없다고 말하는 것도 정확하지는 않다. 그는 자기 주변 사람만큼 깊이, 어쩌면 주변 누구보다 더 깊이 관심을 갖고 있다고 주장한다. 그가 깊은 관심을 가진 것 중에는 "내가 돌아다니면서 하는 일은 다름이 아니라 바로 여러분이 젊든 나이가 많든 신체나 돈을 돌볼 게 아니라 영혼이 최대한 훌륭한 상태가 되도록 돌보라고 설득하는"(30b) 그의 소명이 있다.

소크라테스는 배심원들에게, 자기 자신과 주변 사람들의 영혼 상태에 이렇게 많은 관심을 쏟았기 때문에 자신이 가난해지고 가족에게도 소홀해졌을 뿐 아니라, 공적인 삶의 문제, 국가와 관련된 사안에서 멀어져 개인적인 삶을 추구하게 되었다고 밝힌다. 실제로 그의 말을 옮기면 이렇다.

> 나의 정치적 활동에 반대되는 게 바로 이것인데, 내가 보기에 그 반대는 정말 훌륭하게 여겨집니다. 왜냐하면, 아테네인 여러분, 이 점을 여러분

이 잘 알아두었으면 하는데, 내가 오래전 정치적 활동을 하려고 시도했더라면 이미 죽었을 테고, 여러분에게도 나 자신에게도 아무런 이득을 주지 못했을 테니까 말입니다. 부디 진실을 말하는 나에게 화를 내지 말아주세요. 진정 여러분을 반대하거나 어떤 다수 대중을 반대해서 많은 불의와 불법이 국가에 생겨나는 것을 막으면서도 목숨을 보전할 사람은 인간들 가운데 아무도 없기 때문입니다. 오히려 참으로 정의를 위해 싸우려는 사람은, 잠깐 동안이라도 목숨을 보전하겠다고 한다면, 공적인 삶이 아니라 사적인 삶을 살 수밖에 없습니다.(31d~e)

정의를 추구하려면 공적인 삶을 외면하고 사적인 삶을 추구해야 한다는 소크라테스의 아주 독특한 주장을 우리는 어떻게 이해해야 할까? 이 새롭고 이상한 부류의 소크라테스적 시민이란 무엇일까?

위대한 기권자

자신은 사적인 삶을 살아왔다는 소크라테스의 주장이 엄밀하게 진실일 리는 없다. 델포이 신탁소를 대신해 탐문했던 그의 작업은 공적인 것이었다. 그는 정치가, 시인, 그밖의 공적인 인물을 상대로 질문을 던졌다. 소크라테스 자신이 순전히 사적인 삶을 살아왔다고 주장할 때, 그 말은 그가 오직 청중이 가진 이성과 자기성찰의 힘에 호소하고 있음을 뜻한다. 그는 권위의 모든 전통적 근원으로부터 철저하게 독립하라고 충고할 뿐 아니라, 이른바 정치적 삶에서 소신 있는 기권을 권장한다. 소크라테스의 새로운 시민은 아테네의 집단행동에 가담하지 않고 기권함으로써만 불의와의 공모를 피할 수 있다. 그의 모토는 다음과 같을 것이다. "'아니요'라고 말하라."[7]

소크라테스는 소신 있는 기권의 두 가지 예를 배심원들에게 보여준다. 첫째는 전투에서 진 남자들의 시신을 수습하지 못했던 아테네 장군 열 명을 비난하고 처형하기 위한 심판에 가담하기를 그가 거부했던 일이다. 여기서 소크라테스는 집단적인 죄를 묻는 일에 가담하기를 거부한다.[8] 둘째로, 그는 자신이 살라미스 사람 레온을 체포하라는 명령에 불복했다는 사실을 배심원들에게 상기시킨다. 그는 레온이 재판도 없이 처형되리라는 것을 알고 있었다.(32c) 두 경우 모두 다른 저자들에 의해 입증된 실제의 역사적 사건으로, 저마다 소크라테스가 목숨을 대가로 치를 수도 있었다. 소크라테스는 두 사례 모두에서, 정치적 삶에 참여할지 발을 뺄지를 놓고 자기 개인의 도덕적 진실성을 기준으로 삼는다. 그는 배심원들에게 이렇게 상기시킨다. "나는 정의에 반하는 일이라면 어느 누구에게든 그 무엇도 양보하지 않는 그런 부류의 사람입니다."(33a)

문제는 법에 대한 이런 소신 있는 불복종(소로의 시민 불복종 모델과 비슷한)이 타락과 무신앙의 혐의에서 소크라테스를 변호하는가 아니면 비난하는가이다. 한 시민이 자신의 양심을 법보다 위에 놓을 수 있을까? 소크라테스식 시민 공동체는 어떤 모습일까? 어떤 법에 복종할지 또는 어느 권위를 따를지 우리가 고르고 선택할 수 있을까? 소크라테스는 자신의 도덕적 진실성을 굉장히 중요시하기 때문에, 자신은 평의회나 법정으로 자기 손을 더럽히지는 않겠다고 말한다. 정치적 삶에서 기권(심지어는 거부)을 가르치는 사람은 대체 어떤 시민일까?

소크라테스는 자신의 기권 방침이 실제로 아테네에 사회적 이익을 안겨주었음을 보여줌으로써 이런 혐의를 피하려 한다. 『소크라테스의 변명』에 나오는 유명한 한 구절에서 그는 자신을 아테네의 우수성을 향상시킨 등에라고 정의한다.

> 그러니까 아테네인 여러분, 지금 나는 나 자신을 위해 항변하고 있는 게 전혀 아닙니다. 누군가는 그렇게 생각할지도 모르지만 말입니다. 오히려 나는 여러분을 위해서, 즉 여러분이 나에게 유죄 표를 던짐으로써 신이 여러분에게 준 선물에 대해 뭔가 잘못을 범하지 않도록 항변하고 있는 겁니다. 여러분이 날 죽인다면, 이런 부류의 사람을 쉽게 발견하지 못할 테니까요. 좀 우습게 들릴 수도 있겠지만, 그야말로 마치 크고 혈통도 좋지만 큰 덩치 때문에 꽤 굼뜨고, 어떤 등에가 있어서 일깨워줄 필요가 있는 말馬과도 같은 국가에 신이 붙여놓은 그런 사람 말입니다. 신은 나를 바로 그런 사람으로 국가에 붙여놓았다고 생각합니다. 하루 종일 여기저기 빠짐없이 찾아가 붙어앉아 여러분 각자를 일깨워주고 설득하고 꾸짖는 일을 결코 멈추지 않는 그런 사람으로 말입니다.(30e~d)

여기서 소크라테스는 자신은 사회 비평가로 제 역할을 하면서 공공의 이익을 제공한다고 주장한다. 그가 하는 일은 자신의 이익이 아닌 공공의 이익을 위한 것이다. 당신들이 나를 좋아하지 않을지도 모르지만, 내가 있는 것이 당신들에게는 좋은 일이다, 그렇게 그는 배심원들에게 말한다. 나아가 그는 유사종교적인 언어로 그 사안에 대해서는 자신에게 선택권이 없다고 주장한다. 그는 '신의 선물'이며 단순히 신에게서 받은 명령을 따를 뿐이다. 그는 이렇게 말한다. "아테네 시민 여러분, 나는 여러분에게 복종하기보다는 신에게 복종할 것입니다. 그래서 나에게 숨이 붙어 있는 한, 그리고 할 수 있는 한, 지혜를 사랑하기를 결코 멈추지 않을 것입니다."(29d)

소크라테스가 종교적 언어를 통해 시민권이란 관념을 말하고 있는 이 내용을 어떻게 이해해야 할까? 그는 진지하게 말하는 걸까 아니면 반어법을 쓰는 걸까? 그는 재판관들의 반향을 불러일으킬 일종의 종교적 언어를 사용해, 철학을 중단하지 않겠다는 거부의 뜻을 밝힘으로써 자신에게 씌워진 혐의를 반박했던 건 아닐까? 소크라테스는 자신을 신의 선물로 묘사하면서 반어적으로(그리고 도발적으로) 말했을 수도 있다. 어떤 의미에서는, 이보다 더 익살스러운 것이 있을까?

그러나 소크라테스는 자신의 신성한 소명을 매우 진지하게 받아들이는 것처럼 보이기도 한다. 그가 자신의 '두번째 항해'를 감행하고 도덕적 덕목과 정의의 문제로 방향을 바꾸게 된 것은 델포이 신탁이 카이레폰에게 소크라테스보다 현명한 사람은 없다고 대답했던 바로 그때였다. 그는 자신이 그 길을 가게 된 것은 자신의 선택이 아니라 신이 명령한 결과라고 거듭해서 주장한다. 그가 세속의 일과 가족의 행복에 소홀해지고, 자신을 향한 욕설과 편견에 시달리게 된 것은 다름 아닌 신에게 헌신했기 때문이다. 그는 신이 명령한 일을 중단하느니 차라리 죽음을 불사할 만큼 비할 데 없이 독실하고 헌신적인 사람으로 자신을 내세운다.

우리는 소크라테스의 말을 믿어야 할까? 그는 정말 진심일까? 그가 실천한다고 주장하는 이 독특한 경건함은 무엇일까? 다만 공개적으로 철학하는 걸 중단하라는 배심원들의 평결과 요구에 대답하면서, 그는 자신을 이렇게 설명한다. "이 점이야말로 여러분 중 일부를 설득하기가 무엇보다도 까다로운 대목입니다. 그것은 신에게 불복하는 일이기에 조용히 지낸다는 게 불가능하다고 내가 말하면, 여러분은 내가 의뭉떤다고 생각하곤 내 말을 믿지 않을 테니까요. 반대로 내가, 날마다 덕에 관해서…… 이야기를 만들어가는 것, 이것이야말로 인간이 누릴 수 있는 최상의 좋음이며, 성찰 없이 사는 삶은 인간에게 가치가 없다고 말하면, 여러분은 이런 말을 하는 나를 훨씬 더 못 미더워할 겁니다."(37e~38a)

소크라테스는 여기서 자신이 진퇴양난에 빠져 있음을 깨닫는다. 한편으로, 성스러운 임무에 대한 언급은 그의 말을 듣는 청중에게는 반어법으로 받아들여질 것이다. 또 한편, 그는 성찰하는 삶만이 가치가 있다는 이성적인 근거를 가지고 사람들을 설득하기란 굉장히 어려움을 깨닫고 있다. 그렇다면 소크라테스적 시민이라면 어떻게 해야 할까?

소크라테스를 용인해야 할까?

『소크라테스의 변명』이 우리에게 던지는 질문은 발언(자칫 시민적 불경으로 빠질 수 있는 발언)의 자유를 얼마나 용인할 수 있는가 혹은 얼마나 용인해야 하는가이다. 오랜 세월 플라톤의 독자들은 사상과 토론의 완전한 자유가 존재해야 하며, 자유로운 질문을 억압하거나 방해하는 시도에 맞서 플라톤이 가장 분명한 논점을 보여준다고 추정해왔다. 그러나 이 추정은 옳은가? 과연 이것이 플라톤의 가르침일까?

『소크라테스의 변명』은 근본적인 비평가 또는 질문자 역할을 하는 철학자의 가장 비타협적인 예를 제시한다. 소크라테스는 아테네 정치에 이런저런 변화가 필요하다고 요구하지 않는다. 그는 다름 아닌 아테네 시민 생활에 철저한 변화, 심지어 혁명적 변화가 필요하다고 촉구하고 있다. 그는 동료 시민들에게 그들의 삶은 "살 가치가 없다"고 말한다. 끊임없는 비판 행위를 중단할 선택권이 주어졌을 때조차, 소크라테스는 신성한 명령에 따라 행동하고 있으므로 다른 행동은 할 수 없다는 이유를 들어 거절한다. 플라톤은 우리가 소크라테스를 어떻게 받아들이라고 요구하는 것일까? 소크라테스는 죽음 앞에서도 자신이 믿는 바를 옹호하는 원칙의 인간일까, 아니면 그 사회의 기본법과 가치를 수용할 의지가 없는 사람, 사회가 용인할 수 없고 용인해서도 안 되는 혁명적 선동가일까? 독자들은 둘 다라고 말하고 싶을 것이다.

이 질문에 대한 답은 『소크라테스의 변명』의 자매편 격인 『크리톤』에서 제시된다. 『크리톤』은 『변명』보다 훨씬 관심을 덜 받고 있는데, 내 생각에는 그 저작이 소크라테스에 대한 아테네의 반론이라는 이유도 작용한 것 같다. 『변명』이 아테네에 대한 소크라테스의 반론이라면 『크리톤』은 이 철학자에 대한 아테네의 반론이다. 여기서 소크라테스는 자신에 대한 반론을 펴고, 『변명』에서 자신을 고발한 자들이 했던 것보다 훨씬 훌륭하게 반론을 전개한다. 이 대화편에서 중심이 되는 행동인 소크라테스와 '국법'이 주고받는 말은 멜레토스와 소크라테스 고발자들이 그를 기소할 수밖에 없었던 논거를 제시한다. 『변명』이 불의에 공모하기를 요구하는 정치적 삶을 폄하하는 반면, 『크리톤』은 아테네를 지탱하는 법의 위엄 또는 존엄성을 옹호하는 논거를 편다. 『변명』이 정치에서 발을 뺀 소신 있는 기권자의 입장을 옹호하는 반면, 『크리톤』은 일단 만들어진 법을 준수하고 복종하기 위한 가장 완벽하고 광범위한 논거를 전개한다.

두 대화편은 그 내용은 물론이고 극적인 맥락까지 모두 다르다. 다음 몇 가지를 생각해보자. 『변명』은 500명이 넘는, 그러나 대부분 익명의 청중 앞에서 행한 연설이다. 『크리톤』은 소크라테스와 한 개인이 나눈 대화이다. 『변명』은 가장 공적인 공간인 아테네 법정에서 이루어지는 반면, 『크리톤』의 대화는 어느 감방의 어둡고 좁은 공간에서 벌어진다. 『변명』은 자신과 자신의 생활방식이 아테네에 진정으로 유익한 '신의 선물'이라며 자신을 변론하는 소크라테스를 제시하는 반면, 『크리톤』에서는 예전에 자신이 거부하던 법의 권위에 굴복한 소크라테스를 보게 된다. 마지막으로, 『변명』이 소크라테스를 철학 최초의 순교자로 제시한다면, 『크리톤』은 소크라테스에 대한 재판과 선고를 정의가 실행된 한 사례로 보여준다. 확실히 이런 대조는 플라톤이 대체 무엇을 하고 있는 건지 묻지 않을 수 없게 만든다. 이렇게 첨예하게 대비되는 두 관점을 보여주는 의도는 무엇일까?

『크리톤』이라는 제목은 이 저작의 맨 앞에서 주의 깊은 후견인으로서 앉아 있는 소크라테스의 친구이자 제자의 이름을 그대로 따온 것이다. 크리톤은 소크라테스에게 자신이 탈출을 도와줄 테니 그렇게 하도록 허락해달라고 한다. 간수들에게는 뇌물을 먹여두었으므로 탈출은 쉬울 터였다. 그러나 소크라테스는 크리톤을 직접 설득하기보다는 자신과 '국법' 사이의 대화(더 큰 대화 속의 한 대화)를 전개해나가면서 탈출에 반대하는 논거를 펼친다.(50a~d) 그 논점은 다음과 같이 요약할 수 있다. 어떤 국가도 법 없이는 존재할 수 없다. 가장 중요한 그 법은 사실상 시민들이 마음대로 무시하고, 복종하겠다거나 불복종하겠다고 선택할 수 없는 법이다. 시민 불복종의 부류야 어떻든 간에 불복종에 가담하는 일은 이러저러한 법률에 의문을 제기하는 행위가 아니라 법의 성격 자체에 의문을 제기하는 것이다. 법에 의문을 제기하거나 불복종하는 것은 국가의 권위를 파괴하는 것과 마찬가지다. 단 한 가지 법을 어기는 것조차 무질서를 일으키는 핵심이 될 것이다.

소크라테스는 한 발 더 나아간다. 시민은 그 자신의 존재 자체를 법에 빚지고 있다. 법이 시민을 "낳았"고, 시민을 존재하게 한 것이다.(50d~e) 우리가 공동체에 의해 만들어지고 공동체의 한 부분인 이상, 법은 우리에게 아버지 또는 후견인 같은 권위를 행사한다. 우리는 법을 존중해야 한다. 우리가 가장 오래된 것들, 조상들, (미국인의 경우) 건국의 아버지들을 공경하고 경건해야 하는 것과 마찬가지로 우리는 법에 대해 경의와 경건함을 가져야 한다. 소크라테스는 법의 권위를 온전히 받아들이는 듯 보인다. 그는 『변명』에서처럼 불복종이나 반대 의견을 옹호하지 않는다. 시민 불복종의 사도 소크라테스는 어디로 가버린 것일까? 그는 모든 시민에게는 법에 절대적으로 복종할 의무가 있다는 서약을 받아들인다. 결국 문제는 이것이다. 소크라테스는 『변명』에서는 왜 그토록 당당하게 법에 도전하고 독립적인 태도를 보이면서 『크리톤』에서는 법에 대해 완전한, 심지어 겁쟁이 같은 묵종의 태도를 보일까?

이 딜레마에 대한 플라톤의 답은 아마 다음과 같을 것이다. 『변명』과 『크리톤』은 어느 정도 영원하며 양립할 수 없는 두 가지 도덕규범 사이의 긴장(사실상의 충돌)을 나타낸다. 소크라테스로 대표되는 첫번째 도덕규범은 이성(개인의 최고 이성)을 최고의 권위로 여긴다. 국가의 위험한 권위로부터 개인을 자유롭게 해주고, 정치 생활에서 불가결한 부분인 불의와 사악함에 대한 공모로부터 개인을 지켜주는 것은 다름 아닌 그 자신의 이성에 의지하는 철학자의 태도이다. 두번째 도덕규범은 『크리톤』에서 '국법'의 말로 대표되는데, 여기서 '국법', 즉 공동체의 노모스nomos(공동체의 가장 오래되고 뿌리 깊은 관습과 제도)는 강제적이다. 한 관점은 철학적인 삶, 성찰하는 삶이 가장 높은 가치를 지닌다고 본다. 또다른 관점은 정치적 삶, 즉 계획하고 법을 만들며, 전쟁과 평화를 일으키는 일에 가담하는 시민의 삶을 최고의 소명으로 삼는다. 이 두 가지는 근본적으로 양립할 수 없는 대안이자 서로 다른 소명이다. 이 두 가지를 조화시키거나 통합하려는 모든 시도는 서로를 부당하게 대하는 결과를 빚을 수밖에 없다. 플라톤이 말하고자 하는 것은, 우리가 저마다 가장 진지하고 가치 있는 삶을 살기 위해서는 서로 대립하는 두 관점 중 하나를 택해야 한다는 것으로 보인다.

그런데 이조차 플라톤이 말하려는 바는 아닐지 모른다. 어쨌거나 소크라테스는 왜 감옥에 남아서 독미나리 즙을 마시는 쪽을 택할까? 왜 그를 탈출시켜 크레타로 보내 노년을 누릴 수 있게(그러나 플라톤의 『법률』에서 우리는 바로 그렇게 하는 소크라테스를 본다) 하려는 크리톤을 따르지 않았을까? 소크라테스가 도피를 거부하면서 크리톤에게 한 설명(아테네 국법을 거론하며 댄 이유들)은 진정한 이유일까, 아니면 크리톤이 소크라테스를 돕지 못했을 때 느끼게 될 책임감을 면제해주고자 지어낸 허구에 불과할까?

탈출을 돕겠다는 크리톤의 제안을 거절하면서, 소크라테스는 자신이 아테네 법보다 우월하다는 것을 다시 한번 보여준다. 우선 그는 자신을 사형에 처하는 도시를 거역함으로써, 그다음 최후까지 죽음에 대한 초연함을 표명함으로써 자신의 우월함을 알린다. 소크라테스는 자신에게 지워진 법을 끝까지 지키면서도 크리톤(그리고 그와 같은 사람들)에게 법에 대한 합리적이고 위엄 있는 복종의 예를 보여준다. 소크라테스의 죽음은 결코 비극이 아니다. 비극과는 거리가 멀다. 70세였던 그의 죽음은 장차 철학이 용기와 정의의 근원으로서 좋게 여겨질 수 있도록 의도했던 철학적 순교였다. 플라톤은 어느 편지에서 소크라테스를 "젊고 아름다운" 사람으로 묘사하려는 자신의 시도를 언급한다. 다시 말해 죽음 앞에서도 두려움을 모르는 사람, 어떤 불의한 행동에도 가담하기를 거부하고, 귀기울이려는 모든 사람에게 지혜를 나누어주는 사람의 초상을 제시하면서 의식적으로 소크라테스를 이상화하기 시작한다. 우리는 '진짜' 소크라테스를 알지 못한다. 우리가 아는 건 플라톤이, 그리고 아리스토파네스가 묘사한 소크라테스의 모습이 전부이다. 플라톤의 소크라테스, 그리고 빈약한 논거를 강력하게 만드는 일종의 소피스트로 묘사된 아리스토파네스의 소크라테스는 불가피하게 양극단에 자리잡고 있다. 플라톤의 대화편은 가장 포괄적인 의미에서 보면, 아리스토파네스의 비난에 대한 플라톤의 대답이다.

소크라테스와 우리

오늘날 우리는 소크라테스의 재판에서 무엇을 배워야 할까? 우리는 대부분 도시국가 아테네에 맞서는 소크라테스의 편에 본능적으로 서 있는 자신을 발견하게 될 것이다. 우리는 플라톤이 묘사한 대로, 옹졸하고 무지한 대중에 의해 사형을 선고받은 정의로운 사람으로 소크라테스를 받아들일 것이다. 우리는 충분히 민주적이지 못했던 아테네인을 탓할 것이다. 한편 우리는 수많은 불편한 사실, 즉 소크라테스가 민주주의에 대해 가졌던 적대감, 동료 시민들의 삶은 가치가 없다는 주장, 자신의 삶은 다른 어느 누구도 듣지도 보지도 못한 신이 명령한 삶이라는 그의 주장은 간과하려 할 것이다. 이 가운데 어느 하나 때문에 우리의 생각이 바뀌는 일은 없을 것이다. 그러나 우리는 그 모든 것을 다시 생각해야 한다.

소크라테스의 주장을 염두에 두고 스스로에게 물어보라. 책임 있는 시민 집단이라면 어떻게 해야 했을까? 소크라테스 같은 반체제 시민, 이단적 믿음을 가졌지만 다른 사람들에게 질문하고 스스로 생각하도록 자극할 수 있는 견해를 가진 개인에게 더 큰 관용을 보여야 한다는 것이 한 가지 답이 될 수 있을 것이다. 그러나 그것이 소크라테스를 정당하게 대하는 태도일까? 플라톤은 소크라테스를 용인해야 한다고 주장하진 않았다. 소크라테스의 가르침을 용인한다면 그 가르침은 하찮아진다. 이는 그의 가르침을 무해하게 만드는 일이다. 아테네인은 소크라테스를 진지하게 받아들임으로써 그에게 경의를 표했고, 바로 그 때문에 그는 법정에 서게 되었다. 아테네인이 소크라테스를 용인하지 않았던 이유는 바로 그가 국가에 해가 될 수 있다는 것, 그리고 그들이 고귀하고 가치 있다고 믿는 자신들의 생활방식에 소크라테스가 도전한다는 것을 알고 있었기 때문이다. 소크라테스가 무해하지 않았던 것은 오늘 몇 명, 내일은 더 많은 몇 명의 추종자를 끌어들이는 능력이 그에게 있었기 때문이다. 소크라테스를 용인한다는 것은 우리는 우리 삶의 방식에 별로 신경쓰지 않으니 당신이 날마다 우리 삶의 방식에 도전하고 문제삼도록 얼마든지 내버려두겠다고 말하는 것과 같다.

소크라테스의 재판은 관용의 한계를 생각하게 만든다. 우리가 용인할 수 없는 관점이 있다면 무엇일까? 건강한 사회란 모든 관점에 열려 있는 사회가 아닐까? 분명 발언의 자유는 소중한 선이지만, 다른 모든 것을 능가할 만큼 최고의 선일까? 관용이 어떤 지점에 이르면 더는 관용이기를 중단하고 안이한 허무주의가 되어, 어떤 것도 진지하게 받아들이지 않은 나머지 모든 것에까지 자유를 확장할 수도 있지 않을까? 그렇다면 이것이 정말 관용일까, 아니면 그저 판단의 참된 표준과 진리를 찾는 탐색에 지쳐버린 퇴폐의 한 형태일까? 끝없는 관용은 지적 수동성이 될 수 있으며, 아무리 비열하고 천박한 관점이든 정신 나간 관점이든, 모든 관점에 대한 무비판적 수용으로 빠질 위험이 있다.

이 문제는 우리를 당혹스럽게 한다. 『변명』과 『크리톤』의 교훈은 박해와 관용의 위험성에 관한 것일까, 관용의 한계에 관한 것일까? 건강한 사회라면 소크라테스를 석방했을까, 아니면 법을 집행했을까? 플라톤은 고의적으로 이런 문제에 답하지 않고 내버려둔다. 왜일까? 우리 스스로 생각하기를 바라기 때문이다. 내 견해는 아테네인들이 소크라테스를 부당하게 대하지는 않았다는 것이다. 전혀 그렇지 않았다. 아테네인들은 소크라테스가 진정으로 원하던 것, 다시 말해 그의 믿음을 위해 죽을 기회, 철학의 첫번째 순교자가 될 기회를 주었다.

철학의 전통은 소크라테스의 재판이 드리운 기다란 그림자 속에서 살아왔다. 그 재판은 소크라테스 이후의 모든 철학자가 마주쳐야 했던 문제에 불을 댕겼다. 그 문제란 한편에는 진리와 최고의 체제에 대한 추구가 있고, 다른 한편에는 우리 모두가 살아가는 아주 불완전한 사회의 법과 규범에 대한 충성이 있는 미끄러운 비탈을 어떻게 지나갈 것인가 하는 것이다. 철학과 사회 사이의 긴장은 삶의 영원한 실상이자 철학 자체의 전제조건이다. 고대 사회는 철학을 하기 위한 본원적 권리를 전혀 인정하지 않았으며, 심지어 근대에 와서도 질문의 자유라는 절대적 권리는 법칙이라기보다 예외로 여겨졌다. 그렇기 때문에 철학자들은 거의 어디에서든 오로지 박해를 피하려는 목적에서 회피와 은폐의 전략을 발전시켜왔다. 이런 박해는 사상과 견해에 대한 노골적인 억압부터 좀더 점잖은 형태의 거리두기와 사회적 따돌림까지 다양한 형태를 띠었다. 심지어 오늘날에도 '정치적으로 불공정'하다고 여겨지는 관점을 표현할 경우 그 사람을 고립시키고 망신을 주려는 시도가 행해질 수도 있음을 생각해보라.

플라톤부터 시작해 철학자들은 공공연한 비난과 있을지 모를 박해로부터 자신의 진정한 관점을 보호하고자 시치미떼기, 얼버무리기, 은폐하기 등의 전략을 발전시켰다. 소크라테스와 같은 운명을 당하지 않으려고, 철학자들은 두 가지 가르침을 퍼뜨리기 시작했다. 하나는 대체로 그들의 청중을 염두에 둔 공적 가르침, 다른 하나는 다른 철학자들과 철학도들을 염두에 둔 사적 가르침이었다. 훗날 '이중 진리'로 불리게 된 이런 이중 전략은 박해를 피하는 동시에, 공적 책임감을 과시함으로써 철학이 사회의 믿을 만한 동맹이 될 수도 있음을 보여주는 수단이었다. 그런 은폐 전략은 늘 쓰여왔지만, 여러 가지 불관용이 철학을 위협하던 검열과 박해의 시대에 특히 더 많이 활용되었다. 그러나 철학의 가르침은 시대를 막론하고 사회 질서가 요구하는 바와 상충한다. 현실과 이상 사이의 괴리에 다리가 놓이는 날이 올 때까지, 소크라테스의 재판은 철학의 미래를 위한 좋은 본보기로 남을 것이다.

4장
플라톤의 정의와 인간 선

플라톤(기원전 428~348년경)의 대리석 흉상.(사진 제공: The Art archive / Capitoline Museums, Rome / Collection Dagli Orti / Art Resource, NY)

『국가』는 모든 것의 시작이 된 책이다. 아리스토텔레스의 『정치학』부터 우리 시대 존 롤스의 『정의론』에 이르기까지 철학의 모든 저작은 『국가』에 대한 응답이다. 『국가』가 분량이 많다는 점은 무엇보다 먼저 분명히 언급해야 한다. 플라톤의 저작 중 제일 길지는 않아도 꽤나 길다. 이 책을 처음 읽을 때는 그 의미가 드러나지 않을 것이다. 적절한 질문과 방식으로 접근하지 않으면 열 번 읽는다 해도 의미는 제대로 드러나지 않을지 모른다. 그렇다면 우리는 이렇게 질문해야 한다, 『국가』는 무엇에 관한 책일까?[1]

이는 처음부터 『국가』의 독자들을 갈라놓았던 질문이다. 이 책은 부제가 제시하듯 정의에 관한 책일까? 도덕 심리와 인간 영혼의 올바른 체계화에 관한 책일까? 시와 신화의 힘을 이야기하는 책일까? 아니면 형이상학과 '존재'의 궁극적 구조를 이야기하는 책일까? 이 책은 이 모두(그리고 다른 몇 가지까지)에 관한 책이지만, 우리는 이 책을 처음 다루고 있으므로 일단 겉부터 살펴봐야 할 것이다. 겉보기에 『국가』는 하나의 대화, 주고받는 이야기다. 이 책에 접근할 땐 분석적 논문이 아닌 문학작품을 읽는 방식으로 접근해야 할 것이다. 이 책이 다루는 범위는 『햄릿』 『돈키호테』 『전쟁과 평화』 같은 걸작 문학에 비견할 만하다. 한 편의 대화인 이 책은 저자가 우리더러 동참하기를 권하는 초대와 같다. 하룻밤 사이에 이루어지는 대화에 우리는 수동적 구경꾼이 아닌 능동적 참가자가 되도록 초대받는다. 어쩌면 이 책에 접근하는 최상의 방법은 혼자서 또는 친구들과 희곡을 읽듯 큰소리로 낭독하는 것이다.

플라톤이 제시하는 공화국은 유토피아(이 단어는 한참 후 토머스 모어가 만들어냈다)이다. 플라톤은 극단론자였다. 그는 폴리스에 대해 극단적 전망을 내놓는다. 책을 끌어가는 날줄은 국가를 이루는 부분들과 개인을 이루는 부분들 사이의 관련성이다. 국가 내에서든 개인 안에서든 불화는 최대의 악으로 간주된다. 『국가』는 개인과 사회를 조화롭게 한다는 정의의 개념에 입각해 조화로운 국가를 건설하는 것을 목표로 한다. 당연히 가장 훌륭한 국가는 가장 훌륭한 개인 또는 가장 고귀한 유형의 개인을 배출하고자 하는 국가일 것이다. 이 문제에 대한 플라톤의 유명한 대답은 국가(어떤 국가든)는 왕이 철학자가 되고 철학자가 왕이 될 때까지 파벌들의 불화로부터 결코 자유롭지 못하리라는 것이다.(473d)

『국가』에 관한 많은 논쟁은 바로 이 철인왕philosopher king 개념으로 귀결된다. 이는 정치 개혁에 대한 진지한 제안으로 의도된 것일까, 정치적 근본주의에 대한 풍자일까?[2] 다행스럽게도 플라톤은 이 수수께끼에 대해 일부 해답을 내놓는다. 그의 말년, 소크라테스의 재판이 있고 나서 약 50년 뒤, 그리고 시라쿠사 원행이 실패로 끝난 뒤, 플라톤은 정치에 환멸을 느끼게 된 과정과 오래전에 생각했던 철인왕 개념으로 돌아가게 된 이야기를 길게 편지로 썼다. 다음은 유명한 『일곱번째 편지』에서 그가 말하는 내용이다.

> 나도 젊은 시절에는 많은 사람들과 똑같은 야망을 가지고 있었습니다. 내가 나 자신의 주인이 되면 곧바로 나라의 공적 활동에 뛰어들겠다고 생

각했습니다. 그런데 나랏일과 관련해 이런 일이 일어났습니다. 당시의 정치체제가 많은 사람에게 비난을 받아 혁명이 일어난 것입니다. 혁명에는 51명이 지도자로 선봉에 나섰는데…… 30명은 모두 전권을 쥔 통치자들이 되었습니다. 그런데 그중 몇 사람이 내 친척이거나 지인이었습니다. 그들은 곧바로 나를 자기들 일에 적합하다 여겨 불러들였습니다. 젊었던 때라 나로선 마음이 동하는 것도 이상할 게 없었습니다. 왜냐하면 나는 그들이 사람들을 불의의 삶에서 정의로운 삶의 길로 이끌어가면서 나라를 꾸려가리라 믿었기 때문입니다. 나는 그들이 무엇을 하려는지 잔뜩 주의를 기울이고 있었지요. 그런데 지켜본 지 얼마 되지도 않아 그들은 이전의 정치체제가 황금기였음을 보여주었습니다.

실로 어떤 일이 벌어지고 있는지, 나랏일을 집행하는 이들이 어떤 사람들인지, 우리의 법률과 습속이 어떤 상황인지 자세히 살펴볼수록, 그리고 나이를 먹을수록 나는 나랏일을 바르게 처리한다는 것이 더욱 어렵다고 생각했습니다. 왜냐하면 친분 있는 사람들과 믿을 만한 동지가 없이는 나랏일 집행이 불가능했고, 그런 사람들이 실제 있어도 찾기가 쉽지 않았기 때문입니다. 우리나라는 더이상 선조들의 습속과 제도에 따라 다스려지지 않았던 까닭이죠. 다른 새 동지들을 얻는 것도 그리 쉽지 않았고요. 또 성문법이건 관습이건 다 황폐해졌는데, 그 진행 속도는 가히 놀라웠습니다. 그러한 것들이 완전히 휩쓸려가는 것을 보면서, 처음에 공적 활동에 대한 열정이 넘쳐흘렀던 나는 급기야 현기증을 느꼈습니다. ……결국 나는 지금 존재하는 모든 나라가 잘못 다스려지고 있으며, 그 나라들의 법률 상태는 기적적인 요법과 행운이 있지 않고서는 사실상 구제가 불가능하다는 결론에 이르렀습니다. 그래서 진정한 철학을 찬양하면서 나는, 나라에서든 개인에게서든 모름지기 무엇이 정의로운가 하는 것은 오로지 철학을 통해서만 알아낼 수 있다고 언명하지 않을 수 없었습니다. 그러므로 올바르고 진실되게 철학하는 사람들이 권좌에 오르거나 아니면 각 나라의 권력자가 신의 은혜로 진정 철학을 하기 전에는, 인류에게 재앙이 그치지 않을 것이라고 또한 언명할 수밖에 없었습니다.[3]

이 자전적 편지는 『국가』에 대한 서문과 같다. 여기서 우리는 플라톤 자신의 말을 통해 그가 정치를 바라보는 방식과 그의 정치철학에 대한 근거를 알 수 있다. 다만 이 편지가 개혁의 전망에 대해 대체로 절망과 환멸을 느끼며 나이 든 플라톤이 과거를 돌아보는 입장이라면, 『국가』에서 플라톤은 더 행복했던 이전의 삶과 그 도시에서의 생활을 회상한다. 이 대화가 이루어지는 때는 아테네가 패배하기 오래전, 30인의 참주가 등장하기 전, 소크라테스가 처형되기 전, 그리고 플라톤이 앞의 편지에서 '황금기'라고 일컬었던 시기로, 많은 일이 가능할 것만 같았던 때이다.

『국가』는 우리에게 철학자에 의해, 철학자를 위해 통치되는 국가는 어떤 모습일지 진지하게 생각해보라고 요구한다. 이런 점에서 이 책은 『소크라테스의 변명』을 지탱해주는 완벽한 버팀대로 볼 수 있다. 『소크라테스의 변명』이 국가가 철학 및 철학적 삶에 제기하는 위험성을 바라보는 반면, 『국가』는 철학으로 통치되는 국가는 어떤 모습일지 묻는다. 철학자들이 통치하는 국가는 어떤 모습일까? 그런 국가는, 소크라테스의 말에 따르면, 시와 신학에 대한 엄격한 검열, 적어도 국가 수호자 계급에서의 사유재산과 가족의 철폐, 정치적 지배의 도구로서 엄선된 거짓말과 신화(오늘날에 말하는 이른바 '이데올로기')의 사용을 요구할 것이다.

현대 정치철학은 상당 부분 플라톤의 유산과는 반대쪽을 향하고 있다. 현대 국가는 시민사회(사적 생활의 영역 전체)와 국가의 분리를 바탕으로 한다. 반면 플라톤의 『국가』는 독립적이고 사적인 영역을 전혀 인정하지 않으며, 바로 그런 이유 때문에 일부에서는 이 책을 전체주의 혹은 파시즘의 전조로 여기곤 한다. 어느 대학의 유명 교수는 『국가』에 관한 강의를 이렇게 시작하곤 했다. "이제 우리는 플라톤을 파시스트로 보게 될 것입니다." 이것이 지난 세기 플라톤에 관해 쓴 아마도 가장 영향력 있는 저서인 칼 포퍼의 『열린 사회와 그 적들』의 관점이었다. 이 책에서는 스탈린의 러시아와 히틀러의 독일과 맥을 같이하는 전체주의적 독재를 확립했다며 플라톤을 비난했다.[4]

그러나 플라톤의 '국가'는 특수한 부류의 공화국이다. 이 국가는 개인의 자유를 극대화하고자 힘을 쏟는 오늘날 같은 체제가 아니라, 구성원에 대한 교육을 최고의 의무로 삼는다. 그리스의 폴리스 자체가 그렇듯, 플라톤의 국가는 수호를 위한 연합체이며, 거기서 주요 선은 공적 지도력과 높은 정치력을 요하는 지위에 걸맞은 시민들을 교육시키는 일이다. 플라톤이 교사였음을 기억하는 것이 좋겠다. 그는 서구 세계 최초의 대학인 아카데미아를 설립했다. 아카데미아는 결국 그리스 세계와 이후 로마 세계 전역에 수많은 철학 학교를 파생시켰다. 그리스도교가 지배하던 처음 몇백 년 사이 로마가 사멸하면서 철학 아카데미아들은 중세 수도원으로 바뀌었고, 다시 이 수도원들을 기반으로 볼로냐, 파리, 옥스퍼드 등에 최초의 대학이 생겨났다. 이런 대학들은 신대륙의 케임브리지와 뉴헤이븐 같은 곳으로 이식되었으니, 오늘 강의실에 앉아 있는 우리는 의심의 여지없이 플라톤식 국가의 상속자라고 말할 수 있다. 우리는 플라톤의 후계자들이다. 플라톤이 없었다면 예일대도 없다.

사실 『국가』에서 이야기되는 제도적, 교육적 요건은 예일대 같은 곳의 특성과는 많은 공통점이 있다. 두 곳 모두 저마다 지도자의 자질, 용기, 자제력, 책임감 등의 능력을 근거로 비교적 어린 나이에 남녀 학생을 선발한다. 이들은 몇 년 동안 부모의 감독으로부터 멀리 떨어져 함께 생활하면서, 공동 식당에서 식사하고 운동하고 공부한다. 여기서 가장 뛰어난 이들은 따로 추려져 더 많은 공부를 하고 결국 고위 공직을 맡는다. 그러는 내내, 그들은 군대 및 여러 공공 서비스 분야에서 중요한 직위를 맡을 수 있도록 엄격한 공부와 신체적 훈련 과정을 거친다. 어디서 많이 들어본 소리 아닌가? 그럴 것이다. 나는 이렇게 묻고 싶다. 만약 플라톤이 파시스트라면, 예일대 학생인 여러분은 무엇인가?

플라톤은 극단주의자이다. 그는 종종 그런 극단적 관념 일부를 가장 급진적인 결론으로 밀고가지만, 그가 정의하고 있는 것은 일종의 학교이다. 그는 '폴리테이아politeia', 즉 공화국을 하나의 학교로 여기며, 주요 목표는 하나의 공동체를 인도하고 지도할 자격을 갖춘 사람으로 학생들을 준비시키는 것이다. 장자크 루소가 가장 깊이 이해했던 것은 다름 아닌 그 권한이었다. "공공 교육이라는 관념을 이해하고 싶은가?" 루소는 『에밀』에서 묻는다. "플라톤의 『국가』를 읽어라. 그 책은 제목만 보고 책을 판단하는 사람들이 생각하듯 정치 서적이 결코 아니다. 지금껏 쓰인 가장 아름다운 교육 논문이다."[5]

"나는 페이라이에우스로 내려갔다."

"나는 내려갔다"라는 표현은 그리스어로 katēben이다. 『국가』가 이 말로 시작하는 것은 그저 우연이 아니다. 내가 듣기로, 독일 철학자 마르틴 하이데거는 『국가』를 가르칠 때 절대 이 첫 문장을 그냥 넘어가지 않았다고 한다. 소크라테스가 페이라이에우스로 내려갔던 일, 즉 카타바시스katabasis는 『오디세이아』에서 오디세우스가 하데스로 내려갔던 일을 모델로 삼았다. 호메로스를 모방한다는 점에서, 그리고 세르반테스나 조이스의 작품처럼 정신의 여정odyssey을 예견한다는 점에서, 『국가』는 일종의 철학적 『오디세이아』라고 할 수 있다. 이 책은 후반부에 '경계선'을 넘어 불멸의 형상들이 있는 세계로 올라가고, 맨 마지막에 '에르의 신화'에서 지하세계로 돌아가는 등 수많은 하강과 그에 상응하는 상승으로 가득차 있다. 이 책은 시대를 초월한 철학 논문일 뿐 아니라, 배경과 등장인물이 있고 시간과 장소 속에 확고히 자리 잡은 연극적 대화이기도 하다.

이 대화 속에서 펼쳐지는 이야기는 기원전 421년의 어느 때, 아테네의 항구인 페이라이에우스에서 시작된다. 이 무렵은 아테네와 스파르타가 전쟁을 멈추었던 이른바 '니키아스 평화' 시기였다. 첫머리에서 우리는 소크라테스와 그의 친구 글라우콘이 부둣가를 산책하는 모습을 보게 된다. 그들은 무엇을 하고 있을까? 왜 함께 있을까? 그들은 서로에게서 무엇을 보고 있을까? 우선 이런 질문들이 머릿속에 떠오른다. 얼마 뒤 우리는 그들이 새 여신을 맞이하는 축제를 보기 위해 페이라이에우스로 내려왔음을 알게 된다. 여기서 새로운 신을 맞이하는 이는 아테네인들(소크라테스가 아닌)이라 짐작할 수 있다. 트라키아인도 근사한 행렬을 선보였다는 소크라테스의 말은 그의 시야가 아테네에 국한되지 않음을 암시한다. 한 시민의 입장이 아닌 철학자 특유의 고결함과 공평무사함이 여기서 엿보인다.

그들이 시내로 돌아오는 길에 한 노예가 말을 붙여온다. 폴레마르코스와 그 친구들의 심부름으로 온 노예는 소크라테스와 글라우콘에게 기다리라는 당부를 전한다. "폴레마르코스의 청인데 두 분께 기다려달라십니다." 노예가 말한다. "그분께서 이리로 오고 계십니다." 그러고는 계속해서 부탁한다. "좀 기다려주세요." 글라우콘이 대답한다. "그렇다면 기다리도록 하죠." 폴레마르코스와 그 친구들이 도착했다. 친구들 중에는 글라우콘의 형인 아데이만토스, 지금 누리는 평화의 중재자로서 유명한 니키아스 장군의 아들 니케라토스가 있었다. 그들은 소크라테스에게 그들과 같이 머무르든가 아니면 자기들보다 더 세다는 걸 증명하라고 도전한다. "우리가 자네들을 설득하면 되지 않겠나?" 소크라테스가 되묻는다. 폴레마르코스는 우리가 들으려 하지 않으면 어쩔 거냐고 대꾸한다. 타협이 이루어진다. 소크라테스와 글라우콘은 그

일행과 함께 폴레마르코스의 아버지 집으로 가서 저녁식사를 대접받고, 나중에 마상 경주가 열릴 축제로 다시 돌아가기로 한다. "그렇다면 머물러야 할 것 같아요." 글라우콘이 고개를 끄덕이고 소크라테스가 동의한다.(328b)

이 도입부는 다음에 이어질 많은 사건의 무대를 만든다. 논점은 다음과 같다. 누가 여기서 지배권을 쥐고 있는가? 오직 머릿수의 힘만으로 지배권을 주장하는 폴레마르코스와 그 친구들일까, 아니면 조리 있는 발언과 설득의 힘으로 지배하기를 바라는 소크라테스와 글라우콘일까? 다수의 의지를 표현하는 민주주의는 오직 이성과 더 나은 논거만을 존중하라고 주장하는 철학의 요구와 양립할 수 있을까? 또는 그 둘 사이의 합의가 이루어질 수 있을까? 정의로운 국가란 이 두 가지, 즉 힘과 설득의 결합일까?

정의의 여러 얼굴

『국가』 1권은 후속 권들의 서두이다. 여기에는 많은 대화를 전개하는 소크라테스가 나오는데, 소크라테스는 그런 대화 때문에 유명해졌고, 또한 그런 대화 때문에 나중에 재판정에 서고 처형당하게 되었다는 데는 의심의 여지가 없다. 플라톤의 어느 대화편을 읽든, 그 내용은 물론이고 소크라테스가 대화하는 특정 개인들과 관련해 플라톤이 무엇을 드러내는지 살펴보는 것이 중요하다. 또한 대화에서 이루어지는 말뿐 아니라 그 대화가 다루는 사건 역시 중요하다. 소크라테스의 대화 상대는 누구인가? 그들은 무엇을 대변하는가? 여기서는 덕망 있는 가장 케팔로스, 케팔로스의 아들로서 아버지의 명예는 물론 친구들과 동료 시민들의 명예를 지키려는 확고한 애국자 폴레마르코스, 미래 지도자와 정치가의 교육자로서 소크라테스에 필적하는 냉소적 지식인 트라시마코스가 등장한다.

이 대화편에는 등장인물 사이의 뚜렷한 위계가 있는데, 나중에 보겠지만 등장인물들은 개인과 국가 모두가 가지는 뚜렷한 특징을 표현한다. 우리가 알기로 케팔로스는 원하는 것을 손에 넣으면서 평생을 살아온 사람이며 자기 몸의 욕구를 충족시키는 일에 관심이 있다. 그는 육욕적 영혼을 대표한다. 폴레마르코스(군사 지도자를 뜻하는 이름)는 명예와 충성에 관한 질문에 몰두해 있다. 그는 기백이 넘치는 영혼을 나타낸다. 그리고 소피스트 방문객인 트라시마코스는 가르치고 교육하려 애쓰는데, 『국가』에서 말하는 이성적 개인을 예고한다. 이들 각각의 등장인물을 하나의 예시로 삼아, 이 대화편의 뒤에는 상대적으로 그들보다 우월한 인물들이 등장한다. 그들이 바로 즐거움을 추구하는 쾌락주의자 아데이만토스, 적극적이고 호전적인 글라우콘, 그리고 철학적으로 사고하는 소크라테스다. 이들은 각각 영혼의 세 가지 핵심 요소(욕구, 기백, 이성)를 나타낸다. 세 인물을 합치면 인간성의 소우주가 된다. 이 대화에 참여하는 사람들은 결국 저마다 정의로운 국가에 살게 될 특정 계급 또는 집단을 대변하는데, 소크라테스는 그 국가에 칼리폴리스Kallipolis라는 이름을 붙인다.

소크라테스가 각각의 대화 상대에게 펼치는 주장을 여기서 길게 따져볼 필요는 없을 것이다. 가장 중요한 것은 그들이 각자 무엇을 상징하는가이다. 케팔로스는 나이, 전통, 가족을 나타낸다. 대화가 시작되는 앞부분에서 그는 신들에게 올리는 제사를 지내기 위해 곧바로 자리를 뜬다. 부와 이를 통해 얻은 권위로 지탱되는 가장이라는 위치 덕분에 그는 자연스레 선두 타자 역할을 맡게 된다. 케팔로스는 처음에 소크라테스를 만나자 큰 기쁨을 표한다. 그러나 소크라테스는 느닷없이 케팔로스에게 나이가 드니 심정이 어떠냐는 질문으로 그를 도발하더니, 설상가상으로 그가 심성이 바른 사람이라는 명성을 얻은 것은 단지 재산이 많아서이지 않느냐는 질문까지 덧붙인다. 그러자 케팔로스가 소크라테스에게 답하기를, 자신은 이제 나이를 많이 먹었기 때문에 젊은 시절 자신을 차지했던 육욕의 정념에서 해방되었으며, 성적인 활동을 하거나 성을 생각하지 않는 시간에 부를 늘리는 데 전념했다고 말한다. 그는 노년에도 여전히 성을 즐길 수 있느냐는 질문을 받았던 소포클레스의 말을 인용한다. 그 시인은 이렇게 대답했었다. "이보게, 나는 거기에서 벗어나 얼마나 기쁜지 몰라. 꼭 미쳐 날뛰는 포악한 주인에게서 벗어난 것 같다니까."(329c) 이제 인생의 황혼기에 접어든 지금 케팔로스는 정의에 관심을 돌릴 수 있었다. 다시 말해 신들이 명령한 제사를 올릴 수 있게 되었다는 말이다. 그런데 플라톤은 왜 이 이야기부터 시작할까?

케팔로스는 관습적인 것의 화신 자체이다. 나쁜 사람은 아니지만, 처음부터 끝까지 성찰을 모르는 사람이다. 소크라테스는 케팔로스를 공격하면서, 그 나라를 지탱해온 관습적 견해들의 통합체를 공격하고 있다. 경건한 사람은 신에게 제사를 바침으로써 정의를 행한다는 케팔로스의 말에 소크라테스가 정의란 자신의 빚을 갚고 빚진 것을 돌려줌을 뜻한다는 명제로 바꿔 말하고 있음을 주목하자. 그런 다음 소크라테스가 케팔로스에게 맞서는 이 교묘한 말재주(무기를 빌렸는데, 미쳐버린 사람한테 그 무기를 돌려주는 것은 어떻게 생각하시는지요?)는 케팔로스를 그 대화에서 영원히 쫓아내버리는 효과를 부른다. 자연적으로 가장이 된 사람을 쫓아버리는 바로 그 방식으로 이후 그는 칼리폴리스에서 가족과 재산을 폐지하려고 한다. 소크라테스는 전통적 권위 주장을 지배하고 이를 넘어서는 자기주장을 펼치는 것이다.

이어 소크라테스는 그 논쟁은 물론이고 가족의 재산까지 물려받을 '상속자'를 자처하는 폴레마르코스와 대화를 이어나간다. 폴레마르코스는 그리스인이 신사, 즉 칼로스가토스Kalosgathos(가족과 친구들을 기꺼이 옹호하고 방어하는 사람)라고 부를 만한 사람이다. 육욕(부와 성性)에 관심을 보이는 아버지와는 달리, 폴레마르코스는 명예와 폴리스의 안전을 지키는 데 관심이 있다. 그는 누구에게든 빚진 바 있다면 이를 갚는 것이 정의라는 관점을 받아들이지만, 친구들에게 이롭고 적에게는 해를 끼치는 일을 하는 것이 정의라고 해석한다. 이때 정의란 가족에게, 또는 같은 팀 구성원들에게, 대학의 동료 학생들에게, 또는 다른 모든 대학에 대해, 혹은 예일대에 대해 우리가 느끼는 일종의 충성심이 된다. 이는 다른 나라와 맞설 때 한 나라의 시민들이 서로에게 느끼는 애국적 감정이다. 정의는 자신의 가족, 친구들, 시민들에 대한 헌신이다.

소크라테스는 집단에 대한 충성은 그 자체로 덕이 될 수 없다는 이유를 들어 폴레마르코스에게 문제를 제기한다. 우리는 늘 실수하지 않는가? 그는 폴레마르코스에게 묻는다. 친구와 적은 일종의 지식을 근거로 구분하는 것이 아닌가? 그렇다면 우리가 친구를 적으로 오해한 적은 없을까? 실제로 누가 우리의 친구이고 적인지 확실하게 알 수도 없는데, 정의란 친구를 돕고 적에게 해를 끼치는 것을 뜻한다고 어떻게 말할 수 있을까? 어째서 한 국가의 시민들, 즉 우리 시민들이 다른 국가의 시민들보다 도덕적 우선권을 지녀야 하는가? 그 같은 우리 자신에 대한 생각 없는 애착은 필연적으로 나머지 사람들에게는 부당한 결과를 초래하지 않겠는가? 또 한번 우리는 소크라테스가 친숙한 것들의 굴레를 해체해버리는 모습을 보게 된다. 『국가』를 통틀어서 철학적 사색과 동료애, 상호 관계, 정치적 삶에 필요한 집단정신 사이의 긴장 관계가 이렇게 뚜렷하게 나타나는 대목은 없다.

폴레마르코스는 국가가 무엇이며 무엇을 대표하는지 생생하게 의식해야만, 또한 국가가 아닌 것은 무엇이며 그 적은 누구인지에 대해서도 똑같이 생생하게 의식해야만 한 국가가 존속할 수 있다고 믿는 것처럼 보인다. 소크라테스는 친구와 적을 구분하는 능력에 의문을 던짐으로써 정치적 삶의 가능성 자체에 문제를 제기한다. 이에 폴레마르코스가 입을 다물기는 하지만, 그의 주장이 패하지 않았음을 주목할 만하다. 이 책의 뒤쪽에서 소크라테스는 최고의 국가는 평화롭고 조화롭다는 특징을 가지겠지만, 그것이 국가 사이의 관계 속에서는 결코 이루어지지 않으리라고 주장한다. 그렇기에 심지어 최고의 국가인 칼리폴리스에서조차 군사 계급이 필요할 것이다. 전쟁과 전쟁 대비는 정의로운 국가의 본질적인 한 부분일 것이다. 심지어 플라톤식의 정의로운 국가도 그 시민들에게 그들과 다른 국가의 시민들 사이에는 타고난 차이점이 있다고 믿게끔 하는 "고결한 거짓말"을 꾸며내고 퍼뜨려야 할 것이다.(414c~415d)

트라시마코스는 소크라테스에게 무엇보다 어려운 문제를 제시하는데, 한편으로 그는 소크라테스의 또다른 자아이기 때문이다. 트라시마코스는 교육자이자 교사로서 소크라테스의 라이벌이다. 다른 사람들과 달리 그는 정의가 무엇인지 안다고 주장하며, 기꺼이 수업료를 받고서 가르칠 의향이 있다. 그는 냉혹한 사실주의적 언어로 가르친다. 그는 충성, 우정, 타인에게 베푸는 선행 등에 관한 폴레마르코스와 소크라테스의 고상한 논의가 역겹다고 고백한다. 그는 정의란 강한 자들의 이익이라고 주장한다. 그에 따르면, 모든 국가는 지배자와 피지배자의 구분을 바탕으로 한다. 정의는 지배계급의 이익을 위해 만들어진 법들로 구성되어 있다. 그것은 강한 자들의 자기 이익일 뿐 그 이상도 이하도 아니다.(338c)

트라시마코스는 인간 본성에 관해 적나라한 사실들을 끊임없이 폭로하기를 즐기는 '지식인'이다. 아무리 트라시마코스가 마음에 들지 않는다 해도, 우리 모두는 그의 말에서 진실의 알맹이를 하나 이상 느낀다. 그는 인간은 무엇보다 권력욕에 지배되는 존재라고 주장한다. 바로 이것이 진정한 인간 또는 현실적인 인간과 노예를 구분해준다. 권력과 지배는 우리의 가장 큰 관심사이다. 개인들에게 적용되는 것은 곧 국가에도 적용된다. 모든 국가는 나머지 국가에 맞서 그만의 이익을 추구하면서, 국가 사이의 관계를 모든 국가의 끊임없는 전쟁으로 만든다. 오늘날 게임이론 용어를 빌리자면, 정치는 제로섬 게임이다. 여기엔 승자와 패자가 있다. 정의의 지배란 단지 승자들이 자신의 이익을 보호하기 위해 수립한 법일 뿐이다.

소크라테스는 폴레마르코스에게 사용했던 논증 방식으로 트라시마코스에게 질문을 던진다. 우리는 한 번이라도 실수를 저지르기 마련 아닌가, 하고. 다시 말해 정의가 강자의 이익이라면, 결국 무엇을 하는 것이 우리의 이익인지 알아야 하는 지식이 필요하지 않겠는가? 이익이란 엄연한 사실이 아니다. 그것은 성찰을 요구한다. 우리는 진정한 이익, 즉 장기적 이익('현명한 이기심')과 단기적 이득 및 즉각적 만족을 종종 구분한다. 그러나 우리가 무엇을 하고 무엇이 되는 것이 이익인지 늘 자명한 건 아니다. 우리는 무엇이 우리에게 이익이 되는지 판단할 때 단 한 번도 실수한 적이 없을까? 물론 우리는 실수를 한다고, 트라시마코스는 인정할 수밖에 없다. 그렇다면 정의가 단순히 권력일 수 없다. 정의는 지식이 함께 결합된 권력이다. 이제 우리는 모든 덕목은 지식이라는 유명한 플라톤식 명제에 접근하고 있다.

트라시마코스와 나눈 대화의 대부분은 정의가 어떤 부류의 지식을 수반하는가라는 문제로 향한다. 트라시마코스는 정의가 사람들을 납득시켜 사실상 통치자에게 이익이 되는 법에 복종하게 만드는 기술에 있다고 주장한다. 정의는 정교한 기만에 바탕을 둔다. 우리는 불의의 결과를 두려워하기 때문에 정의의 지배에 복종한다. 참된 인간 또는 현실적인 인간은 자기 자신의 이익을 위해 부당하게 행동할 용기가 있는 사람일 것이다. 진정한 지배자는 양떼를 다루는 양치기처럼 피지배자들을 다룬다. 양들의 이익이 아니라 양치기의 이익을 도모하는 것이다. 모든 정의가 그렇듯, 모든 통치는 자기 이해에 기반한다. 이를 믿는 트라시마코스의 견해는 틀린 것일까?

소크라테스는 교묘한 말재주로 이 논쟁에서 이긴다. 그와 트라시마코스 모두 정의가 하나의 덕목이라고 믿지만, 사람들을 속이고 등쳐먹는 일이 대체 어떤 덕목이 될 수 있단 말인가? 이제 트라시마코스는 정의로운 사람은 자신에게 이익이 되지 않는 법에 복종하는 바보이며, 반면 가장 훌륭한 삶은 무엇이든 원하는 바를 아무 때나 하는 완벽한 불의의 삶이라고 인정해야 할 처지가 된다. 이를 깨달은 트라시마코스는 당혹스러워 얼굴을 붉힌다.(350d) 트라시마코스는 왜 얼굴을 붉힐까? 그는 왜 정의롭지 않은 삶을 옹호하게 되어 난감해할 수밖에 없었을까? 아마도 그는 자신이 생각하는 것만큼 단단하지는 않은 모양이다. 그는 대담하고 무자비한 말로 사실을 인정하는 것 같지만, 그는 그보다도 훨씬 더 인습에 매인 사람임을 스스로 드러낸다.

1권은 케팔로스, 폴레마르코스, 트라시마코스 세 사람의 주장이 잠잠해지면서 불확실하게 끝나지만, 아직까지 그 자리에 분명한 대안이 끼어들지는 않는다. 이 대화편에서 진짜 행동이 시작되는 것은 지금부터다.

글라우콘과 아데이만토스

『국가』의 첫째 권은 나머지 부분을 위한 워밍업과 같다. 1권에서 우리는 소크라테스가 정의에 관한 여러 관점을 반박하는(또는 반박하는 것 같은) 모습을 보았지만, 정의가 무엇인지에 관해 처음보다 더 잘 이해하게 된 건 아니다. 정의가 무엇인지 알아낼 때까지 우리가 예전에 가졌던 생각을 포기해야 할 이유는 없다. 바로 이 대목에서 글라우콘이 끼어든다.

글라우콘은 소크라테스가 트라시마코스의 말을 반박하는 내용이 만족스럽지 않다고 말한다.(이는 우리도 마찬가지일 것이다.) 트라시마코스는 얼굴을 붉히면서 수치스러워하지만 대꾸하지는 않는다. 글라우콘은 정의롭지 못한 것이 틀렸다고 보여주는 것으로는 충분치 않다고 소크라테스에게 말한다. 우리에게 필요한 것은 정의가 왜 좋은지 관련 사례를 듣는 것이다, 아니 더 정확히 말해서 그는 "그 자체로도" 칭송받는 정의를 듣고 싶어한다. 글라우콘은 소크라테스에게 이렇게 묻는다. "선생님께서는 그 자체로도 우리가 기뻐서 선택하는 부류의 좋은 것이 있다고 보십니까?"(358a) 바로 이 대목에서 본격적으로 문제가 시작된다.

글라우콘의 문제 제기를 설명하기에 앞서 우리는 그가 누구인지 물어봐야 할 것이다. 글라우콘과 그의 형 아데이만토스는 플라톤의 형들이다. 그들은 『국가』에만 등장할 뿐 다른 역사적 기록은 전혀 남아 있지 않지만, 플라톤이 여기서 주는 정보는 충분하다. 우선 그들은 젊은 귀족이며, "그 자체로도" 칭송받는 정의를 듣고 싶어하는 욕구는 그들의 가치 척도를 말해준다. 물질적 보상이나 결과와 관련시켜 정의나 어떤 덕목을 말하는 것은 천박하다. 글라우콘은 그 이익 때문에 칭송받는 정의에 관해선 들을 필요가 없다고 본다. 오히려 그는 마땅하다는 식으로 옹호되는 정의를 한번도 들어본 적이 없노라고 불평한다. 그 자체로 칭송받는 정의를 듣고자 하는 이들 형제의 욕구 하나만 보더라도 이들이 실용적, 상업적 동기에서 자유로운 사람임을 알 수 있다. 그것은 이전의 어떤 대화 상대에게서도 볼 수 없었던 영혼의 이상주의나 고결함 같은 것을 말해준다.

분명 이 형제는 꼴사나운 속물이 아니다. 비록 이 대화편의 나중에 가서 이들은 역할이 축소되어 "그렇습니다, 선생님"이나 "그렇지 않습니다, 선생님" 같은 말만 반복하지만, 초반에 나오는 문제 제기는 이들이 잠재적 철학자, 언젠가는 나라를 다스릴 수도 있는 사람임을 보여준다. 두 사람 중 글라우콘이 더 낫다는 것은 분명하다. 그는 "가장 용기 있는" 사람으로 묘사되는데, 대화의 맥락에서는 가장 남자답고 정력이 넘친다는 의미다. 나중에 소크라테스는 이 두 형제의 "자질에 늘 감탄을 금하지 못했"다고 인정하면서 이들이 전투에서 무공을 세운 뒤 그들을 칭송하기 위해 쓰였던 시의 한 구절을 인용한다.(368a)

이들은 경쟁심이 매우 많으며 남다른 성취가이기도 하다.(여러분과 비슷할 것이다.) 이들 사이에서 우리가 귀기울여야 할 언쟁이 한바탕 벌어진다. 이들은 저마다 정의와 정의로운 삶의 가치를 증명하기 위해 소크라테스가 통과해야 할 한 가지 시험을 제시한다. 글라우콘은 정의롭지 않은 삶에 관한 트라시마코스의 주장을 다시 끌어들이지만, 트라시마코스가 할 수 있었던 것보다 더욱 생동감 있게 그 주장을 펼친다. 글라우콘은 기게스의 이야기를 들려준다. 기게스는 사람들 눈에 자기 모습이 보이지 않게 하는 마법의 힘을 지닌 반지를 손에 넣은 인물이다.[6] 이런 능력이 생긴다면 무엇을 할지 생각해보지 않은 사람이 누가 있을까? 기게스는 왕을 살해하고 왕의 아내와 동침한다. 여러분이라면 무엇을 하겠는가? 어쨌거나 글라우콘은 기게스 같은 힘을 가진 사람이 왜 정의롭기를 바라야 하는지 듣고 싶어한다. 만약에 우리가 어떤 죄든 지을 수 있고, 어떤 악덕에든 탐닉할 수 있고, 어떤 잔학 행위든 할 수 있으면서도 아무 처벌 없이 무사히 빠져나갈 수 있다고 확신한다면, 무엇 때문에 우리가 정의롭기를 바라겠는가? 글라우콘은 이 문제를 소크라테스에게 제시한다. 절대적인 힘과 완벽하게 법을 피해 갈 능력이 있는 사람이 왜 불의보다 정의를 선호하겠는가? 만약 정의가 진정으로 가치 있다면, 소크라테스는 기게스에게 정의로운 사람이 되는 것이 그에게 이익임을 납득시킬 수 있어야 한다. 분명 어려운 주문이다.

이제 아데이만토스가 끼어든다. 그는 이승과 저승의 삶에서 정의로움이 가져다주는 혜택을 이유로 정의를 찬양하는 부모들과 시인들의 이야기를 익히 들어왔다. 그는 이런 이야기들은 곧 정의가 약자들, 변변찮은 사람들, 모험심 없는 사람들을 위한 덕목이라는 의미라고 생각한다. 다시 말해 정의는 그에 수반되는 결과 때문에 좋은 것으로 제시된다는 이야기다. 진정한 인간은 불의의 결과를 두려워하지 않는다. 아데이만토스의 관심사는 자기감독 또는 자기통제인데, 그는 흥미로운 이미지를 제시한다. "각자가 스스로 자신의 가장 훌륭한 감시자가 되었겠지요."(367a) 다시 말해 우리는 남들이 우리에 관해 하는 말에 신경쓰지 말아야 하며 대신에 남들이 우리에게 휘두를 수 있는 영향력으로부터 자기억제, 자율성, 독립성 등의 자질을 함양할 준비가 되어 있어야 한다는 것이다. 만약 정의가 추구할 가치가 있는 덕목이라면, 정의에 따라온다고 추정되는 어떤 이익이나 불리함 때문이 아니라, 정의 그 자체만으로도 추구할 가치가 있는 것이다.

이 두 형제의 욕구, 즉 그 자체로 찬양되는 정의에 관해 이야기를 듣고 싶은 것(글라우콘)과 자유롭게 독립적으로 살고 싶어하는 것(아데이만토스)은 그들이 자신의 사회와는 어느 정도 거리가 있음을 보여준다. 약간 시대착오적으로 말하자면, 두 사람은 자신을 둘러싼 세계의 허위와 위선 때문에 품위가 손상된다고 느끼는 귀족 계급의 아들들이다. 이따금 이런 감정을 느끼지 않는 사람이 어디 있을까? 두 청년은 자신들을 키운 사회에 대한 대안(어쩌면 근본적 대안)을 생각해보라는 설득에 넘어갈 여지가 있다. 이들은 잠재적 혁명가이다. 『국가』의 나머지 부분은 이들과 그 비슷한 사람들에게 전하는 말이다.

국가와 개인

글라우콘과 아데이만토스의 이야기와 함께 소크라테스 주변의 원은 효과적으로 닫힌다. 소크라테스는 자신이 그날 밤 아테네로 돌아가지 못하게 되었다는 걸 안다. 따라서 그는 두 형제에게 마법이 작용하기를 기대하는 마음에서 일종의 사고실험을 제안한다. 그는 우선 "이론상으로 만들어지는 국가를 살펴보자"고 제안한다.(369a) 개인에게 정의가 무엇을 뜻하는지 확대경을 통해 현미경적으로 고찰하기보다는 개인에게 정의가 무엇인지 더 잘 이해하기 위해서 한 국가에서의 정의를 우선 살펴보자는 것이다.

국가가 본질적으로 개인과 비슷하다는 관념은 『국가』 전체에서 사용되는 핵심적 은유이다. 이 관념은 거슬림 없이 자연스럽게 도입되는데, 대화 속의 어느 누구도 이의를 제기하지 않는다. 나머지 모든 것은 이 관념, 즉 국가가 본질적으로 개인과 같으며 그 역도 마찬가지라는 데서 나온다. 소크라테스는 여기서 무엇을 하려는 걸까, 그리고 국가와 개인이라는 이런 비유는 어떻게 기능할까?

분명한 것만 이야기해보자. 소크라테스가 이 비유를 도입하는 것은 한 개인 혹은 영혼에게 정의가 무엇인지를 두 형제에게 더 잘 이해시키고, 적절한 플라톤식 용어를 쓰기 위해서다. 개인의 통치(아데이만토스의 자기통제 기준)는 몇 가지 중요한 측면에서 국가의 통치와 같을 것이다. 그러나 국가는 어떻게 개인과 같으며, 자기관리의 어떤 측면이 폴리스 같은 집단적 정체를 통치하는 것과 같을까?

누군가를 가리켜 '전형적인 미국인'이라고 할 때, 또는 다른 누군가를 가리켜 '전형적인 프랑스인'이라고 말할 때, 그것이 무엇을 뜻하는지 생각해보자. 우리는 그 말을, 그 사람들의 특성이나 행동이 그들 국민의 대표적인 단면이라고 여겨지는 특질을 표현한다는 의미로 받아들인다. 그런데 우리가 그런 방식으로 생각하거나 말하는 것이 유익할까? 더 분명히 말해서, 한 개인을 그 개인이 속한 나라로 확대해서 볼 수 있다거나 그 사람의 나라가 단순히 어떤 개인의 성격적 특질에 대한 집단적 표현이라는 말은 무슨 뜻일까?

이 논점을 생각하기 위한 한 가지 방식은 개인의 성격 및 정치제도의 형성과 관련해 그것을 특정의 인과적 가설로 여기는 것이다. 국가와 개인을 같은 것으로 동등하게 해석하는 입장은 우리는 개인으로서 사회 속에서 살고 있으며, 그 사회가 우리를 형성하고 우리가 사회의 형성에 도움을 준다는 관점에서 비롯된다. 국가와 개인이 같다고 보는 관점은 사회가 어떻게 스스로를 재생산하고 그 사회가 기능하게끔 돕는 시민들을 어떻게 형성하는지 이해하기 위한 시도이다.

이런 시도는 도움이 되지만, 생각할 거리가 남아 있다. 국가는 어떤 면에서 개인과 같을까? 그 말은 모든 미국 시민의 영혼 속에는 우리가 알아볼 만한 대통령직이나 의회, 대법원 같은 어떤 것이 있다는 뜻일까? 이는 확실히 말이 안 되는 소리다. 그렇다면 그것은, 옛날 프랑스의 구체제가 특정한 귀족적 성격을 만들어냈듯, 미국의 민주주의가 특정 부류의 민주적 개인을 낳는 데 도움을 주었다는 뜻일까? 모든 체제는 뚜렷한 부류의 개인들을 생산할 것이며, 이 개인은 그 체제의 지배적 특질들을 구현할 것이다.

『국가』의 나머지 지면은 특정의 뚜렷한 성격 유형을 만들어낼 체제를 빚어내는 데 할애된다. 바로 이것이 플라톤의 국가가 유토피아라는 적절한 이름으로 불리게 된 이유이다. 이 목적, 가장 보기 드물고 어려운 인간 종, 즉 철학자들을 생산한다는 한 가지 목적에 오롯이 헌신했던 체제는 역사상 없었다.

시詩의 개혁

소크라테스의 '이론상의 국가'는 여러 단계를 거치며 틀을 만들어 나간다. 첫 단계에서 아데이만토스는 단순한 국가, '궁극적으로 필요한 국가'를 제시한다. 다시 말해 이는 기본적 욕구 충족에 한정된 국가이다. 이 원시적 국가 혹은 단순한 국가는 아데이만토스의 영혼이 어떤 성격인지 보여준다. 여기에는 국민을 순수한 실체, 즉 한정된 욕구를 지닌 존재로 여기는 일종의 고결한 단순성이 있다. 이 단순한 도시는 존재 보장이라는 목적을 위해 설계된 가족들의 결합과 다를 바 없다.

이 대목에서 글라우콘은 마치 자기 형이 만든 나라가 "돼지들의 국가"(372d)처럼 보인다는 듯 말한다. 호화로운 것들은 다 어디로 갔는가? 그는 '풍미'가 어디 있느냐고 묻는다. 한 국가를 이루는 것들은 어디에 있단 말인가? 이제 글라우콘이 말하는 국가 또한 그의 영혼을 엿보게 한다. 호전적인 글라우콘은 이른바 '열성적인 국가'를 소개한다. 다시 말해 명예와 경쟁, 무엇보다 전쟁이 제도화된 나라다. 아데이만토스가 영혼의 욕구를 나타낸다면, 글라우콘은 기개, 즉 플라톤의 말을 빌리면 티모스thymos를 나타낸다. 티모스는 『국가』에서 중심이 되는 심리적 범주이다. 기개는 명예, 명성, 위신에 대한 욕구와 가장 밀접하게 결합된 영혼의 자질이다. 그것은 영예를 추구하는 마음, 삶의 경쟁에서 최고가 되려는 욕망, 다른 사람들을 이끌고 지배하려는 욕망이다. 그것은 우리가 우두머리 수컷과 결부시키는 그런 자질이다. 소크라테스에게 제시된 문제는 야성적이고 길들여지지 않은 정념을 국가 및 공동선을 위한 지지대로 만들기 위해 어떻게 티모스의 방향을 돌릴 것인가이다. 그것이 가능할까? 기개 넘치는 영혼을 어떻게 길들이기 시작할 것인가? 이 책의 전반적 추진력은 기개 길들이기에 주로 쏠려 있다.

소크라테스가 가장 중요하고 가장 논쟁적인 제안 하나를 꺼내드는 시점이 바로 여기다. 글라우콘이 말하는 단순히 풍요로운 국가가 아닌 정의로운 국가의 창조는 시와 음악을 통제함으로써 시작될 수 있다. 이 대목에서 교육자 플라톤의 이미지가 생겨났다. 국가 건설자가 처음으로 해야 할 과제는 교육을 감독하는 것이다. 이야기, 역사, 드라마, 시, 음악에서 어떤 것을 사람들이 듣고 보게 허락할지 통제하는 일이 입법자의 주된 과제다. 특히 호메로스의 시를 포함해 시를 개혁해야 한다는 그의 주장은 그리스인들의 교육 현실 및 믿음과 근본적으로 결별하는 걸 의미한다. 이것이 왜 그리 중요할까?

우선 그것은 가장 폭넓은 의미에서의 시인들(신화 작가, 이야기꾼, 미술가, 음악가를 포함하는)과의 결별이다. 우리가 아주 어릴 때부터 받아들이는 것들, 즉 영웅, 악당, 신, 사후세계에 관한 가장 생생한 인상들을 떨쳐버리는 것이다. 이런 이야기들은 평생 동안 우리를 형성한다. 호메로스의 서사시는 그리스 세계에서는 성서나 다름없었다. 우리에게 아브라함, 이삭, 여호수아, 예수의 이름과 이야기가 친숙하듯 그리스인에게는 아킬레우스, 프리아모스, 헥토르, 오디세우스, 아이아스 같은 이름이 친숙했을 것이다.

호메로스의 시에 대한 플라톤의 비평은 이론 비평과 정치 비평의 두 갈래로 나뉜다. 이론 비평은 호메로스가 신들을 변덕스럽고 바람기 있는 모습으로 묘사하고 있다는 것이다. 그런 존재들은 진정한 숭배를 받을 가치가 없다. 그러나 더 중요한 점은 호메로스가 묘사한 영웅들이 그저 나쁜 본보기로 이야기된다는 점이다. 그들은 성性에 무절제하고 지나치게 돈을 좋아하는 자로 비춰진다. 이런 악덕에 더해서, 소크라테스는 그 영웅들이 지나치게 잔인하며 적의 시신에 무관심하다는 점을 지적한다. 호메로스의 영웅들은 맹목적 분노와 격렬한 복수욕으로 똘똘 뭉친, 무지하고 격정적인 남자들이다. 이런 인물들이 어떻게 장차 칼리폴리스의 시민을 위한 긍정적 본보기가 될 수 있단 말인가?

물론 소크라테스는 시와 예술을 완전히 숙청해야 한다고 답한다. 그는 사람들을 홀리고 매혹하는 시인들의 힘을 빼앗고 싶어하는데, 나중에는 소크라테스 자신도 늘 그 힘에 매혹되었노라고 인정한다.(607c) 소크라테스는 시가 지닌 교육적 힘 대신 그 자리에 철학을 세우자고 제안한다. 결국 정의로운 도시에서 시인들을 추방해야 한다는 것이다.

시와 예술을 검열해야 한다는 소크라테스의 주장은 그의 전체주의적 충동을 말해주는 지표일까? 『국가』의 전체 내용 중 이 대목은 미국 수정헌법 1조에 명시된 우리의 본능을 가장 많이 환기시킨다. 우리는 여기서 묻고 싶어진다. 우리가 무엇을 읽고, 무엇을 듣고, 무엇에 귀기울일 수 있는지 말하는 소크라테스 당신은 누구인가? 더욱이 소크라테스는 칼리폴리스에 시와 음악이 전혀 없으리라고 말하진 않는다. 다만 그것은 소크라테스식 시와 음악이 되어야 할 것이다. 그러나 소크라테스식으로 정화된 시와 음악은 어떻게 보이고 어떻게 들릴까? 나는 답을 알지 못한다. 어쩌면 『국가』 전체가 한 편의 소크라테스식 시일지 모른다.

여기서 중요하게 기억해야 할 것은 교육에 관한 질문이 글라우콘과 그 비슷한 사람들, 즉 소크라테스가 국가의 외인부대라고 언급한 사람들의 호전적 정념을 길들이기 위한 맥락에서 도입되었다는 사실이다. 검열과 거짓말에 관한 질문은 미학적 문제가 아니라 군사적 필요성의 문제로서 제기된다. 농부, 기술자, 상인, 노동자의 교육에 관해서는 아무것도 이야기되고 있지 않다. 대체로 말해 소크라테스는 그런 사람들에게는 관심이 없다. 그렇다고 철학자의 교육에 관해 아직 어떤 말을 한 것도 아니다. 여기서 그의 관심은 집을 지키는 파수견처럼 국가를 수호할, 엄격하고 규율 잡힌 젊은 전사 지도자 집단을 만드는 데 쏠려 있다.(376a) 그런 개인들은 자기 자신의 욕망과 만족보다 집단의 욕망과 만족을 중시하면서 엄격한 명예의 규범을 따라서 살 것이다.

소크라테스의 제안은 비현실적일까? 바람직하지 않은 걸까? 여러분의 생각은 다를지 몰라도, 소크라테스는 심지어 가장 훌륭한 국가도 전쟁에 대비해야 하며 따라서 전사 계급을 만들어야 한다고 믿었다. 그런 전사의 삶은 물질적 보상과 혜택 면에서 혹독한 고난을 겪게 되며 다른 사람들, 즉 동료 시민들은 물론이고 그들이 알지도 못하는 사람들을 위해 기꺼이 목숨을 바쳐야 할 때도 있다. 오히려 언젠가 인간이 전쟁을 폐지하고 전쟁을 일으키는 격정을 없앨 수 있다고 믿는 사람들이 그보다 더 비현실적일 것이다. 인간의 본성 가운데 격정 또는 기개의 측면이 강하게 남아 있는 한, 플라톤은 사회의 전사들을 육성

할 필요성이 계속 있을 거라고 믿는다.

수호자의 영혼

『국가』에서 중요한 테마, 아니 적어도 중대한 테마 중 하나는 정념의 통제이다. 물론 이것은 스피노자부터 칸트와 프로이트를 막론하고 위대한 도덕주의자들의 테마이다. 정념을 어떻게 통제할 것인가? 모든 도덕주의자는 우리가 정념을 이성의 통제, 또는 이성에 수반되는 도덕적 힘에 굴복하게 만들게끔 우리를 도와줄 전략을 알고 있다. 이는 2권 서두에 아데이만토스가 제기했던 문제였음을 기억하자. 그는 자기통제 또는 자기보호라는 관념을 제기하는데, 여기에는 불의를 저지르려는 정념으로부터 우리를 보호해줄 수단이 기본적으로 따라온다. 독립이란 다른 사람의 통제로부터 자유로운 상태를 뜻하기도 하지만 우리의 가장 강력한 정념과 성향을 통제하는 것, 즉 자기통제의 이미지를 뜻하기도 한다.

소크라테스는 가장 강력한 정념을 티모스라고 일컫는다. 우리는 이것이 매우 탁월한 정치적 정념임을 보았다. 티모스는 명성을 갖고자 하는 열렬한 욕망이자 탁월함에 대한 사랑 같은 것이다. 이것을 가진 특정 유형의 남자들(그리고 여자들)은 공적 생활에서 자신의 야망을 좇게 된다. 티모스는 영웅주의와 자기희생의 능력과 관련 있지만, 한편으로 다른 사람을 지배하고 권력으로 억누르는 것과도 관련 있다. 티모스의 자질은 위대한 정치가라면 누구나 소유하고 있으며, 역사상 존재했던 모든 폭군도 지니고 있었다. 『국가』가 제기하는 질문은 이 티모스의 자질이 통제될 수 있는가, 만약 가능하다면 공공의 선을 위해 쓰일 수 있는가 하는 것이다.

소크라테스는 한 편의 이야기를 들려주면서 티모스의 문제를 제시한다. 4권에서 그는 자신이 전해들었고 진실이라 믿는 이야기를 들려준다. "아글라이온의 아들 레온티우스가 페이라이에우스로부터 북쪽 성벽의 바깥쪽 길을 따라 도성으로 올라오다가 사형집행인 옆에 누워 있는 시신들을 보았는데, 시신들을 보고 싶은 마음도 있었지만, 한편으로 혐오감을 느끼고는 눈길을 돌렸다는군. 그래서 그는 한동안 자신과 싸우며 얼굴을 가렸다네. 그렇지만 결국 보고 싶은 욕구에 압도당해 눈을 뜨고는 시체들이 있는 곳으로 달려가서 이렇게 말했다는군. '이 고약한 두 눈아! 그래, 이 좋은 구경거리를 실컷들 보려무나.'" (439e)

여기서 소크라테스가 하는 이야기는 사실 정념을 지배하는 이성에 관한 것이 아니라 강렬한 내적 갈등에 관한 것이다. 레온티우스는 상반되는 두 감정, 보려는 욕구와 보지 않으려는 욕구 사이에서 어쩔 줄을 모른다. 그는 자기 자신과 전쟁중이다. 이런 상황을 겪어보지 않은 사람이 어디 있을까? 이것은 고속도로에서 벌어진 자동차 사고 현장을 지나면서 느끼는 감정과 똑같지 않은가? 혹시나 도로 위에 시신이 있는지 보려고 자동차 속도를 늦추는 행동에는 뭔가 부끄러운 감정이 있다. 그러면서도 우리 눈은 어쩔 수 없이, 종종 자신을 거스르면서 그쪽을 바라본다. 생각해보자. 그 결과 레온티우스는 스스로 수치스럽다고 여기는 것을 보고 싶어하는 자신에게 화를 낸다. 분노의 원인은 다름 아닌 그의 티모스이다.

레온티우스의 티모스는 그가 특정 부류의 사람이라는 사실과 연관되어 있다. 그는 자존심이 강하고 독립적이며, 자기 자신을 통제하고 싶어한다.(그러나 아직은 그러지 못한다.) 그의 영혼은 그 자체와 전쟁중이며 잠재적으로는 다른 영혼과도 전쟁할 수 있다. 『국가』는 티모스를 다루는 전략, 티모스를 이성의 통제 아래 두고 우리로 하여금 균형, 자기통제, 중용의 수준에 도달하게 해주는 전략(어쩌면 치유법이라고 부를 수도 있을 것이다)을 제시하려 한다. 플라톤은 이런 자질을 통틀어 정의라고 부른다. 그것은 이성이 우리의 욕구와 욕망을 통제하는 상태에 있을 때에만 도달할 수 있다. 정의에 대한 그런 이상이 실현될 수는 있을까? 이성은 과연 갈등하는 우리 감정과 욕구를 누그러뜨리고 조정할 수 있을까? 수호자의 영혼은 정의의 명분에 봉사할 수 있을까? 칼리폴리스를 건설하는 과정에서 소크라테스는 이런 질문들을 제기한다.

세 번의 파도

소크라테스가 "세 번의 파도"라고 말한 것을 통해 칼리폴리스를 건설하는 과정이 전개된다. 첫번째 파도는 사유재산의 제한, 두번째가 가족의 폐지, 세번째가 철인왕을 세우는 것이다. 각각의 파도는 정의로운 국가를 제대로 건설하기 위해 필요하다고 여겨진다. 나는 여기서 가족을 폐지하려는 소크라테스의 계획 중 남성과 여성의 공동교육 제안에 관해 몇 가지 이야기하겠다.

소크라테스가 내놓은 제안의 핵심은 남성과 여성에게 모두 평등한 교육인데, 맥락상 그는 글라우콘과 아데이만토스에게 자신이 분명 우스꽝스럽게 비춰질 것임을 알면서도 그렇게 제안한다. 소크라테스는 남자와 여자 모두 탁월하게 해내지 못할 일은 없다고 주장한다. 통치하는 직책과 관련해서는 대머리든 머리숱이 많든 차이가 없는 것처럼 젠더의 차이는 전혀 문제되지 않는다.(454c~d) 소크라테스의 말은 남성과 여성이 모든 면에서 똑같다는 것이 아니라 그들이 어떤 일을 두고 경쟁한다는 측면에서 완전히 똑같다는 뜻이다. 칼리폴리스에 유리천장 따위는 없을 것이다. 소크라테스는 어쩌면 가정으로부터의 여성해방을 최초로 부르짖은 사람일 것이다.

공평한 경쟁의 장을 제시하기 위해서는 교육에 대한 평등한 접근권이 필요하다. 여기서 소크라테스는 만약 교육이 평등해지려면, 남녀 모두 똑같은 교육을 받아야 한다고 주장한다. 다시 말해 남녀가 공동의 김나지움에서 똑같이 옷을 벗고 함께 훈련을 받게 된다는 뜻이다. 더욱이 결혼과 출산은 국가를 위한 것이어야 한다. 이에 따라 남녀의 성적 접촉은 엄격한 감독하에 이루어져야 한다. 수호자 계급 성원들 사이에 '낭만적 사랑' 같은 건 전혀 없다. 성관계는 엄격하게 번식을 위해서만 이루어지며, 원하지 않는 태아는 낙태시킬 것이다. 이 금지 조항에서 유일한 예외가 있다면 생식 가능한 연령을 넘긴 수호자 계급의 노인 성원을 위한 것이다. 이들은 평생 자기통제를 해왔으므로 그 보상으로 자신이 원하는 어떤 사람과도 관계(일종의 '휴양적 성관계')를 가질 수 있다. 출산은 불가피하게 여성의 몫이겠지만 아이 양육은 공동체, 적어도 수호자 계급의 책임으로 공동 탁아소에서 이루어진다. 힐러리 클린턴의 말을 빌리면 아이를 키우는 데는 "마을 하나가 필요하다." 어떤 아이도 자신의 생물학적 부모를 알아서는 안 되며, 어떤 부모도 자신들의 아이를 알아서는 안 된다. 이 계획의 목적은 '나'와 '나의 것'이라는 소유대명사를 제거하기 위함이며, 그런 소유대명사는 '우리 것'으로 대체되어야 한다.

플라톤식 공동체는 남성과 여성이 최대한 비슷해지는 사회, "즐거움과 고통을 공유하는" 사회이다.(464a) 나는 프랑스 페미니즘 철학자 시몬 드 보부아르의 이야기가 떠오른다. '내'가 말 그대로 '우리'가 되는 공동체 창조에 관한 그녀의 관점도 비슷했다. 만약 내 발이 아프다면 어떻게 되는가, 누군가 이의를 제기하자 그녀가 답했다. "아니죠, 당신의 발에 우리 고통이 담겨 있는 거겠죠."[7]

소크라테스(그리고 보부아르)의 제안에 대한 반대 의견들은 분명하다. 아리스토텔레스는 자녀든 재산이든 공동으로 소유하면 공동의 소홀함으로 이어진다고 맨 처음 불평했던 인물에 지나지 않는다. 우리는 우리 것에 대해서만 진정 신경을 쓴다. 공동체는 결코 우리 사랑과 관심이 향하는 궁극적 대상인 개인을 대체하지 못할 것이다. 소크라테스의 이 이야기는 오래된 것이지만, 소크라테스가 내놓은 이런 처방은 행복하거나 만족스러운 개인을 창조하기 위한 것이 아니라, 국가를 지키고 보호할 수 있는 통합된 수호자 계급을 만들기 위해서였다는 점을 다시 한번 상기할 가치가 있다. 터놓고 말해 결혼의 목적은 군인들을 만들기 위한 것이다.

종종 간과되곤 하지만, 소크라테스가 전쟁에 관한 법을 고쳐쓰게 된 것도 남성과 여성을 대하는 그의 태도와 같은 맥락에 있다. 아이들은 우선 전쟁술을 배우게 된다. 소크라테스는 (교육의) "시작"은 "아이들에게 전투를 관찰하도록 하는 것"이어야 한다고 말한다.(467c) 전투에서 비겁함을 보인 사람은 그 벌로 수호자 계급에서 쫓겨나며, 소크라테스의 제안에 따르면 최고의 무공을 세운 사람에게는 성애적 보상이 있어야 한다. 다음의 주목할 만한 제안을 고려해보자.

> 소크라테스: 그러나 다음에 내가 말하려는 것에는 아마 자네도 동의하지 않을 걸세.
>
> 글라우콘: 그게 뭔가요?
>
> 소크라테스: 그들 각자와 일일이 입맞춤하고 입맞춤당하는 것 말이네.
>
> 글라우콘: 그런 일이라면 가장 동의하고 싶어요. 또 이 법규에 덧붙이겠어요. 원정 기간에 그가 입맞추기를 원할 경우 누구도 거절해서는 안 된다고 말이에요. 그래야만 누가 남자든 여자든 다른 사람을 사랑하는 경우 감투상을 타는 일에 더 열을 올릴 테니까요.
>
> 소크라테스: 좋은 말일세. (468b~c)

20세기에 플라톤을 번역한 약간 고상한 분위기를 풍기는 고전학자 폴 쇼리는 이 제안에 주목한다. "이것은 플라톤의 저작 가운데 독자가 지워버리고 싶을 유일한 대목이다."[8] 그러나 이런 방안이 오늘날 병력 모집에는 얼마나 큰 장려책이 될지 상상해보라!

조화로서의 정의

마침내 우리는 이제 『국가』의 테마인 정의를 살펴볼 수 있다. 플라톤의 정의 관념이 국가 내에서의 조화와 개인 내에서의 조화, 둘 모두의 조화임을 기억하자. 우리는 이 두 가지가 구조적으로 서로 같음을 알게 된다. 정의는 "나라를 결속시켜 하나로 만드는 것"(462b)과 "제 일을 하는 것"(433a) 등으로 다양하게 규정된다. 달리 말해서 정의는 저마다 가장 잘 준비된 기능을 수행하는 모든 사람과 모든 것들로 구성되어 있다. 소크라테스는 "시민 모두가 자기 적성에 맞는 한 가지 일에 전념해야만, 개인은 여러 사람이 아닌 한 사람이 되고 나라는 여러 나라가 아닌 한 나라가 되리라"고 말한다.(423d)

이 대목은 노동 분업을 발견한 사람이 애덤 스미스가 아니라 플라톤임을 말해준다. 그러나 스미스는 기능이 더욱 전문화(그가 든 유명한 예는 핀 공장이었다)되면 '국부國富' 전반에 이바지한다는 걸 이해하면서도 한편으로 노동 분업이 노동자의 편협성과 도덕적 쇠약을 불러온다는 걸 인식했다. 여기서 역설은 노동 분업이 사회를 위한 부의 증대에 이바지하는 반면 개인들을 무력화해서 바보처럼 보이게 할 수 있다는 점이다. 그러나 플라톤은 아무런 이의를 제기하지 않는다. 그에게 노동 분업이란 삶에 전체성, 중대성, 목적성의 의미를 부여하는 한두 가지 활동에 정신을 집중하게 해주는 것이다.

요점은 정의란 모든 사람이 각자 타고난 적성에 맞거나 어울리는 일 또는 과제를 하면서 엄격한 노동 분업을 따르는 데 있다는 것이다. 물론 정의를 이렇게 바라보는 관점에는 여러 이의를 제기할 수 있다.

이번에도 아리스토텔레스가 선봉에 섰다. 플라톤은 결속을 지나치게 강조한 나머지 국가를 구성하는 인간들의 자연적인 다양성을 파괴한다는 것이다. 각 개인이 가장 잘하는 딱 한 가지 일이 따로 있을까? 만약 그렇다면 그 일이 무엇인지 누가 판단한단 말인가? 정의에 관한 그런 구상은 미리 정해진 사회적 역할에 지나치게 강압적으로 사람들을 욱여넣게 되지 않을까? 결과가 어떻든 개인은 삶에 대한 계획을 스스로 자유롭게 선택할 수 있어야 하지 않을까?

그것이 어떻든 간에, 플라톤은 노동 분업(1인 1직업)의 공식 속에서 정의의 기초를 찾아냈다고 믿는다. 다시 말해 국가의 세 부분(직공, 용병, 수호자)이 저마다 맡은 일을 하는 각각의 개인에 의해 모두 함께 돌아간다면 평화와 조화가 지배하게 되리라는 이야기다. 국가는 규모가 큰 개인, 즉 영혼과 같기 때문에 세 가지 사회계급은 영혼의 세 부분을 나타내는 것에 지나지 않는다. 국가에서 철인왕이 전사와 직공을 통치할 때 그렇듯 식욕, 기백, 이성이 함께 작용하되 이성이 기개와 식욕을 지배할 때 영혼은 정의로운 영혼이 된다. 그 결과 전체를 이루는 부분들이 완벽한 균형을 이룬다. 국가와 영혼은 다음과 같이 각각 넓고 평평한 기초에서 시작해 맨 꼭대기까지 올라가는 피라미드로 나타난다.

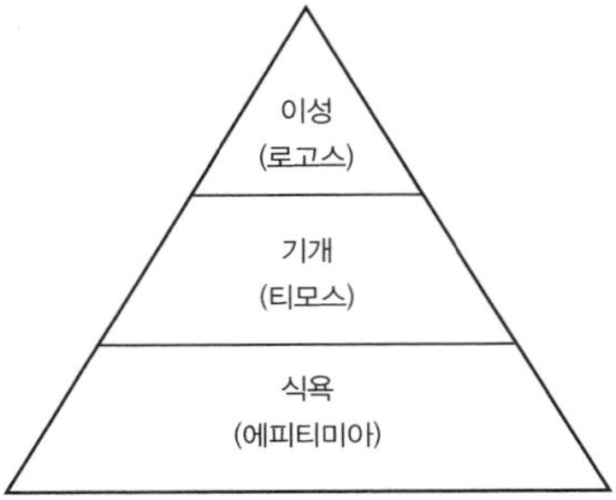

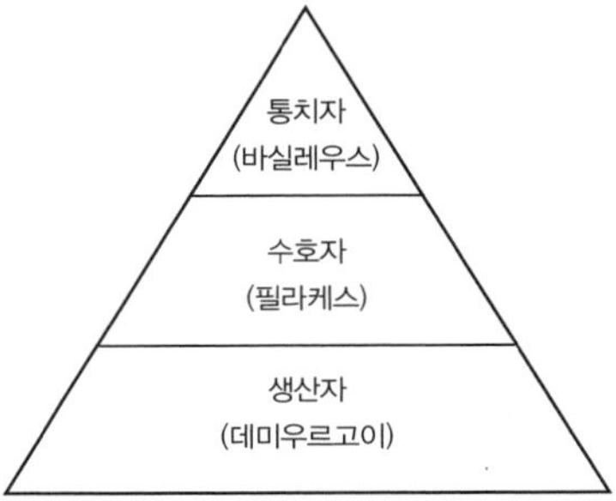

여기서 우리는 다시 소크라테스가 맨 처음에 했던 주장으로 돌아가게 된다. 국가와 영혼의 구조가 정말 똑같을까? 그렇지는 않을 것이다. 예를 들어 모든 개인이 필연적으로 영혼의 세 부분(욕구, 기개, 이성)으로 이루어져 있다고 하지만 각자는 사회적 위계 속에서 한 가지 일만 하게 될 것이다. 다면적 존재가 왜 한 가지 사회적 역할에 제한되어야 할까? 내 생각에 소크라테스의 말은, 비록 사람은 누구나 세 가지 특성을 어느 정도 다 지니고 있겠지만 개개인에게는 그중 한 가지 특성만이 두드러질 것이라는 뜻으로 보인다. 우리 중 욕구가 특히 두드러진 사람이 있는가 하면, 또 기개가 두드러지는 사람이 있다. 그렇다고는 해도 그게 합당한가? 돈을 버는 능력에는 단지 욕구만 필요한 게 아니라 통찰력, 계산력, 그리고 기꺼이 위험을 무릅쓸 배짱까지 있어야 한다. 전투에는 티모스 하나만이 아니라 더 많은 것이 필요하다. 전략을 이해하고, 전술을 수행하고, 리더십의 자질을 보이고 명령할 능력이 있어야 한다. 삶에서 오직 한 가지 영역에 개인을 한정하는 일은 우리를 우리 자신이게 만드는 내면의 도덕적이고 심리적인 복잡성을 제대로 고려하지 않는 것처럼 보인다.

이렇게 국가와 영혼을 비슷하게 보는 관점에는 또하나의 모순점이 있다. 국가에서 정의는 노동의 사회적 분업 속에서 저마다 맡은 일을 하는 각각의 성원으로 이루어진다. 그러나 이는 영혼에서의 정의, 즉 이성이 욕구를 지휘하는 합리적 자율성 또는 자기통제 상태와는 전혀 다르다. 사실상 이성이 지배하는 자기통제의 삶을 사는 시민은 극히 드물 것이다. 대부분은 보충적 임무에 할당되어 칼리폴리스 수호자들의 보호적 통제를 받으며 살아갈 것이다. 시민 대다수가 플라톤식의 정의로운 국가에 살지는 모르지만, 그중 극소수만 플라톤식의 정의로운 삶을 살게 되리라는 점은 아이러니하다. 이 국가에서 진정으로 정의로운 개인들은 이성에 따라 살고 격정과 욕구를 통제하는 철학자들일 것이다. 그렇다면 나머지는 어떤가? 국가의 조화와 자제는 구성원 각각의 조화와 자제로 인한 결과는 아닐 것이다. 사회 정의는 거짓과 신화, 그리고 다양한 기만술을 선택적으로 사용함으로써 노동 분업을 통제하고 기능에 따라 노동을 할당한 결과일 것이다. 극히 일부 시민만이 정의로운 삶을 살도록 허락되었다면 어떻게 국가가 정의로울 수 있을까?

『국가』에서 아데이만토스는 이 문제를 제기한다. 그는 4권 서두에서 소크라테스에게 묻는다. "소크라테스 선생님, 만약에 선생님이 이들을 행복하게 만들고 있지 않다고 이의를 제기한다면 뭐라고 변명하시겠습니까?"(419a) 아데이만토스는 여기서 소크라테스가 수호자들에게 공정하지 않으며, 그들에게 모든 책임을 지우면서도 정치적 역할에 대한 보상은 전혀 하지 않고 있음을 걱정한다. 우리 대부분이 추구하는 좋은 것들 또는 쾌락을 빼앗겨버렸다면 칼리폴리스의 시민은 어떻게 정의로운 삶 또는 행복한 삶을 살 수 있을까? 소크라테스는 답한다. "우리가 이 나라를 세우면서 추구하는 것은 우리 가운데 어느 한 집단을 행복하게 만드는 것이 아니라 국가 전체를 행복하게 만드는 것이라네."(420b) 소크라테스는 여기서 정의를 집단의 행복 또는 집단의 조화라고 정치적으로 규정하기 위해, 자기수호 또는 독립성으로서의 정의 개념을 감춰버린다. 왜일까? 그런 대답이 만족스러워서? 이 대답은 소크라테스에 관해 무엇을 말해주고 있을까?

아데이만토스도 글라우콘도 소크라테스의 대답에 반박하지 않았다는 사실은 그들 역시 국가의 정의 혹은 집단의 행복이 개인의 행복에 우선해야 한다는 믿음을 공유하고 있음을 암시한다. 그들은 타고난 금욕주의자가 아니다. 그들도 쾌락을 욕망하지만, 개인과 국가의 행복 사이에 충돌이 빚어질 때 자신의 이해관계와 욕망을 접어야 한다는 데 동의한다. 그러나 개인과 국가 간 갈등이라는 관념은 칼리폴리스가 완전하지 않음을 시사한다. 2권에서 제시되었던 국가와 영혼이 비슷하다는 관점은, 정의로운 국가는 국가와 영혼이 완벽하게 일치하는 국가, 개인의 사적인 선과 국가의 공적인 행복 간의 갈등이 하나이자 똑같은 갈등인 국가를 나타낸다. 적어도 국가를 세우는 과제는 아직 미완성이다. 그 과제는 철인왕이 도입될 때 비로소 완성되며, 그때 비로소 우리는 '실현되고 있는' 정의를 보게 될 것이다.

철학자

플라톤의 국가는 철인왕을 제안하면서 마지막 세번째 역설의 파도를 넘을 때 비로소 완성된다. 소크라테스는 주장한다. "철학자들이 국왕으로서 다스리거나, 지금 왕과 수장이라고 불리는 사람들이 진정한 철학자가 되기 전에는 국가의 나쁜 것들로부터 결코 벗어나지 못할 걸세."(473d) 소크라테스는 이 제안을 기이하다고 소개한다. 그는 "웃음거리가" 될 것을 예상한다고 말한다. 이 때문에 일부 독자는 철인왕에 대한 소크라테스의 제안을 역설로, 즉 정의로운 국가라는 관념을 의심하기 위한, 적어도 그것의 극단적인 비현실성을 말하기 위한 일종의 농담이라고 받아들이기도 한다. 문제는 소크라테스가 왜 철인왕을 정의로운 국가의 필요조건으로 여기는가이다.

나는 플라톤이 철인왕의 개념을 현실성이 없다고 여겼다고는 결코 생각하지 않으며, 하물며 어리석게 여겼다고도 믿지 않는다. 플라톤 자신은 두 왕의 조언자 역할을 하기 위해 시칠리아까지 세 번이나 힘든 여행을 감행했다. 이들 시라쿠사의 폭군을 플라톤식 철학자로 만들겠다는 그의 사명은 비록 실패로 끝났고, 그 결과 플라톤은 나중에 정치에서 은퇴했지만, 철학자와 정치를 통합한다는 야망은 그 이후로도 계속 되살아났던 정치철학의 꿈이었다. 소크라테스와 그 동료들에게 웃음거리로 여겨질 수도 있었던 것이 다른 시대 다른 장소에서는 전혀 다르게 다가올 수도 있었을 것이다. 철학적으로 교육받은 정치가(훗날 계몽된 전제군주의 모델)라는 관념은 근대에 와서도 내내 울림이 있었고, 철학자들(흔히 마키아벨리, 홉스, 루소 같은 이름을 떠올릴 것이다)은 모두 정치 지도자, 혹은 그들의 이상을 현실로 만드는 데 도움을 줄 사람들에게 들려주고 싶은 말이 있었던 것이다.

플라톤의 철인왕에 대한 반박은 대부분 그 개념의 실행 가능성에 집중되었다. 그러나 그 개념의 타당성에도 문제가 있다. 실제로 철학과 정치가 결합될 수 있을까? 철학과 정치의 요구는 매우 달라 보인다. 따분한 입법 업무와 행정 업무를 보고자 대화를 기꺼이 포기하는 소크라테스를 상상할 수 있는가? 플라톤이 묘사하는 철학자는 수많은 특정한 문제 뒤에(또는 그 너머에) 있는 영원한 형상에 대한 지식을 가진 사람이다. 그러나 그런 지식이 정치적 삶에 닥치는 끊임없는 변화와 유동성을 다루는 데 어떻게 도움을 줄 수 있을까? 플라톤은 말하지 않는다. 철학자는 형상에 대한 지식을 가지고 있다는 사실만으로는 충분하지 않다. 그 지식은 경험과 판단, 현실적 합리성으로 보충되어야 한다. 그뿐 아니라 철학자가 정치권력을 남용할 가능성의 문제도 있다. 철학자는 생각하는 기계가 아니라 이성, 기개, 욕구로 구성된 인간이다. 아무리 철학자라 해도 절대적인 정치권력의 가능성을 제공받았다면 그 위치를 남용하고 싶은 유혹을 느끼지 않겠는가?

우리가 스스로 물어봐야 할 질문은 철인왕이 어떤 문제에 대한 답으로 의도되었는가 하는 것이다. 플라톤은 정치권력이야말로 철학의 가장 깊은 염원이라는 사실에 우리의 주의를 끌어들이려는 것 같다. 『국가』 전체는 아테네를 통치하려는 소크라테스의 실패한 야망과 시라쿠사 왕의 조언자 역할을 하려는 플라톤의 실패한 시도를 보상하기 위한 대리물이다. 이런 해석으로부터 적어도 두 가지 함의가 따라온다. 첫번째는 플라톤이 혁명적 전통의 진정한 창시자라는 관점이다. 이는 이론과 실천, 이성과 현실성을 통합하려는 전통, 헤겔과 마르크스의 원칙에서 절정에 이르렀던 전통이다. 이런 해석의 입장에서 본다면 정치란 지식인, 이론가, 또는 철학자 사제에 의해 이끌어지는 활동이라는 관점의 창시자는 플라톤이다. 그러나 아리스토텔레스부터 몽테스키외를 거쳐 버크까지, 이성의 계획 또는 프로그램에 따라 정치를 개혁하려는 시도를 깊은 의혹의 눈으로 바라보았던 보수적 전통의 철학자들은 이런 정치적 관점을 끊임없이 개탄해왔다.

그러나 『국가』를 읽는 또하나의 해석법이 있다. 그것은 철학과 국가의 통합이 궁극적으로 불가능하다는 점을 강조하는 관점이자, 국가에 닥칠 위험뿐 아니라 철학에 닥칠 위험을 강조하는 관점이다. 철학을 정치적 통치의 도구로 만들려는 노력은 필연적으로 철학 자체를 하나의 '이데올로기'로 변질시키고, 정치권력을 확실하게 붙들기 위해 거짓과 왜곡, 반쪽짜리 진실에 의존할 수밖에 없는 프로파간다의 한 형태로 철학을 타락시킬 수밖에 없다. 『국가』에서 언급되지 않은 채 곧잘 넘어가는 사실 하나는 그 국가에는 플라톤주의자가 아닌 사람이 없다는 점이다. 사람들의 사고에 절대적 통제권을 유지하려는 노력은 압제적일 수밖에 없다. 철학이 계속해서 비판적으로 활동하고 한낱 정치권력의 도구가 되지 않으려면 국가로부터 일정한 거리두기, 확실한 독립성이 필요하다. 이런 관점에서 보면, 철인왕에 대한 제안은 실패라고 판단해야 마땅하다. 적어도 일부 독자에게 그것은, 정치와 철학이 서로 상당한 거리를 유지해야 함을 증명해준다.

동굴과 태양

철학과 정치권력의 관계는 플라톤과 관련해 가장 오래된 이미지 중 하나인 동굴(514a~517a) 이야기의 명백한 테마이다. 여기서 소크라테스는 글라우콘에게 "우리의 본성이 교육받았을 때와 교육받지 않았을 때의 차이를 비교하기 위해 다음과 같이 상상해"보자고 말한다.(514a) 그것은 사람들이 어릴 때부터 동굴 벽을 마주보도록 서로가 쇠사슬에 묶여서 그들 뒤쪽에서 타오르는 불빛이 벽에 비추는 그림자만을 보게 되는 동굴의 이미지다. 이 이미지는 관객이 그들 앞에 비치는 이미지를 받아들이는 오늘날의 영화관이나 텔레비전 화면과 비슷하다. 그 결과 '죄수들'(그들의 처지가 죄수와 같으므로)은 벽에 그림자를 드리우는 사물 자체는 보지 못한 채 오직 사물의 그림자만 보게 된다. 소크라테스는 수동적이고 노예화된 이 죄수들이 "우리 같은 사람들"(515a)이라고 선언한다. 벽에 그림자를 드리운 사물들은 "인형극 공연자들"에 의해 조종되는 "인공물"(나무와 돌로 된 조각상과 그 비슷한 것들)로 묘사된다. 이 인형극 공연자들은 우선은 국가의 입법자, 설립자, 정치가, 정의로운 법과 규범을 도입하는 사람들이다. 그다음으로 국가의 시인, 신화학자, 역사가, 예술가가 있다. 그리고 직공, 건축가, 도시계획가, 설계가이다. 이들 모두 국가의 집단적 삶이 전개되는 지평을 형성한다.

그다음 소크라테스는 이 동굴에서 탈출한 한 죄수를 상상해보라고 한다. 이 죄수는 "강요에 의해" 동굴 밖으로 끌려나와 더이상 불이 비춰주는 그림자를 보지 못하고 햇빛 속으로 나온다. 햇빛은 생명을 주는 힘이며, 동굴 자체가 아무리 어둡더라도 햇빛이 동굴을 밝혀준다. 소크라테스는 이 상황을 두고 영혼이 '전환'했다고 설명한다. 그리스어로 전환은 periagogē이다. 이런 영혼의 전환은 『국가』 앞부분에서 설명했던, 정치적으로 유용한 교육을 훨씬 뛰어넘어 일어나는 전환과 같다.

소크라테스: 교육이란 특정 직업의 사람들이 주장하는 것이 아니라고

생각해야만 하네. 그들이 주장하기를, 자기들은 보지 못하는 눈에 시력을 넣어주듯, 지식이 없는 영혼에 지식을 넣어준다고 하지.

글라우콘: 아닌 게 아니라 그렇게들 주장합니다.

소크라테스: 한데 우리 토론은 다음과 같은 것을 암시하지 않는가? 몸 전체를 돌리지 않고서는 눈이 어둠에서 빛으로 향할 수 없듯이, 우리 영혼 속의 이 힘과, 우리가 배울 때 쓰는 몸의 기관들은 지금 제시되고 있는 그것으로부터 영혼 전체와 함께 전환되어야만 비로소 눈부심을 견디고서, 실재하는 것과 그 실재하는 것에서 가장 밝은 부분을 가만히 바라볼 수 있게 된다고 말이야. (518c~d)

영혼의 전환에 대한 이 은유는 교육에 대한 플라톤식 이미지다. 이런 경험이 유쾌한 것은 아니다. 이것은 예전에 우리가 진실이라고, 좋은 것이라고, 아름답다고 생각했던 일체의 편안한 확실성에 의문을 제기하도록 요구한다. 플라톤을 다루는 문헌에서는 흔히 이것을 일종의 종교적 개종으로 생각하며, 플라톤 자신도 마치 철학이 사회에서 물러나 영혼 내면의 요새에 칩거하기를 요구한다는 것처럼 쓴다. 그러나 이렇게 금욕적인 철학 모델은 동굴의 경험을 설명하지 못한다. 철학은 근본적으로 하나의 사회적 기술이며 나머지 사람들에게도 거기에 참여하도록 요구한다. 철학은 수학으로 시작해 '변증법', 즉 대화의 기술에 관한 포괄적인 연구로 절정을 이루는 혹독한 훈련을 수반한다. 철학자 교육은 세상에서 물러나지 않고 참여하도록 가르친다.

이어서 소크라테스는 독자들에게 그 철학자가 동굴로 되돌아가는 것을 상상해보라고 말한다. 철학자는 어떤 대접을 받게 될까? 다른 동굴 거주자들에게 그는 어떻게 보일까? 그리고 그는 빛에, 아니 빛이 부족한 상황에 다시 적응할까? 소크라테스는 그런 사람은 동굴에 있는 다른 혈거인들에게 바깥세상에서 보았던 것을 알려주려 하면서 '꼴사나운' 형상을 만들어낼 것이라고 인정한다. 그런 사람은 악의 없는 장난의 대상이나 선의의 놀림감이 될 수도 있겠지만, 그보다는 질시, 비웃음, 경멸의 대상이 될 가능성이 높다. 플라톤의 이야기에서 그런 사람은 심지어 박해받고, 괴롭힘을 당하고, 위험한 적으로 여겨져 죽음의 위협을 받을 수도 있다.

동굴 이야기는 분명 정치권력과 철학의 관계를 다룬 플라톤의 이야기 중 가장 비관적인 이야기다. 이 이야기가 우리에게 생각해보라고 당부하는 질문은 굴레를 벗어나 태양을 본 철학자가 왜 그러고 나서 굳이 동굴로 돌아가는 데 동의할까 하는 것이다. 돌아간다 해도 실패가 확실하고 심지어 죽을 수도 있는 마당에, 그러느니 차라리 정치에서 거리를 두는 편(소크라테스는 이를 '축복받은 자들의 섬들'로 이주하는 것에 비견한다)을 선호하지 않겠는가? 동굴로 돌아가라는 강요는 철학자들이 최고의 삶을 포기하게 만드는 명백한 불의가 되지 않겠는가? 글라우콘은 다음 대화에서 바로 그렇게 묻는다.

> 소크라테스: 따라서 국가의 건설자인 우리가 해야 할 일은 가장 우수한 품성을 지닌 자들에게 앞서 우리가 가장 중요하다고 했던 배움에 이르도록 강제하는 것이네. 우리가 말한 좋은 것을 보고 그 오르막을 올라가도록

하는 것 말일세. 그러나 그들이 일단 그 길을 올라가서 충분히 보고난 다음에는 지금 그들에게 허용되는 것이 더이상 허용되어서는 안 되네.

글라우콘: 그게 무엇인지요?

소크라테스: 그곳에 그대로 머물러 있는 것 말일세. 그들은 다시 저 죄수들이 있는 곳으로 내려가 보잘것없건 대단하건 죄수들의 노고와 명예를 나누려 하지 않는데, 이를 허용해서는 안 된단 말일세.

글라우콘: 그렇다면 우리는 그들에게 불의를 행하고 더 나은 삶을 살 수 있는데도 더 못한 삶을 살도록 하는 셈인데요? (519c~d)

소크라테스가 제시한 이미지가 마법을 부리는 데 성공한 것 같다. 그 이미지는 비록 일시적으로나마, 글라우콘을 정치적 통치에 대한 욕망에서 해방시킨 듯하다. 요점은 철학의 아름다움에 비하면 국가는 그저 동굴이요, 그 시민들은 죄수에 지나지 않는다는 것이다. 칼리폴리스조차도 그렇다. 이 이미지가 암시하는 대로, 우리 각자는 우리 자신의 동굴에 사는 거주자이다. 그 동굴은 입법자, 시인, 예술가의 본성에 따라 더 나아질 수도 나빠질 수도 있지만, 결코 동굴 이상은 될 수 없다. 동굴 벽을 마주보는 죄수들은 특별히 나쁘거나 무지한 사회를 상징하지 않는다. 그들은 모든 공동체의 시민들이다. 이때쯤엔 글라우콘조차(호전적인 글라우콘이!) 철학자들에게 국가로 돌아가라고 강요하는 것은 부당하다고 불평한다.

동굴 이야기는 2권에서 소크라테스가 제시했던 국가와 개인을 동등하게 보는 관점의 한계를 무엇보다 또렷이 드러낸다. 비록 몇몇 측면에서 개인과 공동체는 서로 비슷하다고 할 수 있어도, 가장 높은 수준에서 그것들은 결정적인 측면에서 근본적으로 상응하지 않음을 플라톤은 보여주고 싶어한다. 영혼의 열망, 공동체가 지우는 인습적이고 제한적인 구속을 벗어나려는 그 에로틱한 욕망은 철학의 가장 깊은 충동으로 남아 있다. 교육이라는 기나긴 영혼 전환의 여행을 이미 시작한 사람들에게는 최고의 국가조차 감옥으로 여겨질 것이다. 우리는 결코 공동체를 완전히 떠나서 살 수 없겠지만, 공동체 안에서 계속 만족할 수도 없다. 이런 점에서 『국가』는 단순한 철학책이 아니다. 지금껏 쓰인 가장 위대한 성장소설이다.

플라톤의 민주주의와 우리의 민주주의

소크라테스는 우리의 민주주의 체제를 보고 어떻게 반응할까? 가장 중요하게는 이런 대조를 통해 우리는 무엇을 배워야 할까?

어떤 의미에서 『국가』는 역사상 가장 반민주적인 책이다. 철인왕의 왕권을 옹호한다는 것은 아테네 민주주의를 직접적으로 거부하는 것과 같다. "제 할 일을 하는 것"이라는 정의의 개념은, 시민은 누구나 정부의 공직에 참여할 만큼 모든 방면에 충분한 지식을 가지고 있다는 아테네식 믿음을 거부하는 것이다. 그러나 아테네 민주주의는 미국 민주주의가 아님을 기억하는 것이 중요하다. 플라톤은 민주주의를 다수의 통치로 생각했고, 내키는 대로 하는 무제한의 자유와 다수의 통치를 결부시켰다. 균형과 견제의 헌법 체계, 법치, 개인의 권리 보호를 위해 만들어진 정부에 기반을 두고 있는 미국 민주주의와는 전혀 다르다. 아테네와 워싱턴의 차이는 표면상으로는 더이상 다를 수 없을 만큼 확연하다.

설사 미국 민주주의 제도가 플라톤이 민주정치를 거부하면서 생각하던 형태는 아닐지라도, 그가 묘사했던 것과 매우 비슷한 조건 하나가 오늘날 민주주의적 삶에 존재한다. 우려되는 것은 민주주의 정치만이 아니라 민주주의 문화이기도 하다. 『국가』 8권에 나오는 다음 구절을 생각해보자. "이처럼 그는 날마다 아무 쾌락이나 닥치는 대로 탐닉하며 세월을 보낼 것이네. 때로는 음주와 피리 연주에 도취하는가 하면 다시 물만 마시며 살을 빼고, 때로는 체력 단련에 몰두하는가 하면 다시 게으름을 피우며 만사에 무관심해질 것이네. 때로는 철학에 몰입하는 척도 하겠지. 그는 정치에도 자주 관여할 텐데, 그런 때는 벌떡 일어나 생각나는 대로 말하고 행동할 것이네. 그리고 전사戰士가 부러우면 그쪽으로 향하고, 사업가가 부러우면 그쪽으로 향할 것이네. 말하자면 그의 생활에는 아무런 질서도 필연성도 없네. 그는 이런 생활을 즐겁고 자유롭고 행복한 생활이라 부르면서 평생 그렇게 지낼 것이네."(561c~d)

오늘날 민주국가의 개인들에게 적용해본다면 무슨 말인지 당장에 이해할 수 있을 것이다. 특히 한바탕 방종하게 지낸 뒤의 다이어트와 운동, 도덕적 무관심을 언급하는 부분을 보라. 플라톤이 (한참 나중에 토크빌이 그랬듯) 민주주의 속에서 포착했던 것은 다른 무엇보다 쾌락을 높은 위치에 놓고, 이상을 위한 희생을 달가워하지 않는 풍조를 조장하는 물질주의였다. 앞에 인용한 구절이 분명히 말하듯, 민주주의는 온갖 이상한 관심과 정념을 자극함으로써 허울 좋은 보편성을 조장한다. 그것은 삶에 온전하고 중대한 의미를 부여하는 몇 안 되는 대상에 집중하려는 노력을 굉장히 힘들게 만든다.

그러나 민주주의와 관련해 소크라테스를 가장 괴롭혔던 것은 자유를 방종과, 권한을 억압과 혼동하게 만드는 일종의 도덕적 무정부주의를 지향하는 민주주의 경향이다. 『국가』의 바로 이 대목에서 아데이만토스는 이런 질문을 던진다. "그러면 아이스킬로스의 말처럼 무엇이든 우리 입술에 떠오르는 대로 말해야 하지 않겠습니까?"(563c) "우리 입술에 떠오르는 대로" 말할 자유가 있다는 생각은 플라톤에겐 일종의 신성모독이며, 어떤 것도 부끄럽지 않고 모든 것이 허용된다는 관점과 같다. 이런 관점에는 우리 욕망에 가해지는 일체의 통제에 대한 거부감에서 나온, 또는 모든 욕망은 동등하기 때문에 모든 것이 허용되어야 한다는 쾌락주의적 믿음에서 나온 방종이 있다.

민주주의에 대한 플라톤의 관점이 전부 부정적인 건 아니다. 어쨌거나 소크라테스를 낳고 그에게 70세가 되도록 자유롭게 철학을 하도록 해준 것은 다름 아닌 민주주의였다. 스파르타나 고대 세계의 다른 도시국가였다면 결코 용납되지 않았을 일이다. 더욱이 플라톤이 이승에서의 삶을 끝낼 때쯤 쓴 편지를 보면, 그가 아테네 민주주의를 재검토할 이유가 있었는지도 모른다. 그 편지에서 플라톤은 그다음에 들어선 체제와 비교해 민주주의를 '황금시대'라고 불렀다. 지금까지 시도되었던 나머지 모든 체제를 제외한다면 민주주의는 최악의 체제라는 윈스턴 처칠의 말에 플라톤은 동의할 법하다.

그렇다면 칼리폴리스의 기능은 무엇일까? 그것은 어떤 목적을 가지고 있을까? 철인왕은 소망 또는 바람의 대상일 수 있겠지만, 플라톤은 그런 통치자가 등장하기를 기대할 수 없음을 인정한다. 그 철학적 국가는 우리에게 개인의 교육을 이해시키기 위한 은유로 도입된 것이다. 정치 개혁은 우리 힘을 넘어선 것일 수 있지만, 자기통제는 언제든 우리가 할 수 있다. 정치 개혁에 참여하기를 바라는 개인의 첫번째 임무는 자기개혁이다. 『국가』의 끝에 거의 다다라서 소크라테스가 "대규모의" 개인이 아닌 "자기 내면의 국가"를 말하는 대목에서 요점은 명확해진다.(591d) 대화는 또다시 국가에서 개인으로 흘러간다.

소크라테스: 맹세코 그는 그 자신의 국가(칼리폴리스)에서는 정계에 입문하려고 하겠지. 그러나 자기가 태어난 국가에서는 기적이 일어나지 않는 한 그러려고 하지 않을 걸세.

글라우콘: 무슨 말씀인지 알겠습니다. 선생님께서는 우리가 지금까지 이야기하면서 건설한 국가, 이론상으로 건설해온 국가를 두고 그렇게 말씀하시는군요. 그런 국가는 지상 어디에도 존재하지 않을 테니까요.

소크라테스: 하지만 그 국가는 아마 본보기로서 하늘에 만들어져 있을 것이네. 그것을 보고 싶어하고 자기가 본 것을 토대로 **자기 안에 국가를 건설**하고 싶어하는 사람을 위해서 말일세. 그 국가가 있는지 또 앞으로 어디엔가 있을지는 문제되지 않네. 그는 오직 이 국가의 정치에만 관여할 뿐, 다른 국가의 정치에는 관여하지 않을 테니까 말이네. (592a~b)

『국가』가 무엇보다도 개인의 개혁에 관한 책이라는 사실은 종종 놓치곤 하는 요점이다. 그렇다고 이 책이 우리에게 정치적 의무에서 발을 빼라고 가르친다는 이야기는 아니다. 전혀 그렇지 않다. 철학, 확실히 소크라테스의 철학은 친구, 동지, 대화를 요구한다. 그것은 고립된 상태에서 유용하게 추구할 수 있는 것이 아니다. 소크라테스는 다른 사람들을 개혁하길 원하는 사람은 먼저 스스로 개혁해야 함을, "자기 안에 국가를 건설"해야 함을 또렷이 이해했지만, 소크라테스를 모방하려 했던 많은 이는 그 점에 주의를 덜 기울이곤 했다.

지금까지 많은 사람이 그래왔듯, 『국가』를 폭정을 위한 방편으로 혼동하기는 아주 쉽다. 20세기 역사는 스스로를 철인왕으로 내세웠던 이들의 시체로 어질러져 있다. 가장 대표적인 몇몇 이름만 들더라도 레닌, 스탈린, 히틀러, 마오쩌둥, 호메이니 등이 그랬다. 그러나 그들은 철학자가 아니다. 정의에 대한 그들의 허세는 그저 허세일 뿐이며, 허영심과 야망의 표현에 불과하다. 플라톤에게 철학은 무엇보다 정념에 대한 치유법, 욕망에 한계를 정하는 하나의 방법이었다. 이것은 폭군과는 정확히 반대된다. 플라톤은 폭군이란 가장 초보적인 통치인 자기 통치를 결여한 채 무한한 욕망을 가진 사람이라고 설명한다.

철학자와 폭군의 차이는 철학에 대한 매우 다른 두 개념을 분명히 보여준다. 어떤 사람에게 철학은 혼돈으로부터의 해방, 다스리기 힘든 정념과 선입견으로부터의 해방, 평화와 만족을 가져다주는 영혼의 치유법을 제시한다. 어떤 사람에게 철학은 지배욕의 근원이며, 모든 형태의 폭정과 우리가 막 지나온 이데올로기 시대의 근원이다. 문제는 이것이다. 두 경향 모두 철학 안에서 작용하는데, 우리가 어떻게 한 측면을 장려하고 다른 한 측면을 단념시킬 것인가? 위대한 철학자 카를 마르크스는 언젠가 이렇게 물었다. "누가 교육자를 교육할 것인가?" 맞는 말이다. 우리는 누구에게 도움을 청해야 할까?

마법 같은 해답은 없다. 다만 내가 아는 한 최고의 대답은 소크라테스이다. 그는 사람들에게 어떻게 살지, 그리고 그만큼 중요하게 어떻게 죽을지 보여주었다. 그는 대부분의 사람들과는 다른 방식으로, 그러나 더 훌륭하게 살고 죽었다. 이 점만큼은 가장 맹렬하게 그를 비판하는 이들조차 인정한다.

5장
아리스토텔레스의 체제 정치학

개인교사 아리스토텔레스의 이야기를 듣고 있는 젊은 알렉산드로스 대왕. 사진 1875년경.(사진 제공: The Print Collector / Alamy)

아리스토텔레스의 삶을 이렇게 요약할 수 있다는 이야기가 있다. 아리스토텔레스가 태어났다. 그는 철학을 하며 삶을 보냈다. 그러다가 죽었다. 물론 아리스토텔레스의 삶에는 이런 사실이 인정하는 것보다 더 많은 내용이 있겠지만, 이 이야기는 그가 궁극의 철학자로 인식되어온 방식을 어느 정도 포착한다.[1]

아리스토텔레스는 기원전 384년 그리스 북부, 지금의 마케도니아에 있던 스타게이로스에서 태어났다. 열일곱 살 무렵(대체로 지금의 학부생 나이) 그의 아버지는 아들을 아테네로 보내 플라톤이 세운 아카데미아에서 공부하게 했다. 보통의 학부생과는 달리 아리스토텔레스는 그후 20년 동안 아카데미아에 남았고 이후 교사로 채용되었다. 같은 장소에서 살고 가르쳤던 두 사람을 서양 전통의 창시자로 꼽는 것은 주목할 만한 일이 아닐까? 이들이 긴 세월을 같이 보내며 어떤 대화를 나누었는지는 상상에 맡길 수밖에 없다.

어쩌면 플라톤의 뒤를 이은 아카데미아 학장이 내린 결정 때문으로 보이는데, 플라톤이 죽은 뒤 아리스토텔레스는 아테네를 떠났다. 처음에는 소아시아로 갔고, 나중에 마케도니아 왕 필리포스 2세에게서 귀족 자제들을 위한 학교를 설립해달라는 부탁을 받고 마케도니아로 향했다. 그가 필리포스 왕의 아들이자 훗날 그리스 세계 전체를 정복하게 된 알렉산드로스를 처음 만나고 가르쳤던 곳도 바로 마케도니아였다. 아리스토텔레스는 나중에 아테네로 돌아가 자신의 학교 리케이온을 설립했다. 전하는 이야기에 따르면 아리스토텔레스는 정치적 이유로 또 한번 철학에 밀어닥친 적대적 물결 때문에 소크라테스처럼 사형을 선고받았다고 한다. 그러나 아리스토텔레스는 남아서 독미나리 즙을 마시는 대신 아테네를 떠났는데, 아테네인이 두 번이나 철학에 대해 죄짓는 걸 바라지 않기 때문이라고 말했다고 한다. 이 이야기는 비록 출처가 불분명하지만 암시하는 바가 매우 크다.

아리스토텔레스는 종종 최초의 정치학자로 묘사되어왔다. 그가 무미건조하다는 말이다. 아무 저서도 쓰지 않고 끊임없이 대화했던 그의 지적 대부 소크라테스와는 달리, 그리고 끝없는 소크라테스식 대화를 모방해 글을 썼던 스승 플라톤과도 달리, 아리스토텔레스는 생물학부터 윤리학까지, 형이상학부터 문학비평까지 사실상 모든 것에 관해 일목요연하게 주제를 잡고 논문을 썼다. 만약 소크라테스였다면 예일대에서 조교 지원서조차 낼 수 없었겠지만 아리스토텔레스였다면 예일대 어느 학과에서든 종신교수직을 얻었으리라고 생각할 독자도 있을 것이다. 라파엘로의 유명한 그림 〈아테네 학당〉에 묘사된 그의 이미지처럼, 아리스토텔레스는 두 발을 단단히 땅에 딛고 있었다. 환상의 여행이나 공상과학, 가상의 국가는 그의 저작에 들어갈 자리가 없었다.

이런 차이는 나머지 차이들을 가려버린다. 플라톤의 대화편이 흥미로운 수많은 문제와 역설을 엮어나가는 반면, 아리스토텔레스는 단 한 번도 회의주의의 바람이나 의심에 흔들린 적이 없는 듯 보인다. 그는 처음으로 정치학이라는 학문의 틀을 잡고 형태를 부여했다. 또 정치학의 주요 용어와 개념을 확립했다. 정치학의 기본 문제들을 세련되게 다듬었고 처음으로 정치학 어휘에 개념적 명확성과 정밀함을 불어넣었다. 실상 오늘날 우리가 공부하는 논점들은 모두 아리스토텔레스가 처음 정의한 것이다. 『정치학』과 『니코마코스 윤리학』 같은 저작은 정치 교육서로 삼기 위한 의도로 쓰였다. 그런 책들은 잠재적 철학자를 모집하기 위해서라기보다는 시민과 미래 정치가를 형성하고 교육하고자 계획된 것이다. 그의 저작은 정치학의 추상적 모델을 구축한다는 의미의 '이론적인' 글이 아니라, 국정 논쟁을 둘러싼 중재자 구실을 한다는 의미로 조언하는 글이다. 정치적 삶을 동굴로 폄하하던 소크라테스와 달리, 아리스토텔레스는 국가의 존엄성을 진지하게 받아들이고 시민에게나 정치가에게나 철학이 유용하게 쓰일 방법을 보여주었다.

때로 아리스토텔레스의 정치이론은 그의 정치적 삶과 '직접적으로' 관련이 있다고 이야기되어왔다. 그는 정치 질서를 약화시키려고 시도하지 않았으며, 또는 플라톤처럼 지식인들의 지향성에 대해 근본적 변화를 꾀하지도 않았다. 그의 목표는 우리가 이미 알고 있는 것들을 더 자세히 아는 것, 더 나은 질서를 세우는 것이었다. 따라서 그는 우리가 사는 세계에 관해 평범한 개인이 이미 가지고 있는 견해들(통념들 endoxa)을 더 많이 존중했다. 아리스토텔레스의 사고에 담긴 이런 특징은 한 영국인 독자가 멋지게 포착한 바 있다. "아리스토텔레스는 도덕론이란 기존의 견해와 일치해야 하고, 그런 견해는 더욱 보편적인 원리가 구체화된 것으로 설명할 수 있어야 한다고 명확하게 선언한다. 철학을 공부하지 않아도 선한 성격과 풍부한 경험을 지닌 사람은 실질적인 문제들을 정확히 추론하기 마련이다. 따라서 용인할 수 있는 도덕론은 우리가 통상적으로 칭송하는 사람들의 결정을 통상적으로 이끌어줄 원칙을 위한 튼튼한 기초가 되어줄 것이라고 아리스토텔레스는 주장한다. 용인할 수 있는 도덕론은 기존의 도덕적 견해를 흔들지 않을 것이며 체계적인 도덕적 대화를 끌어내지도 않을 것이다."[2] 여기에 나타난 주장, 즉 이론은 우리가 가진 평범한 인식, 세계에 대한 경험과 '조화되어야' 한다는 주장이 바로 아리스토텔레스식 국정운영의 열쇠이다.

그렇지만 아리스토텔레스의 정치학 저작들을 둘러싼 중대한 수수께끼는 여전히 남아 있다. 아리스토텔레스의 『정치학』에서 정치란 무엇일까? 아리스토텔레스는 자치적 도시국가 세계에서도 첨단의 도시국가에 살았다. 그는 살면서 알렉산드로스의 북쪽 대제국이 아테네, 스파르타를 비롯한 그리스의 도시국가들을 삼키는 것을 보게 된다. 이것이 나중에 이른바 '세계화'라고 불리게 될 물결 가운데 첫번째의 거대한 물결이었다. 우리가 생각하는 그리스의 황금시대는 사실상 막을 내리게 된다. 같은 시대를 살았던 그리스의 다른 사상가들, 특히 수사학자 데모스테네스는 연설문 모음인 『필리포스 탄핵 연설』을 통해 북쪽 마케도니아인이 아테네에 불러올 위험을 동시대인들에게 경고했다. 그러나 아리스토텔레스는 진정 미증유의 이런 큰 변화에 대해 시종일관 침묵했다. 그는 그런 변화를 어떻게 생각했을까?

아마도 아리스토텔레스의 이런 극단적인 과묵함은 그가 아테네에서는 외국인 신분이었기 때문일 것이다. 그는 아테네 사람이 아니었으며 따라서 시민으로 보호받지도 않았다. 동시에 이런 거리두기는 소크라테스의 운명에 대한 반응, 정치적으로 위험에 처한 철학의 상황에 대한 반응이었을지도 모른다. 그러나 이처럼 악명 높을 만큼 비밀스럽고 몸을 사리는 사람인데도 아리스토텔레스의 저작은 정전의 지위를 얻었다. 그는 사실상 모든 것에 대한 권위자, 사실상 최고의 권위자가 되었다. 12세기 마이모니데스는 그를 가리켜 "지식인들의 스승"이라고 일컬을 정도였다. 13세기에 집필 활동을 했던 토마스 아퀴나스는 아리스토텔레스를 그저 "철학자"라고 언급했다. 다른 수식어가 필요 없었다. 그 시대에는 아리스토텔레스의 철학 외에는 철학이 없었다. 수세기 동안 아리스토텔레스의 권위는 흔들림 없이 확고했다.

당연한 일이지만 사상가들은 자기만의 렌즈로 아리스토텔레스를 해석했다. 아퀴나스는 그를 왕정의 옹호자로 해석했고, 단테는 『제정론』에서, 아리스토텔레스가 그리스도교 군주의 통치를 받는 하나의 세계 왕정 관념을 주장한다고 보았다. 반면 토머스 홉스는 그를 전혀 다르게 해석했다. 홉스에게 아리스토텔레스의 『정치학』은 그 시대 잉글랜드에서 크롬웰 집권기에 실행되었던 공화정부의 위험한 교의를 가르쳐준 책이자 국왕 시해를 정당화하는 수단이었다. "그런 책을 읽고 영향받은 사람들은 자기들의 왕을 시해하곤 했다. 왜냐하면 그리스와 로마의 저술가들은 정치에 관한 책이나 강론을 통해 왕을 일단 폭군으로 규정하고 나면, 그를 살해하는 것은 합법적이며, 칭찬할 만한 일이라고 주장하기 때문이다." 홉스가 『리바이어던』(29장 14절)에서 쓴 말이다. 인간은 '정치적 동물'이라는 아리스토텔레스의 교의는 국왕 시해로 귀결될 수밖에 없다고 홉스는 믿었다. 아리스토텔레스의 메아리는 토크빌에서 한나 아렌트까지 후대 민주정치 이론가들의 저작에서도 울림을 이어나갔다.

이것은 다시 우리를 아리스토텔레스에 관한 수수께끼로 데려간다. 이 이상하고 속을 알 수 없는 남자는 누구일까, 그리고 그는 무엇을 믿었던 걸까? 국가의 당위성에 관한 그의 관점은 그 문제를 알아보기 위한 가장 좋은 출발점이다.

정치심리학

아마도 『정치학』에서 볼 수 있는 가장 유명한 교의는 인간은 타고난 정치적 동물이라는 아리스토텔레스의 선언일 것이다. 이는 무엇을 뜻할까?

아리스토텔레스의 생각은 『정치학』의 세번째 페이지에 가장 간결하게 나타나 있다. 이 대목에서 그는 "모든 폴리스는 자연적으로 존재"한다고 말하고 인간은 정치적 동물, 즉 본성적으로 "폴리스를 형성하며 살아가기에 적합한 존재politikon zōon"라는 논리를 전개한다. 그의 추론은 여기서 좀더 자세히 짚어볼 가치가 있다. "왜 인간이 벌이나 그 어떤 군집 동물보다 더 폴리스를 형성하며 살아가는 동물인가 하는 이유는 분명하다. 우리가 말하는 바와 같이, 자연은 결코 아무런 헛된 일을 하지 않기 때문이다. 그런데 동물 중에서 인간만이 말logos을 가진다." 그는 다른 동물들이 비록 고통과 즐거움을 나누는 목소리를 가졌는지는 몰라도, 로고스는 그 이상임을 주목한다. "그러나 말은 유익한 것과 해로운 것을 밝히는 데 쓰이고 따라서 정의로운 것과 정의롭지 않은 것을 분명히 하는 데에 기여한다. 왜냐하면 다른 동물과 비교해서 인간만이 좋은 것과 나쁜 것, 정의로운 것과 정의롭지 않은 것, 그리고 나머지 것들을 지각한다는 점은 인간에게 고유한 것이기 때문이다."(1253a) 아리스토텔레스의 말이다.

그러나 어떤 의미에서 국가가 "자연적으로" 존재하고 인간이 "폴리스를 형성하며 살아가기에 적합한 동물"이란 말일까? 아리스토텔레스는 서로 다른 설명들을 내놓는 듯 보인다. 시작 부분에서 그는 폴리스의 자연사라고 할 만한 이야기를 들려준다. 폴리스는 인간들이 구성하는 작은 결합 형태로부터 점차 성장해온 것이라는 점에서 자연적이다. 처음에는 가족이 생기고, 그다음 가족들이 결합해 한 마을이 형성되고, 그다음엔 마을들이 결합해서 하나의 폴리스를 형성한다. 폴리스, 즉 국가는 가장 고도로 발달한 인간의 결합 형태로 보인다는 점에서 자연적이다. 그러나 국가는 더욱 중요한 두번째 의미에서 자연적이다. 국가는 인간으로 하여금 인간의 자연적 목적, 즉 텔로스$_{telos}$를 성취하고 완성하게 해준다는 점에서 자연적이라 말해진다. 우리가 정치적 동물인 이유는 폴리스의 생활에 참여하는 것이 인간적 탁월함을 성취하는 데 필요하기 때문이다. 국가 없이 사는 인간은 모자란 인간이거나 신일 것이다. 다시 말해 인간의 위나 아래에 있을 것이라고 아리스토텔레스는 말한다.(1253a) 정치적 본성이 우리의 본질적 성격이다.

그렇다면 아리스토텔레스가 인간은 원래 정치적이라고 주장할 때, 이는 자명한 이치를 말하는 것 이상의 행위이다. 그는 위대한 힘과 시야를 지닌 철학적 가정을 제시하는 것이다. 인간이 타고난 정치적 동물이라고 할 때 그가 말하려는 바는 우리를 정치적 삶에 참여하도록 이끄는, 생물학적으로 심어진 일종의 욕망이 있다는 게 아니다. 이 말에는 거미가 거미줄을 치듯, 또는 비버가 댐을 만들 듯 우리도 자연스럽게 열심히 정치에 참여한다는 암시가 담겨 있다. 하지만 아리스토텔레스는 에드워드 윌슨 같은 유형의 사회생물학자가 아니다.

인간이 정치적 동물인 이유는 동물 중 유독 인간만이 말하는 능력을 가지고 있기 때문이다. 말, 즉 이성은 우리의 행동을 제한하기는커녕 다른 종이 누릴 수 없는 영역, 즉 선택의 자유를 우리에게 준다. 우리를 정치적으로 만드는 것은 본능이 아니라 이성이다. 그러나 이성, 즉 합리성에 대한 능력은 정치와 어떤 관계가 있을까? 이성은 전쟁과 평화 같은 공동의 문제를 판단하고, 깊이 생각하고 결정할 능력을 부여한다. 하나의 공동체를 탄생시키는 것, 또는 아리스토텔레스의 말을 빌리면 무엇이 정의롭고 정의롭지 않은지를 공유하게 해주는 것이 바로 말이다.

그러나 인간은 타고난 정치적 동물이라는 말은 단지 우리가 국가의 삶에 참여함으로써 온전히 인간이 된다는 뜻만은 아니다. 그 이상이다. 우리의 완성을 가능하게 해주는 결합의 형태는 반드시 특정한 무엇이어야 한다. 아리스토텔레스가 이해했듯, 폴리스는 작은 사회였다. 오늘날의 관점에선 '폐쇄 사회'라 부를 만한 것이다. 그는 그런 도시를 에우수놉토스eusunoptos라 불렀다. 이 단어는 종종 '한눈에 쉽게 들어오는' 또는 '한눈에 볼 수 있는'으로 번역되곤 한다. "동물, 식물, 도구가 그런 것처럼, 폴리스의 크기에도 적당한 한도가 있어야 한다. 어떤 사물이든 너무 작거나 크지 않아야만 제 기능을 유지할 수 있으며, 그렇지 않으면 본성을 완전히 상실하거나 상태가 나빠질 것이다. ……마찬가지로 구성원의 수가 너무 적으면 폴리스는 자급자족해야 함에도 그럴 수 없으며, 구성원이 너무 많으면 필수품은 자급자족할 수 있겠지만 폴리스라고 할 수는 없다. 그런 폴리스가 정치체제를 갖추는 것이 쉽지 않기 때문이다. 누가 그렇게 지나치게 많은 수의 장군이 될 수 있으며, 스텐토르Stentor의 목소리를 갖지 않고서야 누가 그 목소리를 들을 수 있겠는가?"(1326a~b)

하지만 아리스토텔레스가 살던 시대에도 실제로 폴리스를 쉽게 감독할 수 있다고 여겨졌는지는 의문이다. 아티카는 대략 로드아일랜드만한 크기였고, 심지어 미국인의 기준에서 보더라도 '한눈에 들어오는' 정도는 결코 아니었을 것이다. 얼굴을 맞대는 직접적 관계로 통치되고, 신뢰와 우정, 친밀함의 끈으로 단결되어 상대적으로 폐쇄된 사회만이 아리스토텔레스가 말하는 폴리스의 기준을 만족시킬 수 있다. 신뢰와 우정의 관계로 통치될 만큼 충분히 작은 도시국가만이 진정한 의미에서 정치적일 수 있는 것이다. 도시국가의 대안(제국)은 폭압적으로 통치될 수밖에 없다.

그렇다면 태생적으로 도시국가는 결코 세계 국가가 될 수 없으며 심지어 근대적 민족국가도 될 수 없다는 이야기가 된다. 세계 국가, 즉 모든 것을 포괄하는 사회는 오랜 시간 자기완성에 지대한 노력을 쏟는 폐쇄된 사회에 존재하기보다는 하급 수준의 사회에나 존재할 것이다. 도시국가는 그 자신에게 적대적일 수도 있는 다른 원리를 바탕으로 세워진 다른 도시국가나 국가와 함께 항상 세계 안에 존재할 것이다. 이 말은 아무리 최고의 도시국가라 할지라도 외교정책 없이는 존재할 수 없다는 뜻이다. 정치적 동물이 된다는 것은 동료 시민과 친구를 적과 구분한다는 뜻이다. 민주주의에서 훌륭한 시민은 다른 체제에서는 훌륭한 시민이 아닐 것이다. 당파성과 자기 삶의 방식에 충실하다는 것은 건강한 도시국가에 필요한 덕목이다. 따라서 친구와 적은 자연스러우면서 없앨 수 없는 정치적 범주이다. 우리가 모든 사람과 친구가 될 수 없듯 도시국가는 다른 모든 국가와 친구가 될 수는 없다. 도시국가에서 전쟁과 전쟁에 필요한 덕목은 평화에 필요한 덕목만큼이나 자연스럽다.

아리스토텔레스가 어떤 도시국가 또는 어떤 체제가 가장 좋은지 말하지 않는다는 점에 주목하자.(적어도 지금까지는 그렇다.) 최고의 도시국가는 어떻게 통치될까? 한 명이, 몇 명이, 다수가, 또는 이 셋이 결합되어 통치하는 국가일까? 이 시점에서 우리는 도시국가의 가장 일반적인 특징만을 알고 있을 뿐이다. 도시국가는 정의, 즉 공동선에 대한 공통의 언어로 통치할 수 있을 만큼 충분히 작아야 한다. 단순히 똑같은 언어를 쓰는 것으로는 충분하지 않다. 한 도시국가를 형성하는 것은 공동의 경험과 기억이다. 오늘날처럼 여러 언어를 쓰는 다민족 대규모 공동체는 아리스토텔레스의 기준에 따르면, 인간의 행복에 반드시 필요한 상호간 신뢰와 우정이 쌓일 만한 충분한 토대를 갖지 못한다.

최고의 도시국가 시민은 공직에 적극 참여함으로써만 완성에 다다를 수 있다. 규모가 큰 세계주의 국가는 각 개인에게 원하는 대로 살 자유를 허락할 수는 있겠지만, 이것이 아리스토텔레스가 이해하는 자유는 아니다. 자유는 정치적 책임을 행사할 때에만, 동료 시민들의 행복을 책임지고 감독할 때에만 온다. 따라서 자유는 단지 우리가 살고 싶은 대로 사는 걸 의미하지 않는다. 자유에는 도덕적 절제의 감정, 모든 것이 허용되지는 않는다는 인식이 새겨져 있어야 한다. 좋은 사회는 중용, 절제, 그리고 자유와는 떼어놓을 수 없는 자기통제에 대한 인식을 권장하는 사회일 것이다. 인간은 정치적 동물이라는 아리스토텔레스의 주장 속에는 이 모든 것이 암시되어 있다.

노예제와 불평등

폴리스가 자연적으로 생겨났다는 아리스토텔레스의 관점을 어떻게 생각하든, 우리는 한편으로 노예제가 자연적이라는 그의 유명한(또는 악명 높은) 교의를 함께 생각해봐야 한다. 노예제가 자연적이라는 주장이 나온 이유는 불평등이 인간 사이의 법칙이라는 아리스토텔레스의 믿음 때문이라고들 말한다. 이것이 사실이라면, 아리스토텔레스의 『정치학』은 인류 역사상 가장 반민주적인 저서 중 하나라는 비난을 받아 마땅할 것이다. 그렇다면 우리는 이 책에 어떻게 접근해야 할까?

우선 도움이 되지 않는 두 가지 반응을 피해야 할 것이다. 첫째, 아리스토텔레스의 사고에서 냉혹하고 유쾌하지 않은 측면을 회피하지 말아야 하고, 그가 그런 이야기는 결코 한 적이 없다는 듯 모른 척하지 말아야 한다. 아리스토텔레스를 정치적으로 더욱 용인할 만한 사람으로 보이도록 만들고자 그를 에어브러시로 채색하거나 기분 나쁜 부분을 삭제하려는 유혹을 피해야 한다. 또한 아리스토텔레스의 관점이 우리와 맞지 않는다는 이유로 우리의 고려 대상에서 제외하고 싶은 유혹도 거부해야 한다. 문제는 이렇다. 아리스토텔레스가 말한 노예제는 무엇을 뜻했을까? 그가 생각한 천성적인 노예는 어떤 사람이었을까? 이 같은 가장 기본적인 질문과 관련해 그가 의도했던 바를 이해하지 않는 한, 우리가 그의 가르침을 받아들이거나 거부할 근거는 어디에도 없다.

첫번째로 언급할 가치가 있는 것은 단순히 그리스에서 노예제가 시행되었다는 이유만으로 아리스토텔레스가 노예제를 자연스럽게 받아들이지는 않았다는 사실이다. 독자 여러분은 그가 자신의 분석에 일종의 논쟁 형식을 적용한다는 점을 주목하게 될 것이다. 그에 따르면, 그저 지배와 피지배를 구분하는 풍조가 만연하기 때문에 노예제가 자연적인 것이라고 믿는 사람들이 있는 반면, 주인과 노예의 구분은 자연적인 것이 아니라 오랜 전통과 관습에서 생겨난다고 믿는 사람들이 있다.(1253b) 다시 말해 노예제는 태생적인 것일까, 관습적인 것일까? 심지어 아리스토텔레스의 시대에도 노예제는 논쟁적이었고 서로 다른 견해들을 끌어내고 있었다.

바로 이 대목이 아리스토텔레스가 거의 맹렬할 만큼 개방적인 정신의 소유자로 보이는 순간 중 하나이다. 그는 논쟁의 양편에서 기꺼이 논증을 즐긴다. 그는 노예제가 전쟁이나 정복으로 정당화될 수 없다며 부정하는 사람들의 견해에 동의한다. 그는 전쟁이 항상 정의롭지는 않으며, 따라서 전쟁에서 붙잡혀온 사람들이 노예가 되는 것이 정당하다고 가정할 수는 없다고 말한다. 아울러 그는 노예제가 그리스인이 아닌 사람들에게만 적합하다는 견해를 부정한다. 타고난 노예와 주인을 구분하는 인종적, 민족적 특징 같은 건 없다. 아리스토텔레스의 관점에는 우리가 '인종주의'라고 부르는 것에 대한 어떤 단서도 찾아볼 수 없다. 그리고 그는 깜짝 놀랄 정도로 용인하는 태도를 보이면서, 자연이 자유민과 노예를 구분하게끔 의도했을 수는 있지만 "종종 그와 정반대의 일이" 일어난다고 말한다.(1254b) 이제 우리는 혼란스러워진다. 앞에서 그는 자연이 어떤 것도 목적 없이 허투루 그냥 하는 법은 없다고 말하더니 이제 와서 때로는 자연이 뜻한 바를 놓치는 일도 있다고 말한다. 어떻게 그런 것이 가능할까? 자연이 어떻게 실수할 수 있단 말인가? 이런 복잡한 문제들은 주의 깊은 독자들의 경계심을 자극할 것이다.

그런 동시에 아리스토텔레스는 자연적 노예제라는 논제를 옹호하는 사람들과 의견을 같이한다. 노예제가 자연적인 이유는 정념을 억제하지 않고서는 우리 자신을 다스릴 수 없기 때문이다. 그는 여기서 자신이 플라톤의 훌륭한 제자임을 보여준다. 절제, 즉 자기통제는 자유와 자치에 필요한 선결 요건이다. 자기 정념의 노예가 되는 사람은 자유로운 인간 존재의 특징을 보여줄 수 없다. 그 자신의 정념과 욕망을 억제하는 데 적용되는 진실은 다른 것들에 대한 억제와 통제에도 적용된다. 영혼에 위계가 있어서 이성이 정념을 다스리듯, 사회에도 위계가 있어서 이성적인 사람이 생각 없는 사람들을 통치한다. 그러므로 주인과 노예의 자연적 위계는 도덕적 지성과 합리적 자기통제 능력의 위계이다.

그러나 이 위계는 어떻게 생겨났을까? 지성의 위계는 유전적 산물일까, 아니면 양육과 교육의 결과일까? 만약에 후자라면, 지성과 도덕적 성격의 차이가 양육의 산물이라면, 과연 노예제를 자연스러운 것으로 정당화할 수 있을까? 누구는 특권과 교육이 주어지는 자리에 선택되고 누구는 이름 없이 그저 그렇게 삶을 살도록 운명지워졌다면 부당하지 않은가? 아리스토텔레스는 인간을 '합리적 동물'이라 부르면서 모든 인간은 지식에 대한 욕구, 정신을 함양하고 자유인으로 살려는 욕구가 있다고 암시한다. 『형이상학』에서 유명한 첫 구절은 "모든 인간은 알고자 하는 욕구를 가진다"이다.(980a) "모든 인간"이란 그 욕구에서만큼은 분명히 보편적인 어떤 것을 암시한다. 만약 모든 인간이 알려는 욕구를 지니고 있다면 모든 인간에게는 합리성에 대한 열망이 있을 것이다. 최고의 체제는 재능과 지성의 능력주의 속으로 스스로 확장해간 귀족주의처럼 보일 것이다.

아리스토텔레스는 여전히 교육(진정한 자유주의 교육)을 몇몇 소수만이 누리는 전유물로 여긴다. 교양 있는 정신을 위해 필요한 일종의 수양과 자기절제는 인간들에게 불공평하게 분배되어 있다. 그렇다면 결국 자연에 따른 체제는 교육과 훈련의 귀족주의, 즉 교육받은 엘리트가 모두의 선을 위해 통치하는 귀족주의 공화정이 될 것이다. 아리스토텔레스의 공화정은 높은 수준의 시민 덕목, 다시 말해 자치에 필요한 정신과 마음의 자질을 함양하는 데 전념한다. 그가 생각하기에 이런 자질은 불가피하게도 일부 소수, 즉 도시국가의 정의로운 행정과 공직을 공유할 능력이 있는 소수에게만 있는 자질이다. 이들 소수가 아리스토텔레스의 지배계급을 구성한다.

아리스토텔레스의 교육받은 귀족이라는 개념(철인왕이라는 플라톤식 관념과는 약간 다르면서도 관련이 있는)은 여러분이 생각하는 만큼 우리 경험과 크게 다르지 않다. 아리스토텔레스가 말하는 교육paideia은 엄밀한 의미에서의 철학 교육이 아니라 더욱 폭넓은 의미의 지적 교양(예술, 문학, 음악)이다. 그것은 토머스 제퍼슨이 존 애덤스에게 쓴 편지에서 지지했던 교육받은 귀족의 의미와 같다. 제퍼슨은 재능과 지성에 근거한 '자연적인 귀족'과 부와 출생에 근거한 '인위적인 귀족'을 구분했다. 그는 이렇게 쓰고 있다. "제가 생각하는 자연적인 귀족은 지식, 신뢰, 사회 통치를 위해 자연이 준 가장 소중한 재능을 지닌 사람입니다. ……어쩌면 우리는 자연적인 귀족ariostoi을 정부 공직에 순수하게 선발할 가장 효과적인 방법을 제공하는 그런 정부 형태가 최고라고 말할 수 있지 않을까요?" 제퍼슨에게 "가짜 귀족에서 귀족을, 왕겨에서 밀알을" 분리해내는 최고의 방법은 다름 아닌 대의정부 제도, 특히 선거제도였다.[3]

제퍼슨을 아리스토텔레스와 같은 부류로 묶었다고 해서 놀라는 독자들이 있다면 19세기 가장 위대한 자유주의 지성인 존 스튜어트 밀의 경우를 함께 생각해보기 바란다. 밀은 『대의정부론』에서 참정권의 확대는 대중 민주주의의 등장과 함께 교육받은 소수의 영향력 상실을 불러오리라고 몹시 걱정했다. 따라서 그는 '1인 1표주의'의 불리한 점을 상쇄하기 위해 서로 다른 유권자 계급 사이의 비례대표제를 지지하려고 토머스 헤어와 헨리 포셋이 제안한 투표제를 받아들였다.

현대 문명의 경향이 그렇듯, 대의정부의 자연적인 경향도 집단적인 평범함을 향해 가고 있다. 이런 경향은 선거권의 축소와 확대로 인해 더욱 커지고 있다. 그 결과 한 공동체 안에서 지적 수준이 한참 못 미치는 부류가 주요 결정권을 행사하는 일이 점점 많아진다. 그러나 최고의 인품과 지성을 가진 사람이 수적으로는 어쩔 수 없이 밀린다 하더라도, 그가 발언권을 가질 수 있느냐의 여부에 따라 상황은 크게 달라진다. ……과거의 민주주의 사회에서는 유능한 사람이라면 누구도 배제되는 일이 없었다. 우선 그에게는 자기주장을 펼칠 연단이 열려 있었다. 공직을 맡기 위해 어느 누구의 동의도 필요하지 않았다. 그러나 대의정부에서는 그렇지 않다. 대의민주주의에 큰 호감을 보이는 사람이라 하더라도 일말의 불안감을 지울 수 없다. 이를테면 고대 아테네의 테미스토클레스나 데모스테네스 시절 평의회가 나라를 위기해서 구할 수 있었다 하더라도, 이런 훌륭한 정치인들이 그 평의회에 자리 하나를 차지하는 일이 불가능했을 수도 있다는 것이다.[4]

아리스토텔레스의 공화정에 관한 설명이 참을 수 없을 만큼 엘리트주의적이고 반민주적이라고 거부하기 전, 우리는 먼저 다른 질문을 해봐야 할 것이다. 예일대가 지도층 계급의 잠재적인 성원을 (도덕적으로, 또 지성적으로) 교육시키기 위해 의도된 엘리트 교육기관이 아니라면 무엇이란 말인가? 과연 아무나 예일대에 들어갈 수 있을까? 그 문은 모든 사람에게 열려 있어야 옳을까? 이 나라에서 성공하기 위해 필요한 것은 정확히 자기통제, 수양, 만족감의 유예 같은 자질 아닌가?

예일대 졸업생, 그밖의 엘리트 전문학교와 대학교 출신의 몇 안 되는 소수가 결국 정부, 기업, 법, 학문 분야에서 최고의 직위를 얻는다는 것은 한낱 우연의 일치일까? 이들 계급을 자연적인 귀족으로, 부와 전통에 의거한 귀족이 아닌 재능과 장점에 의거한 귀족으로 묘사하는 것이 과연 불공정하거나 비합리적일까? 비민주적인 엘리트주의자라며 아리스토텔레스를 거부하기 전에, 우리 자신을 살펴봐야 한다. 결국 여러분도 엘리트주의자이다. 그러지 않았다면 이 자리에 있지 않았을 테니까.

체제 정치

체제 유형에 대한 비교 해부는 『정치학』에서 중심이 되는 3권부터 6권까지를 차지한다. 정치체제, 즉 정체正體politeia는 아리스토텔레스의 정치학에서 중심 개념이다. 사실 politeia라는 단어는 최고의 체제인 칼리폴리스를 다루었던 책인 플라톤의 『국가』 제목으로 쓰인 것이다. 그러나 아리스토텔레스는 한 공동체의 기본적인 입헌 구조 비슷한 것을 포착하려고 이 단어를 사용한다. 체제란 한 공동체의 공식적인 제도적 설계를 가리키지만, 한편으로는 우리가 한 국민의 생활방식이나 문화, 뚜렷한 관례, 태도, 습관이라 부르는 것과 비슷하기도 하다.

아리스토텔레스의 체질적 이론화 작업은 다음과 같은 질문으로 시작된다. 한 체제의 정체성이란 무엇인가? 무엇이 그것을 오랜 기간 지속적으로 존재하게 해주는가? 누구든 체제의 질료와 형상을 구분할 수는 있다. 한 체제의 질료란 시민이라는 집합체, 다시 말해 한 국가를 구성하는 사람들의 특성과 관련 있다. 그는 공통의 영토에 거주하는 사람들로 이루어진 하나의 집단이 한 체제를 규정한다는 생각을 거부한다. 그는 "동일한 성벽으로 둘러싸여 있다고 해서 하나의 국가는 아니다"라고 말한다.(1276a) 달리 말해 물리적 근접성만으로는 한 체제를 특징짓지 못한다는 이야기다. 이런 맥락에서 아리스토텔레스는 한 체제가 다른 체제의 침략을 피하기 위한 방어동맹일 수 있다는 관점을 거부한다. 오늘날 우리 식으로 말해, 북대서양조약기구NATO는 하나의 체제가 아니라는 이야기다. 마지막으로 그는 한 체제가 단지 많은 사람이 무역을 목적으로 상업적 관계를 맺을 때 존재한다는 관점 역시 부정한다. 북미자유무역협정NAFTA이나 세계무역기구WTO가 체제가 되진 않는다. 체제는 위에서 말한 어떤 것도 아니다. 아리스토텔레스에 따르면 "도시국가는 장소의 공동체도 아니고 그들 서로 간에 불의를 범하지 않기 위한 공동체도 아니며, 무역을 하기 위한 공동체도 아니라는 것이 명백하다."(1280b) 그렇다면 체제란 무엇일까?

결국 우리는 체제란 그 시민 집합체로 구성된다고 말할 수 있을 것이다. 시민은 공통의 생활방식을 공유하는 사람들, 따라서 통치에 참여할 수 있는 사람들이다. 아리스토텔레스는 말한다. "완전한 의미에서의 시민은 재판이나 공직에 참여한다는 것 외에는 다른 어떤 것으로도 규정되지 않는다."(1275a) 뒤에 가서는 이렇게 표현한다. "의결하고 판결하는 공직에 참여할 자격이 있는 사람은 누구나 그 국가의 시민이다."(1275b) 시민은 법의 보호를 받는 사람일 뿐 아니라 법 제정에 참여하는 사람, 통치와 의결에 가담하는 사람이기도 하다. 아리스토텔레스는 심지어 자신이 내린 시민의 정의는 민주주의 시민에게 가장 적절하다고 말했는데, 그의 유명한 공식화에 따르면 민주주의에서는 모든 사람이 "지배하고 또 지배당하는" 방법을 알고 있다.(1277a) 시민의 성격에 관해 이런 생각을 가지고 있었기 때문에 아리스토텔레스는 훌륭한 시민이 곧 훌륭한 인간인지 고민하게 되었다. 가장 훌륭한 시민이 꼭 가장 훌륭한 유형의 인간일까?

아리스토텔레스는 이 질문에 대해 고의적으로 모호하게 답하는 것 같다. 그에 따르면 훌륭한 시민은 체제에 상대적이다. 민주주의에서 훌륭한 시민이 왕정에서 훌륭한 시민과 같지는 않을 것이다. 시민의 덕목은 체제에 상대적이다. 훌륭한 시민이 곧 훌륭한 인간이라는 등식은 가장 훌륭한 체제에서만 성립될 것이다. 그러나 이 공식은 논점을 회피하는 듯하다. 최고의 체제는 무엇을 위한 것인가? 훌륭한 인간이 곧 훌륭한 시민이 되는 체제가 있기는 한가? 아리스토텔레스는 말하지 않는다. 적어도 아직까지는 그렇다. 문제는, 세계에는 여러 부류의 체제가 있으며 각 체제에 적합한 여러 부류의 시민성이 있다는 것이다. 각 체제를 구성하는 것은 질료만이 아니다. 체제의 형상, 다시 말해 시민 집합체에 형태를 부여하는 일군의 제도와 공식적 구조 역시 체제를 구성한다. 체제 또는 국가구조에는 한 공동체 내에서 권력을 어떻게 나누어 가질지 또는 어떻게 분배할지 결정하는 형상, 즉 형식상의 절차가 있다.

방금 본 것처럼, 한 체제를 구성하는 시민들은 공동의 공간을 차지하거나 상호간의 보호나 편익을 위해 서로 제휴하는 이상의 일을 한다. 시민들은 공통의 애착, 충성, 신뢰, 우정의 유대 등으로 서로 결합되어 있다. 이 말에서 아리스토텔레스가 의미하려는 바는 무엇일까? 그에게 "이런 것들{정치적 동반자관계}은 우애의 산물이다. 함께 살겠다는 의도적인 선택이야말로 다름 아닌 우애의 산물이기 때문이다." (1280b) 그는 필리아philia, 즉 우애야말로 "국가를 위한 최고의 선"이며 국가를 내분으로부터 지켜준다고 믿는데, 사람들이 서로에게 애착을 느끼면 갈등이 일어날 가능성이 적어지기 때문이다.(1262b) 아리스토텔레스가 그리스어 단어 '필리아'를 통해 말하고자 하는 것에는 공동의 운명을 공유하는 사람들 사이의 동지애라는 어감이 강하게 들어 있다. 정치적 우애에는 정치적 공직과 명예를 누릴 위치를 놓고 강력한 라이벌 관계와 경쟁이 따라올 수도 있다. 시민적 우애에는 저마다 시민적 선을 위해 남들보다 뛰어나려고 애쓰는 형제간 경쟁관계 같은 강력한 요소가 없지는 않다. 모두가 알다시피 형제란 어쩌면 가장 좋은 친구 사이일 수도 있지만, 그렇다고 부모의 관심을 놓고 벌어지는 경쟁 심지어 갈등이라는 강력한 요소가 없는 건 아니다. 동료 시민들은 마치 형제처럼, 일종의 대리부모 역할을 하는 도시국가의 존중, 애정, 인정을 받고자 모두가 서로 경쟁한다.

아리스토텔레스가 시민은 공동의 애착이라는 끈으로 묶여 있다고 말할 때의 그 의미는 매우 특정한 무엇을 가리킨다. 시민적 유대는 단순한 자기이해의 총합보다 큰 어떤 것이다. 훗날 홉스와 현대의 많은 정치학자 역시 그렇게 주장한다. 이해를 둘러싼 합리적 계산이라는 관점 하나로 정치를 설명할 수 없다. 아리스토텔레스가 시민적 애착을 이야기할 때 그것은 사적인 우애에서 특징적으로 나타나는 개인적 친밀함의 유대를 의미하지는 않는다. 시민들은 굳이 서로 친숙할 필요는 없지만, 그들 자신을 한 공동 기업의 일부로 생각해야 한다. 그들이 기업 연합의 일부라는 내 말의 뜻은 그들이 공동으로 노력한다는 의미다. 이런 공동의 노력이 없는 곳, 시민적 신뢰가 깨진 곳에서, 사람들은 진정한 의미의 시민이 뜻하는 그런 시민이 될 수 없다. 아리스토텔레스가 말하는 시민적 애착의 의미는 한 팀이나 한 클럽의 성원들을 결속시켜주는 충성심의 유대, 동지애의 유대에 더 가깝다. 이런 것들은 서로의 편의에 따른 관계를 넘어선다. 그것들은 일종의 충성심(사회학자들이 '사회자본'이라 부르는)과 서로간의 인정을 요구한다. 그것은 사람들이 "'팀' 안에 '나'는 존재하지 않는다"고 말할 때 느끼는 것과 같은 일종의 기백이다. 그들은 부분의 총합보다 더 큰 한 집단의 부분이다. 아리스토텔레스는 이렇게 쓴다. "그러므로 국가 공동체는 훌륭한 행위를 위해 존재한다고 받아들여져야지 모여 살기 위해서 존재한다고 받아들여져서는 안 된다."(1281a)

만약 체제의 질료가 그 시민 집합체의 구성요소에 관한 것이라면 체제의 형상은 권력의 분배와 관련 있다. 아리스토텔레스는 『정치학』에서 정체와 관련해 엄밀하게 형상이라 할 수 있는 측면을 두 번 정의한다. 첫번째 경우는 3권 6장에 나온다. "체제란 여러 공직, 특히 모든 일에 최고 결정권을 가진 기구에 관한 국가의 편제이다. 어느 국가에서나 정부가 최고의 권력을 가지고 있는데, 정부가 곧 체제이기 때문이다."(1278b)

두번째 정의는 4권 1장에 나온다. "체제란 국가에서 공직에 대한 조정으로서, 그것들이 어떤 방식으로 분배되고, 누가 체제의 최고 권력을 가지며, 각각의 공동체의 목적이 무엇인지를 규정하는 것"이다.(1289a)

우리는 이 두 정의에서 많은 것을 알 수 있다. 첫째, 아리스토텔레스는 통치 기구 또는 통치 계급을 기반으로 체제를 구분한다. 체제란 어떤 공동체에서 권력이 배분되는 방식이다. 바로 이것이 아리스토텔레스가 체제를 가리켜 공직이 "어떤 방식으로 분배"되는지 결정하는 국가의 조정이라고 말할 때의 의미다. 다시 말해 모든 체제는 권력을 배분하는 방식, 권력을 한 사람에게 몰아줄지, 아니면 소수 혹은 다수에게 배분할지 하는 것에 대한 판단에 바탕을 둔다. 아리스토텔레스가 보기에, 어떤 체제에서든 이 세 집단 중 하나가 지배력을 가지며, '통치 기구' 또는 지배계급이 되고, 이것이 그 체제의 성격을 규정한다. 따라서 아리스토텔레스의 체제 분석은 가장 오래되었을 다음의 정치적 질문과 관련이 있다. "누가 통치할 것인가?"

모든 체제는 한 사람 또는 소수 또는 다수에 의해 지배된다. 그러나 아리스토텔레스는 그답게, 체제를 세 가지 기본 형태로 구분한 다음, 애초의 공식을 복잡하게 만들어간다. 그는 또한 질서가 확립된 체제와 타락한 체제를 구분한다. 그의 체제 분석은 단지 경험적인 것만은 아니다. 그것은 규범적이기도 하다. 그는 질서가 확립된 체제들로 왕정, 귀족정, 혼합정을 꼽는다. 타락한 체제로는 참주정, 과두정, 민주정을 꼽는다. 한 사람의 지배는 왕정일 수도 있고 참주정일 수도 있다. 몇몇 소수의 지배는 귀족정일 수도, 과두정일 수도 있다. 다수의 지배는 입헌정일 수도, 민주정일 수도 있다. 체제 유형에 대한 그의 도식 또는 범주는 다음과 같다.

	질서가 잡힌 체제	타락한 체제
1인	왕정	참주정
소수	귀족정	과두정
다수	혼합정	민주정

아리스토텔레스는 어떤 기준으로 질서가 잡힌 체제와 타락한 체제를 구분하고 있을까?

아리스토텔레스가 품격 있는 입헌 질서에 필요하다고 믿었던 두 가지 특징이 있다. 첫번째는 법의 지배이다. 그 이름값에 걸맞은 어떤 정치체제든 이기적인 소수가 다수를 지배하거나 이기적인 다수가 소수를 지배해서는 안 된다. 나중에 보다시피 법의 지배가 곧 정의를 보장하지 않을 수는 있지만, 아리스토텔레스가 확신했던 것 하나는 정의, 즉 정치적 합법성은 법의 틀을 벗어나서는 성립할 수 없다는 것이다. 아리스토텔레스의 생각에 따르면, 법에 따른 규제와 그 법이 그 시민들에게 지우는 책임이야말로 그가 정치체제 또는 입헌정부라고 불렀던 것에 필요한 최소 조건이었다. 질서가 확립된 체제의 두번째 특징은 안정성이다. 아리스토텔레스는 어떤 체제가 어느 정도 질서를 유지하는 한 조금 통제를 벗어나더라도(심지어 질서가 어지럽혀졌더라도)

대체로 비난하기를 꺼렸다. 실제로 그는 다양한 체제의 강점과 약점에 대해 합리적으로 주장했으며, 심지어 참주들에게 그들의 체제를 더욱 안정적으로 만들 방법에 관해 조언하기까지 했다. 그가 보기에, 보존하려는 노력을 기울일 가치도 없을 만큼 좋은 점이 전혀 없는 체제는 없었다.

예를 들어 우리는 집단적으로는 다수가 소수보다 더 큰 지혜를 가질 수 있다는 근거를 들어 민주주의를 옹호하는 아리스토텔레스를 보게 된다. 이 주장은 '다수의 지혜'라는 말로 자주 언급된다. 3권 11장에서 아리스토텔레스는 이렇게 쓴다. "다수가 있을 때 그들 각자는 탁월성과 실천적 지혜의 부분을 가지고 있다. 그러므로 다수가 함께 모이면 마치 많은 발과 많은 손과 많은 감각을 지닌 한 사람처럼 되고, 마찬가지로 성품과 현명함에서도 그렇게 되기 때문이다."(1281b) 심지어 아리스토텔레스는 덕성이나 그밖의 자질이 출중하다고 여겨지는 개인들을 추방하는 도편추방조차 민주적 관행으로 찬양했다고 한다.

그는 3권 15장에서도 비슷한 지적을 하면서 각자가 음식을 가져오는 추렴 잔치에 빗대어 민주적 심의 과정을 설명한다. "이러한 모임의 구성원은 개별적으로는 아마 최선의 한 사람보다 열등할 것이다. 그러나 국가는 수많은 개인으로 이루어져 있다. 그리고 추렴 잔치가 단 한 사람이 준비한 잔치보다 낫듯, 군중은 많은 것들을 그 어떤 개인보다 더 훌륭하게 판단한다. 게다가 다수자는 소수자보다 덜 부패한다. 그것은 마치 물이 많은 곳이 물이 적은 곳보다 덜 썩는 것과도 같다."(1286a) 여기서 이 모임을 잔치로 만드는 것은 제공되는 음식의 수라기보다 그 다양성이다.

그런 반면에 아리스토텔레스는 왕권과 1인 지배를 옹호하는 모습도 보인다. 3권 16장에서 그는 "모든 일을 자신의 뜻대로 처리하는 왕"에 관한 사례를 다룬다.(1287a) 여기서 그가 염두에 둔 왕 중의 왕은 플라톤의 철인왕 개념과 가까운 것처럼 느껴진다. 이를 아리스토텔레스는 그리스어로 팜바실레이아pambasileia, 즉 절대왕이라 부른다. 다른 사람들보다 훨씬 뛰어난 "굉장히 탁월한" 한 사람이 자연적 통치자가 될 가능성을 아리스토텔레스는 배제하지 않는다.

우리는 아리스토텔레스의 절대왕, 즉 팜바실레이아에 관한 설명과 앞에서 다수의 지혜를 강조했던 대목을 어떻게 조화시킬 수 있을까? 절대왕에 대한 주장은 그에겐 제2의 조국이던 아테네보다 그가 태어났던 마케도니아에 더 많은 것을 빚지고 있다는, 그의 철학적 사고에 감추어진 '알렉산드리아인의' 부담감을 드러내는 게 아닐까? 아리스토텔레스는 『정치학』의 뒷부분에서 이 논제를 발전시켜, 그리스인은 적절한 조건 아래서는 모든 민족에 대한 세계적 패권을 확립할 수 있으리라고 말한다. 7권 7장에 나오는 유명한 다음 구절을 생각해보자. "추운 지역에 사는 민족들, 특히 유럽의 민족들은 기개가 넘치지만, 지성과 재주는 좀 모자란다. 이런 이유로 그들은 상대적으로 자유롭지만 정치 조직이 없고 이웃을 지배할 능력이 없다. 반면에 아시아의 민족들은 지능과 재주는 타고났으나 기개가 부족하다. 그래서 그들은 남에게 예속되어 노예로 살아간다. 그러나 지리적으로 이 양자 사이에 자리잡은 헬라스 민족은 두 가지 탁월함을 겸비하여 기개도 있고 지능도 있다. 그래서 헬라스인은 자유민으로 남아 있고, 최선의 방식으로 통치하고 있으며, 단일한 정치체제를 가질 수만 있다면 나머지 모든 민족을 지배할 수 있을 것이다."(1327b)

이 구절은 굉장히 중요하다. 아리스토텔레스는 한 사람이 모든 그리스인을 통치할 수 있다고 믿는 것처럼, 제대로 된 조건하에선 그리스인이 세계 모든 민족에 대한 통치권을 확립할 수 있다고 생각한다. 그는 그 가능성을 배제하지 않는다. 아리스토텔레스는 체질상 다원론자이다. 그는 서로 다른 체제들은 각기 서로 다른 상황에 적합한 것이라고 여긴다. 이런저런 상황에 두루 적용되는 하나의 정치적 만능 모델은 없으며 훌륭한 체제는 얼마든지 다양한 형태로 나타날 수 있다는 이야기다. 정치학자의 과제는 어느 한 체제의 지지자가 되는 것이 아니라, 서로 다른 상황을 만족시킬 수 있는 수많은 합법적 체제가 존재함을 인정하는 것이다.

그럼에도 불구하고, 아리스토텔레스는 그런 최상의 덕목을 갖춘 사람을 기대할 수 없다는 점을 이해한다. 정치는 더구나 최상보다 못한 조건들을 다루는 일이다. 대부분의 체제는 온갖 현실적 목적 때문에 과두정과 민주정이 혼합된 형태로 나타날 것이다. 아리스토텔레스에게 이는 부자들과 가난한 자들의 혼합을 뜻한다. 계급투쟁의 실상을 발견한 것은 마르크스가 아니라 아리스토텔레스였다. 마르크스의 계급투쟁과 달리 아리스토텔레스의 계급투쟁은 단지 자원이나 생산수단의 통제를 둘러싼 경쟁이 아니라 명예로운 위치와 지위를 둘러싼 경쟁, 궁극적으로는 정치적 지배력을 가진 지위를 둘러싼 경쟁이다. 한

마디로 체제를 결정하는 것은 경제적 동기가 아니라 정치적 갈등이다.

아리스토텔레스가 갈등과 파벌 싸움보다 조화와 합의에 강조점을 둔다고 생각하는 것은 흔한 오독이다. 이는 분명 잘못된 해석이다. 모든 체제는 정의와 통치를 둘러싸고 서로 경쟁하는 주장들이 끝까지 싸우는 현장이다. 정의와 관련해 종종 서로 경쟁하며 양립할 수 없는 서로의 이해에 따라 시민들이 움직이기 때문에 파벌주의는 체제 사이는 물론이고 체제 내에서도 존재한다. 민주정 분파의 성원인 가난한 사람들은 모든 인간은 평등하므로 모든 것에 대해서도 평등해야 한다고 믿는다. 과두정 분파의 성원인 부자들은 인간은 평등하지 않으므로 모든 것에서 불평등할 수밖에 없다고 믿는다. 그런 대립 구도는 모든 정치에 만연해 있다. 갈등의 원인을 제거하고 이익 공동체를 만들려는 시도는 정치를 폐지하기 위한 노력이 될 것이다. 정치는 갈등을 능숙하게 관리하는 기술이다. 그렇다면 파벌이 혁명이나 내전으로 이어지기 전에, 분파의 원인을 어떻게 조정할 것인가?

입헌 정부와 법의 지배

아리스토텔레스는 다양한 분파 사이의 경쟁적인 투쟁, 잠재적으로는 호전적인 투쟁을 해소할 여러 치유책을 제시한다. 그중 가장 중요한 것은 역시나 법의 지배이다. 법은 모든 시민에게 동등한 대우를 보장하고 소수 또는 다수의 권력에 의한 임의적 지배를 방지한다. 법의 지배는 일종의 공평성을 확립한다. "법은 공정하기 때문이다." 그리고 "법의 지배를 요구하는 자는 다름 아닌 신과 지성만이 지배하기를 요구하는 것이고, 인간의 지배를 요구하는 자는 야수의 지배를 요구하는 것이다. 왜냐하면 욕망은 야수와도 같고 분노는 통치자들과 가장 훌륭한 인간마저도 잘못된 길로 빠뜨리기 때문이다. 따라서 법은 욕구를 가지지 않는 이성이라 할 수 있다."(1287a) 그러나 법이 이야기의 끝은 아니다. 법은 시작에 불과하다. 아리스토텔레스는 법의 지배를 받는 것이 더 좋은지 인간의 지배, 심지어 가장 훌륭한 인간의 지배를 받는 것이 더 좋은지 문제를 제기한다. 그리고 그답게 서로 다른 관점에서 질문을 검토한다.

아리스토텔레스는 가장 훌륭한 개인의 지배에 관한 플라톤의 관점을 옹호하는 듯한 말로 시작한다. "최고의 체제는 글로 쓰인 법에 기반한 체제가 아니"라고 쓰고 있다.(1286a) 법은 일반적인 문제들만 다루고 있을 뿐 특정 상황에는 적용할 수 없기 때문에 어설픈 도구에 불과하다. 더욱이 법의 지배는 예견하지 못했던 새로운 상황에 항상 대응할 준비가 되어 있어야 하는 정치가와 입법자의 자유를 제한한다.

그런 한편 아리스토텔레스는 법을 위한 사례를 제시한다. 한 개인이 아무리 현명하더라도 정념이나 이해관계 때문에, 그도 아니면 단순히 인간 이성의 오류 때문에라도, 개인의 판단은 편견에 치우치게 되어 있다. 지혜를 모방한 법의 통치권이 인간 통치자의 통치권을 대신할 수밖에 없다. 나아가 그는 어떤 인간도 모든 것을 감독할 수는 없다는 사실을 지적한다. 이는 실행 가능성의 문제이다. 그러나 아리스토텔레스는 어느 누구도 자기 자신의 사건을 재판하도록 할 수는 없다고 주장함으로써 법을 옹호하는 사례를 또 제시한다. 의사도 병이 나면 다른 의사에게 보인다. 트레이너도 자신이 훈련할 때는 다른 트레이너를 부른다. 이 경우에는 오직 제삼자, 법만이 제대로 판단할 수 있다. 법은 한 명의 통치자가 가진 통치권의 대리물로 기능할 수 있다.

그렇다면 법은 바뀌어야 할까, 만약 바뀌어야 한다면 어떻게 바뀌어야 할까? 여기서 아리스토텔레스는 다시 서로 다른 몇 가지 관점을 제시한다. 2권 8장에서 그는 법을 여타의 기술 및 학문과 비교하면서, 의학 같은 학문이 진보하고 변화해왔던 것처럼, 법도 그래야 한다고 주장한다. 오래된 법이라고 해서 그 법을 계속 적용하는 것이 결코 정당화되지는 않는다. 아리스토텔레스는 조상 대대로 내려온 것을 선과 동일시하는 버크식 보수주의자가 아니다. 그는 심지어 이렇게 말한다. "일반적으로 모든 사람은 전통이 아니라 선을 추구한다."(1268b)

다만 그는 법을 바꾸는 일은 결과가 더 나아질 때조차 위험하다는 것을 인정한다. "법을 쉽게 바꾸는 습관은 나쁜 것"이라고 그는 쓰고 있다. "법을 바꿈으로써 얻는 이익이 통치자에게 불복종하는 습관으로 인해 입게 되는 손해보다는 크지 않을 것이기 때문이다."(1269a) 갑작스레 또는 자주 법을 바꾼다면, 설사 개선을 목적으로 할지라도 법의 변경은 의도하지 않았던 결과를 낳게 된다. 다른 모든 덕목처럼 법을 지키는 일은 행위의 습관인데, 부당한 법일지언정 법에 불복종하는 습관은 사람들이 완전히 법을 무시하도록 만드는 경향이 있기 때문이다. "법은 습관 외에는 사람을 복종시키기 위한 아무런 힘도 가지고 있지 않으며…… 그래서 기존의 법을 새 법으로 쉽게 바꾸면 법의 힘이 약해지기 마련이다."(1269a)

파벌 문제에 대한 가장 좋은 치료책은 4권에서 논의되는 아리스토텔레스의 정부 이론에서 찾을 수 있다. 일반적으로 정치체제를 가리키는 데 흔히 사용되는 통칭인 폴리테이아는 우리 식으로는 '국가구조' 또는 '입헌정부'로 대강 옮길 수 있을 것이다. 하나의 정치체제 또는 입헌정부의 기본적 특징은 그것이 과두정 원칙과 민주정 원칙을 혼합하고 있고 따라서 둘 중 어느 하나의 지배를 방지한다는 것이다. 소수 지배와 다수 지배의 요소를 결합함으로써, 정치체제는 중간계급의 지배로 특징지워진다. 이런 측면에서, 중간계급을 가진 정치체제는 소수나 다수가 순전히 자기중심적 법규에 따라 통치하는 체제보다 더욱 안정적이며 법을 더 잘 준수한다. 중간계급은 극단적인 두 당파 모두의 신임을 얻을 수 있으며, 중간계급의 수가 충분히 많은 곳에서는 계급 갈등을 피할 수 있다. "중간계급이 많은 곳에서는 시민들 사이에 알력이나 반목이 생길 가능성이 가장 적다. 큰 국가는 또한 같은 이유로, 즉 중간계급이 많다는 것 때문에 파벌 갈등에서 더 자유롭다."(1296a)

이 구절은 『연방주의자 논집』의 독자들에게는 매우 친숙하게 들릴 것이다. 독자들은 분파를 철폐하거나 불법화하려 하지 말고 그 대신 하나의 큰 공화국 안에서 서로를 견제하고 제어하도록 하자는 제임스 매디슨의 제안을 떠올릴 것이다. 입헌정부의 장점은 각 분파가 그 체제를 민주정이라고 또는 과두정이라고 이야기할 수 있다는 것이다. 입헌정부가 민주정의 성격을 띠는 이유는 공통의 교육제도가 있고 "부자는 빈민과 전혀 구별되지 않"기 때문이다. 입헌정부가 과두정의 성격을 띠는 이유는 정치 공직이 제비뽑기가 아닌 선거로 결정되기 때문이다.[5] 한마디로 입헌정부에는 모든 사람을 위한 무언가가 있으며, "국가를 구성하는 어떤 부분도 다른 정치체제를 원하지 않"게 된다.(1294b) 과두정과 민주정이 혼합된 체제에 관한 아리스토텔레스의 제안은 매디슨의 주장을 상기시켜주기도 한다. 매디슨은 폭정과 내전의 양극단을 피하기 위해 권력이 분산된 정부, 『연방주의자 논집』 51번 논문의 한 대목을 빌리면 "야심은 야심으로 대응하도록 만들어져야" 하는 정부를 요구한 바 있다. 아리스토텔레스는 이미 천 년도 더 전에 미국 헌법과 비슷한 것을 발견했던 것 같다!

정치학과 정치적 판단

아리스토텔레스의 정치학은 무엇일까? 이런 질문을 한다는 건 이미 하나의 주장을 펼치는 것과 같다. 아리스토텔레스에게 정치학이 있었을까, 만약 그렇다면 이 학문이 다루는 것은 무엇일까? 답을 찾으려면(심지어 그 질문에 관해 생각이라도 하려면) 아리스토텔레스의 텍스트에서 뒤로 물러서서 근본적인 질문들을 제기해야 한다. 다시 말해 아리스토텔레스에게 정치적인 것의 의미는 무엇일까, 정치학 연구의 목표 또는 목적은 무엇일까, 정치적인 것을 연구할 때 아리스토텔레스의 접근법은 어떤 점에서 독특할까?

아리스토텔레스 정치학의 핵심은 그가 실천적 이성(프로네시스phronēsis)이라고 묘사했던 특정 부류의 지식을 발견하는 것에 바탕을 둔다는 점이다. 그는 실천적 지식을 나머지 두 부류의 지식, 즉 과학적 또는 이론적 지식(에피스테메epistēmē) 및 기술적 또는 생산적 지식(테크네technē)과 구분한다. 이론적 지식은 수학이나 논리학에서 발견되는 지식처럼 언제 어디서나 항상 옳은 것, 필연적이거나 보편적인 진리를 추구한다. 기술적 지식은 유용한 사물을 생산하는 데 수단이 되는 지식을 말한다. 이 두 가지와 대조적으로 실천적 지식은 올바른 행동에 대한 지식으로, 여기서 행동의 목적이나 목표는 그 행동 자체를 잘 수행하는 데 있다. 이것은 도구적 추론(바라는 목표를 이루기 위해서는 무엇이 가장 효율적인 수단인지 아는 것)의 형태를 수반하는 게 아니라 특정 상황에서 해야 할 올바른 행동을 아는 것과 관련된 일종의 감식안이다.

아리스토텔레스는 도덕적, 정치적 지식에 대한 탐구를 수학이나 물리학처럼 순수하게 이론적인 활동과 구분하는 데 주로 관심이 있다. 이론적 학문과 대조적으로 정치학의 주제는 너무 다양하기에 어떤 법칙 같은 일반화를 만들어내기는 무리다. 실천적 지식은 항상 임시적이다. 대체로 그것은 받아들여질 진리를 낳겠지만 항상 예외를 허용한다. 실천적 지식이 이론적 지식이나 기술적 지식과 다른 점은 무엇이 알맞은지 또는 적절한지에 대한 감각, 특정 상황의 뉘앙스나 세부에 기울이는 관심이다. 프로미노스phrominos(실천적 지혜를 가진 사람)란 하나의 상황을 구성하는 복잡한 배열을 보고 무엇을 해야 적절한지 또는 어울리는지 이해할 능력이 있는 사람이다. 무엇보다 그런 사람은 더 순수하게 이론적이거나 사색적인 기질이 있는 사람들과 구분되는 특수한 통찰력과 식별력을 보여준다.

그렇다면 실천적 지식은 인민의회, 법원, 또는 심의가 이루어지는 여러 장소에 있는 사람들에게 어울린다. 그것은 추상적 진리를 목표로 하는 이론적 지식도 아니며 쓸모 있는 인공물을 만드는 데 쓰이는 생산적 지식도 아니다. 이런 실천적 지식은 통찰력과 심사숙고가 필요하다. 우리는 무언가 선택해야 하는 것에 대해서만 심사숙고한다. 우리는 보존이나 변화를 염두에 두고 심사숙고한다. 이런 지식은 어느 특정 상황에서 해야 할 일을 생각하는 노련한 정치가의 기술이나 술책일 것이다. 이것은 기민한 감각의 기술 또는 정치적 요령이지 참된 명제나 보편화할 수 있는 명제의 집합체는 아니다. 이는 가장 위대한 정치가들(이를테면 헌법의 기초자들)만이 보유하는 기술이다. 그들은 후대의 덜 위대한 인물들이 변화에 대처할 수 있게 해준 영구적 기틀을 창조한다.

비록 아리스토텔레스의 이름이 분명하게 언급되지는 않지만, 이 같은 아리스토텔레스식 실천적 지혜의 자질은 영국의 정치철학자 이사야 벌린의 글에서 훌륭하게 발전했다. 벌린은 「정치적 판단」이라는 에세이에서 성공한 정치가들의 지적 특질은 무엇인지, 이 특질은 다른 형태의 지식 및 합리성과 어떻게 다른지 묻는다. "내가 설명하고자 하는 특질은 사악하거나 고결하거나 상관없이 성공한 정치가들이 공적 생활(또는 이와 관련한 사적 생활)에 대해 보여주는 특수한 이해력이다. 비스마르크나 탈레랑, 프랭클린 루즈벨트, 또는 그 점과 관련해서는 카보우르나 디즈레일리, 글래드스턴, 아타튀르크 같은 인물들이 위대한 심리소설가들과 공통으로 가지고 있는 것, 반면에 뉴턴이나 아인슈타인, 러셀, 심지어 프로이트 같은 좀더 순수한 이론적인 천재들이 눈에 띄게 결여하고 있는 어떤 것이다."[6] 벌린은 계속해서 이렇게 쓴다. "이 능력을 무어라 불러야 할까? 실천적 이성, 어쩌면 효과가 있을 것과 그러지 않을 것을 알아보는 감각이라고 할 수 있을 것이다. 그것은 분석보다는 종합의 능력이며, 조련사가 자신이 훈련시키는 동물을 안다거나, 부모가 자식을 알고 지휘자가 오케스트라를 안다고 할 때 그런 의미에서의 지식을 위한 능력이며, 화학자가 시험관 속 내용물을 안다거나 수학자가 수학 부호들에 적용되는 법칙을 안다고 할 때의 능력과는 반대된다. 이것[실천적 지혜의 자질]이 없는 사람은 그밖의 어떤 자질을 소유하고 있든 상관없이, 아무리 영리하고 학식이 많고 상상력이 풍부하며, 친절하고 고결하고 매력적이고 다른 면에서 재능이 있다 하더라도, 정치적으로는 미숙하다고 정확하게 간주된다."[7]

정치적 판단에 필요한 그것을 벌린은 '현실 감각'이라고 불렀다. 이는 단지 무엇이 효과가 있고 무엇이 효과가 없을지 아는 지식이 아니라 무엇이 가능하고 무엇이 불가능한지까지 판단하는 감각을 의미한다. 판단이란 그저 목적에 맞는 수단을 찾아내는 문제는 아니며 주어진 상황에 알맞거나 적절한 행동이 무엇인지 아는 문제이기도 하다. 개개인에게서 좋은 품성을 판단하는 능력이 그렇듯, 정치에서 훌륭한 판단이란 사실들의 실체에 대해 더 많은 정보나 접근권을 가지는 문제가 아니라, 남들보다 앞서 어떤 것을 보면서, 누구를 믿을 수 있고 누구를 믿어선 안 되는지 아는 능력이며, 자신의 실수에 대해 기꺼이 책임을 인정하는 능력이다.

그러나 우리는 궁금하다. 누가 실천적 판단을 가지고 있을까? 올바른 행동의 표준으로 삼을 만한 고결한 본보기로 누가 있을까? 도덕적 판단 능력은 습관의 산물일까, 아니면 그림 재능, 외국어 습득 능력처럼 천부적인 재능이나 능력일까? 나면서부터 이런 능력이 있는 사람이 따로 있는 걸까, 아니면 훈련과 습관을 통해 그런 습관을 가질 수 있는 걸까? 사실 타고나는 재주와 능력은 매우 불균등하게 배분되며 우리의 공적이나 노력의 대가와는 별 관계가 없다. 그것은 상당 부분 행운의 산물이다. 왜 어떤 사람은 피아노에 재능이 있는데 어떤 사람은 음감조차 없을까? 왜 어떤 사람은 돈 버는 재주가 있는데 어떤 사람은 계속해서 막다른 궁지에 이르게 될까? 자연은 날것의 재료를 제공한다. 습관과 연습은 자연이 준 이런 재료에 형태나 꼴을 부여하도록 돕지만, 판단은 궁극적으로 부적절한 것에서 적절한 것을, 모조품에서 진짜를 가려내게 해주는 감식안을 획득하는 것이다. 아리스토텔레스의 모토는 이렇게 표현할 수 있다. "구별하라, 항상 구별하라."

아리스토텔레스의 실천적 판단이라는 개념에서 무엇보다 특징적인 점은 그것이 다른 정치학자나 철학자가 아니라 시민과 정치가를 상대로 단호하게 말한다는 것이다. 그가 쓰는 언어는 전적으로 일상어의 궤도 안에 머물러 있다. 그런 언어는 조금의 모호함도 남지 않도록 과학적으로 정화해야 한다고 주장하지 않으며, 대신 의회에서, 법정에서, 대회의실에서 벌어지는 논쟁에 적합한 논증 표준을 채택한다. 동시대 정치학이 주로 과학(진실인 명제의 집합체)이 하는 주장들을 내놓는 데 관심 있다면, 아리스토텔레스는 갈등이 만연한 상황에 평화를 가져올 방법을 찾는 일에 더 관심을 보인다. 그의 정치학은 대단히 실천적이며, 오늘날 식으로 말하면 '규범적'이다. 그것은 가장 유능한 정치 행위자, 링컨이나 처칠 같은 사람은 말할 것도 없고 테미스토클레스나 페리클레스 같은 사람들에게서 보이는 기술이다. 아리스토텔레스의 접근법은 마치 머나먼 행성에서 인간사를 보듯, 또는 곤충학자가 개미들의 행동을 관찰하듯 정치 영역을 초월해 있으라고, 또는 멀리 떨어져 있으라고 주장하지 않는다. 아리스토텔레스의 정치학은 공민 의식이 있는 정치학, 즉 애국적 정치학이다. 그것은 우리 모두 썩 좋지는 않은 정치 질서 속에서 살아간다고 해도, 그럼에도 왜 정치 질서를 보존하고 수정할 가치가 있는지 그 이유를 탐색한다. 현재의 관점에서 보면 아리스토텔레스의 접근법은 근본적으로 '비과학적'인 듯 보인다. 결국에 그것은 단지 지식이 아닌 행동, 정치 체제의 유지와 보존을 목표로 하는 행동으로 귀결되기 때문이다.

물론 오늘날 정치학자들이 완전히 중립적이지는 않다. 그들은 자기가 믿는 '가치'를 논의에 포함시키는 경우가 흔하다. 그러나 정치학자들은 이런 가치를 순전히 '주관적'인 것으로 여기지, 그들이 이야기하는 과학의 일부로 여기진 않는다. 이런 태도는 한 가지 문제를 인정한다. 만약 모든 가치가 주관적이라면, 다시 말해 아무도 자신의 가치를 다른 사람에게 내세울 권리나 권한이 없다면, 결국 유일하게 합법적인 정치 질서는 시민들의 생활방식에 '중립적인' 질서, 가치라는 사적 영역과 법이라는 공적 영역 사이를 나누는 엄격한 벽을 유지하는 질서일 것이라는 이야기이기 때문이다. 그러나 사실 공적인 것과 사적인 것을 구분하고, 법과 도덕성의 차이를 구분하고, 이를 유지하거나 주장하는 정치 질서는 정치 질서 중 특정한 한 부류이다. 우리는 그것을 자유주의 체제라 부른다. 문제는 어떤 체제가, 심지어 자유주의 체제라 하더라도, 시민들의 생활방식에 온전히 중립적으로 남아 있을 수 있는가 하는 점이다. 우리에게 가치중립적으로 있으라고 요구하는 것은 어떤 사람에게 물리적 대상을 바라보라고 하면서도 어떤 특정 관점에서 보지는 말라고 요구하는 것과 같지 않을까? 이는 불가능하다. 결국엔 어떤 접근법이 더욱 과학적인지 고민하게 되는 건 당연하다. 노골적으로 또 필연적으로 가치평가적인 접근법, 정치 질서, 즉 동시대 정치학을 어떻게 다뤄야 하는지 조언해주고 권고해주는 접근법, 중립적이고 무당파적이라고 주장하면서 뒷문으로 슬그머니 그 가치와 우선권을 끌어들이는 접근법, 바로 그것이 아리스토텔레스의 접근법이다.

6장
성서의 정치학

렘브란트(1606~1669), 〈다윗 앞의 예언자 나단〉, 펜과 갈색 잉크, 담채, KdZ 5255(베네슈 947).(사진 제공: bpk, Berlin / Kupferstichkabinett, Staatliche Museen, Berlin / Jörg P. Anders / Art Resource, NY)

정치철학 강의에서 왜 성서를 다룰까? 이 질문은 필요하기도 하고 적절하기도 하다. 정치철학은 서구 지성사 전통의 한 부분이며, 이 전통은 두 요소로 이루어져 있다. 그리스 철학의 전통과 성서 및 동방에서 유래한 전통이다. 성서의 영향은 서구가 동방의 영향을 받았음을 말해주는 증거이다. 우리는 서구 사상의 두 요소 또는 두 갈래를 아테네와 예루살렘이라고 부를 수 있을 것이다. 이 가운데 어느 하나만 가지고서는 서구의 성격을 충분히 이야기하기 힘들다. 서구는 두 요소 사이의 오랜 교류와 대화, 논쟁으로 이루어졌다. 아테네와 예루살렘이라는 이름은 정확히 무엇을 가리킬까?

예루살렘(신앙의 도시, 성스러운 도시)과 아테네(철학의 도시)는 서구 전통이 중심으로 삼고 회전해왔던 두 개의 극이라는 것은 오랜 믿음이었다. 전통적으로 아테네 정신은 합리성과 민주주의, 가장 폭넓은 의미에서의 과학을 구현한다고 이해되었다. 예루살렘 정신은 사랑, 믿음, 그리고 역시 가장 폭넓은 의미에서의 도덕성의 구현을 대표한다. 많은 사상가(나는 우선 독일의 위대한 철학자 헤겔을 떠올린다)들이 생각하기에 근대성 자체는 예루살렘과 아테네, 윤리학과 과학의 종합에 입각하고 있다. 근대성, 따라서 진보는 두 위대한 사상의 흐름이 종합되어야만 가능하다. 그러나 이 두 가지가 양립할 수 있을까? 그런 종합이 가능하기는 할까? 수세기 전 그리스도교 교부 테르툴리아누스가 제기했던 질문을 되묻는다면 "아테네와 예루살렘은 어떤 관계일까?"[1]

겉보기에 예루살렘과 아테네는 근본적으로 다르고, 심지어 서로 대립하는 도덕규범 또는 삶의 방식을 나타내는 듯 보인다. 그리스 철학은 이성(우리 인간만이 가지는 이성)을 삶에 필요한 한 가지로 격상시킨다. 그리스 철학은 "성찰하지 않는 삶은 살 가치가 없다"는 유명한 말을 남긴 소크라테스로 귀결된다. 스스로 생각할 줄 아는 인간적 분별력을 함양하는 데 힘쓰는 삶만이 가치 있는 인간적 삶이다. 그러나 성서는 그 자체를 철학이나 과학이 아닌 하나의 율법, 망설임 없는 복종을 명하는 불변의 성스러운 법으로 제시한다. 실제로 유대교 전통에서는 성서의 첫 다섯 권을 토라Torah라고 하는데, 토라를 문자대로 가장 충실하게 번역한다면 '법'일 것이다. 성서는 자기성찰이나 비판적으로 검토하는 태도가 아닌 복종, 신앙, 신에 대한 믿음의 태도를 가르친다. 아테네인을 대표하는 전형이 소크라테스라면, 성서의 전형적인 인물은 이해할 수 없는 명령에 복종해 자기 아들을 희생시킬 각오를 하는 아브라함이다.[2]

문제는 이 두 대안이 앞에 놓여 있을 때, 둘 사이에서 어떻게 대안을 선택할 것인가이다. 두 대안 모두 우리의 충성을 차지할 권리가 있다고 주장하지만, 서로의 대안을 배제하는 듯 보이기도 한다. 어떻게 선택할 것인가? 한 가지 답은 우리에게는 두 대안이 모두 가능하며 우선 먼저 귀기울이고 그다음 결정하겠다고 말하는 것이다. 그러나 우리 자신이 내린 최선의 판단을 근거로 택하겠다고 제안하는 것은 이미 이 문제에서는 예루살렘보다 아테네를 옹호하는 쪽으로 결정했다는 소리처럼 들린다. 그런 한편으로, '둘 중 누가 옳은가, 그리스인인가 유대인인가?' 하는 질문에 대해서는 어떤 답을 하든 모두 믿음의 행동에 근거한다고 말할 수도 있다. 이 경우엔 예루살렘이 아테네에 승리를 거둔 것으로 보인다. 그러나 믿음에 바탕을 둔 철학은 더이상 진짜 철학이 아니다. 그렇다면, 어떻게 결정할 것인가?

태초에

성서를 읽는 방법은 여러 가지가 있다. 우선 성서가 삶의 가장 어려운 문제에 대해 시간을 초월한 교훈을 주는 지혜의 책이라 여기고 읽을 수 있다. 신이 모세에게 주고 다시 모세에게서 면면히 이어진 전통의 계보를 따라 장로들에게 건네진 신성한 책으로 읽을 수도 있다. 한편 고대 근동 세계에 관한 고고학적, 인류학적 정보를 주는 역사서로 읽는 방법도 있다. 또는 내가 제안하는 방법이지만, 인류의 시초, 최초의 가족 탄생, 문명의 등장, 인류가 각각의 부족과 민족으로 궁극적으로 나뉜 과정에 관해 명확한 설명을 해주는 정치서로 읽는 방법도 있다. 이런 설명은 특정 부족, 즉 이스라엘 부족에 관한 자세한 소개, 경쟁하는 민족 사이에서 그들이 떠오른 과정, 그들의 노예화와 마침내 찾아온 해방, 그들의 법, 영토 획득, 자치를 위한 다양한 시도, 마지막으로 단일 군주 치하의 통일 국가 등장 등등의 내용으로 계속 이어진다. 그러나 이 방법을 고려하기 전에, 일단 처음으로 돌아가자.

성서는 우리에게 시초로 돌아가라고 명한다.[3] 모든 시작의 시작은 『창세기』의 서두에 언급되어 있다. 이 책은 "태초에"라는 유명한 표현으로 시작된다. 이 말은 누가 하는 걸까? 신일까? 그럴지도 모른다. 그런데 나머지 부분을 보면, 신의 말씀에는 항상 "신께서 말씀하시기를" 이라는 서두가 들어간다. 그렇다면 그것은 사람이 한 말일까? 그럴지도 모른다. 그러나 다시 생각하면, 태초를 목격할 사람은 아예 존재하지도 않았을 것이다. 신은 하늘과 땅을 창조했다고 말해진다. 땅은 "아직 모양을 갖추지 않았고 아무것도 생기지 않았"다고 되어 있다. 어떻게 보면 이것은 신이 창조하기 전에 땅이 존재하고 있었음을 뜻하는 게 아닐까? 신은 무無에서 땅을 창조했다기보다는 기껏해야 조각가가 조각상을 만들어내듯 지구에 형태를 부여한 것으로 보인다.

신이 6일 만에 세상과 세상의 모든 것을 창조했다는 것은 잘 알려져 있다. 신은 여러 번 나누어 일을 진행한다. 첫째 날에 빛과 어둠을 만들었다. 둘째 날에 하늘을 만들었다. 셋째 날에 땅, 바다, 식물을 만들었고, 넷째 날에 해와 달, 별을, 다섯째 날에 바다의 동물들과 새를, 여섯째 날에 육지 동물과 인간을 만들었다. 우리는 이런 분할을 어떻게 생각해야 할까, 이는 무엇을 나타내는 걸까?

여기서 무엇보다 가장 이해하기 힘든 것은 해는 넷째 날에야 만들어지지만, 그보다 앞서 이미 여러 날이 있었다는 점이다. 우리는 태양 주변을 공전하는 지구의 움직임에 맞추어 날을 세어나간다. 어떻게 태양이 창조되기 전에 낮이나 밤이 있을 수 있을까? 물론 창조의 날들은 지상의 날들과 다르다는 이야기를 우리는 익히 들어왔다. 어쩌면 창조의 하루는 수십억 년 동안 계속되었을지 모른다. 그럼에도 어쨌든 창조의 순서는 합리적 계획을 따른다. 처음 4일 동안 창조된 모든 것은 자발적 운동 원리가 없는 것들이다. 해, 땅, 바다 등은 정해진 패턴을 따를 수는 있지만 결코 스스로 움직이지 않는다. 마지막 이틀 동안 만들어진 것들(바다 동물, 육지 동물, 인간)에는 어떤 대리작용의 원리가 있다. 여기에 행동을 주도할 능력에 바탕을 둔 위계질서가 도입되었다. 이 위계는 오직 인간만이 "신의 형상"대로 창조되었으며 다른 모든 동물에 대한 지배권을 부여받았다는 사실에서 확인된다. 나아가 신은 날마다 "신이 보시기에 좋았다"는 선언으로 하루를 마무리하지만 인간을 창조한 뒤에야 그의 작업이 "참 좋았다"고 말한다.

창조의 순서는 해, 달, 별, 땅은 물론 창조에서 낮은 단계에 위치하는 다양한 사물의 위계를 확립하고, 다양한 동물과 마침내 더 높은 단계를 차지하는 인간의 위계를 확립하는 것처럼 보인다. 인간이 창조의 정점이라 해도 과장된 말은 아니다. 성서는 해와 달에 대한 숭배를 명백히 금지한다. 성서 우주론의 독특한 특징은 바로 이처럼 천체를 가벼이 여기는 태도이다. 신이 명명하지 않고 내버려둔 지상의 것들에 대해서는 인간에게 초보적 지배권이 부여된다. 이런 것들은 이름이 주어짐으로써 나름의 정체성을 얻는다. 이름 붙이기는 인간의 특권이다. 인간의 언어 능력이 타고난 것인지, 어떻게 발달했는지에 대해서는 이야기가 없지만, 인간은 언어를 통해 다양한 피조물에 대한 지배권을 표현한다.

잘 알려진 것처럼, 『창세기』 1장의 창조에 관한 첫번째 설명은 2장에서 두번째 설명이 나오면서 복잡해진다. 첫번째 설명을 보면 인간은 신의 모습을 따라 창조된 것으로 나오는데, 두번째 설명에서 인간은 땅의 흙으로 만들어진다. 첫번째 설명에서 남자와 여자는 같이 창조되지만, 두번째 설명에서는 남자가 먼저 만들어지고 여자는 나중에야 만들어진다. 여자의 창조에 관해 우리가 아는 것이라곤 남자 혼자 있는 것이 좋지 않아서 만들어졌다는 것뿐이다. 남자는 외로운 삶을 사는 게 아니라 부부 또는 가족의 일부로 살도록 되어 있다.

2장 끝 부분에서, 인류 역사가 펼쳐지기 위한 무대가 마련된다. 신은 원래 선악에 대한 지식이 없는 인간을 만들었다. 아담은 동산에 있는 모든 나무와 풀의 열매를 마음껏 먹어도 되지만 선과 악을 알게 하는 나무의 열매만은 따먹지 말라는 말을 듣는다. 만약 그 열매를 따먹는 날에는 반드시 죽는다는 것이다. 죽음의 경험이 전혀 없는 인간에게 죽음의 위협이 무엇을 뜻할 수 있는지 분명하지 않다. 신이 왜 선악에 대한 지식을 독점하고 싶어하는지도 분명하지 않다. 어째서 유독 이 지식만 인간에게 금지되었을까?

뱀은 여자에게 "너희도 신과 같이 될 것"이라고 약속하면서 지식 나무의 열매를 먹으라고 유혹한 가장 간교한 동물이다. 왜 이 여자는 신의 명령을 무시했을까? 우선 신이 지식 나무에 접근하지 말라는 명령을 아담에게만 했다는 점을 기억하자. 아담은 분명 이 말을 이브에게 전했을 것이다. 이브는 신의 명령에 불복종한 게 아니라 아담의 명령에 불복종한 것처럼 보인다. 그녀는 신의 금지령에 관해서는 간접적으로, 다시 말해 '전승'을 통해서만 들었을 뿐이다. 둘째로, 이 여자는 아담에게는 전혀 없는 듯한 자연적 호기심을 보인다. 아담은 하찮은 사람에 지나지 않는다. 신이 명령하면 그는 잠자코 복종한다. 철학자와 비슷한 특징을 보이는 건 이브뿐이다. 그녀에게는 자연스러운 호기심, 경험의 개방성, 배우려는 열의가 있다. 신처럼 된다는 것은 어떤 뜻일까? 그녀는 궁금해한다. 하지만 가장 중요한 것은 성서는 우리에게, 우리의 본원적 상태는 도덕적 지식이 없는 소박함이라고 말한다는 점이다. 그러나 도덕적 지식은 인류 역사의 발전을 여는 열쇠이다. 도덕적 지식(선과 악을 아는 것)은 우리를 인간으로 만들어준다. 죄를 저지르기 전의 아담과 이브에겐 바로 이런 인간성의 본질적 측면이 없었다. 지식 나무의 열매를 먹는 것은 인간됨의 실현을 향해 내디딘 결정적인 첫걸음을 나타낸다.

최초의 부모 아담과 이브에 관한 이야기는 곧 도덕적 지식의 발견에 관한 이야기다. 최초의 우리 조상은 선악에 대한 지식 없이 살았던 것으로 보인다. 이 지식의 습득은 인간성의 대대적인 전환을 불러온 원인이다. "그러자 두 사람은 눈이 밝아"졌다는 성서의 구절이 뜻하는 바가 바로 이것이다. 이들이 처음 주목하게 된 것은 자신들이 발가벗고 있다는 사실인데, 이것이 수치심을 일으킨다. 수치심의 감각은 『창세기』에서 처음으로 진정 인간적인 순간이라고 말할 사람도 있을 것이다. 수치심을 모르는 사람(에덴동산에서의 아담과 이브 같은)은 완전한 또는 적절한 의미에서 인간일 수 없다. 부끄러워하는 존재, 도덕적 판별을 할 수 있는 존재만이 실로 인간이라 불릴 수 있다. 그리스도교 신학에서 종종 일컫는 '원죄'라는 말은 정말이지 부적절한 명칭이다. 우리는 더 높은 수준의 도덕적 자각으로 올라가지도 못할 만큼 타락하지 않았다. 부끄러움을 느끼는 능력, 선과 악, 옳음과 그름을 구분할 능력이 없다면 인간은 무엇이겠는가?

이 대목이 제기하는 중요한 질문을 주제로 삼아, 말 그대로 수백 년 동안 수많은 주석이 쏟아졌다. 선악과, 즉 도덕적 지식의 나무 열매를 따먹은 행위는 과연 신성한 법에 대한 인류 최초의 반역과 불복종을 나타내는 것일까, 아니면 우리의 인간성을 향해 머뭇거리며 내디딘 최초의 한 걸음을 나타내는 것일까? 뱀은 유혹자이자 파괴자일까, 아니면 은인일까? 신은 왜 이 지식을 혼자서만 독점하기를 바랐을까? 선악에 대한 지식은 분명 인간만의 독특한 특징인데, 신은 왜 아담과 그 자손들에게 그 지식을 나누어주기를 꺼렸을까? 그게 아니라면 여느 훌륭한 교사가 그렇듯, 신은 우선 아담과 이브에게 그리고 그들을 통해 전 인류에게, 우리의 성숙한 자기이해의 표상인 선택, 의지, 심사숙고의 능력을 행사할 기회를 줌으로써 '가르칠 수 있는 순간'을 제공했던 것일까?

존 밀턴의 『실낙원』은 뱀이 아담과 이브를 유혹한 사건이 하나의 저주라기보다 우리의 독특한 인간성을 향한 첫걸음이었다는 생각을 다른 어느 곳보다 설득력 있게 제시했다. '나는 복종하지 않겠노라non seviam'는 루시퍼의 모토는 나중에 토머스 홉스나 존 로크의 철학에서 비슷한 형태로 나타난, 과감하고 새로운 모험 정신과 잠들지 않는 개인주의를 대표한다. 신의 명령을 어긴 아담과 이브에 대한 처벌은 추방과 보금자리의 상실이라는 형태로 확실하게 나타났지만, 그것은 한편으로 여행의 경험과 전혀 새로운 뜻밖의 기회를 가져다주었다. 어떻게 보면 그 처벌로 인해 아담과 이브는 근심걱정 없는 영원한 청소년기 단계를 졸업하고, 책임감 있는 성인 단계로 성장한 것이다. 『실낙원』의 맨 마지막에 나오는 다음 구절, 예일대에서 해마다 졸업예배 때 졸업생들에게 들려주는 구절을 생각해보자.

그들이 쉴 곳을 택하도록 세계가 모두
그들 앞에 있으니, '섭리'는 그들의 길잡이.
두 사람은 손에 손을 잡고 방랑의 발걸음 무겁게
에덴을 통과하여 그 쓸쓸한 길을 간다.[4]

선과 악의 투쟁은 성서에서 그다음 펼쳐지는 위대한 드라마인 카인과 아벨 형제 이야기의 주제이다. 형인 카인은 밭을 가는 농부이고, 아벨은 양을 치는 목동이다. 텍스트에는 아무런 설명이 없지만, 무슨 이유에선지 신은 아벨이 바친 예물을 더 마음에 들어한다. 이에 화가 난 카인은 동생을 죽이고 설상가상으로 일을 더 꼬이게 만드는 질문을 한다. "제가 아우를 지키는 사람입니까?" 성서 기준에서 보면 카인이 받은 벌은 상당히 가볍다. 그는 세상을 떠돌아다니는 신세가 되고, 그러다가 최초의 도시를 세운 자가 된다. 문명 생활에 필요한 도구와 장비를 발명한 이는 바로 카인의 자손들이다. 로물루스와 레무스 형제가 형제 살해를 통해 로마를 건국했듯 성서가 말하는 메시지는 분명하다. 정치와 문명의 기술은 죄악 위에 건설된다.

이제 도덕적 삶과 정치적 삶에 대한 성서식 개념과 그리스식 개념이 근본적으로 어떻게 다른지 알아보자. 아리스토텔레스에게 인간은 국가 내에서의 삶을 생각하는 정치적 동물이다. 아리스토텔레스의 덕목은 시민정신과 국정운영 기술에 필요한 덕목이다. 이와 반대로 성서는 경건하고 겸손한 사람(아벨 같은 사람, 즉 양치기와 유목민)을 극찬하는데, 이런 사람은 의식적으로든 무의식적으로든 도시 문명의 유혹을 거절한다. 이는 히브리 성서를 관통하며 스스로를 드러내는 테마이다. 최초의 유대인 아브라함의 도주를 생각해보자. 그는 도시 생활의 화려함에서 멀리 떨어져 유목 생활을 하기 위해 문명 세계의 중심지인 메소포타미아의 도시 우르를 떠난다. 아브라함은 자신과 후손들을 위해 새로운 삶을 추구한다. 사람을 타락시키는 도시의 영향에서 벗어나는 것이다.

도시, 국가, 정치권력에 대한 의심은 성서를 통틀어 끊임없이 반복되는 테마이다. 이는 모세 이야기에서도 되풀이되는데, 모세는 아브라함의 뒤를 이은 조상들처럼 양치기가 되기 위해 미즈리암(이집트의 히브리식 이름)에서의 방자한 삶을 떠났다가 이후 처음으로 신을 만난다. 신은 유대 민족의 노예 생활에 종지부를 찍기 위해 모세를 이집트로 돌려보낸다. 모세는 국가를 초월한 더 높은 권위를 빌려 통치자, 여기서는 파라오에게 책임을 묻는 예언자의 전형이다. 예언자 개념은 성서가 정치사상에 가장 중요하게 이바지한 부분이다. 성서의 정치적 가르침을 살펴보면, 대체로 정부(유대인 정부이든 비유대인 정부이든 가릴 것 없이)가 내세우는 법은 불공정하며 통치자들은 도덕적으로 결함이 있다고 지적하는 식의, 정부에 대한 노골적인 고발이다. 내가 알기로 성서처럼 분명하게 개인의 양심을 정치 통치자들의 권위보다 위에 두는 고대의 문학작품은 결코 없다.

그리스 사상에서 예언자의 역할에 가장 가까이 그나마 근사치로 접근한 것이 소크라테스가 차지한 위치다. 소크라테스는 해서는 안 될 것을 알려주는 자신의 다이몬daimon[신령]에게 불의로부터 자신을 보호해달라고 간청한다. 『소크라테스의 변명』에서 소크라테스가 말했던 다음 대목을 떠올려보자. "누군가는 이렇게 말할지도 모르겠네요. '그런데 소크라테스, 당신이 우리를 떠난다면 침묵을 지키고 조용히 살아갈 수 있지 않을까요?' 여기야말로 여러분 중 일부를 설득해내기가 무엇보다 까다로운 대목입니다. 이건 신에게 불복하는 일이고 그렇기에 조용히 지내기 불가능하다고 내가 말하면, 여러분은 내 말을 믿지 않고 내가 비꼬고 있다고 생각할 테니까요. 또 반면에 내가, 인간에게 가장 좋은 일은 날마다 덕목에 대해 토론하고, 지금 여러분이 듣고 계신 것처럼 대화를 통해 내가 나 자신과 나머지 사람들에게서 검토하는 여러 가지 문제를 논의하는 것이라고 말하고, 그렇게 검토하지 않는 삶은 살 가치가 없다고 한다면, 여러분은 이렇게 말하는 나를 훨씬 못 미더워할 겁니다."(37e~38a) 여기서 소크라테스가 한 말은 우리 식으로 말하면 시민 불복종이라 할 만한데, 그의 호소는 역대 그리스인들이 한 주장 가운데 지도자들을 꾸짖는 성서 예언자의 주장에 가장 근접하다.

국가와 지배 권력 같은 제도에 대한 근본적인 의심이야말로 성서가 남긴 가장 중요한 정치적 유산이다. 성서는 정치의 어떤 면이 문제의 소지가 많다고 보고 있을까? 국가와 정치적 지배가 위험한 이유는 우상숭배에 대한 유혹이 항상 있기 때문이다. 어쩌면 우상숭배 금지 계명은 성서의 가르침 중 가장 중요한 항목일 것이다. 우상숭배는 단순히 금이나 흙으로 된 사물을 향한 숭배만을 의미하지 않는다. 우상은 여러 형태를 띨 수 있다. 우상은 사회가 무엇을 소중히 여기는지, 무엇을 숭배하는지 말해주는 바로미터와 같다. 우상은 돈일 수도 있고, 명성, 건강, 지위일 수도 있으며, 다른 어떤 것일 수도 있다. 성서가 가르치는 것이 하나라도 있다면, 신은 오직 하나라는 것, 오직 이 신만을 섬기라는 것이다. 특히 우리는 제도 속에서 신의 대리물을 찾는 일이나, 우리를 통치하면서 자신을 숭배의 대상으로 만드는 사람들을 피해야 한다. 성서가 확실하게 경고하는 것이 바로 우리의 통치자를 신으로 만드는 이런 경향(아주 현실적이고 인간적인 경향)이다.

우상숭배에 대한 두려움은 단지 오랜 미신만은 아니다. 우상숭배는 인간의 영원한 기질로 남아 있다. 그것은 사람이나 사물, 또는 제의에 어떤 초인적 힘을 투사投射하는 일종의 물신화이다. 우상숭배는 이런 힘이 투사된 사물에도 적용되지만 그것이 생겨나게 된 독특한 열정에도 적용된다. 우상숭배의 심리학적 근거는 20세기 위대한 신학자의 하나로 꼽히는 에밀 파켄하임이 탁월하게 검토한 바 있다. "고대의 우상숭배자들은 어떤 감정(두려움, 희망, 기쁨, 고통)을 외부의 한 사물에 투사하고, 그런 다음에 그 사물을 숭배한다. 이제 그 사물은 더는 한낱 사물이 아니다. 투사된 감정이 그 사물에 나름의 생명을 주는데, 그것에 이 생명을 불어넣는 특수한 봉헌의식이 있을 수 있다. 아니 심지어는 반드시 있어야 한다. 그렇게 되면 이 사물은 숭배자와 다르다는 이유에서 그리고 숭배자보다 더 높은 위치에 있다는 이유에서 숭배가 생겨나지만, 이 사물은 유한하므로(왜냐하면 그것은 사실 하나의 사물이기 때문에) 그 숭배는 우상숭배이다."[5]

우상숭배에 대한 의심은 심지어 이스라엘의 왕권 제도에까지 붙어다녔다. 유대인은 가나안에 들어갈 때쯤 자신들이 서로 다른 선지자의 지배를 받았음을 알게 된다. 첫번째가 엘리(예일대의 설립자 엘리 예일과 같은 이름), 다음은 사무엘, 그다음은 사무엘의 아들이었다. 그러나 선지자들 역시 그들의 힘을 남용할 수 있었다. 오류가 없는 사람은 없으므로, 선지자라 해도 예외가 아니다. 이는 사람들이 '다른 모든 나라처럼' 자신들을 다스릴 왕을 갈망한 이유이다. 사람들이 왕을 요구하자 사무엘은 이렇게 답한다.

> 너희를 다스릴 왕의 권한은 이러하다. 그는 너희의 아들들을 데려다가 그의 병거와 말을 다루는 일을 시키고, 병거 앞에서 달리게 할 것이다. 그는 너희의 아들들을 천부장과 오십부장으로 임명하기도 하고, 왕의 밭을 갈게도 하고, 곡식을 거두어들이게도 하고, 무기와 병거의 장비도 만들게 할 것이다. 그는 너희의 딸들을 데려다가, 향유도 만들게 하고 요리도 시키고 빵도 굽게 할 것이다. 그는 너희의 밭과 포도원과 올리브 밭에서 가장 좋은 것을 가져다가 왕의 신하들에게 줄 것이며, 너희가 거둔 곡식과 포도에서도 열에 하나를 거두어 왕의 관리들과 신하들에게 줄 것이다. 그는 너희의 남종들과 여종들과 가장 뛰어난 젊은이들과 나귀들을 끌어다가 왕의 일을 시킬 것이다. 그는 또 너희의 양 떼 가운데서 열에 하나를 거두어갈 것이며, 마침내 너희들까지 왕의 종이 될 것이다.(『사무엘상』 8:11~17)

이보다 더 강력한 정부 고발은 어느 문학작품에서도 생각할 수 없을 것이다. 여기서 말하려는 내용은 간단하다. 왕권 제도는 나쁘다는 것이다. 그렇다고 성서가 민주주의를 받아들이고 있다는 의미는 아니다. 그보다 인간이 만든 정부 제도는 모두 신에 대한 일종의 반란이라는 뜻이다. 독자는 소크라테스가 그랬듯 철인왕을 기대할지도 모르지만, 성서의 관점에서 보면 정치(모든 정치)는 강압이며 폭정이다. 전쟁과 끝없는 전쟁 준비, 노예제, 조세 등은 왕정에 따르는 대가이다. 그런데도 사람들이 확신을 갖지 못하고 계속해서 왕을 달라고 외치자, 이 시점에서 신은 포기하듯 사무엘에게 말한다. "백성이 너에게 한 말을 다 들어주어라. 그들이 너를 버린 것이 아니라, 나를 버려서 자기들의 왕이 되지 못하게 한 것이다."(『사무엘상』 8:7) 굳이 덧붙이자면, 인류 역사에서 새로운 정부가 이처럼 미래에 대해 거의 아무런 약속도 수반하지 않았던 예는 없었다.

성서식 정치

이렇듯 사무엘이 왕정을 고발했음에도 불구하고, 성서는 한 가지 정치적 가르침을 준다. 그 가르침을 가장 잘 보여주는 인물이 다윗이다.[6] 다윗 이야기는 이스라엘 사람들이 사무엘에게 예언자들을 대신해 지배할 왕을 정해달라고 간청했던 이야기 뒤에 나온다. 신은 "다른 모든 나라들처럼" 왕의 지배를 받고 싶다는 사람들의 바람을 자신의 권위에 대한 책망으로 받아들이지만, 그럼에도 사무엘에게 사람들이 요구하는 것을 들어주라고 말한다. 사무엘은 왕은 폭정을 하고 불의를 저지르는 경향이 있다고 경고하지만 이윽고 사울을 이스라엘의 초대 왕으로 임명한다. 이런 배경 속에서 다윗이 등장했다.

오늘날 다윗의 모습은 엘라 골짜기에서 블레셋 전사 골리앗과 벌였던 유명한 전투로 가장 많이 기억된다. 다윗과 골리앗은 심지어 약자와 기존 권력과의 싸움을 뜻하는 이름이 되기도 했다. 그러나 다윗에게는 이보다 많은, 아니 훨씬 더 많은 모습이 있다. 다윗은 왕이자 군사 지도자, 친구, 연인, 간통을 범한 남자, 시인이다. 그는 연인이자 전사이다. 다윗은 철학자는 아닐지 모르지만 시인이다.(그는 『시편』의 저자이다.) 그는 칼과 수금에 모두 능하다. 정치 지도자로서는 플라톤의 철인왕과 마키아벨리의 군주 사이의 어디쯤 자리잡고 있으며 두 요소를 모두 지니고 있다. 한마디로 다윗 이야기는 우리가 아는 가장 탁월한 정치적 삶의 이야기에 속한다.

얼핏 보면 다윗은 성서에 등장하는 다른 많은 영웅과 비슷하다. 그는 가장 보잘것없는 배경을 가지고 있다. 그는 베들레헴 사람인 이새의 여덟번째 자식이자 막내아들이다. 다윗이 처음 등장하는 장면은 그가 아버지 이새의 심부름으로 군대에 간 형들에게 전해줄 약간의 음식과 치즈를 가지고 전장으로 가게 될 때이다. 양치기인 다윗은 형들이 블레셋 적군과 싸우는 동안 집안의 양떼를 돌보며 시간을 보낸다. 아직까지 우리는 다윗이 훗날 펼쳐 보일 군사적, 정치적 기량에 대해선 어떤 낌새도 알아챌 수 없지만, 그가 거의 오만할 정도의 자신감에 차 있다는 느낌을 받는다. 다윗이 자기가 골리앗을 맡겠다고 제안할 때, 사람들은 코웃음을 치면서도 그에게 시도해볼 기회를 준다. 사울은 다윗에게 자신의 갑옷과 투구를 내주지만 다윗은 거절하며 이렇게 말한다. “사자의 발톱이나 곰의 발톱에서 저를 살려주신 주께서, 저 블레셋 사람의 손에서도 틀림없이 저를 살려주실 것입니다.”(『사무엘상』

17:37) 그는 돌팔매 끈 하나만으로 무장하고 앞으로 나가는데, 나중에 마키아벨리가 들려주게 될 이야기는 약간 다르다.

다윗이 블레셋 장수에게 승리를 거둔 덕분에 보잘것없던 그의 지위는 당장에 격상되었으나, 이 승리가 아무런 대가 없이 얻어진 것은 아니다. 다윗은 사울의 질투와 분노를 사고, 사울은 그를 권력의 라이벌로 여긴다. 이런 갈등은 "사울은 수천 명을 죽이고, 다윗은 수만 명을 죽였다"(『사무엘상』 18:7)라는 여자들의 노래에 의해 사울이 조롱거리가 되면서 곧바로 시작된다. 그렇게 해서 사울의 분노를 피하는 일이 주요 목적인 다윗의 모험(그리고 불운)이 시작된다. 그는 쫓기는 신세가 되어 황야에서 지내기를 여러 번, 나중에는 자신을 보호하고자 심지어 블레셋 사람들 틈으로 피신해야 하는 궁지에 몰린다. 그러나 다윗이 이런 상황에 처했을 때 그를 몹시 아끼고 다윗 이야기에 유난히 자주 나오는 두 사람이 도움을 준다. 사울의 딸 미갈과 사울의 아들 요나단이다. 다윗이 자신을 죽이려는 사울의 계략을 피해나가는 동안 그를 보호하고 지켜주는 것은 이 세 사람 사이에 맺어진 유대관계이다.

다윗이 성서 속 다른 많은 인물과 다른 점은 무엇보다 그가 가진 사랑과 우정의 능력이다. 다윗과 요나단의 우정은 문학에 등장하는 가장 위대한 우정 가운데 하나이며, 호메로스의 『일리아스』에 나오는 아킬레우스와 파트로클로스의 우정에 견줄 만하다. 그리고 미갈에 대한 그의 사랑을 어느 정도나마 빛바래게 하는 것이 있다면 그보다 더 유명한 다윗과 밧세바와의 애정 행각뿐이다. 다윗은 위대한 마음 또는 영혼, 즉 히브리어로 루아흐ruach를 가진 가장 중요한 사람이다. 루아흐는 기개를 뜻하는 그리스어 티모스thymos에 가장 가까운 히브리어일 것이다. 이는 열정적인 영혼이며, 사랑과 우정을 나눌 줄 아는 능력은 물론 분노와 복수의 욕망을 태울 수 있는 능력의 기저에 있는 특질이다. 다윗은 역사상 가장 위대한 연인 중 한 사람이다. 다윗과 소크라테스의 성격을 비교해보라. 소크라테스 역시 위대한 연인이다. 소크라테스는 에로틱한 사람이다. 그러나 그가 사랑하는 것은 철학이다. 그는 진리의 연인이며, 성찰하는 삶의 연인이다. 그는 한 관념과 사랑에 빠져 있다. 그런 사람이 한 번이라도 다른 사람을 진정으로 사랑할 수 있을까? 사람들은 의심을 품으며(심지어 의심보다 더한 것을 품으며) 아니라고 답한다. 반대로 다윗은 남자와 여자의 연인이면서 신의 연인이기도 하다. 그는 싸움, 노래, 춤, 그리고 사랑에서 최고의 표현을 찾아내는 열정 넘치는 성격의 소유자이다.

처음에 사울은 다윗에게 그를 자신의 큰딸과 결혼시키겠다고 약속하지만, 우리가 알 수 없는 어떤 이유로 그녀는 다른 남자에게 보내진다. 다윗이 결혼한 상대는 사울의 둘째 딸 미갈이었다. "사울의 딸 미갈이 다윗을 사랑하였다. 누군가가 이것을 사울에게 알리니, 사울은 잘된 일이라고 여기고……."(『사무엘상』 18:20) 그러나 이야기의 중심은 다윗과 요나단의 우정이다. "요나단은 다윗에게 마음이 끌려, 마치 제 목숨을 아끼듯, 다윗을 아끼는 마음이 생겼다."(『사무엘상』 18:1) 이것은 어떤 종류의 우정일까? 텍스트를 보면 거의 혼수가 오가는 것처럼 설명되어 있다. "요나단은 제 목숨을 아끼듯이 다윗을 아끼어, 그와 가까운 친구로 지내기로 굳게 언약을 맺고, 자기가 입고 있던 겉옷을 벗어서 다윗에게 주고, 칼과 활과 허리띠까지 모두 다윗에게 주었다. 다윗은, 사울이 어떤 임무를 주어서 보내든지, 맡은 일을 잘 해냈다. 그래서 사울은 다윗을 장군으로 임명하였다. 온 백성은 물론 사울의 신하들까지도 그 일을 마땅하게 여겼다."(『사무엘상』 18:3~5) 영화 〈브로크백 마운틴〉이 나오기 오래전에 요나단은 영화 속 대사를 말하는 것 같다. "너랑 끝내는 법을 알면 좋겠어."[7]

그 결과 요나단과 다윗은 떼려야 뗄 수 없는 사이가 되고, 요나단과 아버지 사울의 관계는 매우 껄끄러워진다. 다윗은 열정적인 관계를 만들어내는 열정적인 사람이다. 사울은 다윗과 친하게 지내는 아들을 꾸짖는다. "이새의 아들이 이 세상에 살아 있는 한은, 너도 안전하지 못하고, 너의 나라도 안전하지 못할 줄 알아라." 사울의 경고에도 요나단은 말을 듣지 않고 항변한다. "그가 무슨 못할 일을 하였기에 죽어야 합니까?" 다분히 반항적이다. 사울은 이 반역의 표현에 분노를 터뜨린다. 그는 창을 뽑아 던지고, 창은 가까스로 요나단을 빗겨간다. "요나단도 화가 치밀어 식탁에서 일어섰다. 그리고 자기 아버지가 다윗을 모욕한 것이 가슴 아파서, 그달의 이틀째가 되던 그날은 하루 종일 아무것도 먹지 않았다."(『사무엘상』 20:31~34)

요나단에 대한 다윗의 우정이 얼마나 깊은지 보여주는 마지막 설명은 다윗이 사울과 요나단 두 사람의 죽음을 알게 된 뒤 나온다. 이때쯤 다윗은 버림받은 자가 되어 황야에서 살고 있었고 심지어 블레셋 사람들에게서 도피처를 찾는 중이었다. 블레셋인들과의 마지막 전투에서 사울과 요나단이 죽음을 당한다. 다윗은 소식을 듣고 큰 충격을 받는다. "그러자 다윗이 슬픔을 억누르지 못하여, 자기의 옷을 잡아 찢었고, 그와 같이 있던 사람들도 모두 그렇게 하였다. 그리고 그들은, 사울과 그의 아들 요나단과 주의 백성 이스라엘 가문이 칼에 맞아 쓰러진 것을 슬퍼하면서, 해가 질 때까지 울며 금식하였다."(『사무엘하』 1:11~12)

다윗은 울고 금식만 하는 게 아니라 조가弔歌를 지어 부른다. 그는 시인이자 가수이다. "아, 용사들이 전쟁에서 쓰러져 죽었구나! 요나단, 어쩌다가 산 위에서 죽어 있는가? 나의 형 요나단, 형 생각에 나의 마음이 아프오. 형이 나를 그렇게도 아껴주더니, 나를 끔찍이 아껴주던 형의 사랑은 여인의 사랑보다도 더 진한 것이었소. 어쩌다가 두 용사가 엎드러졌으며, 무기들이 버려져서, 쓸모없이 되었는가?"(『사무엘하』 1:25~27)

다윗과 밧세바

다윗이 사울과 파란만장한 싸움을 벌인 지도 여러 해가 지났다. 그의 나이 거의 서른에 이른 지금 그는 유대인의 왕이 되었다. 여러 해 동안 그는 많은 아내와 자식을 두었다. 미갈 이후로 아비가일이 그의 아내가 되었고, 그다음은 마아가, 하깃, 아비달, 에글라를 아내로 맞았다. 그리고 수많은 자녀가 있었는데, 그중 암논, 길랍, 압살롬, 아도니야, 물론 솔로몬도 있었다. 그런데 미갈은 어떻게 되었을까? 그녀는 그냥 버려졌거나 잊힌 걸까? 그렇지는 않을 것이다.

이 시기에 다윗은 군사령관이자 정치 지도자로서 가장 큰 승리를 거두었다. 통일된 이스라엘을 다스리던 다윗의 치세는 총 40년 동안 지속되었고, 다윗 자신은 70세까지 살았다. 자신의 성공을 기념하는 징표로 다윗은 음악과 노래와 춤이 포함된 행렬과 함께 계약의 궤를 새 수도인 예루살렘으로 옮기기로 결정한다. 이 장면은 다음과 같이 묘사된다. "다윗과 온 이스라엘 가문은 환호성을 올리고, 나팔 소리가 우렁찬 가운데, 주의 궤를 옮겨왔다. 주의 궤가 '다윗 성'으로 들어올 때에, 사울의 딸 미갈이 창밖을 내다보다가, 다윗 왕이 주 앞에서 뛰면서 춤을 추는 것을 보고, 마음속으로 그를 업신여겼다."(『사무엘하』 6:15~16)

여기에는 도저히 놓치고 넘어갈 수 없는 노여움이 드러나 있다. 왕의 딸인 미갈은 자기 남편이 사람들 앞에서 펄쩍펄쩍 뛰고 춤추며 부끄러운 줄 모르는 행동을 하는 것을 목격하고는 남편을 경멸한다. 그러나 다윗은 신경쓰지 않는다. 그는 군중 앞에서 그렇게 춤을 추는 모습을 보면 사람들이 오히려 자신을 좋아할 거라고 주장한다.

> 다윗이 자기의 집안 식구들에게 복을 빌어주려고 궁전으로 돌아가니, 사울의 딸 미갈이 다윗을 맞으러 나와서, 이렇게 말하였다. "오늘 이스라엘의 임금님이, 건달패들이 맨살을 드러내고 춤을 추듯이, 신하들의 아내가 보는 앞에서 몸을 드러내며 춤을 추셨으니, 임금님의 체통이 어떻게 되었겠습니까?" 다윗이 미갈에게 대답하였다. "그렇소. 내가 주 앞에서 그렇게 춤을 추었소. 주께서는, 그대의 아버지와 그의 온 집안이 있는데도, 그들을 마다하시고, 나를 뽑으셔서, 주의 백성 이스라엘을 다스리도록, 통치자로 세워주셨소. 그러니 나는 주를 찬양할 수밖에 없소. 나는 언제나 주 앞에서

기뻐하며 뛸 것이오. 내가 스스로를 보아도 천한 사람처럼 보이지만, 주님을 찬양하는 일 때문이라면, 이보다 더 낮아지고 싶소. 그래도 그대가 말한 그 여자들은 나를 더욱더 존경할 것이오." (『사무엘하』 6:20~22)

이 놀라운 대목은 다윗의 영혼에 관해 중요한 무언가를 말해준다. 아리스토텔레스가 말하는 위대한 왕이 알몸이나 다름없는 차림으로 아테네 시민 앞에서 춤을 추는 건 상상도 할 수 없다. 그러나 다윗은 사람들 앞에서 체통 없이 행동하는 건 개의치 않는다고 말한다. 사람들이 그것을 좋아할 것이기 때문이다. 다윗은 부끄러움을 모르는 선동가일까? 자신이 이루어낸 가장 위대한 성취의 정점에서 우리는 스스로 품격을 낮추는 그를 본다. 그렇다면 다윗의 열정은 어떤 결과를 불러왔을까? 미갈은 불임이라는 처벌을 받는다. "이런 일 때문에 사울의 딸 미갈은 죽는 날까지 자식을 낳지 못하였다."(『사무엘하』 6:23) 이를 어떻게 생각해야 할까?

위대한 이야기가 다 그렇듯, 커다란 승리 뒤에 커다란 비극이 따라온다. 다윗은 이스라엘을 통일했고, 성서에 따르면 "언제나 자기의 백성 모두를 공평하고 의로운 법으로 다스렸다."(『사무엘하』 8:15) 아직 치러야 할 싸움이 있었고 이겨야 할 전쟁이 남았지만, 다윗은 통일된 민족의 중심인 예루살렘에 들어앉는다. 이제 전사로서의 삶은 막을 내리고 왕이자 통치자의 삶이 새로 시작되었다. 이 시점에서 우리는 왕은 위험하며 불의를 저지를 수 있다고 사람들에게 말하던 사무엘의 경고를 떠올려야 한다. 이는 다윗과 밧세바 이야기의 배경이 된다.

어느 날 밤 심심해서 궁전의 옥상을 거닐던 다윗은 근처의 어느 집에서 목욕중인 한 아름다운 여인을 본다. 그녀의 모습에 완전히 반한 그는 그녀가 누구인지 알아보려 전령을 보낸다. 전령이 돌아와 보고하기를, 그녀의 이름은 밧세바이며, 헷(히타이트) 사람 우리아의 아내라고 말한다. 그다음 벌어진 일은 최대한 간결한 문장으로 설명된다. "다윗은 사람을 보내어서 그 여인을 데려왔다. 밧세바가 다윗에게로 오니, 다윗은 그 여인과 정을 통하였다.(그 여인은 마침 부정한 몸을 깨끗하게 씻고 난 다음이었다.) 그런 다음에, 밧세바는 다시 자기의 집으로 돌아갔다. 얼마 뒤에 그 여인은, 자기가 임신한 것을 알고서, 다윗에게 사람을 보내서, 자기가 임신하였다는 사실을 알렸다."(『사무엘하』 11:4~5)

이제 다윗이 책임져야 할 문제가 생겼다. 어떻게 할 것인가? 생각해보자. 그에게는 이미 많은 아내와 자식이 있다. 한 명이 더해진들 뭐 대수이겠는가? 그리고 이 우리아란 사람이 누구라고. 다윗은 그냥 자기 하고 싶은 대로 할 수는 없을까? 어쨌거나 그는 왕이다. 다만 분명 왕이라 해서 모든 제약으로부터 완전히 자유를 허락받는 것은 아니다. 다윗은 도덕적 제약의 지배를 받으며, 아무리 왕이라 해도 그 제약에 불복종해서는 안 된다.

다윗은 밧세바의 임신을 숨기려고 치밀한 책략을 꾸미기로 한다. 그는 집을 떠나 있는 다윗 군대의 군인 우리아에게 전령을 보내, 전선의 소식을 듣겠다는 핑계로 그를 불러온다. 전장의 상황은 어떻게 되어가는가? 그는 우리아를 위해 잔치를 벌이고 그에게 먹을 것과 마실 것을 잔뜩 권한다. 그를 취하게 만들어 집으로 돌려보낸 뒤, 그가 아내와 동침하도록 해서 자신의 죄를 덮으려는 속셈이다. 그러나 다윗은 한 가지를 미처 계산하지 못한다. 우리아는 충성스러운 군인이고 군사원정 중에는 순결을 유지한다는 군인의 서약을 충실하게 지킨다는 것이다. 우리아는 집으로 돌아가는 대신 하인들과 함께 왕궁의 문간에서 잔다.

이제 다윗은 충성스러운 군인이자 죄 없는 남자에게 수치스러운 일을 저지른다. 그는 지휘관 요압에게 편지를 쓰고 우리아더러 그것을 전하라고 시킨다. 그 편지에는 전장의 최전선에 우리아를 앞세우고 포위전이 시작되면 나머지 군사들을 뒤로 물려 우리아 혼자 남겨두어 적에게 죽임을 당하게 하라는 지시가 들어 있었고, 일은 정확히 그렇게 된다.(『사무엘하』 11:15)

다윗은 자신이 지은 죄를 은폐하는 데 성공하지만, 그 과정에서 더욱 중대한 죄를 저지른다. 그는 자신에게 아무런 잘못도 하지 않은 올바른 남자의 죽음에 책임이 있다. 한 술 더 떠서 그는 우리아를 아무것도 모르는 노리개로 이용해, 우리아의 사형선고나 마찬가지인 편지를 우리아 자신이 배달하도록 했다. 나중에 다윗은 헷 사람 우리아가 죽었다는 전장의 소식을 듣고 야전사령관 요압에게 이런 전갈을 보낸다. "칼은 이편도 죽이고 저편도 죽이기 마련이니, 이번 일로 조금도 걱정하지 말라." 그는 사실상 이렇게 말한 것이다. 그 일에 관해서는 걱정하지 말라고. 우리아의 죽음은 부수적인 피해에 불과하다고. 나아가 다윗은 우리아의 애도 기간이 끝나자 밧세바를 아내로 삼지만, 우리는 "주께서 보시기에, 다윗이 한 이번 일은 아주 악하였다"(『사무엘하』 11:27)는 것 또한 알게 된다.

이제 우리는 다윗의 왕권에서, 아니 어쩌면 모든 왕정의 왕권에서 진정으로 독특한 한 순간을 맞이하게 된다. 성서에 따르면 신은 예언자 나단을 다윗의 왕궁에 보냈고 나단은 다윗에게 이런 말을 들려준다. "어떤 성읍에 두 사람이 살았습니다. 한 사람은 부유하였고, 한 사람은 가난하였습니다. 그 부자에게는 양과 소가 아주 많았습니다. 그러나 그 가난한 사람에게는, 사다가 키우는 어린 암양 한 마리밖에는, 아무것도 없었습니다. 그는 이 어린 양을 자기 집에서 길렀습니다. 그래서 그 어린 양은 그의 아이들과 함께 자라났습니다. 어린 양은 주인이 먹는 음식을 함께 먹고, 주인의 잔에 있는 것을 함께 마시고, 주인의 품에 안겨서 함께 잤습니다. 이렇게 그 양은 주인의 딸과 같았습니다. 그런데 그 부자에게 나그네 한 사람이 찾아왔습니다. 그 부자는 자기를 찾아온 손님을 대접하는데, 자기의 양 떼나 소 떼에서는 한 마리도 잡기가 아까웠습니다. 그래서 그는 그 가난한 사람의 어린 암양을 빼앗아다가, 자기를 찾아온 사람에게 대접하였습니다."(『사무엘하』 12:1~4) 이 이야기를 듣고 난 다윗이 미끼를 문다. "다윗은 그 부자가 못마땅하여, 몹시 분개하면서, 나단에게 말하였다. '주께서 확실히 살아계심을 두고서 맹세하지만, 그런 일을 한 사람은 죽어야 마땅하다. 또 그가 그런 일을 하면서도 불쌍히 여기는 마음이 전혀 없었으니, 그는 마땅히 그 어린 암양을 네 배로 갚아주어야 한다.'"(『사무엘하』 12:5~6) 그러자 나단은 예상 밖의 반전을 덧붙인다. "임금님이 바로 그

사람입니다."(『사무엘하』 12:7)

다윗 자신이 가난한 사람의 것을 빼앗은 그 부자와 다름없다는 깨달음이 벼락처럼 그를 내리친다. 우리에게 다윗의 면모를 말해주는 대목이다. 비록 그는 불의를 저질렀으나 정의의 호소를 듣지 못할 만큼 귀까지 어두워지진 않았다. 그는 나단의 우화를 정확하게 해석하고 자신이 저지른 잘못을 부끄럽게 여긴다. 통치자가 곧 대학살자인 경우가 너무도 많았던 20세기를 이제 막 벗어난 우리가, 단 한 사람에게 저질렀던 자신의 불의를 깨달은 다윗의 이야기에 어떻게 감동하지 않을 수 있을까? 다윗은 한탄한다. "내가 주께 죄를 지었습니다."(『사무엘하』 12:13) 다윗의 죄는 아무런 처벌 없이 지나가진 않는데, 다윗은 살지만 그 아이가 죽기 때문이다.

어쩌면 이 이야기에서 가장 흥미로운 사실은 다윗이 나단의 말에 귀기울이는 쪽을 선택한다는 것이다. 오늘날 대통령이나 정치 지도자 중 나단이 다윗에게 하는 것과 같은 그런 꾸지람에 실제로 귀기울이는 사람을 상상이나 할 수 있을까? 무엇보다 나단 같은 사람은 철저한 심사를 거치고 그가 어느 정당에 속해 있는지 판단하기 전까지 아예 그런 자리에 임명될 수도 없을 것이다! 그러나 다윗은 실제로 그런 사람의 말에 귀를 기울인다. 사무엘이 사울을 이스라엘의 초대 왕으로 임명한 뒤 예언자들의 통치는 막을 내렸는지 몰라도, 예언자들이 국가의 양심이라는 역할까지 잃은 건 아니었다. 바로 이 점이 성서의 정치이론을 다른 모든 저서의 정치이론과 구분해준다. 예언자들에게 지워진 역할은 예언자가 통치자를 질책하는 사람이자 양심의 목소리로 행동하는 것이다. 정치 지도자들이 도덕률(양심의 소리)을 따라야 한다는 관념은 어쩌면 성서가 선사하는 가장 독특한 정치적 가르침일 것이다. 물론 도덕률에는 다윗, 왕인 다윗조차 귀를 기울여야 한다.

다윗은 자신이 신에게 죄를 저질렀음을 인정하며 뉘우친다. 그렇다면 그는 우리아에게는 죄를 짓지 않았다는 이야기일까? 다윗의 그 말은 수많은 주석을 낳았다. 예를 들어 홉스는 『리바이어던』에서 다윗의 이야기와 나단의 우화를 아주 특별한 방식으로 사용한다. 홉스는 다윗이 국가의 합법적 군주, 즉 왕으로서는 실로 신에 대한 죄를 저질렀지만, 모든 권력의 근원인 다윗은 우리아에게 어떤 불의도 저지르지 않았다고 생각한다. 다시 말해 군주는 자신의 백성에 대해 결코 부당하게 행동할 수 없다. 군주는 모든 정의의 근원이기 때문이다. 홉스는 그렇게 말한다.

다윗과 밧세바의 이야기는 모호하게 끝난다. 아이가 앓는 동안 다윗은 속죄하기 위해 7일 동안 금식하고 맨땅에서 잠을 잔다. 제발 아이를 살려달라고 그는 기도한다. 그러나 결국 아이는 죽는다. 신하들이 소식을 전하자, 다윗은 일어나 목욕을 하고 깨끗한 옷으로 갈아입고, 음식을 먹고, 일할 준비를 한다. 신하들은 혼란스럽다. 아이가 살아 있는 동안 금식하고 고행의 생활을 하더니 아이가 죽고 나서는 슬퍼하지 않다니. 왜일까? 다윗의 대답은 단호하고 실용주의적이다. "아이가 살아 있을 때에 내가 금식하면서 운 것은, 혹시 주께서 나를 불쌍히 여겨주셔서, 그 아이를 살려주실지도 모른다고 생각하였기 때문이오. 그러나 이제는, 그 아이가 죽었는데, 무엇 때문에 내가 계속 금식하겠소?

내가 그를 다시 돌아오게 할 수가 있겠소? 나는 그에게로 갈 수 있지만, 그는 나에게로 올 수가 없소."(『사무엘하』 12:22~23)

달리 말하면 이렇다. 내가 무얼 어쩌겠는가? 내게는 처리해야 할 일이 있다. 이제 다음으로 넘어가자. 뉘우치는 마음이야 없진 않겠지만, 그에게는 왕으로서 통치하는 데 필요한 강인함과 실용주의가 있다.

다윗과 압살롬

다윗의 삶을 어떻게 설명하든, 자녀에 대한 그의 변함없는 깊은 사랑을 어느 정도 인정하지 않고 넘어간다면 그 설명은 완벽하지 않을 것이다. 앞서 요나단을 향한 다윗의 사랑과 밧세바에 대한 에로틱한 열정의 이야기를 살펴보았다. 이제 가장 문제 많은 자녀인 압살롬에 대한 다윗의 사랑을 살펴볼 차례이다. 다윗이 압살롬을 사랑하는 것처럼 자녀를 사랑한다는 것이 어떤 의미인지는 부모만이 이해할 수 있다. 다윗과 압살롬의 이야기는 부모와 자녀의 이야기일 뿐 아니라 반역과 내전의 이야기이기도 하다.

다윗과 압살롬의 이야기는 배경이 복잡하다. 압살롬은 마아가가 낳은 다윗의 아들로, 그에게는 다말이라는 누이가 있었다. 그런데 압살롬의 이복형인 암논이 다말에게 폭압적인 열정을 품었다. 다말이 처녀라고는 하지만 이복누이인지라 암논이 건드려서는 안 되는 상대였다. 그러나 한 조언자가 암논에게 한 가지 꾀를 낸다. 병든 체하고 누워 있다가 부왕인 다윗이 문병을 오면 다말이 그의 처소로 와서 과자를 구워주면 좋겠다고 부왕에게 요청하라는 내용이었다. 일은 계획대로 실행된다. 다말이 과자를 구워주기 위해 처소에 찾아오자 암논은 다말을 겁탈한다. 그러고 나서 강간만큼 나쁜 일이 벌어진다. "그렇게 욕을 보이고 나니, 암논은 갑자기 다말이 몹시도 미워졌다. 이제 미워하는 마음이 기왕에 사랑하던 사랑보다 더하였다. 암논이 그에게, 당장 일어나 나가라고, 소리를 버럭 질렀다."(『사무엘하』 13:15) 다말은 이용당하고 난 뒤 버려졌다. 그녀가 집에 돌아왔을 때, 압살롬은 무슨 일이 생겼음을 직감한다. 그는 다말에게 그 일에 관해서는 조용히 있으라고 말한다. 이제 다윗은 자신이 암논에게 이용당했다는 사실을 알고 매우 분개하지만, 압살롬은 아무 말도 하지 않는다. "압살롬은 암논이 누이 다말에게 욕을 보인 일로 그가 미웠으므로, 암논에게 옳다거나 그르다는 말을 전혀 하지 않았다."(『사무엘하』 13:22) 다시 말해 압살롬은 때를 기다렸던 것이다.

2년이 지나고, 압살롬이 복수할 계획을 꾸미는 동안 이들 형제 사이에 벌어진 일에 관해서는 별 이야기가 없다. 그러다가 압살롬이 부왕의 모든 아들과 그 가족, 시종들을 위한 잔치를 열기로 한다. 영화 〈대부〉의 한 장면처럼, 압살롬은 암논을 안심시키고 나서 죽이려 한다. 그는 자기 부하들을 불러, 암논을 취하게 해 그의 기분을 좋게 하되 그가 살아서 그곳을 나가지 못하게 해야 한다고 말한다. 그다음 벌어진 일은 이렇다. 암논이 살해되자 다른 형제들은 겁에 질려 달아나는데, 그 이야기가 부왕 다윗에게 처음 전해질 때는 마치 압살롬이 형제들을 모두 죽인 것처럼 보고된다. 압살롬은 이제 도망자 신세가 되어 3년 동안 몸을 피한다. "그러는 사이에, 다윗 왕은 암논을 잃었을 때에 받은 충격도 서서히 가라앉았고, 오히려 압살롬을 보고 싶어하는 마음이 점점 간절해졌다."(『사무엘하』 13:39) 텍스트에 그렇게 쓰인 것은 아버지가 그를 사랑했기 때문이다. 하지만 압살롬은 집으로 돌아오지 못한다. 적어도 당장은 그렇다.

압살롬이 3년 동안 망명생활을 한 뒤, 다윗의 충실한 오른팔이자 집행자(영화 〈대부〉의 루카 브라시 같은)인 요압이 압살롬을 예루살렘으로 불러들일 방법을 궁리한다. 그러나 압살롬은 여전히 다윗 왕의 상속자이자 계승자를 죽인 죄를 범한 몸이기 때문에 그냥 그를 복귀시킬 수는 없었다. 압살롬에게 집으로 돌아와도 좋다고 허락하는 대신 다윗의 지척에서 살 수는 없다는 합의가 이루어졌다. 이렇듯 국내 망명과도 같은 2년이 다시 지나자 압살롬은 점점 분노가 쌓인다. 그는 요압을 부르지만, 요압은 오려고 하지 않는다. 그러자 그는 요압의 주의를 끌기 위해 무언가 일을 벌이는데, 여기서 그의 성격의 단면이 드러난다. 그는 부하를 보내 요압의 밭에 불을 지르게 하는데, 이것이 효과를 본다. 그는 요압에게 따진다. 이렇게 내 나라 안에서 여전히 망명생활을 해야 한다면 왜 나를 돌아오게 허락했소? 요압은 다윗에게 가서 압살롬을 대신해 간청한다. 그제야 다윗은 압살롬을 불러들이고, 압살롬은 얼굴이 땅에 닿도록 절을 올리며, 아버지는 아들에게 입을 맞춘다.

압살롬의 누이가 성폭행을 당한다. 그는 복수한다. 그뒤에 추방과 용서가 이어진다. 이것이 끝일까? 그럴 리 없다. 이 이야기는 시작에 불과하다. 압살롬은 복귀한 뒤 곧바로 아버지를 끌어내리기 위한 반란을 계획한다. 압살롬의 이름은 반역과 배신의 동의어가 되었다. 그는 전차 한 대와 말 여러 필, 호위병 50명을 준비시키고 그들을 다윗 왕의 궁전 성문에 세워놓는다. 그는 왕의 판결을 받으러 사람들이 찾아올 때마다 돌려보내며 불만을 조장하는 한편 그 사람의 입장이 정당하다며 환심을 산다. "누가 나를 이 나라의 재판관으로 세워주기만 하면, 누구든지 소송 문제가 있을 때에, 나를 찾아와서 판결을 받을 수가 있을 것이고, 나는 그에게 공정한 판결을 내려줄 것이오." 이런 식으로 압살롬은 "이스라엘 사람의 마음을 사로잡았다."(『사무엘하』 15:4, 6)

압살롬은 자부심이 강하고 야망이 컸다. 그는 아버지의 왕실 수행원으로 남을 생각이 전혀 없다. 더욱이 그는 허영심이 많고 잘생겼다. 성서는 보기 드문 여담으로 압살롬을 묘사한다. "온 이스라엘에 압살롬처럼 머리끝에서 발끝까지 흠잡을 데가 하나도 없는 미남은 없다고 칭찬이 자자하였다."(『사무엘하』 14:25) 그에게 가장 주목할 만한 특징은 스스로 굉장히 자랑스레 여기는 긴 머리카락이다.

압살롬은 계속해서 아버지 모르게 4년 동안 민심을 끌어모으다가, 결국 어느 시점이 되자 다윗에게 요청한다. 예루살렘을 떠나 자신이 전에 머물던 헤브론의 집을 방문하게 해달라는 것이다. 압살롬이 스스로를 왕으로 선언하고 예루살렘 포위를 시작한 곳이 바로 여기다. 처음에는 압살롬이 성공할 듯 보인다. 전령이 다윗에게 달려와 "이스라엘 백성의 마음이 모두 압살롬에게로 기울어졌"다는 소식을 전한다.(『사무엘하』 15:13) 결국 다윗은 신하들을 데리고 예루살렘을 떠나야 하는 처지가 된다.

다윗은 비록 자기 왕국의 수도에서 도망자가 됐는지는 몰라도 아직 패배하지 않았다. 한 세대 전 다윗과 사울 사이의 전투를 연상시키면서, 압살롬 군대와 다윗 군대의 대전투를 위한 무대가 마련된다. 다윗은 자신의 부대를 조직해 전투에 나설 준비를 하지만, 지휘관들은 그가 죽는 걸 가만히 보고 있을 수는 없다면서 왕은 뒤에 머물러 있어야 한다고 말한다. 다윗은 그 말을 따르지만 그전에 지휘관들에게 이렇게 말한다. "나를 생각해서라도, 저 어린 압살롬을 너그럽게 대하여주시오."(『사무엘하』 18:5)

전투는 압살롬 군대의 완패로 끝나고, 압살롬 군대는 뿔뿔이 흩어진다. 압살롬 자신은 노새를 타고 달아나려다가 머리카락(그 길고 아름다운 머리카락)이 상수리나무 가지에 걸리는 바람에 꼼짝 없이 매달린 모습으로 발견되고, 결국 다윗의 명령을 어긴 요압에 의해 살해된다. 다윗은 이번 승리로 왕권을 재확립하지만, 그 대가로 가족은 분열되었다. 예루살렘이 승리를 축하하는 행사를 준비하는 동안, 요압은 왕이 아들 때문에 슬퍼하며 울고 있다는 소식을 듣는다. "그래서 모든 군인에게도 그날의 승리가 슬픔으로 바뀌었다. 왕이 자기의 아들 때문에 몹시 슬퍼한다는 소문이, 그날 모든 군인에게 퍼졌기 때문이다. 그래서 그날 군인들은, 마치 싸움터에서 도망쳐 나올 때에 부끄러워서 빠져나가는 것처럼, 슬며시 성 안으로 들어왔다. 그런데도 왕은 두 손으로 여전히 얼굴을 가린 채로, 큰소리로 '내 아들 압살롬아, 내 아들아, 내 아들 압살롬아!' 하고 울부짖었다."(『사무엘하』 19:2~4) 다윗이 압살롬을 위해 슬퍼하는 대목을 읽고 그의 엄청난 사랑의 힘을 느끼지 못한다면 아마 심장이 돌로 된 사람일 것이다.

그러나 이것도 이야기의 끝은 아니다. 다윗이 그 유명한 통곡("내 아들 압살롬아, 내 아들아")을 끝내고 나자 요압이 곧바로, 아마도 나단이 다윗을 꾸짖은 이후 어느 누구보다 직설적으로 불만을 토로한다. "임금님, 모든 부하가 오늘 임금님의 목숨을 건지고, 임금님의 아들들과 딸들의 목숨도 건지고, 모든 왕비의 목숨과 후궁들의 목숨까지 건져드렸습니다. 그런데 임금님께서는 오히려 오늘 부하들을 부끄럽게 만드셨습니다. 임금님께서는 어찌하여 임금님을 반역한 무리들은 사랑하시고, 임금님께 충성을 바친 부하들은 미워하시는 겁니까? 우리 지휘관들이나 부하들은 임금님께는 있으나마나 한 사람들입니까? 임금님께서는 오늘 임금님의 본심을 드러내셨습니다. 차라리 오늘, 압살롬이 살고, 우리가 모두 죽었더라면, 임금님께서는 더 기뻐하셨을 것입니다."(『사무엘하』 19:5~6)

물론 요압의 말이 옳았다. 다윗은 당장 이를 인정한다. 다윗에게 압살롬은 몹쓸 적이며, 많은 사람이 압살롬을 물리치려고 다윗을 대신해 싸우다 목숨을 잃지 않았는가. 그 사람들이 자신들의 적이 죽었다고 애도하는 다윗을 본다면 어떻게 반응할까? 다윗을 대신해 희생한 사람들의 죽음보다 패배한 자기 아들의 죽음에 더 마음을 쓰고 있지 않은가? 앞서 예언자 나단처럼, 우리는 다윗이 조언자의 말에 귀기울이고 그 조언에 따라 행동하는 모습을 본다. 다윗은 넓은 마음의 소유자이지만 동시에 기민한 판단력의 소유자이기도 하다. 그만의 정치적 실용주의 감각은 그가 유능한 지도자로서 다시 권위를 내세울 생각이라면 아들을 여읜 슬픔은 그만 접어야 함을 깨우쳐준다. 결국 이야기는 다윗이 방금 전까지 슬퍼하던 자신의 방을 떠나 도시의 성문으로 나와 앉으며 끝난다. "'임금님께서 성문에 앉아 계신다!' 하는 소식이 모든 부하에게 전해지니, 모두가 왕의 앞으로 나아왔다."(『사무엘하』 19:8)

결론

레오 스트라우스는 언젠가 예루살렘과 아테네의 차이는 서로 근본적으로 다른 두 도덕규범 혹은 삶의 방식 간의 갈등이라고 말했다. 그리스 윤리학의 정점은 아리스토텔레스의 『니코마코스 윤리학』이며, 아리스토텔레스 윤리학의 정점은 메갈롭시키아megalopsychia(웅대한 기상)라 불리는 덕목이다. 웅대한 기상이란 그 이름이 암시하듯 명예와 관련된 덕목이다. 웅대한 기상을 지닌 사람은 많은 것을 누릴 자격이 있기 때문에 많은 것을 요구한다. 그런 사람은 무엇보다도 자신이 다른 이들에게 어떻게 보일지, 그리고 물론 그의 공적 활동에 주어지는 인정을 받을 만한 사람으로 보일지 하는 것에 신경을 쓴다. 웅대한 기상을 가진 사람은 극단적으로 오만하다.

그러나 이는 성서에서 극찬하는 영웅들과 대조적이다. 성서의 영웅들은 신 앞에서는 자신이 불완전하고 무가치하다는 걸 아주 잘 알고 있으며 깊은 죄의식과 부적격자라는 의식에 시달린다. 성서 속 영웅들은 전형적으로 가장 보잘것없는 출신으로 나온다. 더 중요한 문제는 다음 두 인간 중 누가 더 찬사를 받을 만한가 하는 것이다. 자신의 성취에 대해 자존감과 긍지를 가진 아리스토텔레스적 인간일까, 자신의 무가치성을 인식하고 신의 사랑에 의존하는 성서적 인간일까?

차이는 계속 깊어진다. 철학의 신은 아리스토텔레스가 말한 유명한 '부동不動의 동자動者unmoved mover'[자신은 움직이지 않으면서 다른 존재를 움직이게 하는 존재]이다. 부동의 동자란 일종의 순수 사고 같은 것으로, 플라톤과 아리스토텔레스 모두 고독한 관조의 행위가 우리를 그 신성한 것에 가장 가까이 데려간다고 믿었다. 테오리아théoria(순수한 관조)는 그리스인이 가장 신과 같다고 믿었던 행위이다. 두말할 것도 없이, 아리스토텔레스의 부동의 동자는 성서의 신과 달리, 인간과 인간의 운명에 신경쓰지 않는다. 어떤 이름으로 부르든 간에 아리스토텔레스의 신은 아브라함과 이삭, 야곱의 신이 아니다. 반면 성서의 신은 우리를 자기 형상대로 만들었다고 말해진다. 이 말은 우리에게 필요한 것이 관조나 철학이 아니라 참회, 그리고 순수한 마음을 향한 가차없는 요구라는 뜻이다. 참회(히브리어로 t'shuva)는 순수하고 단순했던 예전 상태로 돌아감을 뜻한다. 성서의 전능한 신은 생각하는 실체가 아니라 알 수 없는 짙은 어둠 속에 사는 존재, 우리와 다른 방식을 가진 존재이다.

그렇지만 이런 구분이 썩 들어맞는 것 같지는 않은데, 적어도 다윗의 경우에는 그렇다. 다윗은 성서 속 다른 영웅들처럼 변변찮은 집안 출신인지는 몰라도, 엄청난 지략과 교활함과 지성을 가진 사람이다. 그는 시인의 영혼과 전사의 가슴을 지녔다. 더 중요하게는, 그는 통치자로서 자신의 가치를 깊이 확신한다. 귀족 출신의 조신한 아내 미갈이 몹시 유감으로 여길 만큼, 다윗은 성궤를 예루살렘으로 도로 가져오게 되자 기뻐서 춤을 춘다. 다윗에 관해서 마키아벨리는 매우 시사적인 이야기를 남겼다. 마키아벨리는 다윗과 골리앗 이야기를 전하면서, 사울이 다윗에게 자기 갑옷을 주고자 했을 때 다윗은 오로지 돌팔매 끈 하나와 한 자루의 칼로 무장하고 적과 대면하겠다고 하면서 사울의 제안을 거절했다고 주장한다. 그러나 성서를 읽는 모든 독자가 알다시피, 다윗은 돌팔매 끈과 돌멩이 다섯 개만으로 무장하고(『사무엘상』 17:38~40) 골리앗과 싸우러 갔다. 마키아벨리는 왜 다윗에게 칼 한 자루를 쥐어주는 걸까? 성서 속 다윗은 신의 약속을 믿었기에 칼이 전혀 필요하지 않았지만, 마키아벨리의 다윗은 신의 보호에만 의지하기는 미덥지 못해서 만일을 위해 칼 한 자루를 가져간다. 성서의 구절을 멋대로 바꾸고 있기는 하나, 이 이야기는 다윗의 인격에서 어떤 점을 포착한다. 다윗이 지닌 성서적 겸손함이 무엇이든 간에, 그것은 그의 대담함, 무모함, 자기 능력에 대한 자신감, 누그러지지 않는 당돌함으로 상쇄된다. 다윗이야말로 진정 모든 것을 갖춘 인간이다.

7장
마키아벨리와 정치적 건축술

니콜로 마키아벨리(1469~1527) 초상화. 팔라초 베키오, 피렌체.
(사진 제공: Erich Lessing / Art Resource, NY)

마키아벨리는 피렌체 사람이다. 이것만 안다면 사실상 그에 관해 알아야 할 모든 것을 아는 것과 같다. 물론 그렇게 말하면 과장이지만, 중요한 건 피렌체가 도시국가, 즉 공화국이었다는 점, 마키아벨리가 그 공화국의 공직자로 살았다는 사실이다. 르네상스의 절정기에 그 중심지인 피렌체에 살았던 그는 동시대인인 레오나르도 다빈치와 미켈란젤로가 미술과 조각에서 이룬 업적을 정치에서 해내고 싶었다. 그는 고대인의 기개, 옛날의 기상을 되살리기를 바랐고, 이를 자신의 경험에 비추어 수정하고 고치기를 희망했다. 그가 『군주론』 헌정사에서 썼듯 이 책은 "최근의 정세와 관련된 오랜 경험과 고대 역사를 꾸준히 공부해서" 나온 결과물이었다.(『군주론』 3쪽)[1] [원문 출처는 앞의 '주요 참고도서' 참조]

마키아벨리는 확실히 평범한 피렌체 사람은 아니었다. 그는 1469년에 태어나 피렌체의 최고 가문인 메디치가가 지배하던 시기에 성장했고, 그런 메디치가가 사보나롤라라는 이름의 한 도미니코회 수도사에 의해 몰락하는 것을 보고 죽었다. 사보나롤라는 피렌체에 신정정치, 즉 그리스도교적 덕목을 중시하는 공화국을 건설하려 했지만, 피렌체인은 피렌체인인지라 그의 실험은 오래가지 않았다. 이후 그 자리에는 피에로 소데리니(『군주론』에 여러 번 등장하는 이름)의 주도로 건설된 공화국이 들어섰고, 여기서 마키아벨리는 1498년부터 1512년까지 14년 동안 외교직인 제2서기국 서기장을 지냈다. 이 공화국이 무너지고 메디치 가문이 복귀한 뒤, 마키아벨리는 고문을 받고 피렌체에서 쫓겨나 도시 외곽에 그가 소유한 작은 영지로 유배되었다. 바로 이곳

에서 그는 주요 정치 저서인 『군주론』 『로마사 논고』 『전술론』을 집필했다.[2]

이곳에서 마키아벨리는 크고 작은 정치 사건에 대한 정보를 구하면서 친구들에게 엄청나게 많은 편지를 썼다. 친구인 프란체스코 베토리에게 쓴 편지에서 그는 자신의 가장 유명한 저서를 어떻게 쓰게 되었는지 설명한다. "저녁이 되면 저는 집으로 돌아와 저의 서재로 발을 옮깁니다."

> 문지방에서 저는 흙과 먼지로 뒤덮인 일상복을 벗고 왕실 궁정의 예복으로 갈아입습니다. 적절하게 복장을 갖춘 다음 숭엄한 고대인의 궁정으로 발을 들여놓습니다. 그곳에서 그들로부터 성의껏 영접을 받고, 저만의 것이며 또 제가 태어난 이유이기도 한 양식을 섭취합니다. 이곳에서 저는 부끄러움도 모른 채 대화하고 그들의 행동 동기에 관해서 묻습니다. 이들은 인간적 친절을 통해 저에게 대답해줍니다. 한 번에 네 시간가량 지속되는 대화에 아무런 권태도 느끼지 않고 그동안 저의 모든 시름을 잊으며, 가난을 겁내지 않고 죽음에 대해서도 두려움을 느끼지 않습니다. …… 그들과의 대화에서 얻은 바를 기록해 『군주론』이라는 작은 책자를 만들었습니다. 여기서 저는 이 주제를 가능한 한 깊이 탐구하여 군주국의 정의와 종류, 군주국을 이룩하고 유지하는 방법, 또 그것을 잃게 되는 이유를 논의했습니다.[3]

『군주론』은 기만적인 책이다. 우리가 달리 무엇을 기대하겠는가?

이 책은 누구나 한 번은 들어본 책, 아마도 어느 정도는 예상하고 있는 책이다. 그것은 지금까지도 수많은 모방작을 낳고 있다. 그중 진지한 책으로는 전시의 리더십 문제를 다룬 카네스 로드의 『현대 군주론The Modern Prince』[한국어판 제목 『통치의 기술』], 현대사회에서 엘리트 지배의 역할을 옹호하는 제임스 버넘의 고전적 연구서 『마키아벨리주의자들The Machiavellians』 등이 있다. 한편 『마키아벨리식으로 여자 다루기The Machiavellian Guide to Womanizing』(마침 저자 이름도 제목과 잘 어울리게 닉 카사노바Nick Casanova이다), 『마피아 관리자: 기업 마키아벨리 지침서The Mafia Manager: A Guide to the Corporate Machiavelli』, 그리고 내가 개인적으로 좋아하는 『수트: 남자의 스타일에 대한 마키아벨리식 접근The Suit: A Machiavellian Approach to Men's Style』 같은 제목의 책도 있다. 누구나 이런 책들이 무엇을 다루는지 안다. 아니 안다고 생각한다. 마키아벨리라는 이름은 기만, 배신, 교활함, 속임수의 동의어로 통한다. 그의 초상화만 봐도 그렇다. 그의 (정말 능글맞은) 미소는 이렇게 말하는 듯하다. "나는 네가 모르는 것을 알고 있다." 마키아벨리 읽기가 어려운 까닭은 우리가 거기 있는 모든 것을 이미 안다고 생각한 채 제대로 주의를 기울여 읽지 않는다는 데 있다. 그러나 마키아벨리에게는 더 많은, 훨씬 더 많은 것이 있다.

마키아벨리는 무엇보다 혁명가였다. 그는 『로마사 논고』 서문에서 "새로운 양식과 질서"를 발견했다는 이유로 자신을 크리스토퍼 콜럼버스와 비교한다. 콜럼버스가 지리학에서 했던 바를 마키아벨리는 정치학에서 하겠다고 한다. 이를테면 새로운 대륙, 새로운 세계를 발견하는 것이다. 마키아벨리의 신세계, 그의 새로운 양식과 질서는 이전 양식과 질서의 대체를 요구할 것이다. 그는 『군주론』 15장 첫머리에서 이 점을 분명히 한다. "이 문제를 논의하면서 다른 사람의 논지와 멀어지기 때문에, 주제넘은 일처럼 여겨질까 두렵다. 그러나 그 점을 이해하는 사람들에게 유용한 무엇인가를 저술하는 것이 내 의도이기 때문에, 나는 논제와 관련해 상상하는 바가 아니라 사안의 유효한 진실을 추구하는 일이 더 유용한 것이라 여긴다. 많은 사람이 아무도 본 적이 없거나 실제 존재했던 것으로 알려지지 않은 공화정과 군주정에 대해 상상해왔다. 어떻게 살고 있는가는 어떻게 살아야만 하는가라는 문제와 대단히 거리가 멀기 때문에 무엇을 해야만 하는가의 문제에 매달려 무엇이 행해지는지를 소홀히 하는 사람은 보존보다 파멸을 훨씬 빠르게 배우게 된다."(15장 61쪽) 그러나 마키아벨리의 혁명은 무엇에 관한 혁명이었을까?

이 대목에 관한 해석은 대체로 이상에서 현실로, 당위에서 현재로 옮겨가라는 그의 호소, 종종 현실정치realpolitik로 불리는 마키아벨리식 현실주의의 본질을 제시한다.[4] 마키아벨리는 "사안의 유효한 진실"의 입장에서 자신의 위치를 살피라고 외친다. 사람들의 말을 보지 말고 행동을 보라는 말이다. 확실히 마키아벨리는 현실의 핵심 측면, 즉 살인, 음모, 쿠데타 등에 초점을 맞춘다. 그는 사람들이 염원하는 선보다는 사람들이 행하는 실제의 악에 더 많은 관심이 있다. 매우 유감스럽게도 마키아벨리가 우리의 숭고한 의도와 실제 행동의 결과의 간극을 보여주는 걸 즐긴다고 말할 사람도 있을 것이다.

그럼에도 마키아벨리에게는 '현실주의'라는 용어가 함축하는 것보다 훨씬 더 많은 것이 있다. 어쩌면 현실주의는 크게 오해할 소지가 있을지도 모른다. 마키아벨리는 정치적 혁신, 개혁, 심지어 구원의 언어를 말하고 있다. 이 책은 예언자가 쓸 법한 성서적 언어를 쓰고 있으며, 마키아벨리는 자신을 해방의 예언자로 제시한다. 앞에서 인용한 대목에서 그는 자신보다 앞서갔던 모든 이들과의 단절(사실상의 거부)을 과감하게 선언한다. 그는 그리스도교와 로마 공화정에서 나온 요소를 모두 대체하고 결합해, 확실하게 그만의 새로운 정치 기구 형태, 즉 근대 국가를 창조하고 있다. 그는 근대 주권국가의 건축가이며, 그의 국가는 훗날 홉스, 로크, 루소는 물론이고, 막스 베버와 카를 슈미트부터 『현대의 군주Il moderno principe』라는 책을 쓴 안토니오 그람시까지 좌파와 우파를 막론하고 우리 시대 저자들의 책에서 이론적으로 표현되어 있다.

『군주론』의 형식과 헌정사

마키아벨리는 새것을 열렬히 지지했다. 그러나 모든 개척자가 그렇듯, 종종 그는 자신의 참신함에 관습적인 경건함과 형식을 입혔다. 그의 저작에는 과감함과 신중함이 흥미롭게 결합되어 있다. 종종 관습적인 듯한 그의 겉모습에 가려져 거의 항상 탈관습적인 내면은 잘 보이지 않는다. 우선 『군주론』의 형식과 헌정사를 살펴보자.

겉보기에 『군주론』은 가장 관례적인 책처럼 보인다. 이 책은 군주에게 어떻게 행동할지, 군주가 통치하면서 해야 할 것과 하지 말아야 할 것 등을 조언하는 지침서인 이른바 '군주의 거울'이라는 오랜 장르 전통을 따르는 책인 것처럼 스스로를 제시한다. 매우 괜찮은 생각이다. 이 장르에서 가장 오래된 책은 크세노폰이 쓴 『키루스의 교육』인데, 마키아벨리는 이 책을 잘못 지칭하면서 필독서 목록에 포함시키기도 한다.(14장 60쪽) 관습적인 겉모습은 실제로 '관례'라고 쓰인 이 책의 첫머리에 의해 더욱 보강된다. 마키아벨리는 전통의 외피로 자신을 감싼다. 사실 이 책은 헌정사에 그 이름이 등장하는 로렌초 데 메디치의 환심을 사기 위한 의도로 쓰였다.

그러나 다시 들여다보자. 우선 처음 세 장章의 구조를 살펴보자. "모든 국가, 즉 주민에 대한 명령권을 과거부터 가졌거나 현재 가지고 있는 지배조직은 공화국이거나 군주국이다." 마키아벨리는 1장의 첫 문장에서 그렇게 선언한다.(1장 5쪽) 이어 공화국에 관한 논의는 다른 지면, 아마도 『로마사 논고』로 보이는 지면에서 논의했으므로 생략하고 이 책에서는 오직 군주국만 다루겠노라고 말한다. 언급할 가치가 있는 두 체제로서 이미 군주국과 공화국만을 특정한 그는 계속해서 두 유형의 군주국을 구분한다. 이는 로렌초처럼 전통과 혈연을 통해 권위를 획득하는 세습 군주국과 신생 군주국이다.

그러나 그다음 마키아벨리는 독자들에게 이 책에서는 오직 신생 군주만을 주제로 다루겠다고 말한다. 결국 로렌초가 아니라 자기 자신의 책략과 힘, 교활함으로 권력을 손에 넣은 부류의 군주만을 다루겠다는 이야기다. 이 책의 진정한 수취인은 불가피하게도 잠재적 군주, 자신의 권력을 창조해낼 만큼 정치적으로 충분히 과감한 사람이어야 한다. 사실상 『군주론』은 새로운 지도자, 무無에서 자기만의 권력을 창조할 준비가 되어 있는 지도자에게 바쳐진 책이다. 그러나 아무것도 없이 창조할 능력을 가진 이는 말 그대로 유일한 창조자뿐이다. 마키아벨리의 군주는 『창세기』 서두에서 묘사된 창조자에 대한 답처럼 보인다. 『군주론』은 전통적 권위와 덕목에서 해방되어 야망과 영예에 대한 사랑, 그리고 오늘날 우리가 '카리스마'라고 부르는 예언자적 권위의 요소까지 지닌 새로운 부류의 정치 지도자를 묘사한다.

무장한 예언자와 무장하지 않은 예언자

그렇다면 이 새로운 군주의 성격은 무엇이며 보다 관례적인 군주 모델과는 어떻게 다를까? 이 책에서 가장 유명한 장들 가운데 하나인 '자신의 군대와 비르투virtu로 획득한 새로운 군주국에 대하여'라는 제목의 장에서, 마키아벨리는 새로운 군주의 성격을 이야기한다.(6장 21~35쪽) 그는 군주가 권력을 확립하기는 쉽지 않다면서, 지나치게 과장된 투로 시작한다. "현명한 사람이라면 위대한 사람들이 밟았던 길로 들어서거나 대단히 탁월했던 사람들을 모방함으로써 자신의 비르투가 그들에 미치지 못한다 해도 적어도 그들의 냄새는 풍길 수 있어야 한다."(22쪽) 화살을 쏠 때 먼 거리에 있는 목표물에 닿으려 한다면, 중력이 화살을 끌어내릴 것을 알고 활을 높이 겨누는 궁수처럼 해야 한다. 다시 말해 목표에 미치지 못할 것을 알면서도 시선을 높이 두라는 뜻이다. 그렇다면 현명한 사람이 모방해야 할 '가장 위대한 사람들'은 누구일까?

여기서 마키아벨리는 민족과 국가를 건설한 영웅들(모세, 키루스, 로물루스, 테세우스 등)을 열거한다. "이들의 행적과 생애를 검토해보면 기회 말고 다른 행운은 전혀 없었음을 알 수 있다. 이 기회로 이들은 자신들이 좋아하는 그 어떤 형상도 부여할 수 있는 질료를 제공받았다."(23쪽) 한마디로 이들은 성서 속의 신처럼, 자신의 상황을 이용하는 데 필요한 능력과 행동할 기회만으로 무에서 유를 창조해낸 창건자들이었다. 그는 계속해서 말한다. "그러한 기회를 통해 이들은 성공할 수 있었고 저마다 탁월한 비르투로 그 기회를 알아차렸다. 그 결과 이들의 조국은 영광과 번영을 누리게 되었다."(23쪽)

마키아벨리가 무장한 예언자와 무장하지 않은 예언자를 구분했던 유명한 시점이 바로 여기다. "무장한 예언자들은 모두 승리했고 무장하지 않은 예언자들은 멸망했다."(24쪽) 이는 순수한 무력정치에 대한 선언처럼 느껴지는데, 사실이 그렇다. 20세기의 어느 마키아벨리주의자가 말했듯, 정치권력은 총구에서 나온다. 그러나 여기엔 그 이상의 것이 있다. 마키아벨리는 왜 새 군주를 예언자에 비유할까? 예언자란 무엇인가? 가장 분명한 답은 신이 말을 거는 사람이다. 성서의 예언자(완벽한 예는 나단)는 불의를 저지르고 권력을 남용한 통치자를 꾸짖고 질책하기 위해 등장한다. 그러나 마키아벨리의 예언자들은 무장하고서 온다. 그들은 권력을 쥐기 위해 온다. 엄밀한 의미에서 마키아벨리가 열거한 명단에서 예언자로 불릴 수 있는 유일한 인물은 모세이다. 마키아벨리는 모세를 "단지 대리인"이라고 부르면서, 모세는 그 능력 때문이 아니라 "그에게 신과 대화할 자격을 부여한 은총 때문에" 존경

받아 마땅하다고 말한다.(22쪽)

그러나 마키아벨리가 의미하는 예언자는 사람들의 환상fantasia 속에 사는 사람이기도 하다. 사람들이 예언자에게 복종하는 것만으로는 충분하지 않다. 예언자는 믿음을 사야 한다. 이에 관한 흥미로운 사례로 사보나롤라가 소개된다. 그는 예언자에 가까웠지만, 말로써 그 자신을 충분히 주장하지 못하게 되자 결국 몰락했다. "대중이 새로운 체제를 믿지 않게 되면서 사보나롤라는 자신의 새로운 체제 속에서 몰락했다. 그는 믿음을 가졌던 사람들을 견고하게 붙잡거나 믿지 않던 사람들을 믿게 만들 수단을 갖지 못했다."(24쪽) 사보나롤라의 교훈이 지나치게 자주 되풀이될 가능성은 없다. 사보나롤라는 그가 무장하지 않은 전형적인 예언자였기 때문에 실패한 것이 아니다. 그가 실패한 원인은 단지 무장하지 않았기 때문이 아니라, 사람들이 더이상 그를 믿지 않았기 때문이다. 마키아벨리의 예언자는 종교적 인물이나 신의 지식을 전해받은 인물이 아니어도 되지만, 법을 부여하고 제도를 만들고, 사람들의 삶을 지배하는 견해를 개혁하는 남다른 개인적 자질의 소유자여야 한다. 마키아벨리의 무장한 예언자는 단지 폭력배가 아니라 교육자이다.

비록 생각하는 바를 강경하게(무장한 예언자는 항상 승리하고 무장하지 않은 예언자는 항상 패한다는 식의) 말하는 것이 마키아벨리의 특징이기는 하지만, 이 규칙에는 엄청난 예외가 있음을 그는 분명히 인정한다. 무장하지 않고서도 성공한 예언자 가운데 가장 두드러지고 중요한 예외는 예수 그리스도였다. 예수는 오직 말로써 사람들을 정복했고, 말로써 최초의 분파를 건설했다. 이어 한 종교를 건설했고, 마침내 하나의 제국을 건설했다. 아마도 말은 총 못지않게 막강한 무기일 것이다. 마키아벨리야말로 무장하지 않은 예언자의 전형이 아니라면 무엇이란 말인가? 그는 어떤 군대나 영토도 다스리지 않는다. 그럼에도 주로 선과 악, 미덕과 악덕에 대한 우리의 생각을 전환시킴으로써 분명 정복을 시도한다. 사람들을 복종시키려면 먼저 사람들이 믿게끔 만들어야 한다. 마키아벨리의 예언자적 군주는 철학자와 종교 개혁가의 여러 자질을 지니고 있어야 한다.

선악 동산의 밤

마키아벨리가 정치에 새로운 비도덕주의를 도입했다는 이야기는 자주 나왔다. 15장의 유명한 문구에서 그는 "선하지 않을 수 있는" 방법을 군주에게 가르치기 시작한다. 그동안 마키아벨리를 다룬 저작 가운데 어쩌면 가장 중요한 책을 쓴 레오 스트라우스는 그를 "악의 교사"로 규정한다.[5] 선한 것과 그렇지 않은 것, 미덕과 악덕에 대한 질문은 사실상 『군주론』의 책장을 넘길 때마다 등장한다. 마키아벨리는 단지 실용주의를 가르치는 교사, 목적에 맞게 수단을 적용시키는 법을 가르치는 교사가 아니었다. 그가 제시하는 것은 다름 아닌, 우리가 쓰는 기본적인 도덕 어휘인 선악에 대한 포괄적인 재평가였다.

그리스도교 도덕성의 전환을 위해서는, 그리고 군주에게 "선하지 않을 수 있는" 방법을 가르치기 위해서는 도덕성의 근원까지 가야 한다. 실제로 우리 생활을 지배하는 격언들을 변화시키려면 그런 격언들, 오직 종교에서만 찾을 수 있는 격언들의 토대로 가야 한다. 이상하게도, 종교는 『군주론』의 주요 테마처럼 보이지는 않는다. 그러나 마키아벨리는 18장 속 기억할 만한 구절에서, 항상 신앙을 가진 모습을 보이라고 조언한다. "군주는 자비심, 성실성, 인정, 고결성과 신앙심의 화신처럼 보여야 한다"고 쓰면서 그는 이렇게 덧붙인다. "갖고 있는 것처럼 보여야 할 필요가 있는 자질 가운데 가장 중요한 것은 마지막 자질, 즉 신앙심이다."(18장 70~71쪽) 요점은 명쾌하다. 신앙의 외관(여기서 의미하는 것은 그리스도교)은 좋은 반면, 실제 그 신앙의 실천은 해롭다는 것이다.

마키아벨리가 말하는 요점은 만약 당신이 자유를 원한다면, 선하지 않을 수 있는 방법, 적어도 그리스도교에서 정의하는 선을 멀리하는 방법을 배워야 한다는 것이다. 만약 당신이 그냥 선한 것과는 반대로 선한 행동을 하고 싶다면 겸손, 다른 뺨까지 내미는 너그러움, 죄의 용서 같은 그리스도교 덕목은 거부해야 한다. 그리스도교의 순수함과 마키아벨리가 말하는 새로운 도덕의 세속성 사이에는 어떤 화해도 있을 수 없다. 이 두 가지는 양립할 수 없는 도덕적 입장이다. 마키아벨리는 거기서 더 나아간다. 순수한 사람들이 누리는 안정과 안도감, 그들이 허물없는 삶을 살고 근심 없이 잠을 잘 자유는 전적으로 군주의 명민함에, 심지어는 무자비한 권력 사용 여부에 달려 있다. 참된 정치가는 공동선에 대한 사랑, 자기 백성에 대한 사랑을 대체로 위대한 통치자에게 필수적이라고 종종 여겨지는 잔인한 측면과 함께 섞을 준비가 되어 있어야 한다. 이는 도덕적 선이 어떻게 도덕적 악의 맥락에서 나오며 또 도덕적 악을 필요로 하는지 보여주는 예일 뿐이다. 마키아벨리의 충고는 분명하다. 당신이 정치적 삶에 따르는 책임을 받아들일 수 없다면, 당신이 잔인함, 기만, 심지어 살인까지 요구되는 냉혹한 필요성을 받아들일 수 없다면, 그만 비켜나라는 것이다. 국정운영의 자격요건에 당신의 고결한 순수함(종종 정의라 불리는)을 부여해서는 안 된다. 그것은 패망으로 이어질 뿐이기 때문이다. 미국에서 지미 카터의 대통령 재임기는 흔히 그리스도교적 인도주의와 국가이성raison d'état이 혼동되어 있던 첫번째 예로 꼽힌다.

철학적 문학에서 이는 '더러운 손'의 문제로 알려져 있는데, 프랑스 철학자 장폴 사르트르가 쓴 희곡 『더러운 손Les Mains sales』의 제목을 딴 것이다. 더러운 손의 문제란 냉혹한 정치적 자격요건과 세상과 거리를 둔 도덕적 순수함을 바라는, 똑같이 힘든 욕구 사이의 갈등을 가리킨다. 사르트르의 희곡은 2차대전 중 허구의 어느 동유럽 국가를 배경으로 펼쳐진다. 회더러라는 공산주의 레지스탕스 투사는 이상주의적인 젊은 회원이 정치적 암살을 자행하라는 명령을 받고 머뭇거리자 그를 호되게 꾸짖는다. 회더러는 공산당 당원도 여느 당의 당원과 전혀 다르지 않다고 설명한다. 그들은 승리를 이루고자 무엇이든 할 각오가 되어 있다. "자네, 어떻게 자네의 순수성을 고집하는가? 어떻게 자기 손을 더럽히길 두려워하는가! 그렇다면 좋아, 순수하게 있으라고! 하지만 그게 자네한테 무슨 도움이 될까? 자네는 왜 우리한테 왔나? 순수함이란 요가 수행자나 수도승에게나 어울리는 관념이야. 그래, 내 손은 더러워. 팔꿈치까지 전부 더럽혀졌지. 난 오물과 피 속에 내 손을 처박았으니까. 하지만 자네가 바라는 건 뭔가? 결백하게 통치할 수 있는 사람이 있다고 보나?"[6]

또다른 예로 캐럴 리드 감독의 위대한 영화 〈제3의 사나이〉를 살펴보자. 홀리 마틴스라는 이름의 순수한 미국인이 어린 시절 친구이자 우상이던 해리 라임을 만나러 전쟁이 휩쓸고 간 빈을 찾아온다. 하지만 마틴스는 친구가 잔인한 암시장의 검은 거래에 깊이 연루되어 있음을 알게 된다. 폭격으로 쑥대밭이 된 도시 위로 높이 솟은 대관람차 안에서 저 아래 점처럼 보이는 사람들을 내려다보던 중 해리가 묻는다. "만약 저 점들 중 하나가 영원히 움직임을 멈춘다 해도 자네가 정말 일말의 동정심이라도 느낄까? 만약 점 하나가 멈출 때마다 내가 자네한테 2천 파운드를 주겠다면, 자네는 나더러 돈을 넣어두라고 말할 건가, 아니면 자네 몫의 점이 몇 개나 있는지 계산할 건가?" 그들이 헤어질 때가 되자 해리는 마키아벨리가 뿌듯해할 만한 말을 한다. "보르자 가문 치하에서는 전쟁과 테러, 살인, 유혈극이 끊이지 않았지만, 그들은 미켈란젤로, 레오나르도 다빈치, 그리고 르네상스를 낳았네. 하지만 스위스 사람들은 형제애를 과시했지. 그들은 500년 동안 민주주의와 평화를 누렸지만, 그렇게 해서 나온 게 뭔지 아나? 뻐꾸기시계라네."[7]

존 르 카레의 훌륭한 냉전 스릴러 『추운 나라에서 돌아온 스파이』를 또다른 예로 들어보자. 여기서 영국 첩보원 앨릭 리머스는 핵 축소와 세계평화에 대한 믿음으로 공산당에 가입한 이상주의적인 젊은 영국 여성을 사랑하게 된다. 이야기가 전개되면서 두 사람은 영국 첩보부에 의해 전향한 한 동독 첩보원을 보호하는 데 투입된다. 그들이 미처 알지 못했던 음모에서 자신들이 어떤 역할을 했는지 분명히 알고 나자, 리머스는 고급 첩보 세계의 현실에 관해 설명한다. "이 게임에는 규칙이 하나뿐이야. 편의상 맺은 일시적 동맹일 뿐이지. 당신은 스파이를 뭐로 생각하는 거야? 신이나 마르크스의 말을 가지고 모든 것을 재는 도덕철학자? 그렇지 않아! 그들은 나처럼 더럽고 추잡한 건달 무리에 불과해. 썩어빠진 삶에 활기를 주려고 인디언과 카우보이 놀이를 하는 보통 사람, 술꾼, 동성애자, 공처가들일 뿐이라고. 그들이 런던에 수도승처럼 앉아서 옳은 것과 그른 것을 비교하고 있는 줄 알아?"[8]

이는 모두 내가 가짜 마키아벨리주의라고 부르고 싶은 예들이다. 자신들이 사실상 이상주의를 잃었음을, 일종의 지적 동정童貞을 잃었음을 보여주려고 고자세로 말하는 지식인들이 그런 예다. 가짜 마키아벨리주의는 세계가 강한 자와 약한 자로 나뉘어 있다고, 사물을 있는 그대로 보는 현실주의자와 도덕적 환각이라는 위안을 필요로 하는 이상주의자로 나뉘어 있다고 암시한다.

마키아벨리는 선을 재규정하면서 선이라는 관념을 크게 부정하지는 않는다. 그는 계속해서 비르투virtù를 이야기한다. '남자'를 뜻하는 라틴어 어근에서 나온 이 단어는 우리 식으로 번역하면 남자다움 같은 덕목이다. 마키아벨리가 이 단어를 사용할 때 독특한 점이 있다면 어떤 극단적 상황, 즉 정치적 건설, 체제 변화, 내전과 대외 전쟁을 포함하는 전쟁 같은 상황 속에 그 단어를 놓으려 한다는 것이다. 마키아벨리는 이전의 사람들과 다르게, 예외적 상황(극단적 상황)을 정상적 상황으로 받아들이려 하며, 이어서 그 극단적 상황에 도덕성을 맞추려고 시도한다. 그가 예를 드는 것은 전형적으로 사회의 생존 또는 독립 자체가 위태로운 극단적 상황들이다. 그런 상황에서는(그리고 오직 그런 상황에서만) 평범한 도덕의 가르침을 위반하는 게 용인된다. 마키아벨리는 그런 극단적 비상상태에서 형세를 고찰하고 이를 정상적 상황에 적용하려 한다.

마키아벨리는 (정상적 정치의 시대라고 부를 수 있는) 평범한 시기에는 정의의 법칙이 우세할 수 있음을 부정하지 않는다. 그는 정상적 정치 자체는 게임의 정상적 법칙이 유예되는 예외적 정치(위기, 무정부, 혁명 등의 시기)에 의존한다는 걸 보여줄 뿐이다. 예외적 시기에는 예외적 비르투를 갖춘 개인들이 등장할 가능성이 가장 높다. 마키아벨리가 극단적 상황을 선호한다는 사실은, 정치적으로 중대한 위기의 순간, 사회의 존재 자체가 위험에 처한 순간에만 인간의 본성이 가장 완벽하게 발휘된다는 그의 믿음을 나타낸다. 그의 저작에는 가장 과감한 행동에 대한 필요성을 환기시키는 긴박감이 있다. 아리스토텔레스적 정치가가 안정 및 안정을 이루는 데 필요한 수단을 가장 가치 있게 여긴다면, 마키아벨리적 군주는 가장 극단적인 상황에서만 성공하기를 바랄 수 있기 때문에 전쟁을 추구한다.

마키아벨리의 윤리는 공공연하게 비도덕주의적이다. 그는 군주가 다른 무엇보다도 영광, 명성, 명예에 가치를 두기를 바란다. 이런 것들은 가장 '탁월한 사람들', 모세, 테세우스, 키루스, 어쩌면 체사레 보르자 등이 추구하는 것이지만, [시라쿠사의 참주] 아가토클레스를 비롯해 나머지 사람들에게는 없는 것이다. 영광의 윤리는 독특하게도 무도덕적인 선이다. 그것은 정의, 공정함, 우애를 목표로 삼는 게 아니라 기억할 만한 위대함과 지속적인 명성을 가져다주는 자질 계발을 목표로 한다. 마키아벨리는 이런 자질들이 '위대한 정치'의 세계에서 가장 두드러지게 드러난다고 믿는다. 특히 한 도시나 국가가 세계사라는 게임에서 역할을 할 수 있도록 힘을 쌓아가는 데서 그런 자질이 가장 확연하게 드러난다고 믿는다. 마키아벨리에게 역사는 심판(비르투에 대한 유일한 최종적 보상)을 위한 진정한 법정이다. 마키아벨리는 군주에게 국가를 위한 기념비, 좋든 나쁘든 후대에 기억될 만한 어떤 것을 만들라고 충고한다. 그리고 시민들에게는 국가의 영광스러운 업적을 자랑스럽게 여기고 그 역사의 연대기에 나름대로 기여하라고 충고한다.

마키아벨리의 『군주론』을 생기 있게 만드는 질문은 이것이다. 정치가는 부도덕한 수단으로 자신의 손을 더럽힐 각오가 되어 있지 않은 한, 자기 나라를 위해 봉사할 수 없다. 그러나 어떻게 사람이 자기 내면의 진실성을 보존하면서 점잖은 사람들이 결코 쓰지 않을 수단(거짓말, 인신공격, 배신)에 비열하게 의존할까, 또는 의존할 수 있을까? 마키아벨리는 스스로 손을 더럽히는 편을 택했던 영웅들(카이사르, 한니발, 보르자)의 내면상태나 정신의 틀을 논하지는 않는다. 우리는 그런 사람들이 스스로를 어떻게 생각했는지 전혀 알지 못한다. 어쩌면 그들에게 내면적인 삶은 없었을 것이며, 바로 그 점이 그들을 심리적으로 단단하게 만들었을 것이다. 마키아벨리는 한 국가를 설립하거나 강화하는 데 따라오는 영광은 그 자체만으로 보상이라 여겼던 듯하다. 그가 하는 충고는 이러할 것이다 "열기를 참을 수 없다면 부엌에서 나가라.” 정치적 삶의 요구를 헤쳐나가다보면 이러저러한 사람이 될 거라고 생각하게 될 텐데 그런 자신의 모습이 마음에 들지 않는다면 집에 눌러앉으라는 말이다.

폭력의 미학

마키아벨리식 비르투의 모델은 르네상스 정치가이자 장군이던 체사레 보르자이다. 『군주론』 7장에서는 실제 보르자의 비르투를 단적으로 보여주는 예를 제시한다. 마키아벨리는 여기서, 보르자가 그의 부하 중 “가혹하면서도 민첩한” 레미로 데 오르코를 임명해 피렌체 외곽에서 멀지 않은 한 영토를 관장하게 한 이야기를 들려준다. 레미로는 일을 잘하는 관리였고 곧 질서를 확립했지만, 보르자는 자신이 책임자임을 보여주기 위해 레미로를 살해하라는 명령을 내리고 그 시체와 피 묻은 칼을 시내 광장에 전시했다. 마키아벨리는 이렇게 결과를 전한다. “이 잔인한 광경을 목격한 사람들은 한편으로는 만족을, 다른 한편으로는 경악을 느꼈다.”(7장 30쪽)

여기서 보르자의 잔인함은 마키아벨리가 말한 ‘좋게 사용된 잔혹성’의 한 예다. 그는 이렇게 말한다. “자신의 안전이라는 필요성 때문에 일격에 행하고 그뒤로 계속해서 끌지 않고 가능하면 백성들을 위해 더 큰 복리로 전환시킨다면 잔혹성을 잘 사용하는 것이라고 (악한 행동에 대해 ‘잘’이라고 말하는 것이 정당하다면) 부를 수 있다.”(8장 37~38쪽) 그래서 마키아벨리는 시라쿠사의 참주 아가토클레스에 대해서는 “그의 야만스러운 잔혹성과 비인간성에 더해 끝없는 악행 때문에 그를 가장 탁월한 인물들 속에 포함시켜 찬양할 수 없다"고 비판한다.(35쪽) 셸던 월린이 말했던 이른바 마키아벨리의 '폭력의 경제', 즉 그 효과의 측면으로만 평가되는 빠르고 효율적이며 단호한 행동에 대해 이보다 더 명쾌한 선언은 없을 것이다. 월린은 이렇게 쓴다. "그가 폭력의 경제로 촉진하기를 바랐던 것은 자존심이나 야망 또는 사소한 복수의 동기로 더럽혀지지 않은 권력의 '순수한' 사용이었다."[9]

월린의 말은 기껏해야 부분적으로 옳다. '폭력의 경제'란 말은 마키아벨리의 관심사에 관해 별로 말해주는 게 없지만 앞에서 나왔던 '광경 spectacle'이라는 단어는 다르다. 마키아벨리는 사실 폭력의 경제보다는 폭력의 미학에 더 큰 관심이 있다. 그는 비용과 이익을 계산하는 경제학자가 아니라 폭력이 가져올 극적 효과에 관심이 있는 미학자로서 정치에 접근한다. 정치적 암살, 정복, 제국에 관한 그의 묘사를 읽으면서 창조적인 폭력의 행위에 깊은 찬탄, 심지어 칭송의 감정을 느끼지 않을 독자는 없다. 마키아벨리는 한니발과 그의 비인간적인 잔혹성을 이렇게 찬양한다. "병사들이 보기에 그의 야만스러운 잔혹성과 무한한 비르투는 그를 항상 존경스럽고도 무시무시한 인물로 만들었다."(17장 67쪽) 그러나 마키아벨리는 사디스트가 아니었다. 그는 폭력 자체를 위한 폭력은 찬양하지 않았다. 매우 암시적인 한 대목에서 그는 아라곤의 페르디난드가 스페인에서 유대인을 몰아낼 때의 "경건(을 가장)한 잔혹함"의 행위를 비판한다.(21장 88쪽) 그는 폭력을 정치적 필요가 낳은 불행한 부산물이 아니라 그것을 통해 사안에 형태를 부여하는 최고의 정치적 덕목으로 취급했다.

마키아벨리가 생각하는 폭력의 미학은 역사상 위대한 문명들(페르시아, 히브리, 로마 문명)이 모두 잔인성, 지배, 정복의 행위에서 성장했다는 믿음과 연결되어 있다. 과거든 현재든 위대한 정치 지도자들은 정교하게 다듬은 정의론을 공부하는 수도승이나 도덕철학자가 아니다. 그들은 독보적인 위대함을 달성하기 위해 속임수, 잔인성, 심지어 살인이라는 수단까지 사용할 각오가 되어 있는 '더러운 손'을 가진 사람들이다. 마키아벨리는 번영을 이룬 성공한 문명들이 초기에 형제 살해, 살인, 내전에 의존했음을 끌어내는 데서 비뚤어진 즐거움을 찾는다.

마키아벨리가 비르투라고 부르는 것에는 종종 폭력적이고 강탈적인 성격이 있다. 비르투란 무엇보다도 어떤 상황(마키아벨리는 가끔 이를 '기회'라 부른다)에서 이익을 취하는 능력으로, 이런 상황은 운運에 의해 우리에게 주어진다. 비르투와 운은 마키아벨리에게 상호보완적인 용어이다. 비르투는 그것을 사용할 적절한 상황이 있어야 하고, 모든 상황은 적절한 인간적 기술과 능력을 발휘할 기회를 만들어낸다. 따라서 '인간사에서 운은 얼마나 강력하고 어떻게 대항할 수 있는가'라는 제목이 붙은 유명한 25장에서 마키아벨리는 인간 삶의 많은 부분이 운에 맡겨져 있어 사건이 진행되는 과정에 우리가 할 수 있는 것이 거의 없다는 가정으로 시작한다. 그는 "이러한 의견은 엄청난 변동 때문에 우리 시대에 널리 신봉되고 있다"고 말한다.(25장 98쪽)

마키아벨리는 이 가정을 고려하지만 받아들이지는 않는다. 정치에서 일어나는 일은 상당 부분 우연, 행운, 순전한 우발적 사건, 인간의 지성, 계획의 문제이지만, 그럼에도 어느 정도 선견지명이 역할을 할 여지가 있다. "그럼에도 우리의 자유의지가 있다는 점을 부인하고 싶지 않은 까닭에, 운이 우리 행동의 절반을 지배한다는 점이 사실일 수 있지만 그럼에도 운은 나머지 절반 또는 그 가까이를 우리가 지배하도록 남겨준다고 나는 주장하고 싶다."(98쪽) 운이 인생의 절반을 다스린다고 해도, 비르투는 나머지 절반을 만드는 역할을 한다. 그는 유명한 이미지를 통해 운을 홍수의 거센 강물에 비교하지만, 비르투는 선견지명을 사용함으로써 통제할 수 없는 물살을 제어하는 둑 같은 인공 방벽을 만들고 혼돈을 정돈할 수 있다고 말한다. 결과적으로 운에 지나치게 의존하거나 기대는 사람들(이를테면 자신이 산 복권이 당첨되리라는 영원한 희망 속에 사는 사람들)은 파멸하게 될 것이며, 반면 시대에 스스로 적응하는 사람들은 성공할 가능성이 높아진다는 것이다. 이는 행운은 준비된 자에게 찾아온다는 격언의 변주곡처럼 보인다.

마키아벨리는 여기서 더 나아간다. 비르투는 단순히 상황에 적응하고 조정하는 문제가 아니다. 그것은 어떻게든 상황을 자신에게 맞추도록 만드는 문제이다. 기회에 적응한다는 마키아벨리의 생각에는 폭력적이고 공격적인 측면이 있다. 그는 이렇게 쓴다. "따라서 나는 격렬함이 신중함보다 낫다고 믿는다. 왜냐하면 운은 여성이고 따라서 그녀를 당신의 통제 아래 두고자 한다면 때려서라도 억지로 붙잡아둘 필요가 있기 때문이다."(101쪽) 다시 말해 운은 신중함보다는 대담함에, 절제보다는 무모함과 단호함에 더 쉽게 반응한다는 이야기다. 마키아벨리의 비르투는 무엇보다도 선취의 정책이다. 더욱이 마키아벨리는 그런 정책은 젊은이들에게 쓰일 가능성이 더 높다고 독자들에게 말한다. 그의 말대로라면 "젊은이들은 덜 조심스럽고 더 모질며 또한 그녀를 보다 대담하게 지배하기 때문이다."(101쪽)

두 기질

마키아벨리는 어떤 정부가 최고의 정부라고 생각했을까? 그가 『군주론』 서두에서 지적했다시피 체제에는 두 부류, 즉 군주국과 공화국이 있다. 그러나 이 체제들은 그가 '기질'이라고 부르는 대조적인 성향들에 바탕을 두고 있다. 마키아벨리는 9장에서 이렇게 쓴다. "모든 국가에는 두 기질이 있"다. "이렇게 다른 두 기질이 생겨나는 것은 평민들은 귀족층에게 명령과 억압을 받지 않기를 원하고 귀족층은 평민들을 명령하고 억압하기를 원하는 데서부터 연유한다."(9장 39쪽)

여기서 마키아벨리는 모든 국가의 기반이 되는 두 개의 큰 사회계급을 가리키기 위해 심리학적인, 아니 유사 의학적인 '기질umori'이라는 말을 사용하고 있다. 마키아벨리의 두 기질 이론은 영혼의 세 계급에 대한 플라톤의 설명을 떠올리게 하지만 분명한 예외가 하나 있다. 국가의 각 계급에는 '기질'이 있기 마련이지만, 어느 기질도 이성에 단단히 기반을 두지는 않는다. 각 국가는 지배하기를 바라는 부자와 권력자인 귀족grandi 계급, 그저 귀찮게 하지 않기만을 바랄 뿐 지배하거나 지배받으려는 욕망이 없는 보통 사람인 평민popolo 계급으로 나뉜다. 독자들은 『군주론』이라는 제목의 책을 쓴 저자라면 당연히 귀족 편이라고 기대할 것이다. 명예와 영광이라는 귀족의 목표야말로 정확히 마키아벨리가 주창하던 바 아닌가?

그러나 마키아벨리는 다음과 같이 귀족의 덕목을 급진적으로 비난하고 나선다. "왜냐하면 귀족은 다른 사람을 억압하려 하고, 평민은 억압받지 않으려 한다는 점에서 평민의 목적이 귀족의 목적보다 더 정당하기 때문이다."(39쪽) 그의 충고는 마치 군주는 귀족보다 평민에 권력 기반을 두어야 한다는 것처럼 보인다. 왜냐하면 귀족은 권력에 대한 야망이 있어서 항상 군주에게 위협이 되겠지만, 군주가 평민을 자신의 기반으로 삼는다면 훨씬 쉽고 확실하게 지배할 수 있기 때문이다. 계급 중심의 정치 개념이 흥미롭게 역전된 이 주장을 보면, 귀족은 변덕스럽고 믿을 만하지 못하다고 이야기되는 반면, 평민은 더욱 변함없고 안정적이다. 마키아벨리는 이렇게 쓴다. "적대적인 평민에게서 군주가 기대할 수 있는 최악의 상황은 이들에게 버림받는 것이다. 그러나 적대적인 귀족들에게서는 그들에게 버림받는다는 점뿐 아니라 그들이 공공연히 대항할 것이라는 점도 두려워해야 할 것이다."(39~40쪽)

그렇다면 정부가 주로 해야 할 일은 언제든 분쟁의 원인이 될 수 있는 귀족들을 통제할 방법을 아는 것이다. 군주는 귀족과 권력자들의 야망을 훈계할(사실상 자존심을 꺾을) 방법을 알고 있어야 한다. 앞으로 보겠지만 이는 홉스의 정치철학에서 주요한 테마가 된다. 군주 또는 패권자가 지배하기 위해서는 야망을 통제할 능력, 처형, 공적인 비난, 정치적 심판 같은 선택적인 정책을 통해 그 통제를 실행하는 능력이 있어야 한다. 레미로 데 오르코의 예와 그가 어떻게 처형되어 사람들에게 "한편으로는 만족을, 다른 한편으로는 경악을" 안겨주었는지 기억하자. 이는 귀족의 야망을 통제하고 평민의 욕망을 채워주는 두 경우를 동시에 해낸 완벽한 예이다.

마키아벨리의 군주는 정확히 민주주의자는 아니지만, 평민의 근본적 품위와 그 신의를 유지해야 할 필요성을 인정한다. 마키아벨리가 말하는 평민의 품위란 야망의 부재, 지배하고 명령하려는 욕구의 부재를 의미하는 듯하다. 그러나 이런 품위가 곧 선은 아니다. 평민들은 마키아벨리가 '게으름', 즉 무질서라 여기는 것으로 타락하는 경향이 있다. 다른 사람을 억압하지 않으려는 욕구가 품위일 수는 있어도, 동시에 평민들에게 그들의 자유를 수호하는 방법을 가르쳐야 한다. 1500년 동안 그리스도교가 사람들을 나약하게 만든 나머지, 사람들은 정치적 책임감 혹은 공격으로부터 스스로를 방어할 자원을 잃어버렸다. 군주는 귀족들의 야망을 통제할 방법을 알아야 하듯, 평민들의 욕구를 강화할 방법도 알아야 한다.

마키아벨리의 일부 독자(심지어는 매우 영민한 독자들도)는 그가 말하는 군주가 진정으로 민주주의자이며, 『군주론』은 정확히 말해 권리를 침해하는 군주의 위험성에 대해 사람들을 깨우치려는 의도가 있다고 생각해왔다. 스피노자의 『정치론』을 참고해보자. "마키아벨리는 어쩌면 자유민들이 단 한 명의 군주에게 행복을 맡기기 전에 얼마나 신중해야 하는지 보여주기를 바랐던 것 같다. ……가장 통찰력 있는 그 남자와 관련해 내가 이런 견해에 도달하게 된 것은 그가 자유를 옹호했다고 알려져 있기 때문이다."[10] 또는 스피노자를 믿지 못하겠다면 루소의 『사회계약론』에서 다음 구절을 생각해보자. "마키아벨리는 정직한 사람이요 훌륭한 시민이었다. 그러나 메디치가에 애착이 있었기 때문에 그는 자신의 조국이 억압받던 시기 동안 자유에 대한 사랑을 위장해야 했다."[11]

이런 말들은 시사하는 바가 매우 크다. 위대한 정치서를 남긴 이 저자들 모두 마키아벨리를 자유의 사도로 본다. 스피노자는 마키아벨리가 사람들에게 군주 지배의 위험성을 경고한다고 보았고, 루소는 마키아벨리가 메디치가의 폭정 때문에 자유에 대한 사랑을 일부러 위장했다고 받아들인다. 두 사람 모두 그가 귀족에 반대에 은밀히 평민을 옹호했다고 여긴다.

스피노자와 루소의 말이 과장됐는지 몰라도, 그들은 분명 중요한 것을 알고 있었다. 고전적 공화국에서 지배자는 귀족(부와 여가를 소유하고 있고 따라서 판단의 능력이 있는 신사들)인 반면, 마키아벨리의 국가에서 지배적인 사회적, 정치적 세력이 되는 것은 바로 평민이다. 마키아벨리는 귀족의 세력을 평민에게로 보내고 싶어한다. 왜일까? 무엇보다 그는 평민이 귀족들보다 더 믿을 만하다고 판단한다. 일단 사람들이 자유를 소중히 여기는 법을 배우고, 그 자유를 침해하는 것에 맞서는 방법과 보잘것없고 고분고분한 아랫사람이기보다는 사납고 방심하지 않는 파수견이 되는 방법을 배운다면, 그들은 국가의 위대함과 권력을 위한 믿을 만한 토대가 될 것이다. 군주가 평민을 자기편으로 만든다면, 자기 백성의 활기찬 시민 생활과 자신의 영원한 영광이라는 목표를 달성할 가능성이 더 높아질 것이다.

마키아벨리가 곧잘 말하다시피, 군주는 시대에 적응하는 방법을 알아야 한다. 군주에게 옳은 것은 마키아벨리 같은 군주의 조언자들에게도 옳다. 조언자는 군주와 백성의 본성을 모두 알아야 한다. 마키아벨리는 『군주론』 헌정사에서 계곡을 그리기 위해 산꼭대기에 올라가봐야 하고 산을 그리기 위해 계곡에 내려가봐야 하는 풍경화가에 자신을 비유한다.(4쪽) 고대 공화국에서는 시민demos의 격정을 규제할 방법을 찾는 것이 필요했을지 몰라도, 공화국이 과거의 유물로 전락해버린 근대 세계에서는 사람들에게 무엇보다 자유를 소중히 여기라고 가르칠 필요가 있다. 과거에 가장 탁월했던 군주들은 모세처럼, 십계명의 서판을 가져와 사람들에게 자치를 준비시켰던 이들이었다. 마키아벨리가 『군주론』의 마지막 장에서 자기 조국 사람들에게 스스로 자유를 찾고 외세의 침략에서 이탈리아를 해방시키라고 촉구하는 것은 당연하다.

마키아벨리의 유토피아주의

『군주론』에 대한 분석은 내가 '마키아벨리의 유토피아주의'라고 부르고 싶은 것을 생각해보면서 마무리하고 싶다. 겉보기에 이 말은 모순어법처럼 보일 것이다. 마키아벨리는 상상의 군주국을 생각할 게 아니라 사안의 '유효한 진실'만을 생각하라고 촉구하지 않는가? 다시 말해 사람들이 말하는 것이 아닌 사람들이 하는 것을 보라고, 해야 할 당위성보다는 현상태를 보라고 하지 않는가? 마키아벨리는 오랜 유토피아주의를 공공연히 부정하고는 있지만, 독자들에게 민족과 국가의 위대한 설립자들을 모델로 삼으라고 말한다. 이 설립자들은 카리스마적인 또는 예언자적인 자질을 부여받은 것이 분명하다고, 그런 사람들은 단지 무력만이 아니라 자신의 비르투를 통해 권력을 잡았다고 말한다. 이런 관점은 마키아벨리의 사상에 담긴 이상주의적인, 심지어 유토피아적인 요소의 증거이다.

『군주론』의 마지막 장 '야만족으로부터 이탈리아를 탈환하고 해방시키기 위한 간곡한 권고'에선 마키아벨리의 이상주의가 어느 곳보다 가장 분명하게 드러난다. 아마도 이 장은 『군주론』의 다른 어느 대목보다 많은 논란을 불러일으켰을 것이다. 많은 독자가 정치에 관한 기술적이고 실질적인 지침서로 여길 만한 책의 맨끝에 가서 마키아벨리는 왜 해방에 대한 열렬한 촉구로 결론을 맺는 걸까? 심지어 일부 독자는 1513년에 쓰인 이 책의 첫 25개 장과 마지막 장 사이에 몇 년의 시간차가 있다고 믿기도 한다. 그런 독자들이 보기에 야만인들로부터의 해방을 이야기하고 이탈리아의 구원을 부르짖는 마지막 장은 1518년 즈음에야 쓰일 수 있었을 것이다.[12]

그러나 이탈리아에 관한 생각은 결코 나중에 덧붙인 것이 아니며, 마키아벨리의 모든 저작을 관통하는 그 자신의 집착이었다. 이탈리아 국가들의 나약함과 분열에 대한 그의 대답이 바로 군주라는 신화였다. 군주는 비르투와 힘과 카리스마의 화신이며, 구원의 힘을 지닌 군주의 권력은 새로운 로마로 가는 길을 가리켜줄 수 있을 것이다. 사실 그런 군주가 진정한 비르투를 보여줄 기회는 현재 사회의 쇠퇴에 달려 있다. "모세의 비르투를 알기 위해서는 이스라엘인이 이집트의 노예로 있었던 일이 필요했"던 것과 같다.(26장 102쪽) 예언자와 그의 백성은 연결되어 있다. 백성 없는 예언자는 존재하지 않으며, 구세주 없이 구원은 존재하지 않는다. 그런 구원자 군주가 현재의 쇠퇴 상황에서 등장하리라는 마키아벨리의 기대는 『군주론』을 집필하던 중인 1513년 8월 26일, 그가 베토리에게 보낸 편지에서 분명하게 드러난다. "저는 분명 그들{스위스인}이 로마인과 같은 제국을 건설하지 못하리라 생각하지만, 그들이 이탈리아와 가까이 있는 덕택에, 우리의 혼란과 열악한 상황 덕분에 이탈리아의 주인이 될 수 있다는 생각입니다. 이런 생각이 저를 오싹하게 하는 까닭에, 저는 그들을 치료해주고 싶은지 모르겠습니다. ……이제 나는 오늘이나 내일 당장에 오지는 않을지라도 우리 평생에 오게 될 우리의 몰락과 노예상태를 두고 당신과 함께 눈물을 흘릴 준비가 되었습니다."[13]

마키아벨리가 정치적 구원이 있으리라고 믿었던 이유는 바로 이탈리아의 쇠퇴 때문이었다. 사실 이탈리아의 쇠퇴라는 조건은 심지어 그 최종적 구원을 달성하기 위해 필요하다. 모세처럼 마키아벨리는 자기 생전에 새로운 약속의 땅을 보지는 못할 것임을, 기껏해야 자신은 새 군주에게 황야에서 나와 새로운 예루살렘으로 가는 길을 보여줄 수 있는 무장하지 않은 예언자에 지나지 않음을 알고 있는 듯하다. 마키아벨리는 그런 구원자 군주가 "우리 시대에" 나오지 않을 수도 있다는 것, 당장 이탈리아에 닥친 미래는 나약하고 무질서하겠지만, 그래도 구원자 군주가 반드시 오리라는 것, 그렇게 올 때의 그는 평화의 군주가 아니라 또다른 보르자, 한니발, 알렉산드로스의 모습을 하리라는 것을 깨닫고 있다. 마키아벨리는 이 구원자 군주의 도래를 재촉하고자 글을 쓴다. 그는 이런 글을 덧붙여도 좋았을 것이다. "그가 하루빨리 우리 시대에 오기를."

마키아벨리의 『로마사 논고』

마키아벨리를 진지하게 공부하는 학생들에게 『로마사 논고』(이 책의 정식 제목은 『티투스 리비우스의 첫 열 권의 책에 관한 논고Discorsi sopra la prima deca di Tito Livio』)는 늘 가장 중요한 저작으로 여겨져왔다. 방대한 분량과 주제의 구성 때문인지 이 책은 『군주론』만큼 자주 읽히지는 않는다. 사실 두 책의 관계는 여러 세대의 독자들에게 일종의 수수께끼였다.

『군주론』은 마키아벨리가 공직에서 쫓겨난 이듬해인 1513년에 출간되었다. 『로마사 논고』가 나온 시기를 짚어내기는 어렵다. 가장 그럴듯한 추정은 1513년에서 1517년 사이의 언제쯤 쓰였으며, 마키아벨리가 죽고 4년 뒤인 1531년에야 출간되었다는 것이다. 그렇다 하더라도 그는 두 책을 동시에 작업하고 있었던 것은 분명해 보인다. 그는 『군주론』의 두번째 장에서 『로마사 논고』를 암시하는 말을 한다. 그는 『군주론』에서는 오직 군주국만 다룰 것이며 공화국에 관한 논의는 다른 곳에서 했다고 언급한다. 대체로 그것이 바로 『로마사 논고』를 가리킨다고 믿어진다.

마키아벨리의 그런 언급은 두 책의 주제에 관해 무언가를 말해준다. 『군주론』은 '군주의 거울'이라는 장르를 따른다. 이 책은 군주가 어떻게 권력을 손에 넣고 유지하는가에 관한 지침서이다. 대체로 『로마사 논고』는 공화국을 다룬 저서로 여겨진다. 이 책은 리비우스가 쓴 로마사 저술[『건국 이후Ab Urbe Condita』]의 첫 열 권에 관한 역사적, 정치적 주석이다. 리비우스는 가장 위대한 로마 역사가로 널리 알려진 저자다. 그는 로마의 건국(사실상 여러 차례의 건국)부터 공화정과 로마 세력의 정점까지 로마의 역사를 이야기했다. 그는 (역시 그답게) 공화정이 쇠퇴해 내전이 일어나고 공화정에서 황제가 다스리는 왕정으로 접어드는 전환기는 다루지 않았다.(그렇지만 아우구스투스의 치세에 관해선 글을 썼다.) 리비우스의 역사는 항상 공화국 정부의 성서처럼 여겨졌다. 마키아벨리는 이 위대한 로마 역사가에 대한 주석 형식을 빌려 자신의 가르침을 제시하기로 하고, 비할 데 없는 로마, 그 위대함에 독자들의 관심을 불러들인다. 위대함을 이해하고 싶은 사람이라면 로마를 이해해야 한다. 마키아벨리의 로마에 대한 관심, 특히 공화정의 역사에 대한 관심은 그가 근대인에 맞서 고대인의 편을 들고, 군주의 지배에 맞서 공화정의 편을 들고 있다는 징표이다.

두 헌정사

헌정사는 『군주론』과 『로마사 논고』의 차이를 더욱 분명하게 드러낸다. 『군주론』은 로렌초 데 메디치에게 바치는 책이다. 마키아벨리는 낮은 지위에 있는 사람은 높은 지위에 있는 사람에게 자신의 작품을 바치는 것이 관례라는 말로 시작한다. 이와 반대로 『로마사 논고』는 마키아벨리의 두 젊은 친구(차노비 부온델몬티와 코시모 루첼라이)에게 바치는 책이다. 마키아벨리는 그들이 자신에게 그 책을 쓰도록 '강요'했으며 본인 스스로는 결코 쓰지 않았을 거라고 말한다. 우리는 마키아벨리가 어떤 방식으로 강요받았는지 궁금해진다. 이 두 젊은 남자는 마키아벨리가 속해 있던 문예 모임의 성원이었다.[14] 그들이 누구인가

보다 더 중요한 점은 그들이 무엇을 대표하는가이다. 사회학적으로 말하면, 그들은 귀족 성원이었고 통상적으로 말하는 피렌체의 미래 지배 계급이었다. 마키아벨리의 청중은 부온델몬티와 루첼라이 같은 젊은 청년들, 이탈리아 여러 도시의 대저택에서 열리는 사교 모임에 자주 나가는 교양 있는 귀족들이었다. 그들은 로렌초 데 메디치의 궁정에 모여 토론을 벌였으며, 플라톤의 아카데미아에 견줄 만한 오르티 오리첼라리Orti Oricellari(루첼라이의 정원)에서 상연되는 로마 연극과 동시대 연극에 참석하곤 했다. 아마도 마키아벨리가 메디치 궁정의 청중에게 공화국에 대한 찬사 대목을 처음 낭독한 것도 이런 정원의 나무 그늘에서였을 것이다!

그런데 무언가 잘못된 느낌이다. 공화국을 찬양하는 책을 쓰면서 그 책을 두 귀족 성원에게 바치다니. 귀족으로 태어나 귀족으로 교육받고 키워진 그들은 공화정의 명분에 몹시 적대적이었을 텐데 말이다. 마키아벨리의 가장 친한 친구들은 분명 귀족 계급이었다. 그의 친구 중 가장 잘 알려진 두 사람은 그와 오래도록 편지를 주고받았고 로마의 피렌체 대사를 지낸 프란체스코 베토리와 역사가 프란체스코 구이치아르디니였다. 마키아벨리는 무엇을 하고 싶었던 걸까? 그가 이 젊은 귀족들을 위한 일종의 교육 논문으로 『로마사 논고』를 계획했음은 분명하다. 그는 자신을 교육자로 제시한다. 이 저작의 길이와 학술적 형식(고대 역사가에 대한 주석)은 피렌체의 두 젊은 인문주의자에게는 매력적으로 다가갔을 것이다. 어떤 경우든 마키아벨리는 자신의 독자들에게 아첨하는 법을 알고 있었다. "이 『논고』를 헌정할 사람으로 다른 누구보다 두 분을 택했습니다. 왜냐하면 두 분께 헌정함으로써 제가 받은 은혜에 약간이나마 감사를 표하고, 책을 집필하는 자들이 으레 따르게 마련인 통상의 관행에서 벗어난다고 믿기 때문입니다. 통상의 관행이란 책을 쓰는 자들이 야심과 탐욕에 눈이 어두워 자신들의 저작을 항상 어느 군주에게 바치고, 나아가 비난받아야 할 군주의 품성을 책망하는 대신 군주의 좋은 품성을 찬양만 하는 것입니다."(『로마사 논고』 1권 헌정사 201~202쪽)[원문 출처는 앞의 '주요 참고도서' 참조]

마키아벨리는 이 책의 헌정사에서 『군주론』을 로렌초에게 바쳤던 행위를 부정하면서 자기비판에 몰두하는 듯 보인다. 그는 계속해서 이렇게 쓴다. "이러한 오류를 범하지 않기 위해 저는 실제로 군주 노릇을 하는 사람들이 아니라 수많은 좋은 품성 때문에…… 의당 군주가 되어야 할 분을 선택했습니다. ……왕국을 통치할 방도를 알지 못하면서도 왕국을 다스리는 권력을 가진 자가 아니라 왕국을 다스릴 방도를 아는 자를 존경해야 할 것입니다."(1권 202쪽) 마키아벨리는 자기 청중이 젊다는 것을 기쁘게 강조한다. 사실 『로마사 논고』 1권은 로마에 승리를 안겨준 '젊은 청년들'을 가리키며 끝맺는다. 마키아벨리는 헌정사와 이 책 전체를 통틀어 자신을 젊은이들의 안내자로 자처한다.

물론 마키아벨리는 과장하고 있다. 만약 이 책을 바친 젊은 독자들이 이미 한 왕국을 다스리는 방법을 안다면, 『로마사 논고』를 쓴 그의 행위는 불필요하게 여겨질 것이다. 사람들이 이미 알고 있는 것을 말하려고 이렇게 긴 책을 쓰지는 않는다. 마키아벨리는 자신의 독자들에게 신임을 얻으려고 교묘히 그들의 환심을 사고 있는 것이다. 나는 그의 목적이 이 젊은 귀족 계급에게 공화주의에 관한 명분을 설득하는 것, 그들에게 질서 잡힌 공화국을 보여주어 어쩌면 그들이 공화국을 설립하도록 만드는 것이었다고 말하고 싶다. 『로마사 논고』는 마키아벨리의 야망과 이상주의를 드러낸다. 그의 야망은 다름 아닌 새로운 로마의 창조였다.

"새로운 양식과 질서"

마키아벨리는 『로마사 논고』 서문에서 독자들에게 로마에 대한 흥미를 북돋으려 한다. 바로 여기서 "새로운 양식과 질서"의 발견을 알리는 마키아벨리의 유명한 선언이 나온다. 그는 자신을 "미지의 바다나 대륙"을 찾아 떠난 콜럼버스에 비유하면서 자신이 "전인미답의 길"에 들어섰다고 자랑한다.(1권 205쪽) 그러나 마키아벨리에게 항해의 이미지를 정확히 말한다면, 전혀 알려지지 않은 땅을 발견하기보다는 잊힌 땅, 시간과 함께 잊어버린 땅에 대한 발견에 가깝다. 이 새로운 땅이 바로 로마이다.

마키아벨리는 이런 주장이 이상하게 보이리라는 사실을 알고 있다. 그는 고대의 것에 흠뻑 젖어 있는 시대(르네상스)와 장소(피렌체)에 살고 있다. 마키아벨리 시대의 인문주의자들은 고대의 것에 대한 사랑에 푹 빠져 있었다. 그러나 자신을 차별화하기 위해 마키아벨리는 고대인에 대한 자신의 접근법을 미학에 집중하는 동시대인들의 경향과 대비시키면서 독자들을 로마 공화국의 첫번째 원리로 안내한다. 집과 정원을 꾸미기 위해 로마 석상의 조각들을 수집하는 예술 애호가들을 칭찬하는 대신, 그는 리비우스가 말했던 것처럼, 독자들에게 로마인이 이룩한 실제의 업적을 보라고 가리킨다. "고대의 왕국이나 공화국에서 일어난 가장 귀중한 활동들이 역사책에 잘 기록되어 있는데도 왕, 장군, 시민, 입법가 등 자신의 조국을 위해 노력한 사람들의 활동은 말로만 찬양할 뿐, 본으로 삼지 않는다는 사실에 주목하게 된다.(오히려 그러한 업적을 모든 사람이 거의 전적으로 외면하기 때문에 고대 문물의 가치는 우리에게 흔적조차 남아 있지 않다.) 나는 이러한 세태에 대해 놀라움을 느끼는 동시에 한탄하지 않을 수 없다."(205~206쪽)

마키아벨리의 비아냥거림이 분명히 읽힌다. 그는 로마에 대한 동시대인들의 관심이 예술양식(로마 미술과 건축)에 쏠려 있다고 넌지시 이야기한다. 요즘 표현으로 말하면, 그들은 예술사와 관련된 사안에만 집중하면서, 정작 가장 필수적이고 중요한 교훈, 다시 말해 정치적 교훈을 잊어버린다는 이야기다. 마키아벨리는 말한다. 오늘날 우리가 로마로 돌아가는 것은 중요하다. 왜냐하면 우리의 자치 능력은 쇠퇴의 길을 걸어왔기 때문이다. 자유와 관련된 바로 그런 자질 면에서 현대인은 고대인보다 못하다. 마키아벨리는 그런 쇠퇴의 원인 중 일부를 그리스도교 탓으로 돌리지만, 그보다 큰 책임은 독서술의 쇠퇴에 있다고 본다. 그의 책은 "역사책을 제대로 이해하지 못한 결과, 그 책을 읽더라도 참된 의미나 묘미를 제대로 터득하지 못한" 사람들을 위한 독서 수업, 아주 긴 독서 수업이 될 것이다. "이로 인해 다수의 독자는 단지 그 책들이 담고 있는 다양한 사건에 귀기울이는 데에만 즐거움을 느끼고, 거기서 본받으려는 생각은 추호도 하지 않는다. 그들은 하늘,

태양, 원소나 인간들이 그 운동, 배치 및 능력에서 과거와 달리 큰 변화를 겪기라도 한 것처럼 과거를 본받는 것은 어려울 뿐 아니라 불가능하다고 단정한다."(206쪽)

마키아벨리는 독자들에게 단지 자신이 읽은 것을 취사선택해서 한가하게 사색하지만 말고 고대 조상들의 위대한 업적을 적극적으로 모방하기를 권장하고 싶어한다. 그는 리비우스에 대한 주석을 쓰게 된 것도 바로 이 때문이라고 말한다. 실제로 『로마사 논고』를 정당하게 평가하려면 리비우스의 저작과 함께 마키아벨리의 다른 많은 자료를 계속 참조하면서 읽어야 할 것이다. 『로마사 논고』는 확실히 평범한 주석서가 아니다. 마키아벨리는 리비우스를 이것저것 닥치는 대로 사용하는가 하면, 리비우스는 아주 한참 동안 마키아벨리의 텍스트에서 완전히 자취를 감추기도 한다. 그는 리비우스의 책을 더 개선시키기를, 따라서 로마에 대한 이해를 개선시키기를 희망한다. 마키아벨리는 고대 자료들에 대한 연구에만 자신을 가두지 않을 것이며, 계속해서 "고대와 현대의 사실들"을 비교하면서 그것들로부터 "필요하다고 판단되는 교훈"을 끌어내려는 것이다. 이 교훈 중 몇 가지를 살펴보자.

고대의 공화국과 현대의 공화국

『로마사 논고』의 중심에 있는 역설은 마키아벨리가 주장하는 참신함(새로운 땅의 발견이라는 항해 이미지)이 실은 고대 양식과 질서의 회복이라는 것이다. 마키아벨리는 어떻게 아주 오래된 것을 전례 없는 새것처럼 보이게 만들까? 한 가지 답은, 무엇이 질서가 잡힌 공화국을 구성하는지와 관련해 자신의 관점을 옹호하는 수단으로 리비우스(존경받고 있고 존경할 만한 권위자)를 활용한다는 것이다. 그는 리비우스의 권위 뒤에 숨어서 스스로에게 존경스러운 인물의 광채를 부여하고, 따라서 주석자가 가지는 면역력의 이점을 충분히 활용한다. 마키아벨리가 말하는 공화국의 참신함을 구성하는 특징에는 네 가지가 있는데, 나는 그것이 오늘날 우리의 공화국과 두드러지게 유사하다고 주장하고 싶다.

『로마사 논고』는 어떤 체제가 한 사람의 입법자에 의해 설립되는 것이 바람직한지, 아니면 시간을 거치며 되는대로 성장하는 것이 바람직한지 생각하면서 시작된다. 전자의 모델은 스파르타이다. 스타르타의 법과 구조는 리쿠르고스 한 사람에 의해 만들어져 8세기 동안 온전하게 남아 있었다. 기회(마키아벨리의 표현으로는 운)의 산물로 체제가 탄생하는 후자의 모델은 로마이다. 로마는 한 사람의 건국자가 따로 있지 않았고 성장하는 동안 상황에 맞게 스스로 재수립하고 적응해야 했다. 마키아벨리는 두 찬반양론을 고려하면서 이를 중요한 논쟁으로 제시한다. 그러나 예상과 달리, 그는 놀라운 결론을 끌어낸다. "로마의 경우 자유로운 삶을 오래도록 지속하게 해줄 구조를 처음부터 국가에 부여할 수 있는 리쿠르고스 같은 인물이 전혀 없었다. 그런데도 평민과 원로원 간 불화 때문에 예상치 않았던 많은 사건이 일어났다. 그 결과 우연한 사건을 통해 한 명의 입법자가 하지 못했던 일들이 이루어졌다. 따라서 로마는 최초의 운은 누리지 못했어도, 두번째 운은 누린 셈이었다. 이는 최초의 제도가 비록 결함이 있기는 했지만, 그럼에

도 완벽에 이르는 길에서 일탈하지 않았기에 가능했다."(1권 2장 215쪽)

로마가 의식적인 설계 덕분이 아니라 그저 기회와 운 덕택에 오랜 수명을 누리고 자유를 이룩했다는 이런 주장은 마키아벨리의 가장 대담하고 매력적인 논제를 위한 길을 닦아준다. 이는 곧 로마의 위대함에 가장 크게 이바지한 것은 합의가 아닌 갈등이었다는 주장이다. 통일이 아니라 분열이 로마에 그런 힘을 주었다. 마키아벨리는 무엇보다 사회 갈등(계급 갈등)의 이론가이며, 한도만 넘지 않는다면 이런 갈등을 긍정적인 선으로 여긴다.

동시대 인문주의자들이 그토록 사랑했던 계급 간 합의 또는 조화의 모델을 거부했다는 점에서 마키아벨리는 여전히 매우 논쟁적이다. 그는 1권 4장에서 다시 이 테마로 돌아간다. "귀족과 평민 간의 내분을 비난하는 자들은 로마를 자유롭게 만든 일차 원인을 비난하고 그러한 내분이 초래한 좋은 결과보다는 거기서 유래하는 분란과 소동만을 염두에 두는 것처럼 보인다. 그들은 모든 공화국에는 대립된 두 파벌, 곧 평민과 부자의 파벌이 있다는 점, 그리고 로마가 자유를 향유할 수 있도록 제정된 모든 법률은 그들의 불화에서 비롯된다는 점을 깨닫지 못하고 있다."(218쪽)

이 대목에는 중요한 두 가지 논점이 있다. 첫째는 마키아벨리가 『군주론』에서 항상 "사안의 유효한 진실"을 보라고 했던 주장으로 돌아간다. 중요한 것은 결과이다. 나머지 것들을 고려하느라 잘못된 방향으로 가서는 안 된다. 둘째는, 갈등은 인간의 심리에, 두 '기질' 또는 성향 속에, 지배하고 다스리려는 귀족과 자유로워지려는 평민의 욕구 속에 깊이 뿌리박고 있다는 것이다. 국가의 힘과 위대함은 합의를 요구하는 허울 좋은 호소의 결과물이 아니라 이에 반대된 기질들이 충돌한 결과이다. 마키아벨리에게는 모든 정치가 당파 정치다. 합의는 사기다. 합의에 대한 호소는 한 계급의 지배를 위한 연막에 불과하다. 인간의 삶은 원래 피할 수 없는 갈등이다. 사람들이 당파주의를 극복하고 모두가 공동의 선이라는 관념을 포용할 수 있다고 주장하는 건 "허공의 군주국"에나 있을 기분 좋은 허상 중 하나이다. 정치의 목표는 갈등의 종식이 아니라 갈등을 조직하고 그것이 국가적 위대함이란 명분에 활용되게끔 만드는 것이다.

『로마사 논고』에서 두번째로 중요한 주장은 1권 5장, 마키아벨리가 말하는 자유의 '수호자'에 대한 논쟁에서 나온다. 그는 묻는다. 권력을 평민에게 맡기는 게 나을까, 귀족에게 맡기는 게 나을까? 이번에도 그는 이 질문으로 논쟁을 시작하면서 양측 주장을 제시한다. 스파르타와 베네치아는 귀족들 손에 권력을 맡긴 귀족 모델의 공화국이다. 귀족은 지배하려는 욕구가 가장 큰 계급이며, 그들에게 권력을 주는 것은 이 욕구를 만족시킨다. 또한 귀족에게 권력을 주는 것은 동요하고 변덕스럽기로 악명 높은 평민의 불안정성을 상쇄한다. 반면 로마는 권력이 평민에게 집중된 공화국의 예이다. 로마의 위대함에 이바지했던 것은 무엇보다 평민의 권력이다. 비록 스파르타가 더 오래 지속되었는지는 몰라도, 더 위대한 비르투를 보여준 쪽은 로마였다. 마키아벨리 자신은 확고하게 로마의 편에 선다.

아마 정치이론에서 평민(보통사람)을 선호했던 예로는 마키아벨리가 최초일 것이다.[15] 서로 다른 분파 또는 계급의 균형을 추구했던 아리스토텔레스의 정체, 즉 입헌정부 모델과는 달리 마키아벨리는 아리스토텔레스가 데모스라 부르는 계급의 지배를 분명하게 선호한다. 마키아벨리에게는 인민이야말로 자유의 가장 믿을 만한 지지대였다. 아리스토텔레스의 균형 잡힌 국가는 마키아벨리의 손에서 민주 공화국이 되었다. 마키아벨리는 『로마사 논고』 1권 끝에서 다시 이 테마로 돌아간다. 55장에서 그는 폭넓은 사회적 평등을 확립했던 공화국들을 옹호한다. 나아가 "토지 소유에서 나오는 수입으로 인해" 사치스럽게 살고 공화국에 꼭 필요한 노동을 전혀 하지 않는 귀족들을 맹렬히 비난한다.(335쪽) 그런 계급은 공화국의 등골을 빼먹는 원흉이며 제거되어야 마땅하다. 달리 말해, 공화국을 순수하게 유지하기 위해서는 때로 숙청이 필요하다. 나중에 프랑스와 러시아의 혁명가들은 이 교훈을 채택해 '인민의 적'이라 생각되는 이들에게 피의 숙청을 감행했다. 확실히 이 대목이야말로 마키아벨리가 가장 피에 굶주린 순간 중 하나이다.

이 주장은 1권 58장 '다중은 군주보다 더 현명하고 안정되어 있다'에서 더욱 발전된다. 여기서 마키아벨리는 리비우스와 자신의 차이를 드러내기 시작한다. 마키아벨리는 리비우스가 시민은 가장 변덕스러운 분파라고 했던 말을 완전히 뒤집는다. "나는 모든 저자가 비난해 마지않는 것을 방어하기로 작정했다."(341쪽) 방금 55장에서 귀족들에 대한 피의 숙청을 지지한다고 말한 그는 이제 이렇게 밝힌다. "권위나 무력에 호소할 의도가 없는 한 논변으로써 어떤 의견을 옹호하는 것은 결코 죄가 될 수 없다."(342쪽) 우리가 더 나은 독자가 될 수 있도록 돕고자 썼다는 책에서, 불과 몇 쪽 전에 마키아벨리 자신이 했던 말을 독자가 잊어버렸다고 생각하는 것처럼 보이니, 정말 이상하다!

민주 공화국을 옹호하는 마키아벨리는 『군주론』 9장에서 말했던 내용을 발전시키는데, 여기서 인민이 군주보다 "덜 배은망덕하다"고 말한다. (어느 특정 개인이나 집단이 아닌) 전체 인민은 한 명의 군주보다 신중하고 더 우월한 판단력을 갖고 있다. 마키아벨리는 위대한 선견지명과 지성을 인민의 덕으로 돌린다. 똑같은 수사학적 재능을 가진 두 연사가 서로 다른 입장을 내세울 때, 인민은 결코 올바른 선택에 실패하는 법이 없다고 그는 주장한다. 이 주장을 뒷받침하는 증거가 있는지는 확실하지 않다. 다만 마키아벨리는 로마사 전체에서 평민이 스스로 후회할 만한 결정을 했던 적은 단 네 번(언제인지는 말하지 않는다)밖에 없었다고 말한다.(344쪽) 나아가 인민이라는 거대한 집합체보다 군주 개인이 타락하기가 훨씬 쉽다. 한마디로 인민은 군주보다 믿을 만하며 사람을 더욱 잘 판단한다는 이야기다. 마지막으로, 마키아벨리는 인민의 잔인성에 대해 변명할 준비가 되어 있다. 그에 따르면 인민의 잔인성은 공화국의 적을 향하는 경우가 많은 반면, 군주의 잔인성은 개인적인 적들을 향하기 때문이다.(345쪽)

마키아벨리의 민주 공화국에서 주목할 만한 특징이 또 있다. 바로 로마의 탄핵 제도이다.(1권 7장 227~230쪽) 이 제도는 공공선에 반하는 음모로 고발된 사람들이 스스로 변론해야 하는 인민 법정과 비슷했다. 마키아벨리는 인민의 적으로 간주되는 시민들을 공개적으로 탄핵하는 로마의 제도를 괜찮게 생각한다. 이는 마오쩌둥의 문화혁명 당시

인민에 의한 탄핵이나 스탈린 치하의 악명 높은 '공개 재판'과 매우 비슷한 관행처럼 들린다. 마키아벨리는 대중의 적대감을 분출하기 위한 배출구로, 귀족들을 계속 견제하기 위한 도구로 이런 탄핵 제도를 승인한다. 그는 당시의 피렌체에는 그런 제도가 없다고 비판하는데, 피렌체는 야심을 품은 시민들을 혼내줄 수단이 전혀 없다. 마키아벨리가 그런 탄핵에 따라올 수 있는 부당함에 관해 아무 말도 하지 않음을 주목하자. 그는 다수를 만족시킬 수 있다면 한 사람쯤은 기꺼이 희생시킬 것이다.(『군주론』의 레미로 데 오르코를 기억하자.) 로마에서 탄핵 재판은 돈 많은 권세가들에 대한 평민의 무기였으며, 마키아벨리가 '해로운 기질'(질투, 분개, 선망)이라 했던 것, 우리 누구나 품기 쉬운 감정의 주요한 배출구였다.

이것은 마키아벨리 공화국의 네번째 특징으로 우리를 데려간다. 1권 6장에서 마키아벨리는 독자들에게 또 한 가지 고려할 점을 설명하기 시작한다. "누구든 새 국가를 건설하려는 자는 그 국가의 영토와 권력이 로마처럼 팽창하기를 원하는지, 아니면 그 국가를 협소한 영토 내에 묶어둘지를 미리 결정할 필요가 있다."(225쪽) 전통적으로 공화국은 작고, 자족적인 도시국가로 이해되었다. 아리스토텔레스가 "한눈에 들어올" 수 있는 국가를 찬양했음을 기억하자. 규모가 큰 국가는 정치 참여와 시민 참여에 필요한 에토스를 약화시킨다. 또한 자칫 부패로 이어지는 사치를 조장한다. 마키아벨리는 심지어 공화국의 오랜 장수를 염려한다면 스파르타와 베네치아식 모델을 따라야 한다고 인정한다.

그러나 마키아벨리는 자신이 귀족의 지배와 연관짓는 도시국가 모델을 지지하는 듯하다가도 곧바로 그것을 깎아내린다. 로마의 목표는 단순히 오래 존속하는 것이 아니라 위대함이었고, 위대함은 제국주의적 확장과 정복 정책이 있어야 가능하다. 마키아벨리의 공화국은 진군하는 공화국이다. 그가 주장하는 요점은 스스로의 환경을 통제하는 공화국의 능력과 관련 있다. 어느 도시든 적이 있기 마련이며 운이 작용하는 범위 안에서 살아간다. 순수하게 방어적인 태도를 채택하는 것은 다른 도시의 공격에 스스로를 취약하게 만드는 길이다. 따라서 자신의 환경을 정복하고 그럼으로써 변덕스러운 운의 바람에 맞서 면역력을 키우기 위한 수단으로 제국이 되기로 결심했던 로마인의 정책을 따라야 할 것이다. 로마인들은 무엇보다도 평민을 무장시킴으로써 이를 이룩했고, 평민은 실로 로마의 군사적 위대함에 큰 몫을 했다. 평민을 무장시킨 것은 계속되는 소란과 불화의 원인이었지만, 한편으로 영광과 권력의 원천이기도 했다.

마키아벨리는 정치 현실의 속성과 관련해 존재론적 근거를 들면서 그 주장을 옹호한다. 우리는 유동적인 세계에 살고 있다. 정세는 끊임없이 변하고, 국가의 운은 계속해서 오르내린다. 따라서 자신을 지키려고만 하는 국가는 재앙을 만날 위험이 있다. 완벽한 균형이나 평형의 중심점은 존재하지 않는다. 생존하려면 성장하고 확장해야만 한다. 국가는 자신의 세력을 확장해야 하고 그렇지 않으면 파멸을 맞는다. 이는 너무도 단순한 이치다.

마키아벨리는 자기 주장을 이렇게 결론짓는다. "이러한 일들 간에 균형을 잘 잡거나 정확히 중도를 걸어가는 것은 불가능하다고 믿는다. 그러므로 국가를 건설함에 있어서 가장 명예로운 역할을 할 가능성을 고려해야 하며, 아울러 필연에 따라 국가의 확장이 불가피하다면, 확장된 영토를 유지할 수 있도록 국가를 조직해야 할 것이다. ……나는 다른 어떤 공화국이 아니라 로마의 국가 구조를 채택해야 한다고 믿는다. 전자와 후자 사이에서 절충책을 발견하기는 불가능하다고 믿기 때문이다."(226~227쪽)

마키아벨리가 여기서 '중도'를 업신여기듯 언급한 대목은 중용, 즉 행동의 중도를 추구하는 아리스토텔레스와 그의 정책을 가리키는 것이 분명하다. 여기서 마키아벨리가 주장하듯 끊임없는 변화를 특징으로 하는 세계에서 중도란 불가능한데, 평균을 측정할 평형점은 결코 없기 때문이다. 그의 충고는 명백하다. 공화국은 확장하지 않으면 죽을 수밖에 없다는 것이다. 마키아벨리의 이 논쟁적인 공화국, 규모가 큰 제국주의적 공화국이 왠지 익숙하게 들리지 않는가? 분명 그럴 것이다. 왜냐하면 마키아벨리는 우리 세계를 묘사하고 있기 때문이다.

새로운 그리스도교

종교에 관해 한마디 하지 않고서는 『로마사 논고』를 덮을 수 없다. 종교는 마키아벨리가 이 책 전체에서 거듭 암시하는 테마이기 때문이다. 그는 서문에서 당대 이탈리아의 나약함과 분열을 조장했다는 이유로 그리스도교를 '오늘의 종교'(그럼 내일의 종교는?)라고 부르며 비난한다. 또한 그는 나태함과 뒤섞인 야망이 초래한 해악을 언급하는데,

이 말은 사제와 그들의 영향력을 가리키는 표준적인 형태이다.(서문 206쪽) 그가 쓰는 언어의 대부분은 동시대 독일인 마르틴 루터와 매우 흡사해 마치 종교 개혁가(때로는 급진적 개혁가)의 언어로 들린다. 그러나 여기에도 차이가, 아주 큰 차이가 있다.

마키아벨리는 고대 로마 이교의 창시자였던 누마 폼필리우스를 대단히 칭송한다.[16] 그는 1권 11장에서 "누마가 도입한 종교야말로 로마가 누리게 된 번영의 주된 이유"라고 쓴다. 마키아벨리가 찬양했던 그 종교는 무엇이었을까? 그는 누마가 설립한 종교가 정치적 비르투를 확립하기 위한 일종의 속임수였음을 기꺼이 인정한다. 누마는 "자신이 사람들에게 조언하려는 바를 정령이 은밀히 자신에게 조언한 것처럼 위장했다. 그렇게 행동한 이유는 새롭고 특이한 법률을 로마에 도입함에 있어 자신의 권위만으로는 충분치 않으리라 염려했기 때문이다." (241쪽) 한마디로 말해, 모름지기 정치적 혁신은 신의 권위라는 신비로 가릴 필요가 있다는 말이다.

누마가 창시한 종교는 마키아벨리가 다음 장에서 "우리 종교"라고 부르는 것과는 대조를 이룬다.(244쪽) 그는 기존 종교의 권위를 인정(또는 인정하는 척)하면서 이 장을 시작한다. 한 공화국이나 왕조의 군주 또는 통치자가 그 나라의 종교 규범을 지지하는 것은 중요하다. 마키아벨리는 어떤 특정 종교이든 그 내용에 대해 명백히 중립적인 입장을 취한다. 정치적 권위를 가진 자들이 기존 종교를 가지는 것은 중요하기 때문이다. 이를 마키아벨리는 그리스도교가 애초의 가르침에서부터 역사적으로 진화해온 방식과 계속해서 대비시킨다. "그리스도교 세계의 통치자들 사이에 그런 종교 정신이 지켜졌다면, 또는 그 창시자가 명령한 대로 유지되었다면, 그리스도교 국가와 공화국은 현재보다 훨씬 더 많이 통일되고 훨씬 더 행복한 국가였을 것이다."(244쪽) 다음 문장에서 그는 정치적 쇠퇴의 원인은 로마 교회의 문간에 있다고 말한다. 이탈리아가 허약한 상태로 분열된 채 남아 있었던 것은 다른 어느 제도보다도 교회 탓이다. 계속해서 그는 지적한다. "이탈리아가 그런 위치에 이르지 못한 이유, 단일한 공화국이나 군주가 다스리지 못하는 이유는 바로 교회 때문이다."(245쪽) 지금까지는 마키아벨리가 교황의 권력 남용을 비판하는 것처럼 여겨지는데, 이런 불만은 당시에는 매우 흔하고 심지어 관례적인 것이었다.

그러나 마키아벨리가 무심코 속내를 말하는 것은 한참 나중에 가서의 일이다. 2권 2장에서 그는 고대인이 왜 현대인보다 훨씬 더 자유에 애착을 가졌을까 하고 묻는다. 그는 우리 종교와 그들 종교의 차이 때문이라고 답한다. 자유의 상실과 이탈리아의 분열은 그리스도교의 부패 때문이 아니다. 문제는 그 종교의 설립 원칙 자체로 거슬러올라간다. 이어서 마키아벨리는 첨예하고 엄청난 대비를 제시한다. "우리 종교는 활동적이고 적극적인 인물보다는 겸손하고 명상적인 인물을 더 찬양해왔다. 따라서 우리 종교가 겸손과 비천함 및 인간사에 대한 경멸을 최고선으로 내세우는 데 반해, 고대 종교는 정신의 위대함, 신체의 강인함 등 인간을 대단히 활동적으로 만드는 나머지 모든 요소를 최고선으로 꼽는다. 비록 우리 종교도 우리 안에 강인함을 가지라고 요구하지만, 그 강인함은 어떤 대담한 일을 하기보다는 고통을 견디는

데 주로 활용된다."(2권 2장 364쪽) 바로 여기서 마키아벨리가 폭탄선언을 한다.

> 결과적으로 이러한 삶의 방식은 세상을 나약하게 만들었을 뿐 아니라 세상을 사악한 자들의 먹이로 넘겨주었고, 사악한 자들은 안심하고 세상을 마음대로 요리할 수 있게 되었다. 대부분의 인간이 천국에 가기 위해 자신이 입은 피해를 되갚기보다는 오히려 참는 것을 더 중시하기 때문이다. 세상이 나약해지고 하늘이 수수방관하는 듯 보일지라도, 그것은 분명 인간의 보잘것없음에서 비롯할 뿐이다. 이는 사람들이 우리 종교를 활력이 아니라 나태함Pozio의 관점에서 해석해왔기 때문이다. 만약 종교가 우리의 발전과 방어에 기여할 수 있다는 점을 사람들이 고려했다면, 종교가 우리로 하여금 조국을 사랑하고 존경하며 조국을 충분히 방어하고자 만반의 대비를 갖추기를 목표로 한다는 점도 이해했을 것이다. (364쪽)

마키아벨리는 무엇을 말하려는 것일까? 왜 그는 책의 중반까지 기다렸다가 이제야 이 말을 할까? 그는 우리가 무엇을 하기를 바라는 걸까? 마키아벨리는 단순히 그리스도교 개혁이 아니라, 한때 그리스도교가 로마의 이교를 대체했듯, 그리스도교를 대체할 전혀 새로운 종교의 창설을 주장하는 듯하다. 새 공화국의 설립자는 새 종교의 설립자여야 한다. 그는 누마를 본받아 의식과 제의를 새로 창조해야 한다. 그 설립자는 마키아벨리가 『군주론』의 마지막 장에서 말하는 것처럼 혁신적인, 심지어 구원자적인 지도자일 것이다. 그러나 마키아벨리가 말하는 그런 시민 종교는 무엇일까? 여기서 마키아벨리는 감질나게, 어쩌면 고의적으로 말을 흐린다. 누구도 이런 것을 미리 제정할 수 없다. 그렇기에 설립자는 끊임없이 역사를 읽어야 한다. 과거에 다른 민족들이 어떻게 했는지 알아보고 새로운 로마뿐 아니라 새로운 예루살렘을 만들기 위해서 무엇을 해야 하는지, 무엇을 피해야 하는지, 어떻게 해야 하는지 알아내야 한다.

마키아벨리주의의 성장

그리스도교를 대신할 일종의 강화된 이교주의를 도입하자는 마키아벨리의 부르짖음이 완전히 무시되진 않았다. 마키아벨리의 가장 확실한 제자들은 종교를 정치의 통제하에 두어야 한다는 '에라스투스주의' 강령을 따랐다. 이 에라스투스주의자들 가운데 가장 유명한(또는 악명 높은) 이가 토머스 홉스였다. 홉스는 『시민론』과 『리바이어던』에서 종교는 너무 중요하기 때문에 사제들에게 맡겨둘 수 없다는 주장을 옹호했다. 종교는 세속적 권력 아래 놓여야 하는 것이다. 다음 장에서 다루겠지만, 홉스의 목표는 정치적 질서를 요구하며 개입할 수 없는 그런 토대 위에 종교를 세우는 것이었다.

그러나 누구보다도 열렬하게 마키아벨리주의를 신봉했던 이는 루소였다. 이미 알다시피 스피노자와 마찬가지로 루소는 마키아벨리가 왕정을 풍자하고 민주주의를 비밀스레 옹호한다고 해석했다. 루소는 『사회계약론』의 마지막 장에서 마키아벨리가 대답하지 않았던 질문을 꺼내든다. "어떤 부류의 종교가 공화정부에 가장 잘 봉사할 수 있을까?" 루소는 마키아벨리처럼, 그리고 그 이전의 거의 모든 사람처럼, "어떤 국가도 종교를 바탕으로 삼지 않고 창건된 바가 없다"(『사회계약론』 4부 8장 146쪽)는 사회학적 사실을 인정한다. 그는 종교의 힘 또는 완력이 정치적 도덕성의 토대로 쓰이는 것을 당연하게 여긴다. 그러나 이런 부류의 종교란 어떤 종교일까? 루소는 고대 그리스와 로마 세계의 다양한 다신교와 나란히, 처음엔 유대교로 등장했다가 나중에는 그리스도교와 이슬람교로 나타나는 보편주의적 유일신교를 비교한다. 고대의 이교들은 신과 법을 따로 구분하지 않았다. 종교는 국가적 강건함과 단합을 위한 힘이 될 수 있었다. 또한 종교는 비교적 관대했는데, 신의 힘이 도시의 성벽까지만, 즉 국가 내에만 미쳤기 때문이다. 심지어 로마인도 대중이 믿는 신들을 건드리지 않고 내버려두는 경향이 있었는데, 예루살렘인들은 바로 이 점을 문제삼았을 것이다. 루소는 이 모든 것이 그리스도교의 도입과 함께 바뀌었다고 주장한다.

그리스도교는 스스로를 정치와 별개인, 순수한 '영적' 왕국으로 제시한 첫번째 종교였다. 루소는 심지어 이슬람교에 대해서도 몇 마디 하는데, 무함마드는 "아주 건전한 생각"을 가지고 정부 형태에 본인의 법체계(샤리아Sharia)를 적용하려 했다고 말한다. 그러나 그리스도교는 교회와 국가 사이의 관할권 분쟁을 가져왔고, 이 두 세력은 영원히 불화하게 된다. 그리스도교는 통합의 근원이라기보다는 갈등의 근원이었으며, 자신의 이익을 꾀하기 위해 종교를 활용하는 사제들이 그리스도교를 지배하게 되었다. 루소는 비록 복음서의 순수한 종교가 "성스럽고" "숭고한" 가르침을 가지고 있다는 건 인정하지만, 그 가르침은 사회 속 인간에게는 적합하지 않다. "진정한 그리스도교인은 인간이 상상할 수 있는 가장 완벽한 사회를 만들 것이라고 말하는 사람들이 있다. 나는 이 가정에서 한 가지 커다란 문제점밖에 보지 못한다. 즉 진정한 그리스도교인의 사회는 더이상 인간 사회가 아닐 거라는 점이 그것이다."(148쪽) 루소는 계속해서 그 이유를 설명한다. "그리스도교는 전적으로 영적인 종교로, 오로지 천국의 일에만 관심이 있다. 그리스도교인의 조국은 이 세상에 존재하지 않는다. 그는 자신의 의무를 이행하지만, 사실 그 의무 이행의 결과가 좋으냐 나쁘냐에 대해서는 도통 무관심하다. ……진정한 그리스도교인은 노예가 되기 위해 태어났다. 그들은 그 사실을 알면서도, 그에 대해서는 거의 무관심하다. 이 짧은 인생은 그들의 눈에는 너무도 무가치한 것이기 때문이다." (148~149쪽)

루소의 고향인 주네브에서 『사회계약론』이 불태워졌던 이유는 바로 그 책에서 루소가 '사제들의 종교'를 공격했기 때문이다. 그럼에도 "그리스도교의 군림하려는 영성"이 정치적 갈등의 원인이라는 루소의 공격은 프랑스 혁명가들이 그것을 새로운 숭배와 제의의 토대로 삼으면서 널리 알려진다. 이성의 종교를 세우려는 이런 실험은 오래가지 않았지만, 19세기에는 조국(프랑스어로는 patrie)과 민족에 대한 숭배와 함께, 사실상 수정된 형태로 종종 국가주의의 토대가 되었다. 훗날 토크빌이 목격했듯, 국민과 인민주권은 종교를 대체하게 되었다. 아니 그곳에서 종교는 유령처럼 명맥만 겨우 유지했다. 성년이 된 마키아벨리주의라 할 수 있는 루소의 시민 종교는 오늘날까지도 프랑스의 세속적 정체성에 관한 논쟁에서, 그리고 공적 생활에 개입하려는 종교에 맞선 프랑스의 반발과 관련한 많은 논쟁(무슬림 여성의 히잡 착용을 둘러싼 논쟁을 생각해보라) 속에서 명맥을 잇고 있다.

과거의 계시종교를 능가하거나 대체할 새로운 정치적 종교를 희망하던 마키아벨리의 꿈이 이어진 곳은 프랑스만이 아니었다. 1967년에 미국의 사회학자 로버트 벨라는 「미국의 시민 종교」라는 획기적인 논문에서 이 논쟁을 부활시켰다.[17] 벨라는 이렇게 썼다. "우리가 이 공화국의 가장 초기부터 간직해온 것은 믿음, 상징, 그리고 한 공동체 내의 성스러운 것과 제도화된 것을 존중하는 제의이다. 이 종교(달리 지칭할 말은 없는 것 같다)는 그리스도교와 크게 상반되지 않으면서 실로 많은 공통점이 있지만, 종파적이지도 않으며 어떤 특정한 의미에서도 그리스도교적이진 않다."[18] 이는 루소가 보여준 극렬한 마키아벨리주의의 순화된 형태라 할 수 있다. 벨라가 주장하길, 미국인은 예언자 전통 종교의 핵심 요소를 간직한 채 이를 헌법 숭배 및 건국의 시조들에 대한 공경과 결합시킨 시민 종교를 지켜오고 있다. 벨라는 계속해서 말한다. "미국의 시민 종교는 결코 반교권적이거나 과격하게 세속적이지 않았다. 반대로 평균적인 미국인이라면 둘 사이에 아무런 갈등도 보지 못할 방식으로 종교 전통을 선택적으로 빌려왔다."[19]

이 같은 미국의 시민 종교에서 에이브러햄 링컨보다 위대한 화신은 없었다. 그에게 독립선언문과 헌법은 성스러운 경전이었고, 워싱턴과 제퍼슨은 백성을 끌고 폭정에서 탈출한 예언자였다. 링컨의 시민 교의가 그 어느 곳보다 열정적으로 표현되었던 것이 1838년 스프링필드 청년회관에서 했던 연설 「우리 정치제도의 영속화」이다. 그즈음 횡행하던 무법주의와 집단 폭력의 발발에 충격을 받은 링컨은 그들의 정부 형태에 다시 애착을 갖자고 권고한다. 그리고 이렇게 묻는다. 혁명과의 생생한 관계가 희미해지고 건국 시조들이 아득한 기억으로밖에 남지 않은 시기에 그것을 어떻게 할 것인가? 그의 답은 다음과 같다.

> 모든 미국인, 자유를 사랑하는 모든 시민, 자신의 번영을 비는 모든 사람은 이 나라의 법을 조금이라도 어기지 않겠다고, 선조들이 흘린 독립전쟁의 피로 맹세해야 합니다. 그리고 다른 사람들이 법을 어기는 것도 절대 눈감아주지 않겠다고 맹세해야 합니다. 1776년의 독립투사들이 독립선언문을 수호하기 위해 그러했듯, 미국인이라면 모두 헌법과 법을 수호하기 위해 자신의 목숨과 재산과 소중한 명예를 걸고 맹세해야 합니다. 그리고 모두가 기억해야 합니다. 법을 어기는 것은 자기 아버지의 피를 짓밟는 일이며, 자기 자신의 인격과 자기 자녀의 자유를 파괴하는 일임을. 미국의 모든 어머니는 무릎에서 말을 배우는 아기에게 법의 존엄성을 주입시켜야 합니다. 학교에서, 고등학교와 대학교에서 가르쳐야 합니다. 초등학교 교과서에도, 철자법 책에도, 연감에도 써놓아야 합니다. 교회에서는 법의 존엄성을 설교하고, 의회의사당에서는 이를 선언하고, 법정에서는 이를 집행해야 합니다. 간단히 말해, 법을 이 나라의 정치적 종교로 만들어야 합니다. 그리고 남녀노소와 부자와 빈자, 심각한 자와 명랑한 자를 막론하고, 어떤 말을 쓰든 피부색이 무엇이고 상황이 어떻든, 법의 제단에서 기꺼이 목숨을 바칠 수 있어야 합니다.[20]

미국의 헌법과 법을 옹호하면서 종교의 권위를 끌어들이려 했던 링컨의 노력에는 마키아벨리주의의 울림이 뚜렷이 배어 있다. 종교는 자유와 공화주의 정부의 명분에 도움이 되는 역할을 해야 한다. 여기에는 그 위대한 피렌체인이 동의하지 않을 법한 것이 하나도 없다. 그렇다면 우리는 미국이 마키아벨리주의적 국가라고 결론내려야 할까? 그렇기도 하고 아니기도 하다. 미국의 시민 종교 개념은 어느 정도는 좋지 않은 평판을 항상 받아왔다. 미국은 압도적으로 그리스도교인이 많은 국가일지는 몰라도 사실상 그리스도교 국가는 아니며 그렇게 의도되지도 않았다. 국가의 명분을 위해 종교를 끌어들이려는 시도는 사려 깊은 관찰자가 보기에 항상 종교와 애국적 이상 모두를 남용하는 것으로 비춰져왔다. 미국의 경험도 예외는 아니다. 시민 종교란 아무리 그 목표를 고상하게 치장한다 하더라도 종교적 표현이라기보다는 종교의 대리물에 가깝다.

8장

홉스의 새로운 정치학

토머스 홉스(1588~1679). 존 마이클 라이트(1617~1700)가 그린 초상화, 캔버스에 유채, 1669.(사진 제공: bpk, Berlin / Christ's College, Oxford / Lutz Braun / Art Resource, NY)

토머스 홉스는 영어로 쓰인 최초의 정치철학서, 그리고 여전히 가장 위대한 정치철학서를 쓴 저자이다. 영어로 정치이론political theory이란 표현은 사실상 그의 저작에서 만들어졌다. 홉스의 『리바이어던』은 로크의 『통치론 제2론』이나 『연방주의자 논집』과 비교되기도 하지만, 밀턴과 스펜서 같은 작가와 견준다 해도 확연히 바보스럽게 보이지 않을 필력을 가진 저자는 홉스가 유일하다. 그는 영어 산문의 거장이며, 그의 저작은 영어나 다른 모든 언어를 포함해 최고의 업적으로 꼽힌다. 『리바이어던』은 거의 완벽한 책이며, 존슨 박사[새뮤얼 존슨]가 밀턴의 『실낙원』을 두고 말했듯, 어느 누구도 그 저작에 대해 아쉬움을 나타낸 적이 없었다.[1]

홉스는 마키아벨리를 돋보이게 하는 완벽한 받침대였다. 마키아벨리가 지킬 박사라면 그는 하이드 씨였다. 그는 마키아벨리가 가능하게 한 것을 실행하고 기록했다. 마키아벨리는 신대륙을 발견했고, 홉스는 그곳에 사람이 살 수 있도록 도왔다. 마키아벨리는 덤불을 치웠고 홉스는 집과 시설을 만들었다. 홉스는 우리가 오늘날까지도 현대 국가에 관해 생각할 때 쓰는 결정적인 언어들을 제공했다.

독자들에게 홉스는 언제나 일종의 역설이다. 어찌 보면 그는 정치적 절대주의를 가장 분명하게 옹호한 사람이다. 홉스의 주권자는 주어진 영토 안에서 완벽한 독점적 권력을 가진다. 『리바이어던』의 권두삽화에는 한 손에 칼을 들고 다른 한 손에는 평화로운 왕국 위로 왕홀을 드리운 위엄 있는 군주가 묘사되어 있다. 홉스는 분할할 수 없는 군주의 권력이라는 원칙에 더해 교회, 대학 커리큘럼, 그리고 어떤 책과 견해를 읽히고 가르칠 것인지까지 군주가 관장할 수 있다고 주장했다. 홉스는 절대정부의 완벽한 모델인 것처럼 보인다. 그런 한편으로 홉스는 모든 인간의 근본적 평등을 주장한다. 모든 인간은 특정한 자연권(적어도 자기보존권)을 타고난다. 그는 국가란 개인들끼리의 약속 또는 사회계약의 산물이라고 주장한다. 군주의 권위는 자기가 통치하는 이들의 의지 또는 동의가 있어야 가능하다. 또 오직 시민적 평화와 안전을 유지함으로써 피통치자들의 이익을 보호하기 위해서만 군주의 권한이 부여된다. 이런 관점에서 홉스는 절대주의에 반대하는 자유주의자들의 언어를 확립하도록 돕는다. 이 역설은 홉스 자신의 시대에도 주목받았다. 그는 왕정주의자였을까, 반왕정주의자였을까?

확실히 홉스는 그 시대의 산물이었다. 달리 어쩔 수 있었겠는가? 홉스는 오늘날 우리가 살고 있는 곳과 같은 근대 유럽식 국가 체계가 막 등장하던 시대를 살았다. 『리바이어던』이 출간되기 3년 전인 1648년에 체결된 베스트팔렌 조약은 종교개혁에 불을 붙이며 백여 년을 끌어왔던 종교전쟁에 종지부를 찍었다. 베스트팔렌 조약은 공식적으로 30년전쟁을 종식시켰고, 홉스의 표현에 따르면 두 가지 결정적 합의를 승인했다. 첫째, 이 조약은 앞으로 개별 군주국이 최고 지위의 정부가 되며 따라서 하나의 세계 왕국을 실현하겠다는 신성로마제국의 주장은 폐기될 것이라고 선언했다. 둘째, 이 조약은 모든 당사자가 '각자의 영토에서는 각자의 종교cuius regio, eius religio'라는 원칙을 인정할 것을 선언했다. 즉 각 국가의 수장이 그 국가의 종교를 결정할 권리가 있으며, 따라서 하나의 세계 교회라는 주장은 폐기될 터였다.

홉스는 영국 해군이 스페인 무적함대를 물리치던 해인 1588년에 태어났다. 그는 엘리자베스 시대가 기울어가던 시절에 성장했으며 셰익스피어의 연극이 처음 상연될 때는 소년이었다. 그는 고전어에 재능 있는 학생이었고 옥스퍼드 대학에 다녔다. 졸업 후 귀족인 캐번디시 가문의 일을 보았고 그 집안 자제들의 개인교사가 되었다. 그는 그리스 역사가 투키디데스의 저작을 번역했고 1629년에 마무리해 자신의 첫번째 책으로 냈다. 홉스는 젊은 캐번디시와 함께 유럽 대륙에서 많은 시간을 보내면서, 그곳에서 갈릴레오와 데카르트를 만나기도 했다. 1640년대, 영국에서 내전이 계속되는 동안 홉스는 영국을 떠나 프랑스에서 살았다. 그는 내전을 피해 떠나온 영국인 망명객 모임의 주요 성원이었으며 훗날 왕이 된 찰스 2세의 개인교사로 일하기도 했다. 내전이 발발했을 때 크게 상심한 그는 내전의 원인과 무질서에 관해 깊이 생각하며 시간을 보냈다. 1642년, 그의 저작 『시민론』이 출간되었는데, 이 책은 『리바이어던』의 초안 격이었다. 1651년에 홉스는 영국으로 돌아갔고, 같은 해 『리바이어던』을 출간했다. 그리고 여생을 대부분 과학과 정치 문제를 연구하며 지냈다. 그는 영국 내전의 역사를 다룬 『비히모스Behemoth』라는 책을 썼다. 이 책은 사회 분쟁의 원인에 대한 고전적 분석서로 남아 있다. 말년에는 호메로스의 『일리아스』와 『오디세이아』를 번역해 출간하기도 했다. 그리고 1679년 91세의 나이로 세상을 떴다.

그의 저작에 따라다니는 험악한 명성에도 불구하고 홉스의 초상과 그에 관한 묘사들은 그가 상당히 매력적이고 기지 넘치는 사람이었음을 보여준다. 가장 먼저 홉스의 전기를 썼던 존 오브리는 홉스에게서 직접 들었거나 홉스의 지인들에게서 들었을 몇몇 이야기를 전한다. 그런 이야기 속의 홉스는 삶을 즐기고, 남자들(그리고 여자들)과 어울리기 좋아하고 포도주 애호가이며(적당히 마시는), 날카로운 유머 감각을 가진 이로 묘사된다. 홉스는 역설의 사나이였다. 그는 악명 높을 만큼 인간 본성을 천하게 보았지만 그럼에도 대단한 기지와 유머로 평생을 살았던 듯하다. 그는 두려움을 건전하게 활용하기를 강조했으면서도 자신을 거의 과시하지 않았던 것 같다. 그는 우리가 지식의 궁극적인 토대에는 도달할 수 없다고 생각했을지 몰라도 그럼에도 인간 세계를 바라보는 자신의 관점이 진실함을 끊임없이 주장했다. 그는 곧잘 미덕의 언어가 쓰고 있는 가면을 벗겨내곤 했지만, 자신의 책을 시드니 고돌핀이라는 한 정치가에게 바쳤다. 고돌핀에 대해서 그는 "사람의 마음을 하느님에 대한 봉사나 조국에 대한 충성으로, 혹은 시민사회로, 사적인 우정으로 향하게 하는 미덕이 명백히 나타나지 않은 것이 없"었다고 쓴다.(헌정사) 이렇게 모순되는 일이 어떻게 가능할까?

홉스는 당대에 매우 논쟁적인 인물이었다. 『리바이어던』은 출간되자마자 모든 사람에게 혹평을 받았다. 성직자들에게 그는 신을 믿지 않는 무신론자였다. 공화주의자들에게 그는 군주제에 오염된 인물이었고, 군주제 지지자들에게 그는 위험한 회의론자, 자유사상가였다. 그러나 홉스는 마키아벨리와 함께 근대 국가의 대표적인 건축가였다. 그는 여러 면에서 마키아벨리보다도 더 확실하게 근대적인 인물로 보인다. 마키아벨리가 '군주prince'를 말한다면 홉스는 '주권자sovereign'를 이야기한다. 주권자란 계약을 통해 만들어진 비인격적 권력, 홉스의 말을 빌리면 '인공적' 권력이다. 역사적 주석과 경험에서 끌어낸 사색을 결합하는 마키아벨리와 대조적으로 홉스의 방법론은 과학적이고 공식적이며 분석적으로 보인다. 마키아벨리가 보르자나 한니발 같은 사람의 숭고한 잔인성을 이야기했던 반면, 홉스는 좀더 평범한 언어, 영광이 아니라 자기보존을 목표로 하는 좀더 근대적인 권력 정치의 언어를 말한다. 나아가 무장을 강조했던 마키아벨리의 주장은 법을 강조하는 홉스에 의해 중대하게 수정된다. 홉스는 국가에 대한 보다 정확한 법적, 제도적 틀을 제시함으로써 마키아벨리의 이론을 수용할 만한 것으로 만들고자 했다.

홉스의 새로운 정치학

홉스는 스스로 개혁가라는 의식을 강하게 가지고 있었다. 사안의 "유효한 진실"을 검토한 최초의 사람이 자신이라고 주장했던 마키아벨리처럼, 홉스는 한때 "시민학은 자신의 『시민론』보다 결코 오래되지 않았다"며 으스댔다.[2] 홉스가 자신의 접근법에서 참신하게 여겼던 것은 정확히 무엇일까?

홉스는 자신을 과학 혁명의 초기 창시자들(갈릴레오, 하비, 데카르트)과 맥을 같이하는 새로운 정치학의 창시자로 생각했다. 자연과학에서 아리스토텔레스의 오랜 패러다임을 전복시켰던 이 혁명가들처럼, 홉스는 정치학에서 아리스토텔레스의 권위를 뒤흔들기 시작한다. 그는 자신을 위대한 반反아리스토텔레스로 내세운다. '공허한 철학과 허구의 전설에서 생기는 어둠에 대하여'라는 제목의 장에 나오는 다음 구절을 생각해보자. "결론적으로 말해서, 옛 철학자들의 주장처럼…… 터무니없는 것도 없다. 내 생각으로는, 아리스토텔레스의 '형이상학'처럼 자연과학과 거리가 먼 것도 없고, 그의 '정치학'처럼 통치에 모순되는 것도 없으며, 그의 '윤리학'처럼 무지한 주장도 없다."(『리바이어던』 46장 11절)[원문 출처는 앞의 '주요 참고도서' 참조] 홉스가 그토록 터무니없고, 모순되고, 무지하다고 주장하는 것은 정확히 무엇일까?

홉스는 특히 자신의 새로운 학문의 토대 또는 구성요소에 관심이 있었다. 그는 오늘날 우리가 '방법론'이라고 부를 만한 것을 몹시 의식했다. 아리스토텔레스는 정치 지식의 한계를 강조하면서 시작했다. 정치학이 다루는 주제(인간의 행위들)는 자연과학이나 수학에서 찾게 되는 엄격한 지식을 기대할 수 없을 만큼 엄청난 다양성과 불규칙성을 허락한다. 아리스토텔레스는 정치학과 윤리학에서는 그 학문이 허락하는 이상의 확실성을 요구해서는 안 된다고 썼다. 수사학자에게 엄격한 증명을 요구하는 것은 수학자의 확률 논증을 받아들이는 것만큼 어리석은 일이다. 심지어 아리스토텔레스는 정치적이고 윤리적인 사안에서 상당한 정확성을 요구하는 것은 미숙함의 징표라고까지 주장한다. 정치학에서 파생될 수 있는 어떠한 일반 법칙도 모두 잠정적이되 상당 부분만 진실일 것이다. 홉스의 접근법은 아리스토텔레스를 거의 비난하다시피 하며 시작한다. 아리스토텔레스의 '정치학'과 '윤리학'의 실패는 방법론의 실패였다. 홉스는 아리스토텔레스처럼 일반적 견해(통념endoxa)를 계속 고집하기보다는 오히려 통념을 분해해(오늘날 식으로 말하면 파괴해) 엄격한 이론적 지식을 보증해줄 방법론을 끌어내려 한다.

『리바이어던』 앞부분에서 홉스는 일종의 정치적 물리학을 제시하는데, 여기서 인간은 신체로 축소되고 그 신체는 다시 움직이는 물질로 축소된다. 인간은 마치 기계처럼, 움직일 수 있는 각 부품으로 축소되는 것이다. 그는 서문에서 수사학적인 질문을 던진다. 생명이란 팔다리의 운동이 아니겠는가? 심장은 태엽이 아니겠는가, 그리고 이성은 쾌락과 고통을 계산하는 수단이 아니겠는가? 홉스는 일부러 철저하게, 유물론적이고 비목적론적인 인간 본성의 물리학을 내놓기 시작한다. 18세기에 홉스를 신봉했던 프랑스인 라 메트리는 『인간기계론L'homme machine』이라는 책을 쓰기도 했다.

『리바이어던』의 서문은 아리스토텔레스의 『정치학』 서문에 대한 대안을 제시하려고 계획된 것 같다. 아리스토텔레스는 인간의 모든 행동은 목표 지향적이라고 주장한다. 모든 행동은 보존이나 변화를 목표로 하며, 인간은 무엇을 더 좋게 만들거나 더 나빠지지 않게 막는 것을 목표로 한다. 홉스는 인간에게서 무엇보다 중요한 충동은 대체로 부정적이라고, 즉 어떤 선을 행하려는 욕구가 아니라 어떤 악을 피하려는 욕구라고 믿었다. 아리스토텔레스는 그저 망원경을 거꾸로 들고 보았던 셈이다. 아리스토텔레스에게 인간은 인류 번성을 위해 다른 인간들과 공동체 속에서 살려는 목적, 즉 텔로스telos를 가지고 있다. 그러나 홉스가 볼 때 인간은 자신의 이성적 본성을 실천하거나 완성하기 위해서가 아니라 최대의 해악, 다시 말해 타인의 손에 의한 죽음을 피하려고 사회를 이룬다. 그에게 정치란 더 좋거나 더 못한 것에 대한 신중한 결정의 문제라기보다는 삶과 죽음에 대한 실존적 결정이다. 마키아벨리에게 그랬듯, 홉스에게도 정치의 표준은 삶과 죽음, 혼돈과 전쟁이라는 극한 상황이었다.

더욱이 홉스는 당대 시민적 갈등에 상당 부분 책임이 있다며 아리스토텔레스(또는 대학에서 그의 영향력)를 비난한다. 아리스토텔레스는 인간은 타고난 정치적 동물이라고 가르쳤다. 고전적 공화주의라 부를 수 있는 이 테제에 따라 우리는 정치적 삶에 참여해 우리가 만든 법에 의해 자신을 다스릴 때에만 온전히 인간이 된다. 그러나 홉스가 보기에 내전을 불러일으킨 중대한 근본 원인 중 하나는 직접 통치하려는 자치의 욕구였다. 어떤 왕은 처형대로 보내고 다른 왕은 추방시키는 것은 다름 아닌 자유로운 인민, 스스로 법을 만드는 인민이 되고 싶다는 욕망이라고 그는 믿었다.

아리스토텔레스와 고전적 공화주의에 대해 홉스가 내놓은 답은 간접 통치의 원칙, 오늘날 식으로 말하면 대의정부의 원칙이었다. 주권자는 집단적 능력으로 직접 통치하는 인민 또는 그 인민의 분파가 아니다. 주권자는 인민을 대표하는 사람을 통해 인위적으로 재구성된 인민의 의지다. 주권자 대표는 인민의 의지와 열정을 거르는 필터 역할을 한다. 주권이란 나의 의지에 대한 직접적 표출이 아니라 나 자신을 통치하려는 자연적 욕구에서 나온 추상적 개념이다. 홉스는 우리가 정치적 통치에 직접 참여하려 애쓰기보다는 "인공적 인간", 즉 주권자라는 대표의 통치를 받기로 다른 사람들과 함께 동의함으로써 정치와의 거리두기를 원한다. "기술art에 의해 커먼웰스Commonwealth 혹은 국가라고 불리는 저 위대한 리바이어던이 창조되는데, 이것이 바로 인공적 인간이다. 자연인을 보호하고 방어할 목적으로 만들어졌기에 자연인보다 몸집이 더 크고 힘이 세다."(서문 1절)

이 대목에서 홉스가 사용한 '기술'이라는 단어는 그의 목적을 뚜렷이 드러내 보인다. 그가 말하는 기술은 테크닉이나 정치적 술책을 가리킨다. 아리스토텔레스의 기술은 자연을 상정한다. 자연은 모든 기술의 재료뿐 아니라 모델까지 제공해준다. 그러나 홉스에게 기술은 자연의 모방이라기보다 새로운 자연, 그야말로 인공적 인간을 창조하는 일이다. 우리는 정치적 삶을 만드는 사람이기에 정치학을 가질 수 있다. 기술의 기능은 모방이나 모사가 아니라 변형이다. 그 목표는 새로운 성질의 창조이다. 여기서 기술은 과학의 반대로 이해되지 않는다. 오히려 그 반대이다. 과학은 기술의 최고 형태이다. 여기서 홉스는 자신이 이성 혹은 과학이라 부르는 것을 기술로서 이해한다. 이성 혹은 과학은 인간의 기술 혹은 제조의 가장 완전한 표현이다.

홉스는 아리스토텔레스의 신중한 태도와 자신의 이해하는 정치학의 차이를 날카롭게 구분한다. "추론은 감각이나 기억처럼 타고나는 것도, 또한 사려처럼 경험만으로 얻어지는 것도 아니다. 그 능력은 노력하여 얻어진다. 첫째, 적절한 이름을 부여한다. 둘째, 이름이 부여된 요소들에서 출발하여 훌륭하고 정연한 방법으로 이름들을 결합하여 주장을 세운다. 여러 주장을 결합하여 삼단논법으로 진행한다. 마지막으로, 당면한 문제와 관련된 모든 이름의 연결 관계에 관한 지식에 도달한다. 이것이 바로 과학Science이다."(5장 17절) 과학은 자연을 정복하기 위한 하나의 방법론을 부여하는 것이다. 그가 말하는 과학이란 "연결 관계에 관한 지식"이다. 특히 "어떤 원인이 어떤 방법으로 어떤 결과를 가져오는지 알고 있으므로, 유사한 원인이 (우리 힘이 미치는 범위 안에 있기만 하면) 유사한 결과를 낳도록 하기 위해 우리가 해야 할 일이 무엇인지 쉽게 알 수 있다."(17절)

홉스를 '유물론자'라 부르는 오해를 빚게 되는 것도 바로 이 때문이다. 그는 추론(또는 과학)이 인간 조건의 변화에 원인적 역할을 할 수 있다고 믿는다. 추론은 단순히 관찰이 아니라 만드는 것, 또는 그의 말을 빌리면 비슷한 결과들이 원하는 효과를 낳게 만드는 방법이기도 하다. 우리에게 정치학이 존재하는 이유는 정치가 인간이 하는 일들, 인간 행위의 문제이기 때문이며, 우리는 우리가 만들어내는 것만 알 수 있기 때문이라고 믿는다. 여기서 홉스의 목표는 우리의 필요에 맞게 자연을 개조하는 도구로 과학을 전환시킴으로써 자연에 복종하거나 자연에 의존해온 지식을 해방시키는 것이다. 기술, 특히 정치적 기술이란, 우선 자연을 가장 기본적인 단위로 분해함으로써, 이어서 원하는 결과를 낳게 될 방식으로 재구성함으로써 인간의 본성을 포함한 자연을 재정리하는 문제다. 이것이 운fortuna을 제어하라는 마키아벨리의 외침에 대한 홉스의 대답이다. 그러나 홉스는 마키아벨리보다 더 나아간다. 마키아벨리는 최적의 상황에서도 군주가 운을 정복한다는 건 절반 정도밖에 기대할 수 없다고 믿었다. 그러나 홉스는 적절한 방법론 혹은 기술로 무장만 한다면 우리는 궁극적으로 자연의 주인이자 소유

자가 될 수 있다고 믿는다.(29장 1절)

자연상태와 권력의 문제점

『리바이어던』의 핵심 질문은 이러하다. 무엇이 권력을 가능케 하는가. 생물학적으로 자율적이고, 서로가 사안을 매우 다르게 판단하며, 서로를 믿을 수 있을지 결코 확신하지 못하는 개인들이 어떻게 하나의 공동 권력을 받아들일 수 있을까? 무엇이 권력을 구성하는가뿐 아니라 무엇이 이 권력을 합법적으로 만드는가라는 문제는 홉스뿐 아니라 그가 시작했던 사회계약의 전통 전체에서도 중요한 질문이다. 물론 무엇이 권력을 가능케 하는가라는 질문은 권력이 문제될 때에만, 즉 권력을 지배하는 규칙이 무너졌을 때에만 가능하다.

홉스는 권력에 대한 자신의 질문에 대해, 그가 자연상태state of nature라고 부르는 것에 관한 이야기를 들려주면서 답을 제시한다. 자연상태는 홉스가 만든 용어는 아니지만 늘 그의 이름과 결부되어 쓰인다. 자연상태는 우리가 타락하기 이전의 품위를 지닌 상태가 아니며 아리스토텔레스가 주장했던 정치적 상태도 아니다. 자연상태는 전쟁 또는 갈등의 상태이다. 홉스가 말하는 전쟁상태란 '모두가 두려워'하는 공인된 권력이 없는 상태를 뜻한다. 그런 상황은 곧 '전투'를 뜻하기도 하지만, 그의 말을 빌면 '경쟁하려는 의지'를 뜻할 수도 있다. 전쟁상태에는 냉전이라고 할 만한 것, 다시 말해 실제로 싸우는 상태만이 아니라 싸우려 하는 '알려진 기질'도 포함된다. 아마도 단일 문장으로서는 이런 상태에 대한 홉스의 설명이 정치철학 전통을 통틀어 가장 유명할 것이다. "이러한 상태{자연상태}에서는 성과가 불확실하기 때문에 애써 일할 여지가 없으며, 그에 따라 토지의 경작이나 항해도 없고, 해상무역으로 수입되는 산물의 사용도 없고, 넓고 편리한 건물도, 무거운 물건을 운반하는 기계도, 지표면에 관한 지식도, 시간의 계산도 없고, 예술이나 학문도 없으며, 사회도 없을뿐더러, 무엇보다 나쁘게는 끊임없는 공포와 폭력적 죽음의 위험이 있어 인간의 삶은 고독하고, 가난하고, 험악하고, 잔인하고, 짧다."(13장 9절) 모든 조건이 똑같다면, 홉스는 아마 "다행스럽게도 짧다"고 써야 했을 것이다.

홉스는 자연상태란 우리 모두가 자연적으로 속하게 된 상태라고 단언한다. 다시 말해 자연은 평화와 조화, 우애 속에서 우리를 하나로 통합하지 않는다는 이야기다. 오직 기술, 즉 인공적인 장치만이 평화를 가져다줄 수 있다. 갈등과 전쟁은 근본적이며 평화는 파생적이다. 다시 말해 권력과 권력 관계는 저절로 생겨나지 않으며 인공적 장치 또는 의지가 낳은 산물이다. 우리는 이렇게 자문해볼 수 있을 것이다. 자연상태에 관한 홉스의 이야기를 타당하게 만드는 것은 무엇인가?

어찌 보면 홉스는 『리바이어던』의 앞부분에서 설명한 운동과 정지의 물리학에서 자연상태에 관한 이론을 끌어낸다. 그는 우선 인간 본성을 감각과 경험의 산물로 설명하며 이 책을 시작한다. 우리는 어쩔 도리 없이 매혹과 혐오의 법칙에 복종해 움직이는 신체들이다. 인간은 일종의 유물론적 물리학으로 움직이는 듯 보인다. 즉 인간 행동은 당구공과 똑같은 역학적 경향을 보이며 똑같은 인과관계의 과정을 따른다고 이해할 수 있다. 자연상태는 실제의 역사적 조건이 아니라 이론

물리학의 방식을 따르는 일종의 생각 실험처럼 여겨진다. 그 생각 실험은 가족, 영토, 왕국의 성원인 인간 존재를 취해서 그 근본 단위, 곧 추상적인 개인들로 분해한 다음, 이 개인들이 화학물질 성분처럼 가설적으로 서로 어떻게 상호작용할지 상상하는 것으로 이루어진다. 홉스는 여기서 현대 실험정치학을 예견하는 것 같다.

회의주의와 개인주의

실험정치학의 창시자로서 홉스의 견해가 꼭 틀렸다고 할 수는 없지만, 불완전한 건 사실이다. 내 생각에, 인간 본성에 대한 홉스의 견해를 특징짓는 것은 '체계'라는 용어라기보다는 개성에 대한 개념이다. 그는 도덕적 행위자의 자질을 실행한다는 것은 무엇인지, 일이 자신에게 이롭게 되기보다는 스스로의 힘으로 이룬다는 것이 무엇인지 보여준다. 그는 우리의 도덕 어휘 사전에 개성이라는 새 용어를 도입하는 데 도움을 주었다. 우리는 개성을 매우 당연시하지만, 사실은 개성은 17세기에야 생긴 개념이다. 르네상스 시대(또는 훨씬 나중)까지도 사람들은 스스로를 개인으로 여기기보다는 특정한 가족, 신분제도, 길드, 종교 분파, 도시의 성원으로 여겼다. 어떤 사람이 다른 무엇보다 하나의 '나', 에고ego, 자기 자신이라는 생각은 황당하게 여겨졌을 것이다. 이 새 관념의 기원은 적어도 부분적으로는 홉스와 그의 시대 몇몇 저술가들까지 거슬러올라갈 수 있다. 늦게는 19세기에 와서도 토크빌은 이렇게 썼다. "개인주의는 새로운 관념에서 떠오른 최근의 표현이다."[3]

홉스의 새 개념인 개성은 우리가 처한 거대하고 복잡한 애착의 망으로부터 우리 자신을 분리하는 과정에 뿌리를 둔다. 홉스에 따르면 우리는 결심하고 선택하는 것을 근본 특성으로 가지는 존재이다. 우리는 의지를 실행하는 탁월한 능력을 가진 존재이며, 우리의 많은 행복이 의지의 실행과 관련되어 있다. 삶은 계속해서 의지를 실행하는 것이며, 그 실행이 일시적으로 방해받을 수는 있지만 삶 자체가 끝날 때가 아니면 결코 끝나지 않는다. 홉스의 개인주의는 인간적인 행복이란 삶의 좋은 것들을 얻기 위한 경쟁에서 성공하는 데 있다고 보는 그의 개념과 밀접한 관련이 있다. 그는 "사람이 시시때때로 욕망하는 것들을 획득하는 일에 '계속해서 성공하는 것'"을 "행복 또는 복됨"이라고 부른다. 이어서 그는 "우리가 이 세상에 있는 한, 영원한 정신적 평정은 없다. 왜냐하면 삶 자체는 운동에 불과하며, 삶이 감각 없이 존재할 수 없는 것처럼 욕망이나 공포 없이 존재할 수도 없기 때문"이라고 말한다.(6장 58절)

홉스의 개인주의는 물리적 상태일 뿐 아니라 도덕적 상태이기도 하다. 우리는 저마다 행동과 새 계획, 좋아함과 싫어함, 욕망과 혐오를 담은 개별적인 꾸러미이기 때문에, 삶이란 빈약한 자원을 얻기 위해, 또한 사람이 가치 있게 또는 소중히 여길 수 있는 명예와 그밖의 것들을 얻기 위해 계속되는 경쟁 또는 투쟁이다. 홉스는 인간의 욕망이 아주 다양하다는 사실에 매료된다. 한 사람에게 웃음을 주는 일이 다른 사람에게는 눈물을 안겨주고, 누군가를 경건케 하는 일이 또 누군가에게는 비웃음을 안겨주기도 한다. 심지어 '선'과 '악' 같은 도덕적 용어도 그저 우리가 좋아하고 싫어하는 것의 표현에 불과하다고 말한다. 우리는 어떤 것이 선이기 때문에 그것을 좋아하는 게 아니다. 그보다는 우리가 그것을 좋아하기 때문에 선이라고 일컬어진다. 이런 말들은 어떤 공통 특질 또는 본질적 속성을 나타내는 것이 아니라 그 말을 쓰는 사람의 심리상태를 표현한다.(6장 7절) 홉스가 자연상태를 전쟁상태라고 말하는 것은 이렇게 우리가 욕망하는 다양한 사물을 두고 벌이는 보편적인 경쟁에서 기인한다. 그는 유명한 대목에서 "모든 인간에게 발견되는 일반적 성향으로서 죽을 때까지 계속되는, 힘에 대한 끊임없는 욕망"을 가정한다.(11장 2절)

홉스의 도덕적 회의주의는 지금까지 내가 홉스의 개인주의라고 불렀던 것을 뒷받침해주며 보증해준다. 근대 초기의 위대한 철학자들(몽테뉴, 데카르트, 스피노자)이 자주 그랬듯, 홉스 또한 '내가 무엇을 알 수 있는가?' '내가 믿을 만한 것은 무엇인가?'라는 질문에 집착했다. 『리바이어던』에는 지식에 대한 홉스의 근본적인 회의주의가 많이 드러난다. 홉스가 회의적이라는 것은 우리의 믿음을 위한 초월적이거나 비인간적인 근거가 존재한다는 믿음에 의심을 품기 때문이다. 이것은 그가 이름에 중요성을 부여하고 사물의 정확한 정의에 애착을 가진 이유를 설명해준다. 그에게 "이성"이란 "합의된 일반명사들의 연결 관계를 더하고 빼면서 '계산하는 것'일 뿐"(5장 2절)이다. 한마디로 지식은 인간이 쌓아올린 구조물이며 우리가 어떤 것에 동의하는가에 따라 항상 좌우된다는 이야기다. 모든 지식이 궁극적으로 공유된 용어에 대한 합의에 의존한다면(유명론唯名論으로 알려진 철학적 입장) 플라톤이나 아리스토텔레스가 믿었듯 인간 이성은 신적인 것과 아무런 관련이 없다. 이는 또한 인간의 지식에는 어떤 신성한 것도 없다는 뜻이며, 양심이라는 내면의 목소리나 의심의 여지없는 확실한 토대를 부여할 무엇이 있음을 증명해주지도 않는다. 우리가 가진 확실성이라고 해봐야 기껏해야 잠정적이며, 합의를 토대로 발견된 것이므로 계속해서 수정해나가야 한다.

이런 회의주의적 인식은 홉스의 종교관에 심오한 영향을 미친다. 홉스는 종교적 믿음에 대해 온전히 자연주의적으로 설명한다. 그는 "종교의 표식이나 종교로부터 얻는 이익은 오직 인간에게서만 찾아볼 수 있다"고 쓴다.(12장 1절) 종교의 원인은 불안한 인간의 마음, 원인에 대한 탐색으로 거슬러올라갈 수 있다. 우리는 상황의 원인을 모른 채 태어났기 때문에 시초를 찾게 되고, 이것이 궁극적으로는 모든 원인의 원인인 신의 존재를 가정하게 만든다. 홉스는 우리 중 누군가에게 신의 계시 혹은 직접적인 의사소통이 일어날 가능성을 부정하지는 않았다. 다만 의사소통의 정확성을 입증할 방법은 누구에게도 없기 때문에, 이 계시를 받았다고 해서 어떤 사람이 다른 사람에게 신에 대한 그의 관점을 강요할 권리는 없다고 보았다. 그래서 홉스는 무신론자가 되었을까? 그렇지는 않다. 그러나 그는 회의주의자가 되었다. 바로 이 급진적 회의주의(갈등을 판결하는 아무런 표준이 없을 때 의지와 선택으로서 삶을 보는 관점) 때문에 『리바이어던』의 핵심이 되는 정치적 질문이 생겨난다. 무엇이 권력을 가능케 하는가? 그렇게 하나하나 개별적인 사람들이 어떻게 공동의 규칙에 복종할 수 있을까, 또는 서로에 대해 어떻게 도덕적 의무를 가질 수 있을까? 이 질문에 답하기 전, 자연상태에 대한 홉스의 설명을 좀더 깊이 생각해보자. 자연상태가 원래 개인들로 이루어져 있다는 사실이 곧 자연상태가 고립의 상태라는 말은 아니다. 사람들은 자연상태에서 서로 규칙적으로 접촉할 수 있지만, 그들의 관계는 통제되지 않는다. 이것이야말로 가장 불안정한 상황이다. 개인을 강조한다는 것은 그 누구도 다른 누군가에 대해 자연적 권력을 가지지 않음을 말하는 방식일 뿐이다. 권력 관계는 오직 합의나 동의에 의해서만 존재한다.

자연상태 속의 관계가 통제되지 않는다는 사실은 그 관계를 만인에 대한 만인의 전쟁상태로 만든다. 독자 여러분 중 전쟁상태는 법칙이 아니라 예외이며, 홉스는 그 예외의 경우를 근거로 인간 본성을 설명한다고 말할 사람도 있을 것이다. 그러나 홉스의 말에서 전쟁상태가 영원히 싸우는 상태를 뜻하진 않는다. 그것은 영원한 두려움과 불신의 상태이다. 그는 독자들에게 자기 자신의 '경험'을 참고하라고 요구한다. 홉스의 책 전체에서 내가 아주 좋아하는 한 대목을 인용하겠다.

> [나의 추론에 대해 의심을 품는] 그 사람 자신의 행동을 살펴보기로 하자. 여행 갈 때는 무장하고, 여러 사람과 같이 가려고 한다. 잠자리에 들기 전에는 반드시 문단속을 한다. 심지어 자기 집에 있을 때에도 금고 문을 단단히 잠가둔다. 법이 있고, 그에게 끼칠 수 있는 모든 피해를 되갚아 줄 무장한 관리가 있다는 걸 알면서도 그렇다. 이웃사람들을 어떻게 생각하기에 문단속을 그처럼 철저히 하는가? 집안 아이들과 하인들을 어떻게 여기기에 금고 문을 잠가두는가? 내가 말로 인류를 비난한다면, 그 사람은

행동으로 인류를 비난하는 셈 아닌가? (13장 10절)

마지막으로, 이 대목에서 분명해진바, 자연상태를 아득히 먼 과거에 존재했던 일종의 원시상태로 생각하는 것은 틀렸다. 도시 사회에서도 권력이 집행되지 않을 때면, 혹은 우리가 자신의 목숨이나 재산의 안전을 두려워할 이유가 있을 때면 자연상태는 항상 존재한다. 가장 흔한 자연적 정념은 바로 두려움(죽음, 불명예, 실패에 대한 두려움)이다. 홉스의 정치학이 우리의 두려움과 연결되는 이유는 오직 두려움만이 우리를 자연상태에서 시민적 상황으로 이끌기 때문이다. 우리가 자연상태에 항상 존재하는 두려움과 불안을 누그러뜨릴 방법은 절대적 권력를 부여받은 주권자를 만드는 것뿐이다.

자만과 두려움의 변증법

홉스는 자연상태를 가장 불안정하고 불안한 상황이라고 말한다. 서로간의 믿음이나 선의에 대한 아무런 근거가 없는데, 이런 상황을 어떻게 탈출할 수 있을까? 내 주변 사람들이 나와 똑같이 하리라는 기대가 전혀 없다면 어째서 내가 나를 보호하고자 무엇이든 할 수 있는 권리를 내려놓거나 포기해야 한단 말인가? 이는 오늘날 죄수의 딜레마에 대한 고전적인 예이다.

어쩌면 우리는, 모든 것에 대한 권리를 내려놓고서 평화를 찾아 다른 사람들과 손을 잡는 일이 이성적이므로 그래야 한다고 말할 수 있을 것이다. 우리는 합리적인 행위자이며, 우리로서는 전쟁보다 평화를 욕망하는 것이 합리적이다. 그러나 이는 정확히 홉스가 이야기하는 것이 아님을 주목해야 한다. 그는 정치학에서의 합리적 행위자 모델과는 전혀 거리가 먼, 비합리적 행위자 모델을 가동한다. 사람들이 합리적으로 행동하리라고, 또는 말한 대로 약속을 지키리라고 믿을 이유는 어디에도 없다. 인간 심리에서 지배적인 특징은 이성이 아니라 정념이다. 비록 홉스가 정념의 다양성을 강조하지만, 그가 인간의 본성을 보편적으로 지배한다고 믿는 두 가지 주요 정념은 자만pride과 두려움fear이다.

홉스에게 자만과 두려움은 마키아벨리가 말했던 두 '기질', 즉 지배하려는 욕구와 방해받고 싶지 않은 욕구에 해당한다. 홉스가 자만이라고 부르는 것은 탁월함에 대한 정념, 삶의 경쟁에서 최고가 되고 싶은 (또한 최고로 여겨지고 싶은) 욕구이다. 자만심이 강한 사람은 자신의 능력에 대한 자신감이 넘친다. 우리는 그런 사람들을 잘 알고 있다. 우두머리 수컷, 남자다운 남자, 실패에 실패를 거듭하며 휘청거릴지언정 자기 능력에 대한 자신감은 결코 잃지 않는 사람들. 그러나 홉스는 위대한 폭로자가 되어, 자기 능력에 대한 과장된 자신감인 '허영'의 정체를 밝힌다. 홉스가 보기에, 자만은 남들 위에 군림하려는 욕구, 당신이 제쳐왔던 사람들에게 당신의 우월성을 인정받고 싶은 욕구이다. 작가 고어 비달이 언젠가 말했듯 "성공만으로는 충분하지 않다. 남들이 패배해야 한다."[4] 그러나 영예를 추구하는 한 형태인 자만을 포기하도록 우리를 장려하는 것은 홉스의 계몽심리학에서 중요한 부분이다. 자만에 대한 그의 비평은 종교적—"교만함은 오래가지 않는다"—이 아니라 정치적이다. 자만은 충돌과 전쟁을 유발하기 때문에 위험하다. 자만을 어떻게 통제할 것인가라는 가르침은 『리바이어던』에서 가장 중요하다. 홉스는 리바이어던을 '자만의 왕'이라 부르는데, 리바이어던의 기본 법칙은 평등한 대우를 인정하는 것이다. 즉 똑같이 존중한다는 인도적 규범이 일종의 고결한 자만의 찬양에 기반을 둔 낡은 시민적 기풍을 대체한다.

그러나 자만이 홉스가 생각하는 보편적 정념 중 하나라면, 그 반대인 두려움도 마찬가지다. 홉스는 자연상태에서 언제든 닥칠 수 있는 죽음에 대한 두려움을 중요하게 여기지만, 두려움에는 그보다 더 많은 것이 있다. 두려움은 단지 죽음을 피하고 싶다는 욕망만이 아니라, 삶의 경쟁에서 지는 것을 피하고 싶은 욕구이기도 하다. 더욱이 그것은 남들에게 패배자로 보이는 수치심을 피하고 싶은 욕구이다. 이 두 가지 정념에는 사회적 특성이 있다. 홉스의 도덕심리학에서 우리가 남들에게 어떻게 보이는가는 매우 중요하다. 우리 누구에게나 이 두 가지 정념의 요소가 있다. 이는 자기주장의 욕구와 그 결과에 대한 두려움이다. 이 두 가지 보편적 욕구에 대해 홉스는 어떻게 균형을 잡을까?

이에 홉스는 지배적 정념의 자리에 있는 자만을 두려움으로 대체하라고 답한다. 두려움은 무시할 수 없는 정념이다. 우리에게 자연상태를 포기하고 평화를 요청하게 만드는 것은 두려움이지 이성이 아니다. 홉스는 "인간을 평화로 향하게 하는 정념으로는 죽음에 대한 공포"가 있다고 쓴다.(13장 14절) 이 말은 그가 자만보다 두려움이 자연적으로 더 강력한 동기라고 믿고 있다는 뜻이 아니다. 그것과는 거리가 멀다.

세상에는 죽음을 전혀 두려워하지 않는 듯 행동하는 온갖 유형의 많은 사람이 있다. 불명예 앞에서 죽음을 선호하는 자존심 강한 귀족, 천국의 보상을 위해 자기 목숨은 물론 다른 사람들의 목숨까지 희생할 각오가 되어 있는 종교적 열성분자, 심지어 명예를 위해 위험을 감수하면서 에베레스트를 오르려는 모험가도 있다. 만약 두려움이 실제로 지배적 정념이라면, 죽음에 대한 두려움이 사회의 기반이라고 홉스가 그렇게 거듭해서 말할 필요가 없었을 것이다. 그가 그렇게 이 말을 자주 하고 온갖 방식으로 되풀이하는 이유는 다름 아니라, 사람들에게 옳은 것들을 두려워하게끔 가르쳐야 한다고 믿기 때문이다.

우리에게 자만의 위험성과 평화의 이점을 깨우치게 해주는 것은 『리바이어던』의 교육적 또는 교수법적 의도의 일부이다. 두려움을 적절한 방향으로 이끈다면 평화로 이어질 수 있다. 사실 두려움은 우리를 자연상태에서 시민사회로 이끌어주는 것, 즉 홉스가 말하는 다양한 자연법의 기초 또는 원인이다. 이런 자연법은 한마디로 "모든 사람이 평화를 추구해야 한다는 이성의 계율 또는 일반 법칙"이라고 요약할 수 있다. 홉스는 "최고이자 가장 근본적인 자연법은 평화를 추구하고 그것을 따르는 것"이라고 쓴다.(14장 4절) 우리에게는 평화를 추구해야 할 뿐 아니라, 우리 주변 사람들 역시 우리처럼 행동한다는 조건하에 모든 것에 대한 우리의 권리를 내려놓을 의무가 있다. 이어서 홉스는 시민사회의 확립을 위한 일종의 뼈대를 구성하는 총 19항의 자연법을 열거하기 시작한다. 이는 부정의 형식을 빌려 표현된 홉스식 황금률(그는 심지어 이를 복음서의 법에 비교하기도 한다)이라고 봐도 무

방할 것이다. "남이 너에게 행하기를 원치 않는 일은 너도 남에게 행하지 말라."(14장 5절)

자연법과 랠프 에스포시토 문제

자연법은 『리바이어던』 안에서는 역설적인 위치에 있다. 앞서 보았듯 홉스는 때로 자연과 자연법이 물리학의 법칙과 똑같은 필연성을 가지고 작용한다고 보는 과학자로서 글을 쓴다. 그런 법칙은 신체가 동작할 때 항상, 그리고 필연적으로 움직이는 방식을 묘사한다. 그러나 홉스는 도덕주의자처럼 글을 쓰기도 한다. 도덕주의자들에게 자연법은, 그의 표현을 빌리면 '이성의 교훈', 즉 삶을 파괴하는 모든 것을 금지하는 기준이 되는 일반 법칙이다. 우리는 언덕을 구르며 내려오는 돌멩이나 바닷가에 부딪히는 파도를 가리켜 '이성의 교훈'을 따른다고 말하지 않는다. 그것은 그저 돌멩이와 파도가 저마다의 조건에 반응하는 방식일 뿐이다. 그러나 인간은 그저 반응만 하지 않는다. 인간은 행동한다. 만약 자연법이 도덕적 교훈이라면, 그 말은 우리가 거기에 복종하거나 불복할 자유가 있음을 암시한다. 도덕률은 반드시, 우리가 복종할지 말지 선택해야 할 때 존재한다. 선택이나 의지의 요소가 없다면 도덕적이라 할 수 없을 것이다. 그런 규율은 사람들이 실제로 어떻게 행동하는지를 묘사하는 게 아니라 사람들에게 어떻게 행동할지를 지시한다. 홉스는 자연법에 관해 쓰면서 15장 끝부분에서 이 문제에 답을 제시하는 듯하다. "사람들은 이러한 이성의 명령을 법이라 부르는데, 부적절한 말이다. 왜냐하면 이런 명령은 무엇이 인간의 자기

보존과 방어에 도움이 되는지에 관한 결론 또는 공리일 뿐이기 때문이다."(15장 41절)

그러나 자연법이 단순히 '부적절'하게 법이라고 불리는 것에 불과하다면, 홉스는 왜 계속해서 이 용어를 쓸까? 부분적으로는 이것이 자연법의 오랜 전통에 경의를 표하는 동시에 자신이 거기에서 출발했음을 가리키는 방식일 것이다. 자연법은 신성한 명령이나 법령이 아니다. 우리가 우리의 행복을 보장하는 최선의 방법이라고 판단한 실천적 이성의 법칙이다. 그것은 절대적인 법을 공표한다기보다는 "X를 원한다면, Y를 하라"는 식의 가설적 법칙을 공표한다. 만약 평화를 바란다면, 여기에 그 방법이 있다. 홉스는 자연법에 대한 자신의 교의를 "진정하고도 유일한 도덕철학"이라고 말한다.(15장 40절)

우리는 홉스의 자연법을 어떻게 생각해야 할까? 어찌 보면 그것은 '다른 어떤 선보다 평화를 추구하라'는 단 한 문장으로 요약할 수 있는 진정한 도덕적 내용이다. 홉스에게 평화는 도덕적 선이다. 미덕은 평화를 지향하는 행위의 특질이며, 악덕은 전쟁을 지향하는 행위의 특질이다. 홉스는 무엇보다도 공손함의 가치 혹은 덕목을 끌어내고자 한다. 공손함은 자연법을 따르는 평화, 공평함, 공정함의 덕목이다.

그러나 이쯤 되면 사려 깊은 독자들은 이렇게 질문할 것이다. "평화에게 기회를 주라"는 말을 슬로건으로 삼을 만한 도덕철학자로 홉스를 제시하느라 우리가 너무 멀리 와버린 건 아닐까? 그리고 어쨌거나 왜 평화가 최고의 선이란 말인가? 왜 정의나 명예나 연민, 또는 성찰하는 삶이 최고의 선이 아닌가? 여기서 암시하는 바는 홉스가 소중히 여기는 것은 평화보다는 삶이라는 것이다. 평화는 삶의 수단이다. 모든 생명은 그 자체를 보존하려는, 그 자신의 존재를 지속하려는 욕구, 그 자신의 안정된 상태를 지속하려는 욕구, 다시 말해 다른 것의 침입이나 잠식에 저항하려는 욕구를 타고났다. 누구나 삶에 대한 자연권을 부여받았다. 자신을 보존하려는 욕구는 단순히 생물학적 사실만은 아니다.(물론 생물학적 사실이기도 하다.) 그것은 진정한 도덕적 권리다. 생물은 자신의 생명을 보존하려 한다는 생물학적 사실에서, 홉스는 모든 존재가 삶에 대한 권리를 지닌다는 도덕적 교훈을 끌어낸다. 모든 존재는 자기 생명에 대한 근본적인 권리를 가지고 있다.(훗날 흄과 칸트 같은 철학자들은 이것을 존재 선언에서 당위 선언을 끌어내려는 시도인 '자연주의 오류'의 한 예로 다루지만, 그 이야기까지 하면 너무 멀리 가게 될 것이다.) 우리에게는 자신의 삶에 대해서뿐만 아니라, 삶을 보호하기 위해 필요하다고 생각하는 것은 무엇이든 할 권리가 있다. 이 권리 역시 그저 자연의 잔인한 사실이 아니라, 인간적 가치와 존엄성의 근원이다.

그러나 지금 우리는 도덕적 존엄성의 교의가 홉스에게서 나왔다고 이야기하면서 정말이지 너무 멀리 간 게 아닐까? 그는 냉소적으로 이렇게 쓰지 않았던가? "인간의 값어치 또는 가치는 다른 모든 것과 마찬가지로 그의 시가時價이다."(10장 16절) 그의 메커니즘과 유물론은 내재된 인간적 가치라는 어떤 개념을 손상시키는 것처럼 보이지 않는가? 확실히 여기에는 그런 느낌이 없진 않지만 그럼에도 홉스는 삶이란 귀중한 선, 아마도 가장 귀중한 선이라고 보고 있으며, 또한 그것이 매우 깨지기 쉽고 위험에 처해 있다고 생각한다. 그의 저작은 전반적으로 우리가 보지 못하게 이 진실을 위장하는 거짓 믿음이라 여겨지는 것들을 쫓아내기 위한 노력이다. 예를 들면 사후세계에 대한 믿음, 있는 그대로의 삶의 가치에 대한 우리의 평가를 훼손시키는 모든 믿음 말이다. 홉스는 '최고선summum bonum' 개념을 부인한다. 왜냐하면 그는 다른 모든 선의 전제조건인 삶에 초점을 맞추기를 원하기 때문이다. 이것이 그의 인도주의의 도덕적 토대이다.

그러나 이는 또다른 문제들을 제기한다. 삶에 대한 이해를 독자들에게 주입하려는 홉스의 시도는 한편으로는 위험에 대한 혐오, 갈등과 도전에 대한 극단적인 두려움을 일으키지 않을까? 삶의 보존, 최고의 도덕적 가치인 삶을 강조하는 태도는 그의 막강한 리바이어던을 겁쟁이들의 커먼웰스로 만들어버리지 않을까? 아리스토텔레스는 그의 『윤리학』에서 전투중에 보여주는 인간의 용기를 중심 덕목으로 삼았지만, 반면 홉스는 자신이 생각하는 덕목에서 기민하게도 용기를 빠뜨린다. 그는 용기를 무분별과 비교한다. 그는 결투를 예로 드는데, 홉스에 따르면 결투는 항상 명예롭지만 불법이다. "왜냐하면 결투는 대체로 용기가 있어야 되고, 용기의 근거는 언제나 체력이나 기량이지만, 그럼에도 결투는 대부분 결투 당사자 일방 혹은 쌍방이 홧김에 내뱉은 말 때문에, 또는 불명예에 대한 두려움 때문에 일어난다."(10장 49절) 다시 말해 용기는 허영 또는 자만의 한 형태, 상대보다 못나 보이고 싶지 않은 욕구이다.

홉스는 징병에 관해 논하면서 이런 의심을 확인한다. 그는 시민 연합체의 전반적 목적이 폭력적 죽음의 위험을 피하는 것인데, 어떻게 군주가 군대를 모집할 수 있는지 묻는다. 자신의 주장을 설명하기 위해, 홉스는 전쟁에 관한 도덕적 논거를 깎아내려야 한다. 그는 전투를 서로가 "도망"치는 행위로 묘사한다. 나아가 "천성적으로 겁이 많은" 사람들을 위해 전쟁 수당이 만들어져야 한다고 말한다. "병사로서 적과 싸우라는 명령을 받은 자는, 이를 거부할 시 주권자가 사형에 처할 권리를 가지고 있다 해도, 많은 경우 그 명령을 정당하게 거부할 수 있다. 예를 들면 자기 대신에 다른 유능한 병사를 보낼 수도 있기 때문이다."(21장 16절) 다시 말해 나를 대신해서 싸워줄 사람을 찾을 수 있는데 하필이면 왜 내가 나가서 싸워야 한단 말인가? 이는 모두가 자원병인 오늘날 미국 군대에 대한 완벽한 묘사가 아닌가?

그러나 문제는 이것이다. 홉스가 비난하는 것처럼 보이는 자만, 사랑, 명예(그리스인이 티모스thymos라 부르고 유대인이 루아흐ruach라 불렀던 자질들)와 관련된 남자다운 덕목이 없다면 홉스식의 사회가 지탱할 수 있을까? 랠프 에스포시토Ralph Esposito의 사례를 생각해보자. 그가 누구냐고 묻는 독자들도 있을 것이다. 그의 이름은 이 책의 찾아보기에 나오지 않는다. 뉴욕시 소방관인 에스포시토는 9.11 테러 당시 가장 먼저 현장으로 달려갔던 한 사람이다. 머지않아 나는 그를 예일대에 초빙했다. 거기서 그는 자기 같은 사람들이 어떻게 전혀 모르는 사람을 구하기 위해 날마다 생명의 위험을 무릅쓰고 불타는 건물 안으로 뛰어드는지 길게 이야기했다. 사람들은 왜 그런 일을 할까? 어떤 사회도 그것 없이는 존재하지 못할 자부심, 용기, 위험에 대한 사랑 같은 티모스의 감각을 타고난 사람들이 따로 있기 때문일까? 어떤 사회도, 심지어 홉스식 사회라 할지라도 소방서 없이 존재하지는 못한다. 그러나 홉스가 말하는 위험 회피의 심리학을 따라야 한다면, 왜 어떤 이는 자신의 조국이나 어떤 명분을 위해, 또는 단순히 타인을 돕기 위해 생명의 위험이나 불구가 될 위험을 무릅쓰고 소방관이 되며 군인이 되려고 할까? 심지어 앞에서 인용한 홉스의 글에서도 항해, 탐험, 노력 같은 활동은 그의 자연법만으로 설명할 수 없는, 위험을 무릅쓰는 행동에 가담하기를 사람들에게 요구한다. 결국 사회는 '타고난 겁쟁이'들보다는 랠프 에스포시토 같은 사람을 더 필요로 한다.

주권과 대의제

주권 이론은 홉스의 가장 특징적인 교의이다. (그가 '필멸의 신'이라 일컫는) 주권자의 창조는 자연상태에 대한 그의 답이다. 절대권력을 지닌 주권자를 만드는 것만이 전쟁상태로 인한 영속적 불확실성에 종지부를 찍기에 충분하다. 이런 주권자의 특징으로 무엇이 있을까?

우선 주권자가 사람이라기보다는 직책임을 염두에 두는 것이 중요하다. 주권자는 '인공적 인간'이다. 홉스는 주권자를 탄생시킨 계약 또는 신의계약信義契約은 만들어진 것이라는 의미로 그 단어를 사용한다. 주권자는 자연적으로 존재하지 않는다. 그(사실상 그것)는 기술 또는 과학의 산물이다. 주권자는 인민의 창조물 또는 피통치자들이 승인한 생산물이다. 주권자는 (이 점이 아주 중요한데) 인민의 대표자로 이해된다.(16장 13절) 주권자에게 그들을 대표하고 그들을 대신해 행동할 권한을 부여하는 것은 바로 인민이다. 그러므로 홉스의 주권자는 오늘날 우리가 생각하는 행정부의 특징을 많이 가지고 있다. 프랑스의 루이 14세가 "짐이 곧 국가L'état, c'est moi"라는 유명한 선언을 했을 때, 그는 국가가 주권자, 즉 통치자의 개인 재산이라는, 본질적으로 전근대적인 관점을 표현했다. 그러나 홉스의 주권자는 국가를 소유하지 않는다. 그는 평화와 안정이라는 한정된 목적을 달성하도록 인민에 의해 임명되거나 '권한 부여'를 받는다. 홉스식 주권자는 오늘날 자신의 주주들에 대해서만 책임을 지는 CEO와 거의 똑같은 기능과 비인격성을 가진다.

홉스의 주권자 이론에는 세속적 절대주의와 근대적 자유주의, 이 두 요소가 모두 있다. 주권자의 권력은 제한되지 않아야 하지만, 그는 여전히 인민의 의지를 대표하는 인민의 창조물이다. 비록 홉스는 군주제적 절대주의의 옹호자로 널리 받아들여지고 있지만, 사실상 그는 권력이 절대적이고 분리되지 않는 한에서 주권자가 어떤 형태인지에 대해서는 놀라울 만큼 중립적이다. 주권자에게 결정권이 주어진 권력 가운데 다음과 같은 것이 있다. 재산과 관련된 법, 전쟁과 평화를 선포할 권리(외교 정책), 삶과 죽음에 영향을 미치는 정의의 법(형법), 그리고 용인할 수 있는 책과 사상에 대한 결정권(검열) 등이다.

홉스의 주권자 이론에서 핵심 사항을 요약하면 한마디로 주권자는, 그리고 오직 주권자만이 법의 원천이라는 것이다. 주권자가 법이라고 말하는 것이 곧 법이다. 이는 이후 법실증주의legal positivism라고 알려지게 된 개념의 본질이다. 법은 주권자의 명령이다. 이것은 어떤 의미에서는 플라톤의 『국가』에서 트라시마코스의 가르침을 떠올리게 한다. 트라시마코스는 정의란 더욱 강한 자가 정의라고 말하는 것이라고 주장한다. 다시 말해 주권자의 말보다 높은 것 또는 그밖의 항소법원은 없다는 이야기다. 주권자는 게임의 규칙을 집행하기 위해 (야구나 축구의 심판처럼) 임명되지만, 홉스가 말하는 주권자는 규칙의 해석자이면서 규칙의 창조자이기도 하다. 홉스는 여기서, 주권자는 정의의 법칙의 근원이기 때문에 결코 불공평한 행위를 할 수 없다는 결론을 끌어낸다.(18장 6절)

홉스는 우리가 앞에서 보았던 다윗과 우리아의 이야기를 창의적으로 해석함으로써 주권자에 대한 자신의 주장을 뒷받침한다. 우리가 알기로 다윗은 우리아의 아내 밧세바를 탐할 당시 왕이었으며, 그녀를 가지기 위해 우리아를 죽였다. 이 대목에서 홉스는 다윗이 그런 짓을 함으로써 신에 대해서는 죄악을 저질렀는지 몰라도, 합법적인 군주로서 우리아에게 어떤 부당한 짓도 하지 않았다고 추론한다. 다음은 홉스 자신의 말이다. "주권을 지닌 군주가 죄 없는 신하를 죽인 경우에도 마찬가지다. 그런 행위는 확실히 공평의 원리에 어긋나고, 따라서 자연법에 반한다. 그러나 다윗 왕이 우리아를 죽인 것을 예로 들어 설명하자면, 다윗은 우리아가 아니라 하느님에 대해 권리침해를 했을 뿐이다. 우리아에 대해 권리침해를 하지 않았다고 한 이유는, 다윗이 하고 싶은 대로 할 권리는 우리아 자신이 주었기 때문이다. 그러나 하느님에 대해서는 권리침해를 했다. 다윗도 하느님의 백성으로서 자연법을 준수할 의무가 있고, 따라서 모든 불공평한 행위가 금지되어 있기 때문이다. 다윗 자신도 이 일을 참회할 때 그런 점을 분명하게 구별하여 '오직 당신께 죄를 범하였나이다'라고 말했다."(21장 7절) 그러나 아무리 양보한다 해도 우리아의 생각은 다를 것이다!

법에 대한 홉스의 가르침은 처음 받았던 인상보다는 덜 가혹하게 느껴진다. 홉스는 법이란 주권자가 법이라고 말하는 것임을 분명히 한다. 부당한 법 따위는 아예 있을 수 없는데, 정의의 법칙을 결정할 수 있는 이는 오직 주권자뿐이기 때문이다. 리처드 닉슨 대통령이 방송인 데이비드 프로스트와의 유명한 인터뷰에서 했던 말에 홉스도 동의할 것 같다. "대통령이 그걸 할 때는, 그게 불법이 아니라는 뜻이죠." 그러나 홉스는 공평한 법과 좋은 법을 구분한다.(이 점은 주목할 가치가 있다.) 모든 법은 그 정의상 공평하지만, 그렇다고 해서 당연히 모든 법이 훌륭하진 않다. 그는 "좋은 법이란 인민의 행복을 위해 필요한" 법이라고 말한다.(30장 20절) 그러나 인민의 행복을 결정하는 기준은 무엇일까?

홉스는 인민에 대해 절대적이지만 임의적이지는 않은 권력이 주권자에게 부여될 수도 있음을 명백히 밝힌다. 주권자는 법으로써 통치해야 하며, 법의 목적은 통제하기 위함이라기보다 용이하게 하기 위함이다. 다음 구절을 생각해보자. "법은 공인된 규칙이기 때문에 그 효용은 인민의 자유의사에 따른 활동을 구속하는 데 있는 것이 아니라, 그들이 충동적인 욕구나 성급함, 경솔함으로 인해 다치지 않도록 지도하고 그들의 행동을 제한하는 데 있다. 이는 마치 울타리가 보행자의 길을 가로막기 위해서가 아니라, 길을 따라 걷도록 하기 위해서 세워져 있는 것과 같다."(30장 21절) 여기서 홉스는 법을 교통법규 같은 어떤 것으로 제시한다. 내가 이해하기로, 홉스의 요점은 좋은 법이란 여행, 무역, 의사소통 등등의 것을 용이하게 하기 위해, 즉 사람들이 계속 '그들의 방식'을 유지하게끔 하기 위해 존재한다는 것이다. 나쁜 법은 그저 주권자의 변덕에 따라 규제하고 통제하는 것을 목표로 하는 반면, 좋은 법은 인간의 작용을 용이하게 하려고 존재한다.

견해의 문제들을 통제하는 힘(오늘날 우리가 수정헌법 1조라고 부를 만한)은 특히 주권자에게 중요하다. "인간의 행위는 품고 있는 사상에서 나온다. 따라서 평화와 화합을 위해 사람들의 행동을 잘 규제하기 위해서는 그 의견부터 잘 다스릴 필요가 있다."(18장 9절) 이에 따라 주권자는 어떤 견해가 평화에 도움이 되는지, 어떤 견해가 불만과 전쟁을 유발하려는 목적이 있는지 결정할 권리를 가진다. 홉스의 이런 설명은 두 가지 주요 제도인 교회와 대학을 향하고 있다. 이 두 제도 모두 홉스에게는 주권자의 통제를 받아야 하는 불온한 견해의 중심지였다.

홉스가 말하는 교회는 개혁교회이지만, 그중에서도 특히 양심과 사적 믿음의 문제를 법보다 위에 놓으면서 스스로 주권자를 심판하려고 월권행위를 하는 급진적 청교도 분파를 가리킨다. 영국 내전 기간에 크롬웰의 신형군New Model Army에 속한 일반 사병들은 바로 이런 불만을 품은 프로테스탄트들로 이루어졌다. 홉스는 그런 개인이나 분파를 주권자의 심판자로 만들자고 공언하는 모든 교의를 철폐하고자 한다.(29장 6~7절) 돌이켜보면, 개인은 오직 자연상태에서만 옳고 그름에 대한 정의를 스스로 결정할 권리를 가진다. 일단 우리가 사회를 만든 이상, 우리는 이런 문제들을 대신 결정할 권리를 주권자에게 넘긴다.

똑같이 통제해야 할 중요한 대상은 대학 권력과 그 커리큘럼이다. 특히 홉스는 공화주의 사상의 원천인 아리스토텔레스(또는 적어도 아리스토텔레스의 17세기 판본)를 가르친다며 대학을 비난한다. 홉스가 무엇보다도 그 당시 내전과 국왕 찰스 1세 시해의 원인으로 짚은 것은 고전, 특히 아리스토텔레스와 키케로의 영향이다. "특히 군주정에 대한 반란의 경우, 가장 흔한 원인 중 하나가 고대 그리스인과 로마인이 쓴 정치서나 역사서를 탐독하는 것이다. 그런 서적들을 읽으면서 젊은 이들(그리고 확고한 이성의 해독제를 갖추지 못한 사람들)은, [그리스인들과 로마인들이 거둔] 위대한 전공戰功에 강렬하고 매혹적인 인상을 받는다. ……자기들의 왕을 시해하려는 자들도 다 그런 책의 영향을 받은 것이다. 왜냐하면 그리스와 로마의 저술가들은 정치에 관한 책과 강론을 통해 왕을 일단 폭군으로 규정하고 나면, 왕을 살해하는 일은 합법적이며 칭찬할 만한 일이라고 주장하기 때문이다."(29장 14절)

이 대목은 유머와 특색 있는 과장법 때문에 흥미롭지만, 홉스가 관점의 개혁을 얼마나 강조하는지 보여준다는 점에서도 흥미롭다. 마키아벨리가 그랬듯 홉스는 자신을 군주의 교육자로 여겼다. 여기에는 일종의 내적 아이러니가 있다. 그는 때로 인간이 매혹과 혐오의 법칙에 기계적으로 순종하는 복잡한 기계에 지나지 않는다는 듯 글을 쓰기 때문이다. 한편으로 그는 마치 우리가 의지와 목적을 가진 존재이며 독특하게도 견해, 사상, 교의에 의해 인도되는 것처럼 글을 쓰기도 한다. 플라톤의 첫번째 과제가 시와 예술에 대한 통제였듯, 홉스의 주권자는 신학 및 철학 사상의 개혁가 역할을 해야 한다.

홉스는 심지어 『리바이어던』을 플라톤의 『국가』와 비교한다. 신중한 독자라면 벌떡 일어나 앉아 주의를 기울일 만한 보기 드문 자기성찰의 한 순간에, 그는 자기 사상의 참신함 때문에 청중을 얻기는 힘들 것이라고 말한다. "이 저작에 기울인 내 노력이 플라톤의 국가론처럼 쓸모없진 않을까 하는 생각이 들기도 한다"고, 홉스는 그답지 않은 절망에 빠져 말한다. "주권자가 철인이 되기 전에는, 국가의 무질서와 내란에 의한 정부의 교체를 결코 막을 길이 없다는 것이 플라톤의 견해 아니었던가!"(31장 41절) 비록 처음에 홉스는 자기 저작이 우호적으로 받아들여질 가능성이 별로 없다며 절망하지만, 이어 자신의 책은 플라톤의 책보다 훨씬 단순하고 배우기 쉬우며, 어쩌면 호의적인 군주의 주목을 끌지도 모른다고 더욱 낙천적으로 이야기한다. "다시금 희망이 생긴다. 이 저술이 어느 주권자의 손에 들어가, 그가 스스로 생각하고 (이 저작은 짧고, 내 생각엔 명료하기 때문에), 사심이 있거나 질투심이 많은 해석자에게 현혹되지만 않는다면, 또한 그가 온전한 주권을 행사하여, 이것이 공적으로 교육될 수 있도록 보호한다면, 이 사색의 진리는 실천적 이익으로 바뀔 것이다. 그런 날이 오기를 기대한다."(31장 41절)

홉스가 자기 책의 길이를 과소평가하고, 그 내용이 이해하기 쉽다며 과대평가했는지 몰라도, 자신의 책이 가능한 한 많은 청중에게 도움이 되기를 바라는 마음은 『리바이어던』의 말미에 다시 나타난다. 그는 거기서 "대학은 시민학과 도덕학의 원천"이며 권리와 의무에 대한 정확한 원칙을 가르쳐야 한다고 쓴다. 이 말은 무엇보다도, 대학에서 도덕적, 정치적 원칙에 관한 권위 있는 교재로 홉스 자신의 책을 채택하라는 뜻이다. 그는 다음과 같이 자신 있게 결론짓는다. "그러므로 나는 이 책의 출판이 이로운 일이라고 생각하거니와 대학에서 이 책을 가르친다면 더욱 이로운 일이 될 것이다." 이 책의 이상적인 청중은 이 책에서 "자신들이 찾는 물을 길어 (설교와 대화를 통해) 사람들에게 그 물을 뿌려줄" 수 있는 목사와 사회지도층 인사, 법률가 및 모든 실무가들일 것이다.(재검토 및 결론, 16절) 홉스의 바람은 위대한 정치철학자들이 모두 공유하는 바이다. 즉 언젠가는 인류를 위한 입법자가 되는 것 말이다.

홉스식 자유주의

홉스는 아주 확고하고 극단적인 용어로 주권자의 권력을 묘사하기를 즐긴다. 주권자는 삶과 죽음, 전쟁과 평화의 문제와 관련해 최고 명령권을 가져야 한다. 모든 사안에서 주권자의 말은 최종적인 것으로 여겨져야 한다. 그러나 한편으로 홉스는 개인의 자유에도 널찍한 공간을 허용하며 심지어 주권자의 합법적인 권력 사용에 약간의 제한을 두기까지 한다. 거친 화법에도 불구하고, 홉스는 정의와 법치를 배우 진지하게 받아들인다. 따라서 어느 대목에서인가 그는 사면에 대한 보장도 없이 한 사람이 자신을 고소하게 할 수는 없다고 주장한다. 마찬가지로 아내나 부모가 사랑하는 남편이나 자녀를 고소하게 할 수는 없다고 주장한다.(14장 30절) 이와 관련된 한 대목에서 그는 처벌을 결코 복수의 도구로 사용할 수 없으며, "범죄자의 교정(즉 갱생)"을 위해서만 사용해야 한다고 주장한다.(15장 19절)

또한 홉스는 법이 사회적 평등을 달성하기 위한 도구로 쓰여야 한다고 거듭 주장한다. '주권을 지닌 대표자의 직무에 대하여'라는 장에서, 그는 정의가 모든 계급의 사람들에게, 가난한 사람이나 부유한 사람에게 모두 평등하게 적용되어야 한다고 주장한다. 그는 귀족의 칭호는 그들이 하층민에게 어느 정도의 은혜와 원조를 베푸는지에 따라 평가되어야 하며 "그런 것이 없다면 어떠한 명예도 없다"고 봐야 한다고 주장한다.(30장 15절) 평등한 정의를 위해서는 평등한 조세 정책이 필요하다. 홉스는 가난한 사람들보다 많이 소비하는 부자들이 그들의 몫을 공정히 내야 하는 소비세를 제안하는 듯하다. 또 그는 자신의 노동으로 생활을 꾸려갈 수 없는 사람들이 개인들의 사적인 자선행위에 의지하도록 만들어서는 안 되며 공공 지출로 생필품을 지급하도록 해야 한다고 주장한다.(30장 18절) 여기서 그는 현대 복지국가를 예견하는 것처럼 보인다.

어쩌면 홉스의 철학에서 가장 중요한 점은 개인을 중심에 놓는다는 것이다. 홉스는 자연상태에서 하고 싶은 대로 할 수 있는 각 개인의 자연권에서 주권자의 권력을 끌어낸다. 홉스의 설계에서는 권리가 주된 것이고 의무는 파생적이다. 홉스에게서 흥미로운 역설 중 하나는, 그가 그의 개인주의에도 불구하고가 아니라 바로 그 개인주의 때문에 매우 절대주의적이라는 사실이다. 그렇다면 주권자의 목적은 각 개인의 자연권을 다른 사람들의 권리와 일치하게 만듦으로써 그것을 보호

하는 것이다. 홉스를 자유주의의 아버지로 만든 것은 이처럼 의무보다 앞선 권리의 우선성이다.[5]

개인의 자연권을 옹호하는 홉스의 태도는 자유에 관한 그의 참신한 가르침 속에 나타나 있다. 그는 자유에 관한 자신의 가르침을 고대인들의 그것과 구분한다. 그는 고대인들이 인간의 자유를 불완전하게 이해했다고 믿는다. 고대인들에게 자유는 자치 공화국의 한 성원이 된다는 의미였다. 자유는 개인의 재산이 아니라 개인이 한 성원으로 속한 체제의 재산이었다. "아테네인과 로마인은 자유를 누렸다. 즉 자유로운 커먼웰스들이었다. 개개인이 대표자에게 저항할 자유를 가지고 있었다는 뜻이 아니라, 대표자들 자신에게 다른 나라 인민들에 대해 저항하거나 침략할 자유가 있었다는 뜻이다."(21장 8절)

그러나 이런 의미의 집단적 자유(다른 인민에 저항하거나 침략할 자유)는 홉스가 제시하는 근대적 개념의 자유와 같지 않으며, 사실상 반대이다. 그가 말하는 자유는 행동에 대한 제약이나 방해가 없는 상태를 뜻한다. 우리는 방해받지 않는 방식으로 행동할 수 있을 만큼 자유롭다. 그렇다면 정치적 자유는 법이 침묵하는 부분에서 행동할 자유를 뜻한다.(21장 6절) 정치 토의를 할 수밖에 없게끔 강요된 참여를 바탕으로 한 고전적인 공화국의 통치자보다 홉스의 주권자가 시민들에게 사적 자유의 지대를 허용할 가능성이 더 높다. 홉스는 공화국의 시민들만 자유인일 수 있다고 믿는 이들을 비꼰다. "오늘날에도 루카의 성탑에는 '자유LIBERTAS'라는 말이 큰 글씨로 쓰여 있다. 그렇다고 해서 루카의 시민 개개인이 콘스탄티노플의 시민보다 더 많은 자유가 있다거나, 커먼웰스에 대한 봉사를 면제받는다고 추론할 수는 없다."(21장 8절) 그가 여기서 쓴 대로 자유란 의무로부터의 '면제'를 요구한다. 한 체제는 그 시민들에게 얼마나 많은 사적 자유를 허용하느냐에 따라 판단되어야 한다. 이런 식의 개인적 자유에 대한 관념은 고대인들은 생각지도 못했던 것이며 근대 세계에서도 전례가 없었다.

홉스의 후손들

홉스는 근대 국가의 성격을 설명할 결정적인 언어를 제공한다. 그러나 그 시대 사람이었던 만큼이나 그는 우리에게 이론의 여지가 있는 인물로 남아 있는데, 국가 자체가 이론의 여지가 있는 유산이기 때문이다. 오늘날 많은 이들이 보기에 리바이어던 국가에 대한 홉스의 개념은 반자유주의적 절대주의와 동의어이다. 그러나 다른 이들에게 홉스는 존 로크와 자유주의 정부론으로 나아가는 문을 활짝 열어젖힌 인물이다. 그는 의무보다 권리가 우선한다고 가르쳤고, 주권자는 어떻게 사는 것이 최선의 삶인가에 대한 결정을 개인들에게 맡겨두고 평화와 안전을 제공하는 하찮은 목적에 봉사해야 한다고 주장했다. 그럼에도 불구하고 홉스의 체제 속에서 백성들이 누리는 자유는 주권자가 규제하지 않는 영역에 있다. 홉스는 자유를 옹호하느라 경계심은 찬양하지 않으며, 정부에 저항하는 모든 노력을 비난한다. 기껏해야 그는 시간제 자유주의자라고 말할 독자도 있을 것이다.

홉스가 우리에게 가장 좋게 느껴지는 때는 오늘날 우리가 국가에 관해 생각할 때 쓰는 도덕적, 심리적 용어를 제공해줄 때이다. 국가는 서로 경쟁하는 정념인 자만과 두려움 사이에서 벌어지는 심리적 투쟁의 산물이다. 두려움은 안전, 질서, 합리성에 대한 욕구와 관련이 있다. 자만은 영광, 명예, 인정에 대한 사랑과 관련이 있다. 문명에 좋은 것들은 모두 자만을 통제하는 우리 능력에서 나왔다. 홉스의 책 제목은 리바이어던을 "교만한 모든 것들의 왕"으로 묘사하는 『욥기』의 한 구절에서 나왔다.(28장 27절) 홉스가 열거하는 19항의 자연법은 우리에게 사교성의 덕목을 가르치기 위해 의도되었으며 특히 자만 또는 교만을 멀리하도록 하기 위한 것이다.

우리가 아는 모습의 근대 국가는 영광의 욕구를 희생해야만 얻어지는 안전에 대한 홉스식 욕구에서 성장했다. 홉스식 국가는 삶의 조건을 확보하기 위해, 심지어 고도로 문명화되고 교양 있는 삶이라 하더라도, 자기이익과 위험 회피의 관점에서 계산된 삶의 조건을 확보하기 위해 설계되었다. 홉스식 두려움으로 가득찬 인간은 자유, 명예, 혹은 어떤 명분을 위해 위험을 무릅쓸 것 같지는 않아 보인다. 그는 규칙대로 행동하고, 위험을 피하며 확실한 것에만 내기를 거는 사람일 가능성이 높다. 홉스식 시민은 조지 워싱턴이나 앤드루 카네기, 스티브 잡스처럼 모험을 좋아하는 사람이 아닐 것이다. 그보다는 항상 확률을 계산하고 손해를 구제할 방법을 찾는 보험계리사나 보험설계사처럼 생각하는 자일 것이다. 루소 같은 훗날의 정치이론가들은 이런 홉스식 인간에 어울릴 이름을 만들게 된다. 그것이 부르주아이며, 나중에 니체가 말한 '말인末人 last man'이다.[6]

홉스는 상당히 성공을 거두었다. 그가 창조하고자 했던 개인 유형

(신중하고, 이기적이고, 위험을 회피하는)은 우리 문명의 지배적 에토스가 되었다. 우리가 선택해서 받아들였든 아니든 간에 우리 모두는 홉스식 인간이 되어왔다. 이와 동시에 사회는, 그것이 아무리 홉스식 사회일지언정 명예, 자존감, 심지어 위험 자체에서 나오는 순전한 기쁨을 위해서 기꺼이 목숨의 위험을 무릅쓰는 개인들 없이는 결코 존재할 수 없다. 사람들은 왜 경찰관, 소방관, 군인, 자유 투사(자기 이해의 관점만 가지고서는 설명이 안 되는 모든 활동)가 되는 걸까? 어쨌거나 홉스식 사회에서도 경찰관, 소방관, 군인, 군대는 필요하지 않겠는가? 이런 일을 할 사람들은 어디서 나올 것인가?

홉스는 위험을 사랑하는 이런 정념(플라톤이 티모스라고 부르던)을 야만적인 것, 비문명화된 것, 호전적인 것으로 여긴다. 어느 정도는 그의 생각이 옳다. 그러나 홉스식 국가도 홉스식 세계의 한가운데에서 살아간다. 다시 말해 국제관계의 세계는 뚜렷한 홉스식 자연상태이다. 자연상태 속 개인들이 서로 대치하듯, 세계무대 속 국가 간의 갈등을 판결할 더 높은 법이나 권위가 없다면 국가들은 서로 잠재적인 적으로 대치한다. 그런 세계에서는 심지어 패권 국가도 다른 패권 국가에 의해, 또는 테러와 파괴만을 노리는 단체나 개인들에 의해 위험에 처할 것이다. 이는 9.11 사건이 절실히 느끼게 해준 바이다. 대체로 평화롭고 만족스러운 시민 집단을 둔 근대 국가, 그리고 목적을 위해서라면 폭력, 테러, 자살폭탄의 도구를 사용할 각오가 되어 있는 전근대 국가 사이의 투쟁이라는 의미에서 정치학자 피에르 아스네르는 이를 "부르주아와 야만인의 변증법"이라 기술한 바 있다.[7] 역설적이게도 홉스식 국가는 여전히 자신의 국가를 지키기 위해 모든 위험을 무릅쓰고 싸울 각오가 된 남녀를 필요로 한다. 홉스식 부르주아는 그런 야만인들이 없으면 결코 존재할 수 없다. 홉스가 이 역설을 설명해줄 수 있을까?

제임스 보먼은 『명예의 역사』에서 이 논점을 한층 더 강화했다.[8] 보먼은 예스럽게 치부되는, 명예를 위한 결투는 현대 선진 사회에서 대체로 사라졌지만, 명예는 지금도 세계의 많은 지역(특히 가장 중요한 곳은 중동)에서 매우 강렬한 정념으로 남아 있음을 지적한다. 역사를 통틀어 대부분의 사회에서 명예는 단순히 중세 기사도 같은 개인적 자질이 아니라 무엇보다도 집단의 명예, 즉 가족, 씨족, 종교 분파를 둘러싼 명예이다. 집단 내 한 성원에 대한 공격은 모두의 존엄성에 대한 공격이다. 이를테면 이것은 많은 문화에서 체면이라는 개념이 왜 그렇게 중요한지 설명하는 데 도움이 된다. 체면의 문제가 상대적으로 사소해 보이는 현대 미국인도 예외는 아니다. 보먼은 서구인들이 다른 지역 사람들과 문화를 이해하는 데 그렇게 애를 먹는 것은 한 사람의 명예를 지킨다는 관념 자체가 서구에서는 대체로 저평가되어왔기 때문이라고 믿는다. 서구인은 인간 행동에 대해 합리적 동기를 제공하는 문제로 해석하는 경향이 있는 반면, 다른 대부분의 사람들은 존중받으려는 욕구, 굴욕을 피하려는 욕구에 의해 움직인다. 베트남전쟁 중에 닉슨이 '명예로운 평화'를 이룩하자고 연설했을 때, 대체로 바보 같은 말이라는 비웃음을 샀다. 많은 사람이 명예를 무슨 원시 부족 집단이나 가지고 있는 것처럼 여기며, 따라서 집단이나 분파에 대한 충성을 여전히 불가침으로 여기는 이들을 이해하지 못한다. 우리가 종종 놓치곤 하지만, 현재 우리의 이런 무지는 대체로 그 같은 고대의 전사 윤리를 평가절하하려는 홉스의 노력에서 기인한다.

홉스식 문명은 불편한 진실 하나를 감추고 있다. 홉스는 우리에게 공손함이라는 덕목을 가르친다. 그의 19항 자연법은 그가 "진실하고 유일하게 도덕적인 철학"이라 부르는 것으로 구성되는데, 이는 겸손, 평화, 정의, 공평, 감사 등 모두가 시민사회를 유지하기 위해 필요한 덕목들을 아우른다. 그러나 이런 덕목들이 과연 문명의 생존을 충분히 보장할 수 있을까? 하물며 종종 파렴치하고 야만적이며, 목표를 이루기 위해서라면 어떤 수단이든 사용할 적들과 대면하고 있는 이런 시대에? 우리의 평화, 안보, 안전(사실상 우리 부르주아의 자유)은 문명의 가치를 위해서 기꺼이 목숨을 내던질 사람들을 여전히 필요로 한다. 만약 우리가 공손함의 가치 자체에 지나치게 교화되어 우리 자신을 방어할 수 없게 된다면 그런 사람들은 어디서 찾아야 할까? 사회가 생존하기 위해서는 자만과 두려움, 기개와 신중함이라는 쌍둥이 기질이 필요하다. 홉스는 자만과 기개를 위험한 반사회적 정념으로 깎아내리지만, 오늘날 우리는 위대한 야망, 명성에 대한 사랑, 명예욕 같은 자질들(고대인이 당연시했고 우리 현대인이 너무 자주 잊어버리곤 하는 자질들)을 다시 생각하는 것이 좋을 것이다. 부르주아는 여전히 야만인을 필요로 한다.

9장

로크와 입헌정부의 기술

존 로크(1632~1704). 고드프리 넬러(1646~1723)가 그린 초상화, 캔버스에 유채, 1697.(사진 제공: bpk, Berlin / State Hermitage Museum, St. Petersburg / Roman Beniaminson/ Art Resource, NY)

존 로크는 우리에게 아주 익숙한 표현을 근대 국가에 부여한다. 그의 글은 토머스 제퍼슨에게 채택되어 미국 독립선언문 속에 너무도 완벽하게 녹아든 듯 보인다. 그 까닭에 로크는 종종 미국 건국 세대의 명예회원처럼 여겨지기도 한다. 무엇보다 로크는 인간의 자연적 자유와 평등을 옹호한다. 즉 생명, 자유, 재산 같은 개인의 권리, 합의에 의한 정부, 권력 분립이 이루어진 제한된 권한의 정부, 그리고 혁명할 권리를 옹호한다. 아울러 로크는 종교적 관용을 지지한다. 그의 이름은 자유 민주주의 또는 입헌 민주주의의 관념과 영원히 연결되어 있다.[1]

하지만 로크의 가르침이 무無에서 나온 것은 아니다. 그 일부는 로크가 태어나기 약 백 년 전에 죽은 마키아벨리가 준비했으며, 더욱 중요하게는 로크보다 바로 앞서 홉스가 마련한 것이었다. 홉스는 마키아벨리의 군주 관념을 받아들여 사실상 주권자의 교의로 만들었다. 홉스의 주권자는 우리가 생각하는 비인격적 정부의 토대가 된다. 홉스는 군주의 통치를 직책으로 바꾼다. 이는 사회적 계약이나 '신의계약信義契約'의 결과이자 그 계약을 맺은 행위자, 즉 개인들을 책임지는 주권자의 직책이다. 홉스는 주권자란 평화, 정의, 질서를 보장하기 위해 그 직책을 만든 인민의 대표자라고 가르쳤다. 주권자의 권력이 없다면, 우리는 자연상태에 처하게 될 것이다. 자연상태란 시민 권력기구가 존재하지 않는 세계를 가리키기 위해 홉스가 만들어낸 말이다. 홉스는 세속적 절대주의를 이야기하는데, 이는 평화와 안정을 확립하는 데 필요한 것은 무엇이든 할 수 있는 사실상 무제한의 권력을 주권자에게 부여한다는 것이다.

이처럼 냉엄하고 막강한 전제조건 속에서 로크의 더욱 자유주의적인 새 입헌국가론이 등장했다. 로크는 당장의 지지자가 거의 없었던 홉스의 절대주의 정부론을 순화하고 길들이기 시작한다. 로크가 쓴 가장 중요한 정치이론서는 두 논문으로 이루어진 『통치론』이다. 이 가운데 『통치론 제1론』은 로버트 필머 경이 『가부장권론』에서 주장한 왕권신수설을 세세하고 끈질기게 반박하는 내용이다. 여기서 로크는, 왕권은 신이 아담에게 허락한 지배권에서 유래하며 따라서 모든 권력은 신권에 의해 획득된다는 주장을 깨부순다. 『통치론 제1론』은 중요하지만 길고 장황하며, 심지어 로크 자신도 지루했을 것이다. 정부의 역할에 관해 로크가 대담하고 혁신적인 생각을 제시한 책은 바로 『통치론 제2론』, 오늘날 우리가 아는 것처럼 1688년 명예혁명 직전에 쓰인 논문이다.

『통치론 제2론』은 철학자들을 대상으로 하기보다는 영국인을 대상으로 당시의 일상적 언어로 쓴 실천적인 저작이었다. 로크는 자기 시대의 상식을 포착하기 위해 이 글을 썼지만, 그렇다고 그가 매우 논쟁적이지 않았다는 말은 아니다. 로크는 신중하고 과묵했지만 종교적, 정치적 갈등이 치열했던 시대를 살았던 매우 정치적인 인물이기도 했다. 찰스 1세가 처형당할 당시 그는 소년이었고 제임스 2세가 폐위되어 망명길에 올랐을 때에는 성인이었다. 그는 옥스퍼드 대학에서 오랜 기간을 보냈다. 거기서 급진주의에 공감한다는 의심을 받았지만, 자기 생각을 표현하는 데 매우 신중하고 조심스러웠기 때문에 대학 학장은 여러 해가 지난 뒤에도 그를 '과묵함의 대가'라고 부르곤 했다. 로크는 반反왕정 급진파 모임을 결성했던 앤서니 애슐리 쿠퍼(훗날의 섀프츠베리 백작)의 개인 비서이자 의사로 일했다. 로크는 1683년에 망명해야 했으며 몇 년 동안 네덜란드에 살다가 영국으로 돌아간 뒤, 1704년 죽을 때까지 영국에 머물렀다. 죽을 당시 로크는 유럽에서 가장 유명한 철학자가 되어 있었다.

로크의 동물우화

로크는 여느 근대 사상가보다도 자연법을 자기 정치이론의 주축으로 삼았다. 자연법을 이해하려면 자연적 조건, 자연상태 속의 자연법을 살펴볼 필요가 있다. 로크에게 자연상태란 아리스토텔레스가 말한 것처럼 지배하고 지배당하는 상태가 아니라 "완전한 자유"의 상태이다.(『통치론 제2론』 2장 4절)[원문 출처는 앞의 '주요 참고도서' 참조] 아리스토텔레스가 인간은 자연적으로 날 때부터 어떤 의무의 끈에 묶인 한 가족, 한 국가, 한 도덕 공동체의 성원이라고 이해했던 반면, 로크는 시민 권력기구나 시민적 의무가 없는 조건을 자연상태로 보았다. 자연상태는 실제 역사적인 상태가 아니라(비록 로크는 때때로 자연상태를 북아메리카라는 방대한 지역과 비교하지만) 일종의 생각 실험이다. 로크는 묻는다. 모든 권력이 존재하지 않는 상태에서 인간 본성은 과연 무엇일까?

겉으로 보기에 로크의 자연상태는 사실상 홉스의 자연상태에 대한 반테제로 보인다. 자연상태는 한때 홉스가 말했듯 폭력과 살인이 난무하는 무도덕적 상황이 아니다. 자연상태는 평화와 사교성을 지시하는

도덕률이 지배하는 도덕적 상황이다. 이 도덕율은 "모든 인류의 평화와 보존을 지향한다."(2장 7절)

로크의 자연법은 키케로, 토마스 아퀴나스, 리처드 후커('현명한 후커')의 독자들이 친숙해할 법한 전통적인 도덕률처럼 보인다. 그것은 매우 편안하고 전통적으로 느껴진다. 모든 시민 권력기구는 인간이라면 이성만 가지고서도 누구나 알 수 있는 자연법에 그 기반을 두고 있다. 자연법은 모든 인간이 "유일하고 전지전능한 조물주의 피조물"이기 때문에, 우리는 다른 사람의 목숨이나 자유, 소유물에 대해서 해를 끼쳐서는 안 된다고 선언한다.(2장 6절) 로크는 스토아철학 전통의 자연법과 그리스도교의 신의 피조물 개념을 매끈하니 하나의 전체로 수월하게 엮어내는 듯하다.

그러나 로크의 자연법은 앞 문단에서부터 일찌감치 개인들의 자기보존에 대한 권리로 방향을 튼다. 자연법이 다른 사람들에 대한 도덕적 의무와 당위성에 관한 이론인지, 아니면 개인의 자기보존과 그것을 달성하는 데 필요한 것에 우선권을 주는 홉스식 자연권인지는 처음부터 아주 분명하지는 않다. 자연상태는 시민 권력기구가 없는 상태이다. 자연법은 그 법의 적용을 감독할 어떤 개인이나 직책도 두지 않는다. 자연상태는 처음에 평화와 상호 신뢰의 상태로 묘사되지만, 곧이어 모든 개인이 자연법에 대한 판사, 배심원, 사형집행인 역할을 하는 전쟁상태로 전락한다. 자연상태는 곧 모두가 자신을 위하는 홉스식 자연상태가 되어버렸다. "모든 사람이 전 인류를 보존하기 위해 가지고 있는 권리에 의거해 범죄를 처벌하고 그 재발을 미연에 방지할 수 있는 권력, 그리고 그 목적을 위해 모든 합당한 일을 할 수 있는 권력을 가지고 있듯이, 손해를 입은 사람은 가해자의 재물과 노무를 자기보존의 권리에 의거해 수취할 수 있다."(2장 11절)

로크가 말하는 "근본적 자연법"은 모든 사람이 자기 자신을 보존하기 위해 무엇이든 할 권한이 주어졌음을 언명하는 자기보존의 권리다. "사람은 늑대나 사자를 죽일 수 있는 것과 마찬가지 이유로, 자신에게 싸움을 걸어오거나 자신의 존재에 위협을 가하는 자를 살해할 수 있다. 그런 사람은 이성이라는 공통의 법에 구속되지 않고, 힘과 폭력의 규칙 이외에는 어떠한 규칙에도 복종하지 않기 때문에 맹수, 즉 일단 사람을 붙잡으면 죽일 것이 확실한 위험하고도 해로운 동물로 취급되어 마땅하다."(3장 16절)

이를 로크의 동물우화라 부를 수 있다. 자연상태는 상냥하고 평화를 추구하는 협조적인 사람들이 사는 상태가 아니라 온갖 다양한 '맹수들'(사자, 호랑이, 곰 등)이 사는 상태다. 그런 존재가 자연상태에서 누리는 자유 자체는 자유의 남용으로 이어진다. 이는 거꾸로 정부의 필요성을 야기한다. 그렇다면 이런 자연상태는 (로크가 처음에 주장하는) 평화의 자연법이 감독하는 도덕적 상태인가, 아니면 만인에 대한 만인의 전쟁상태인 홉스식 자연상태에 대한 공공연한 묘사인가?

로크는 두 가지 다른 말을 하는 듯하다. 하나는 다른 사람들에 대한 의무를 가정하는 전통적인 자연법이고, 두번째는 권리의 우선성, 특히 개인의 자기보존에 대한 권리의 우선성을 주장하는 홉스식 근대적 자연권 개념이다. 로크는 키케로와 토마스 아퀴나스의 자연법 전통을 옹호하는 것일까, 아니면 홉스식 근대적 자연권을 옹호하는 것일까? 그의 정치학은 신의 '피조물'이라는 신학적 개념에서 비롯된 것일까, 아니면 인간적 정념과 생존투쟁에 대한, 궁극적으로 자연주의적인 설명에서 비롯된 것일까? 이런 것들이 『통치론』[이하에서 간단히 『통치론』이라 표기할 때는 '제2론'을 지칭]의 독자들을 오랫동안 괴롭혀왔던 질문이다.

일부 독자는 자연상태에서의 평등에 대한 로크의 생각은 특히나 그리스도교적 논쟁의 맥락에 기대고 있다고 주장한다.[2] "동일한 종류의 피조물은 차별 없이 자연의 동일한 혜택을 받고 태어나 동일한 재능을 사용하기 때문에, 상호간에 평등해야 한다는 것이 명백히 드러나 있다"(2장 4절)는 로크의 말은 신의 피조물이라는 관념에 의거한다. 하나의 종에 속한다는 것의 의미, 그리고 같은 종에 속한다는 것이 왜 그 성원들에게 특별한 서열과 존엄성을 부여하는지는 바로 그 종이 신과 특별한 도덕적 관계에 있다고 믿을 때에만 성립한다. 나중에 설명하겠지만, 결국 로크의 정치철학을 가장 확실하게 특징짓는 것은 신의 '피조물'이라는 신학적 개념이 아니라 '자기 소유self-ownership'라는 지극히 세속적이고 현실적인 교의이다.

로크의 자연법 개념이 신학적 믿음에 의지하는지, 아니면 비신학적이고 순수하게 자연주의적인 배경에서 추론될 수 있는지의 문제는 단순히 철학의 문제만은 아니다. 만약에 로크의 자연법 사상이 독립선언문의 중요한 기틀이 되었다고 생각한다면, 우리가 그의 사상을 해석하는 방식은 수많은 공공정책 문제를 생각하는 방식에 시사하는 바가 클

것이다. 예를 들어 독립선언문에서 "자연법과 자연의 신"을 언급하는 대목은 『통치론』에서 곧바로 따온 듯 보인다. 그러나 만약 자연법이 '자연의 신'이 서명한 것이라면, 이것은 학교 기도시간의 문제, 법원이나 공공장소에 십계명을 전시하는 문제 등에 시사하는 바가 크다. 우리의 권리와 의무는 자연과 인간 본성에 대한 신학적 개념에 어느 정도까지 의존하고 있을까? 혹시라도 공공 영역 안에서 종교의 자리를 결정해야 할 때, 이 문제를 어떻게 생각하느냐에 따라 종종 결정이 좌우될 것이다.

로크에게서 가장 특징적인 교의인 소유권 이론을 검토하면서 이 문제를 살펴보자.

"신체가 행한 노동"

로크의 통치론에서 핵심은 아마도 『통치론』 5장에 나오는 소유권일 것이다. 인간 본성에 대한 로크의 개념은 소유물을 획득하는 동물로서의 인간 개념이 큰 부분을 차지한다. 소유물에 대한 권리는 우리 자신의 노동에서 나온다. 우리가 어떤 일에 우리 노동력을 썼다는 사실이 그에 대한 소유권을 우리에게 부여한다. 자연상태는 공동소유의 상태이다. 마르크스라면 이를 원시 공산주의라 불렀을 것이다. 우리가 어떤 일에 우리 노동을 더했다는 사실은 그것이 우리 것이라는 표시다. "모든 사람은 자신의 신체에 대해 소유권을 가진다. 그 소유권에 관해서는 오직 그 사람 자신을 제외한 어느 누구도 권리를 가지고 있지 않다. 그의 신체가 행한 노동과 손의 작업은 당연히 그의 것이라고 말할 수 있다. ……그 노동은 노동을 행한 사람의 소유물임이 분명하므로 타인이 아닌 오직 그만이, 적어도 다른 사람들의 공유물이 충분히 남아 있는 한, 그 사람만이 노동이 첨가된 것에 대한 권리를 가질 수 있다. …… 결국 그러한 노동이야말로 그것들[숲에서 딴 과일 따위]과 공유물을 구별해준다. 노동은 만물의 공통된 어머니인 자연이 행한 것보다 더 많은 것을 그것들에 첨가한 것이다. 그리하여 그것들은 그의 사적인 권리가 된다."(5장 27~28절)

로크에 따르면 자연법은 사적 소유권을 명령하며, 정부의 수립도 바로 이 권리를 보장하기 위함이다. 놀랄 만한 어느 대목에서 그는 세계가 경작되고 개선되기 위해 창조되었다고 말한다. 자연을 개선하고 발전시키고자 노력하는 사람들은 진정 인류에게 은혜를 베푸는 자들이다. 그는 이렇게 쓴다. "신은 사람들에게 세계를 공유물로 주었다. 그러나 신은 사람들이 취할 수 있는 이익과 최대한의 편의를 위해 세계를 주었으므로, 그것이 항상 공유로, 개간되지 않은 상태로 남아 있어야 하는 것이 신의 의도라고 볼 수는 없다. 신은 싸우기 좋아하고, 언쟁을 좋아하는 자들의 변덕과 탐욕을 위해서가 아니라 근면하고 합리적인 사람들이 쓰게 하려고 세계를 주었다."(5장 34절)

이 대목에서 우리는 로크의 국가가 상업국가가 되리라는 걸 단번에 알 수 있다. 고대의 정치이론은 상업과 재산이 시민의 삶에 종속된다고 여겼다. 플라톤은 수호자 계급 사이의 공산주의를 주장했다. 아리스토텔레스는 정치적 삶에 종사하는 소수를 위한 수단으로서, 그러나 노예계급에 의해 지탱되는 사적 재산이 필요하다고 여겼다. 경제는 정치에 종속되는 것이었다. 하지만 로크에게 세계는 "근면하고 합리적인 사람들", 다시 말해 자기 자신의 노동으로 모든 것을 풍요롭게 증대하고 향상시키는 사람들의 것이었다. "자신이 노동을 행함으로써 토지를 가지게 된 사람은 인류 공동 자산의 가치를 줄이는 것이 아니라 오히려 증대시킨다."(5장 37절) 로크의 『통치론』에서 애덤 스미스의 『국부론』까지는 비교적 작은 한 걸음만 필요했을 뿐이다.[3]

로크는 소유나 획득에는 자연적 제한이 전혀 없다고 보았다. 이 점은 지극히 중요하다. 처음에는 획득물을 사용하느라 축적이 제한되었겠지만, 돈이나 화폐의 도입으로 무제한의 자본 축적이 가능해졌을 뿐 아니라 심지어 도덕적 의무가 되었다.(5장 36절) 우리는 우리 자신을 부유하게 만듦으로써 의도치 않게 다른 사람들에게 혜택을 주기도 한다. "아메리카에서는 왕이 광대하고 비옥한 영토를 가지고 있다 할지라도 영국 노동자의 의식주에 훨씬 못 미치는 생활을 하고 있다."(5장 41절) 전반적인 풍요(명시적인 용어로 말하자면 '공공복지')의 창조는 전적으로 이전의 도덕적, 정치적 구속에서 노동을 해방시킨 덕택이다. 노동은 모든 가치의 근거이자 원천이 되었다. 눈에 띄는 일련의 수사학적 변화를 주면서, 로크는 자연이 아닌 인간 노동과 획득을 재산과 물질적 소유에서 나타나는 차이의 원천으로 만든다.

그는 이 장을 "신은 사람들에게 세계를 공유물로 주었다"는 주장으로 시작하면서 애초에 자연상태는 집단소유의 상태임을 암시한다. 그러다가 모든 사람이 저마다 자기 신체의 주인이므로, 우리 노동이 "첨가"된 것에 대해서도 권리를 가진다고 주장한다. 그러나 우리가 직접 노동한 대상(나무에서 딴 사과 같은)에 대한 매우 소박한 권리로 시작했던 것이 곧 재산과 일종의 시장경제 등장에 대한 본격적인 설명으로 바뀐다. 노동은 자연이 제공한 가치가 열 배나 불어나는 이유를 설명해주지만, 이어서 로크는 재빨리 이렇게 덧붙인다. "여기서 나는 개간된 땅과 개간되지 않은 땅의 생산물 비율을 십 대 일로 잡음으로써 매우 낮게 평가했다. 하지만 실제로는 그 비율이 거의 백 대 일에 가깝다."(5장 37절) 나중에는 심지어 어떤 것이든 노동으로 인해 그 가치가 천 배 증가한다고 주장한다.(5장 43절) 사용과 손상의 정도에 의해 제한되는 소유의 기원을 이야기하며 매우 초보적인 논의로 시작하더니 같은 장이 끝날 때쯤에는 소유의 상당한 불평등이 존재하는 대규모 소유권에 대한 해명으로 바뀐다. 로크의 역동적인 소유권 이론과 『연방주의자 논집』 10편에 나오는 매디슨의 주장("재산 획득에서의 상이하고 불평등한 능력의 보호는 정부의 첫째 목적이다") 사이에는 거의 직접적인 관계가 있는 듯 보인다.[4]

로크는 상업, 돈벌이, 물욕에 중요한 위치를 부여할 뿐 아니라 고대와 중세 세계에서 그런 활동이 결코 누리지 못했던 도덕적 지위까지 부여한다. 로크는 정부의 과제가 재산권 보호에 있다는 관념을 만든다. 새로운 정치는 더이상 영광, 명예, 덕목과 관련 있는 게 아니라, 냉정하고 평범한 것, 숭고나 기쁨이 없는 쾌락주의적인 것과 관련이 있을 것이다. 상업은 우리에게 피를 흘리거나 목숨을 걸라고 요구하지 않는다. 상업은 확실하고 믿을 만하며 철저하게 중간계급적이다.

『통치론 제2론』의 처음 다섯 장은 우리가 자연상태, 전쟁상태, 그리고 소유권의 탄생을 거쳐온 인류 발전에 관한 사변적인 역사 또는 인류학의 형태를 띤다. 5장은 원시 공산주의 상태에서 시작해 노동을 통한 소유권의 탄생을 다루다가 부와 재산의 방대한 불평등으로 특징지어지는 시장경제의 탄생으로 끝난다. 이 과정은 어떻게 일어났고, 더 중요하게는 무엇이 이를 합법적으로 만들었을까?

로크는 예전까지 성서의 영역이던 인간의 시초에 관한 서사를 다시 이야기한다. 아니 다시 쓴다. 그는 인간끼리의 분쟁을 판결할 권력기구가 존재하지 않고 오직 자연법에 의해서만 다스려지는 자연상태에 있던 인류가, 그럼에도 불구하고 어떻게 "그의 신체가 행한 노동과 그 자신이 손수 행한 작업"을 통해 소유물을 만들어내고 그것을 사용할 수 있었는지 이야기한다.(5장 27절) 법은 없지만 인간의 공동체를 다스리는 자연법이 있는 자연상태에서도 인간은 소유물을 획득하는 동물이다.

물론 자연상태의 문제는 그 불안정성이다. (특히 재산을 둘러싼) 분쟁을 판결할 시민 권력기구가 없는 이상 우리 노동의 열매에 대한 평화로운 향유는 계속해서 전쟁과 분쟁의 위협을 받는다. 평화를 깨뜨리는 행위를 해결할 아무런 집행기관 없이 어떻게 우리 개인과 재산을 지킬 수 있을까? 정부의 필요성은 재산권 분쟁 해결에 대한 실질적 필요성에서 등장한다.

로크의 교의는 여러모로 아주 친숙하게 들리기 때문에 그 급진성이 잘 드러나지 않는다. 로크는 소유권 보호를 "인간이 공동체를 결성하는 가장 크고 으뜸가는 목적"으로 만들었다.(9장 124절) 감히 말하건대, 로크 이전에는 어느 누구도 정치의 목적이 재산권 보호라고 믿지 않았다. 그러나 로크가 말한 재산이란 부동산 이상을 의미한다고 말해야 할 것이다. 그는 우리의 삶, 자유, 부동산을 아우르는 모든 것을 재산으로 보았다. 이 모든 것이 문자 그대로의 의미, 그리고 가장 명시적인 의미에서의 재산이다. 그것들은 마땅히 우리 것이다.

로크는 계속해서, 우리가 시민 연합체를 만들게 되는 이유는 다름 아닌 자연상태의 불확실성 또는 '불편함'이라고 강조한다. 일찍이 홉스는 자연상태의 절대적인 두려움을 강조했지만, 로크가 보기에 문제가 되는 건 우리가 불안과 걱정에 끊임없이 시달리는 존재라는 사실이다. 우리를 불안정하게 만드는 근원이자 노동과 재산 취득을 자극하는 것은 바로 불안(걱정)이다.

로크의 어떤 면이 이렇게 불안해하고, 불안정하고, 걱정이 끊이지 않는 인간 본성을 강조하게 만들었을까? 플라톤이나 아리스토텔레스가 인간 본성에서 두려워하는 특징을 언급했다는 이야기는 확실히 들은 적이 없다. 이는 유독 신중하고 과묵하며, 두려움이 많았던 로크 자신의 심리적 기질이 표현된 것은 아닐까? 아니면 이렇게 불안정성을 강조하는 것은 적법한 권리를 확립하고자 하는 새로운 계급(상업적 계급)의 특질을 나타내는 것일까? "근면하고 합리적인" 사람들이 사용하도록 세계가 주어졌다고 말할 때, 로크는 새로운 중간계급을 가리키고 있다. 중간계급이란 명칭은 세습이나 전통, 귀족의 자격 주장이 아니라 근면, 검약, 기회 활용의 능력을 행사하는 데서 나온다. 로크가 『통치론』에서 목표로 삼은 것은 이 새로운 계급에게 통치권을 제공하는 것이었던 듯하다. 어느 저명한 20세기 주석가가 했던 다음 언급을 살펴보자. "정치적으로 경험이 없는 새로운 사회계급이 지난 4세기 동안 정치적 주도권과 권력을 행사하게 되었는데, 그것은 일찍이 마키아벨리가 16세기의 새로운 군주들에게 제공했던 것과 똑같은 방식으로 이들에게 제공되었다. 이들 중 어느 계급도 권력을 장악하기에 앞서 정치교육을 받을 시간이 없었다. 이들에게는 저마다 정치 행위의 한 관습을 대체할 일종의 구유, 정치적 교의가 필요했다. ……로크의 『통치론』에서 탁월하게 보여주는 바가 바로 이것이다."[5]

로크의 새로운 상업국가는 인간의 얼굴을 한 마키아벨리주의이다. 전통적인 권력의 원천 바깥에 미치는 것은 군주의 통치가 아니라 바로 이 새롭고 진취적인 중간계급의 통치다. 자기형성은 모든 불안정성을 지닌 채 말 그대로 스스로 만들어가는 인간의 윤리를 대표한다. 로크의 자기형성적 인간은 사실상 존 버니언의 『천로역정』, 대니얼 디포의 『로빈슨 크루소』, 그리고 이 장르에서 단연 위대한 작품인 벤저민 프랭클린의 『자서전』 같은 책에 나오는 프로테스탄트의 자아 이미지와 똑같다. 재산과 재산 축적에 대한 로크의 설명은 그의 사상에 깊이 뿌리내린 칼뱅주의를 드러낸다. 그의 칼뱅주의는 마키아벨리의 비르투(남자다움 또는 과감성)를 노동, 근면, 노력의 미덕으로 전환시킴으로써 마키아벨리를 길들이거나 누그러뜨린다.

자기형성, 특히 노동과 자기수양을 통해 자연의 궁핍함을 극복하려는 우리의 투쟁에 관한 로크의 설명은 디포에 의해 창조된 모험과 정서적 개인주의의 위대한 이야기인 '로빈소네이드Robinsonade(로빈슨 이야기)' 장르를 예견한다. 젊은 로빈슨 크루소는 아버지의 바람과 반대로 모험과 발견의 삶을 살기 위해 영국의 집을 떠나 배에 오른다. 폭풍우 때문에 외딴 섬에 난파된 그는 자연상태를 벗어나고자 인류의 투쟁 경험을 간추려 반복해야 한다. 모든 사회관계에서 단절된 그는 자기보존을 위해 자기가 가진 자원에 의지해야 한다. 목록을 만들고, 구할 수 있는 모든 물건을 활용하려는 노력 덕에, 크루소는 자기 자신은 물론 자치의 본질을 재창조할 수 있으며, 그렇게 탄생한 자립적 개인은 개인의 자기계발에 관한 수많은 위대한 소설의 모델을 제공하게 된다.

로크와 마찬가지로 디포는 부르주아계급 초기의 활력과 낙관주의로 그 계급의 새로운 윤리를 그려냈다. 부르주아들은 전사형 귀족의 호전적 특질이 아니라 검소함, 절약, 검약, 노력이라는 좀더 가정적인 덕목을 제시한다. 카를 마르크스는 크루소의 이야기에서 근대 정치경제학이라는 부르주아 학문 자체의 기원 못지않게 하나의 권력기구를 보았다. 여기서 『자본』 제1권에 나오는 로빈소네이드에 관한 마르크스의 훌륭한 설명을 길게 인용하지 않을 수 없다.

> 경제학은 로빈슨 크루소 이야기를 좋아하니까, 우선 로빈슨을 무인도 위에 등장시켜보자. 그가 아무리 본래부터 검소한 사람이라 할지라도 최소한의 여러 가지 욕구는 기본적으로 충족시켜야 할 것이므로 그는 도구를 만들고 가구를 제작하고 염소를 길들이고 고기잡이와 사냥을 하는 등

다양한 종류의 유용노동을 하지 않으면 안 될 것이다. 여기서 하느님에 대한 기도 같은 것은 문제삼을 필요가 없다. 왜냐하면 우리의 로빈슨은 그것을 즐거움 정도로 생각하고 이런 종류의 활동은 일종의 기분전환으로 간주할 것이기 때문이다. ……그는 필요 그 자체의 요구에 따라 자신의 시간을 그 다양한 기능 사이에 엄밀하게 배분한다. 그의 전체 활동 가운데에서 어떤 부분이 더 많은 비중을 차지하고 어떤 부분이 더 적은 비중을 차지할 것인지는 그가 필요로 하는 유용성을 얻기 위해 극복해야 할 어려움이 얼마나 크고 작은지에 따라 정해진다. 그는 이것을 경험을 통해서 알게 된다. 그리고 우리의 로빈슨은 난파선에서 시계나 장부, 잉크, 펜을 구해와 타고난 영국인답게 곧 자기 자신에 관하여 기록하기 시작한다. 그의 재산목록 속에는 그가 갖고 있는 유용한 물건들과 그것들을 생산하기 위해 필요한 작업, 그리고 마지막으로 이 생산물들을 일정량 생산하기 위해 그가 평균적으로 필요로 하는 노동시간에 관한 일람표가 기록되어 있다. 자신이 직접 창출한 부의 내용을 이루는 이들 여러 물건과 로빈슨 자신 사이의 관계가 여기에서는 극히 단순명료하다. ……그럼에도 이 관계 속에는 가치에 관한 본질적인 규정이 모두 포함되어 있다.[6]

로크의 정치철학은 독일의 위대한 사회학자 막스 베버가 '자본주의 정신'이라고 부른 것을 정확하게 표현한다. 베버는 고전적 저서 『프로테스탄트 윤리와 자본주의 정신』에서 자본의 무한한 축적을 숭고한 도덕적 의무로 만든 자본주의 윤리는 청교도주의와 칼뱅주의에서 자라났다고 주장했다. 베버가 보기에, 자본주의가 처음 발달했던 북유럽

국가들에서 부와 돈벌이에 대한 전혀 새로운 도덕적 태도와 함께 자본주의가 뿌리내린 것은 프로테스탄트 종교개혁을 통해서였다. 자본주의와 자본 축적 윤리의 종교적 기원에 관한 베버의 유명한 테제를 검토하려면 너무 멀리 가야 하겠지만, 로크는 경제활동에 대한 이런 도덕적 관점의 변화를 보여주는 증거물 1호로 여겨진다.

베버는 부와 자본 축적에 대한 새로운 부르주아의 태도를 단적으로 보여주는 예로 무엇보다 벤저민 프랭클린을 꼽았다. 그러나 베버는 디포와 로크와는 달리, 이런 태도를 봉건적 위계의 지위와 전통으로부터의 해방으로 묘사하지는 않았다. 그는 그 태도 안에서 난해하고 색깔없는 윤리에 지나지 않는 실용주의와 물질주의를 보았다. 베버는 프랭클린의 윤리에서 찬양할 만한 어떤 것도 볼 수 없었다. 그에게 그 윤리는 위선의 가면에 지나지 않는 것 같았다. 미덕을 번영과 행복이라는 목표에 이르는 수단이라 여기는 것은 목표 자체로 다루어야 할 미덕의 아름다움과 품위를 떨어뜨리는 일이었다. 베버가 보기에 이런 천박한 실용주의야말로 새로운 부르주아 강령의 본질이었다. 베버에게 프랭클린의 윤리는 칼뱅주의의 '소명' 관념이 성공과 이익 추구라는 순전히 세속적인 윤리로 전환되었음을 나타내는 것이었다.

> 사실 이 윤리에서 최고선은 삶의 모든 자연스러운 즐거움을 엄격하게 피하면서 더욱더 많은 돈을 버는 것이다. 그 최고선에는 감각적 즐거움은 아닐지라도 일체의 행복주의적 즐거움이 무엇보다 완벽하게 결여되어 있다. 그것은 그 자체가 목적만큼이나 매우 순수하게 여겨지기 때문에 한 개

인의 행복 또는 개인에 대한 실용성의 관점에서는 지극히 초월적이고 완전히 비이성적으로 보인다. 인간은 돈벌이를 자기 삶의 궁극적 목표로 받아들임으로써 거기에 지배된다. ……동시에 그것은 특정 종교 관념과 밀접하게 연관된 감정 유형을 표현하고 있다. 그러므로 왜 "인간에게서 돈을 짜내야" 하느냐는 물음에, 벤저민 프랭클린 자신은 비록 색깔 없는 이신론자였지만 자서전에서 성서의 한 구절을 인용해 이렇게 답한다. "네가 자기의 일에 능숙한 사람을 보았느냐. 이러한 사람은 왕 앞에 설 것이요……." (『잠언』 22:29)[7]

베버는 자본주의가 서로 경쟁하는 두 윤리적 이상 사이에서 갈피를 잡지 못한다고 인식한다. 그 하나는 청교도적 금욕주의와 자기부정이고, 다른 하나는 부의 축적과 재산을 통해 세속적 행복을 추구하는 행복주의이다. 이 긴장이 바로 베버뿐 아니라 베버의 영향을 크게 받은 이들을 걱정시켰다. 예를 들어 레오 스트라우스는 재산과 관련된 로크의 가르침이 노골적으로 "향락주의적"이며, 만족을 안겨주기는 하지만 더는 최고선이라는 실체적 개념에 단단히 묶여 있지 않은 것들을 찾는 "목표 없는" 탐색이라 여겼다. 스트라우스의 유명한 말에 따르면 "삶은 기쁨을 찾는 기쁨 없는 탐색이다."[8] 미국의 위대한 사회학자 대니얼 벨도 비슷하게, 자본주의 정신이 축적 윤리와 소비 윤리 사이에서 갈피를 못 잡고 있다고 생각했다. 이런 긴장이 "자본주의의 문화적 모순", 즉 노동과 규율에 대한 청교도적 윤리, 유예된 만족, 그리고 향유와 기쁨에 대한 쾌락주의적 윤리, 행복에 대한 무한한 추구 사이의 모순을 야기했다.[9] 저축하려는 욕구와 소비하려는 욕구, 우리의 칼뱅주의와 우리의 쾌락주의, 이런 것들을 향한 모순적 충동을 통제할 방법을 찾으려 애쓰는 한 이런 긴장은 자본주의 체제의 핵심에 여전히 남아 있다.

로크의 자본주의적 혁명이 단지 종교적 근원에 기인한다고 생각한다면 잘못이다. 베버는 칼뱅의 교리처럼 도덕적으로 고상하고 검소했던 교리가 어떻게 성공의 복음을 가진 세속적인 '자본주의 정신'으로 변형될 수 있었는가 하는 문제 때문에 고민했다. 결국 그조차도, 칼뱅주의 추종자들이 경제적 행복 속에서 영적으로 선택받기 위한 징후를 보게 되었던 것은 칼뱅주의라기보다는 칼뱅주의의 '타락'이었다고 인정할 수밖에 없었다. 로크가 칼뱅주의와 그 청교도적 영국 분파에 빚을 지고 있었음은 의심의 여지가 없다. 그러면서도 그는 마키아벨리와 특히 프랜시스 베이컨이라는 영국인에게서 시작된 세속 철학의 원천들을 따른다. 로크 철학에서 매우 중요한 개인의 도덕적 자율성은 일부분 칼뱅주의와 청교도 교리에 의존하지만, 동시에 칼뱅 및 그 신봉자들의 저작과 영향보다 몇십 년 앞서 철학 전통에서 일어났던 근본적 변화에 의존하는 것도 사실이다.

충고와 합의

모든 정부, 적어도 모든 합법적 정부의 기원은 합의에서 비롯된다고 이야기된다. 『통치론』 8장에서 로크는 가설을 제시하며 모든 사회의 기원을 재구성한다. 그는 95절에서 "어떤 사람이 자신의 자연적 자유를 포기하고 시민사회의 구속을 받아들이는 유일한 방도"를 이야기한다. 그것은 "상호간에 편안하고 안전하며 평화로운 삶을 영위하기 위해서 다른 사람들과 함께 공동체를 결성하기로 합의하는 것이다." 로크는 계속해서 충분한 수의 사람들이 하나의 공동체를 결성하기로 동의할 경우 "그들은 곧 통합되어 하나의 정치체를 결성하게 되며, 거기서는 다수가 나머지 사람들을 움직이고 결정할 권리를 가진다."(8장 95절)

이 짤막하고 점잖아 보이는 진술은 민주주의를 옹호하는 최초의, 가장 강력한 논거가 된다. 로크에 관한 중요한 책을 쓴 예일대의 어느 유명한 교수는 이 진술을 근거로, 로크가 "다수결 원칙을 따르는 민주주의자의 신념"의 성수반聖水盤이 되었다고 단언했다.[10] 로크는 급진적인 민주주의자였을까? 다음 대목을 살펴보자. "그 숫자와 상관없이 일정한 수의 사람들이 각각 개별적인 동의에 의해서 공동체를 결성했을 때, 그들은 그 행위를 통해 그 공동체를 한몸으로 만들었다. 그 결과 공동체는 한몸으로서 행동할 수 있는 권력을 가지게 되며, 그 권력은 오로지 다수의 의지와 결정에 따르게 된다."(8장 96절) 영국 왕 또는 다른 어느 군주국의 왕이 자신의 통치가 피통치자들의 합의에 의해서만 가능함을 알았다면 틀림없이 놀라움을 금치 못했을 것이다.

그렇다면 로크는 다수의 합의를 얻지 못한 모든 정부의 합법성을 부정하는 것일까? 로크가 죽고 약 반 세기 뒤에 데이비드 흄은 확실히 로크가 그렇게 말하고 있다고 믿었다. 흄에게 합의 원칙은 무정부상태의 본질과 같았다. 흄은 피통치자들의 합의를 기초로 한 정부는 지금까지 전혀 없었다고 주장했다. 모든 제도가 그렇듯 정부는 관습과 관례에 의존한다. 오직 합의만이 정부에 합법성을 부여할 수 있다는 주장은 정부를 와해시키려는 것이다. 토리당원 흄은 그렇게 휘그당원 로크에게 반론을 제기했다.[11]

로크는 유일하게 합법적인 정부 형태로서 민주주의를 옹호하기 위해 자신의 합의 이론을 사용하지는 않았다. 『통치론』은 정부의 정당한 권력이 피통치자들의 합의에서 얻어진다고 주장하지만, 딱히 어떤 정부 형태가 최선인지 집어 말하지 않는다. 민주주의를 유지하는 경우라면 다수가 정치권력을 계속 자신들이 쥐고 있기로 합의할 수도 있다. 그러나 다수는 어떤 집단, 심지어 한 개인의 통치를 받기로 합의할 수도 있다. 핵심은 모든 정부가 선거로 구성되며, 다수의 승인으로 권력과 합법성을 얻는다는 것인 듯하다. 과두정과 왕정은 피통치자들의 합의가 있어야만 존재한다. 합의가 없다면 심지어 "막강한 리바이어던"(명백하게 홉스를 언급하는 말)도 "그것이 태어난 날을 넘기지" 못할 거라고 로크는 주장한다.(8장 96절)

로크의 합의 원칙은 그의 정치이론의 주춧돌이라고 불러도 될 것이다. 심지어 재산에 관한 원칙보다 더 중요하다. 합의라는 언어가 미국의 정치 담론에 들어온 것도 대체로 로크를 통해서다. 모든 합법적 정부는 피통치자들의 합의에서 나온다는 것을 미국 독립선언문이 확인해줄 뿐 아니라, 링컨은 노예제에 맞서 투쟁하는 과정에서 합의의 중요성을 재확인했다. 1854년 캔자스-네브래스카 법안에 관해 링컨이 한 연설 중 다음 대목을 살펴보자. "백인이 스스로를 통치한다면 그것은 자치정부입니다. 그러나 백인이 자신을 통치하고 다른 사람까지도 통치한다면, 그것은 자치정부 이상입니다. 그것은 압제입니다. 만약 흑인이 인간이라면, 그렇기 때문에 나의 오랜 믿음은 '모든 인간은 평등하게 창조되었다'고, 한 인간이 다른 인간을 노예로 만드는 일과 관련된 도덕적 권리는 있을 수 없다고 나에게 가르치는 것입니다. ……내가 하고자 하는 말은 나머지 사람들의 동의 없이 다른 사람을 통치할 만큼 훌륭한 자는 없다는 것입니다. 나는 이것이 으뜸가는 원칙, 미국 공화주의 최후의 보루라고 말씀드립니다."[12] 이 링컨의 선언은 노예제 문제를 둘러싸고 스티븐 더글러스와 벌인 논쟁의 일부이지만, 이 대목은 합의 원칙의 핵심을 꿰뚫고 있다. 더글러스는 한 주나 준주準州의 다수가 원하는 바가 무엇이든 그것이 법의 정당한 원천이라는 주장에 따라 '인민주권' 이론을 옹호했다. 이 전제에서 출발한 그는 모든 것은 민의가 원하는 바에 달려 있기 때문에, 노예제는 자신에게 '무관심'의 문제라고 주장할 수 있었다. 링컨은 달랐다. 합의의 원칙은 다수의 지배를 위한 백지수표가 아니었다. 그것은 다수가 할 수 있는 일에 대한 일군의 도덕적 제한을 내포했다. 어느 누구도 다른 사람들의 합의 없이는 타인을 지배할 수 없기 때문에 합의는 노예제와 모순되었다.

로크는 자신의 합의 이론에 담긴 급진적이고 껄끄러운 함의를 분명히 인식하고 있었다. 특히 그는 실제로 어떻게 상의를 통해 합의가 도출된다고 믿었을까? 우리는 세계에서 가장 오랜 민주주의의 시민들이다. 그러나 어떤 사람이 우리 중 누구에게라도 우리의 정부 형태에 동의하느냐고 물은 적이 있었던가? 어떤 것에 동의한다는 것은 적극적이고 단호한 목소리를 암시하지만, 그러나 헌법을 만들고 비준한 최초의 건국 세대 이후 누구라도 그에 동의하느냐는 질문을 받았거나 요구받은 적이 있었던가?

로크는 확실히 합의가 도출되는 방법을 두고 고민했다. 이 문제에 대한 그의 답은 시민권을 바라보는 우리 관점과 사뭇 다르다. 그는 118절에서 "한 아이는 어떤 나라나 정부의 신민으로 태어나는 것이 아니"라고 쓴다. 다시 말해(그리고 수정헌법 14조와는 상반되게) 시민권은 태어나면서부터 부여되지 않는다는 이야기다. 계속해서 로크는 자연상태에 관한 자신의 주장을 언급하면서, 모든 개인은 자유롭고 평등하게 태어나며 자기 부모의 권위에만 복종한다고 말한다. 우리가 어떤 정부에 복종할지 선택하든 그것은 선택의 문제이지 출생의 문제가 아니다.

'사리분별을 할 수 있는 나이'가 되었을 때 비로소 개인은 정부의 권위를 받아들이겠다는 동의의 징표를 통해 선택을 해야 한다. 로크는 이 징표, 즉 동의의 행위가 어떻게 주어지는지 분명히 밝히진 않는다. 독자는 로크가 국가 형태를 받아들이겠다고 맹세하는 일종의 서약 또는 시민의식을 언급하는 건 아닌지 의심할 것이다. "어떠한 사람도 그가 적극적인 협정이나 명시적인 약속 및 협약을 통해서 실제로 어떤 나라에 가입하지 않는 한, 그 나라의 신민이나 구성원이 될 수 없다"고, 로크는 122절에서 쓰고 있다. 그런 명시적인 약속 및 협약은 한 사람을 "영구적으로, 또 필연적으로, 변경할 수 없이 그 나라의 신민으로 남아" 있게 만든다.(8장 121절)

이 대목에서 로크가 합의라는 관념을 얼마나 진지하게 생각하는지 짐작할 수 있다. 한 사람의 말이 곧 그 사람을 옭아매는 족쇄다. 정부에 의견을 말하거나 동의한다는 것은 가벼이 가입하는 행위가 아니라 평생의 서약을 암시한다. 이는 또한 시민권에 대한 로크의 관점이 우리 관점과 얼마나 다른지 보여준다. 로크에게는 적극적으로 동의한 사람들만 완전한 시민이 된다. 그러나 우리 체제에서 이렇게 로크의 방식으로 동의한 사람들은 공식적인 절차를 통해 우리가 살고 있는 정부 형태에 대한 지지를 맹세한 사람들, 이른바 '귀화' 시민들뿐이다.

다른 모든 사람은 '암묵적' 동의를 했을 뿐이라고 로크는 주장한다. 그러나 암묵적 동의는 어떻게 얻어질까? 대놓고 표현하지 않았는데 어떻게 동의한다고 추측할 수 있단 말인가? 이는 로크가 깊이 생각하지 않은 문제이다. 그는 우리가 우리 자신과 재산의 안전을 누려왔다면 이는 우리의 동의를 뜻할 수 있다고 주장한다. 예를 들어 결혼식에서 목사나 치안판사가 "지금 말씀하시든가 아니면 영원히 침묵을 지키"라고 청중에게 요구할 때, 이는 그 결혼의 정당성에 대한 청중의 동의를 구하는 것이다. 일반적으로, 즉 영화 속 이야기가 아니라면 사람들은 침묵하고, 침묵은 동의를 암시한다. 그러나 어떤 상황에서 침묵이 동의가 되는지, 또는 침묵이 단순한 침묵인지 실제로 어떻게 알 수 있을까? 침묵은 위협이나 협박의 결과일 수도 있다. 침묵의 의도를 추론하는 데에는 항상 이런 문제가 있다.

"신과 같은 군주"

로크의 합의 원칙은 특정 형태의 정부를 지지하는 것처럼 보이지는 않는다. 정부 형성의 과제는 다수의 결정에 따르겠지만, 다수가 어떤 형태를 선택할 것인가 하는 문제는 해결되지 않은 채 남아 있을 수밖에 없다. 로크의 견해가 독특한 목소리를 띠는 것은 다수가 어떤 유형의 정부를 결정하든, 그 정부는 주권자의 권력을 제한하는 것이 되어야 한다는 주장 때문이다.

어떤 유형의 정부가 최고의 정부인가 하는 문제에 대한 로크의 답은 한마디로 힘, 특히 군주나 행정부의 힘을 견제하는 체제이다. 비록 우리는 견제와 균형이라는 원칙의 아버지로 로크보다 반세기 뒤에 글을 썼던 위대한 몽테스키외를 떠올리지만, 로크는 이른바 "권력의 종속"을 다루고자 『통치론』의 여러 장을 할애한다. 권력의 분리 또는 종속에 관한 로크의 이론은 우리 시대의 행정, 입법, 사법 권력의 헌법적 분리와는 약간 다르다.

우선 로크는 입법권의 우위를 강조한다.(사실상 계속해서 확인시킨다.) 그는 "모든 국가의 기본이 되는 최초의 실정법은 입법권을 확립하는 것이다"라고 천명한다.(11장 134절) 이는 영국에서 의회 우위의 원칙을 뜻했다. 정부에서 법을 만드는 권력기구가 최고라는 말이다. 이미 정착된 법이나 잘 알려진 법보다 중요한 것은 없다. 이런 법은 독단적 규칙을 막는 울타리 역할을 한다. 정부의 목적은 자연상태로 돌아가는 위험을 해소하는 것(홉스가 믿었던 것처럼)이라기보다 우리 생명과 재산에 대해 독단적 권력을 휘두르는 폭군적 또는 전제적 주권자의 출현 가능성을 방지하는 것이다.

여기에 로크와 홉스의 가장 큰 차이점이 있다. 홉스는 통합된 한 주권자의 힘을 확고하게 옹호했던 반면, 로크는 비대한 행정권의 위험성을 계속해서 경고한다. 『통치론』에 나오는 몇 안 되는 농담 중 하나로, 로크는 『리바이어던』의 다음 구절을 이야기한다. "이러한 상황은 마치 인간이 자연상태를 떠나 사회로 들어가면서, 한 사람을 제외한 모든 사람은 법률의 구속하에 있어야 하지만, 그 한 사람만은 자연상태에서 누리던 모든 자유를 여전히 보유할 뿐만 아니라, 그 자유를 권력으로 증대시키고 또 무절제하게 사용하더라도 책임을 묻지 않겠다고 합의하는 것이나 다름없다. 이는 인간이 긴털족제비나 여우로부터 받을지 모르는 해악을 피하기 위해서는 조심을 하면서도, 사자에게 잡아먹히는 데는 만족하거나, 심지어 안전하다고 생각할 정도로 어리석다고 생각하는 것과 같다."(7장 93절) 이것은 로크의 또다른 동물우화의 예이다. 홉스는 현실적인 문제를 밝혀내기는 했으나, 그가 제시한 치유책은 그 해악보다 더 나빴다. 홉스에 대한 로크의 답은 다음과 같다. 즉 당신이 자연상태에서 힘들었다면, 과세와 징병의 권한으로 무장한 절대군주의 권력 아래서는 얼마나 더 힘들지 생각해보라는 것이다. 피해야 할 최악은 자연상태가 아니라 독단적인 권력의 사용이다.

그러나 위대한 입헌주의자이자 절대주의의 비판자였던 로크마저도 행정권의 필요성을 완전히 배제할 수는 없었다. 그는 종종 행정부(이것이 한 개인을 가리키는지 개인들의 집단을 가리키는지는 분명치 않다)가 마치 입법부의 대리자에 지나지 않는 것처럼 다루곤 한다. 행정부의 목적은 종종 입법부의 의지를 실행하는 것에 지나지 않는 듯 여겨진다. 로크에 따르면, 행정권은 그 자신의 법을 만드는 능력에서는 "입법권에 대해서 보조적이고 종속적"이다.(13장 153절) 로크의 입법부 우위 관점에서 행정부는 아주 하찮아 보인다.

그런데 로크는, 모든 공동체에서 전쟁과 평화의 문제를 다루는 정부 부서를 따로 둘 필요성이 있다고 주장한다. 그는 이것을 연합권 federative power이라 부른다. 모든 공동체는 저마다 다른 공동체들에 대해, 자연상태에서 모든 개인이 다른 모든 개인에 대해 가졌던 것과 같은 관계라고 그는 주장한다.(12장 145절) 뚜렷한 연합권, 즉 전쟁권은 국가들 간의 국제적인 분쟁 문제를 다루는 데 필요하다. 주목해야 할 어느 대목에서 로크는 이 권력은 "미리 제정된 상비적인 실정법"에 구애받지 않으며, "그것들을 관리하는 권한을 부여받은 자들이 국가의 이득을 위해서 자신들의 능력을 최대한 발휘하면서 관리할 수 있도록 대부분 그들의 신중한 재량에" 맡겨야 한다고 언급한다.(147절)

달리 말해 전쟁과 평화의 문제는 입법부에 맡겨둘 수 없다는 것이다. 그것은 강력한 리더십(완전히 깜짝 놀랄 표현으로 로크가 "신과 같은 군주"라고 일컫는)의 개입을 필요로 한다.(14장 166절) 극단적인 상황에서 행정부는 특권 사용을 요청해야 한다. "공공에 영향을 미치는 모든 사태와 필요성을 예견하고 이에 대처하기 위한 법률을 만드는 것이 불가능하기 때문"이다.(160절) 만일의 사태 혹은 비상시에는 공동체의 이익을 위해 자기 재량으로 행동할 권리가 행정부에 주어져야 한다. 그렇기에 로크가 "법률의 지시 없이도 공공선을 위해서 재량에 따

라 행동할 수 있는 권력"이라고 규정한 특권을 행정부에 부여하는 것이 필요하다.(160절)

로크가 말하는 재량권은 만일 일어날 수 있는 모든 상태를 법이 예견할 수 없기에 생긴 결과이다. 일어날 수 있는 모든 사건에 적용할 수 있는 법률을 우리가 만들 수 없다는 사실 때문에 공공의 안전을 위해 행동할 약간의 자유재량권을 행정부에 맡겨야 하는 필요성이 생긴다. 그 예로 로크는 화재가 동네 전체로 번지는 것을 막기 위해 어떤 개인의 집을 허물어야 할 필요성을 이야기한다.(159절) 로크의 예는 토지 수용권과 관련된 오늘날의 결정들을 떠올리게 한다. 특정 상황에서는 공공복지의 증진을 위해 정부가 토지 수용에 관한 법률에 따라 사유재산을 수용하는 것이 허용된다. 이를테면 학교 건설이나 공항 확장 등이 그렇다. 그러나 어떤 때 그런 행동은 권력 남용이 될까? 이는 공공선을 위한 자유재량권 사용의 예일까, 아니면 부당한 재산권 침해일까? 다시 말해 특정한 비상상황에서는 공공선을 위해 법조문 이상의 행동을 할 필요가 있다. 문제는 자유재량권이 헌법의 범위 안에 있는가, 아니면 일종의 초헌법적 권력인가이다. 그리고 행정부가 보유한 자유재량권의 한계는 어디까지일까? 혹시라도 이 권력의 사용과 남용을 제어하는 것이 있다면 무엇일까?

로크가 정확히 말하지는 않지만, 이 쟁점은 입헌정부에서 근본적으로 중요한 문제들을 제기한다. 예를 들어 전시戰時 행정권은 모든 것에까지 확대되는 것일까? 대통령 권한에 대한 전통적 제한(이를테면 제네바협정)이 비상상황에서는 축소될 수 있을까? 또는 그런 이탈이 입헌정부와 법치에 대한 파괴는 아닐까? 로크의 자유재량권 원칙이 보다 법률제일주의적인 정의와는 반대로, 행정권의 입법 영역을 크게 확장한다는 것은 분명하다. 그렇다면 로크는 우리에게 법률제일주의의 한계를 보여주는 걸까, 아니면 자유재량권을 변호하면서 절대주의의 무한한 영역을 위험하게 에둘러가는 걸까?

로크가 말하는 자유재량권의 범위에 대해선 독자 여러분께 판단을 맡기겠다. 그는 영국에서 "가장 현명하고 훌륭한 군주들"이 가장 큰 재량권을 행사했던 사람들이었다고 칭송한다. 그런 힘은 특히 국가의 안전과 방어를 위해 법치를 유예해야 할 수도 있는 국가적 위기나 비상시에 가동된다. 그런 시기에 군주는 국가의 생존을 보장하고자 전권을 행사할 권력을 자신에게 부여하는 자연법을 환기시킬 필요가 있다고 판단할지도 모른다. 로크가 법의 지침 없이 자신의 고유 권한에 따라 행동할 수 있는 독특한 힘을 인정한다는 것은 확실히 그의 입법 우위론과 충돌을 일으킨다. "신과 같은 군주"라는 로크의 언급은 마키아벨리의 "무장한 예언자"를 떠올리게 하며 법과 제한된 정부를 강조한 그의 노력을 깎아내린다. 행정부의 재량권이라는 관념이 입헌민주주의의 창시자라는 그의 명성에 의문을 품게 하는 건 아닐까? 로크는 이 역설을 알았을까? 나는 그렇다고 생각한다.[13]

로크의 자유재량권 이론은 오늘날 비상사태(9.11 사건 같은)나 예외적 상태의 문제를 마주하는 우리에게 특별한 울림을 가진다. 바이마르 시대 독일의 법이론가 카를 슈미트처럼 비상상태(예외적 상태)가 정치의 본질이며, 그 예외를 선언할 권한을 가진 사람 또는 집단이 주권자라고 믿었던 학자들도 있다. 슈미트의 관점에서 보면, 법규 같은 평범한 법치로는 부족하다고 판명될 때 정치가가 필요불가결하게 활용해야 하는 것이 초헌법적 권력이다. 설사 그런 광범위한 힘이 헌법에 의해 주어진 권력을 뛰어넘는다 해도, 예상치 못한 상황에 대처하기 위해서는 필요하다.

그러나 미국헌법에 의해 자유재량권이 부여되는 것이 가능한 일일까? 남북전쟁 동안 인신보호영장Habeas Corpus을 유예시켰던 링컨의 결정을 생각해보자. 링컨은 이 예외적 조치를 취할 때 오직 비상시에만 가능한 초헌법적 권력에 호소하지 않았다. 그는 독재의 위험성과 유혹을 크게 우려했지만 예외적 상황을 다루기 위해서 헌법이 예외적 힘을 부여한다고 효과적으로 주장했다. 그는 헌법을 인용한다. "반란 또는 외침外侵의 경우처럼 공공의 안전상 필요한 때를 제외하고는 인신보호영장의 특권은 유예되지 않을 것입니다."[14] 다시 말해 반란이 일어나거나 외부 침략이 있을 때에는, 공공 안전의 요구에 따라 행정부가 자유재량권을 행사한다는 조항이 헌법 자체에 포함되어 있다는 이야기다. 그렇지만 그런 주장이 관타나모 수용소의 포로 억류나 미국국가안전보장국NSA의 미국 내 사찰과 관련된 현재의 문제에도 적용될 수 있을까?

같은 장의 끝부분에 가서 로크는 이렇게 묻는다. 입법권과 행정권 사이에 갈등이 생길 경우 누가 판결(중재)할 것인가? 그는 정부의 상충하는 세력들 사이에 일어나는 헌법상 중대한 위기의 순간을 염두에 둔 듯하다. 로크는 그런 갈등의 경우에 "지상의 어떠한 재판관도 있을 수 없다"고 했다. "이 경우 인민은 하늘에 호소하는 것밖에는 다른 해결책이 없다."(14장 168절) "하늘에 호소"한다는 이 말에 얼마나 많은 뜻이 담겨 있는가!

로크는 하늘에 호소한다는 말을 통해 인민이 그들의 정부를 해산할 권리가 있다는 원칙을 밝힌다. 그는 책의 맨끝에 가서 이 문제를 다시 제기한다. 인민(또는 그 대표자들)과 행정부 사이에 갈등이 너무 커져서 사회적 신뢰의 조건 자체가 무너졌을 경우, 누가 판단할 것인가? 로크는 "인민이 곧 재판관"이라고 힘주어 답한다.(19장 240절) 다시 말해 모든 권력은 인민에게서 나와 인민에게 돌아간다.

로크는 혁명할 권리를 단언한다. 하늘에 호소함은 곧 무기에, 반란에 호소한다는 것이며, 새로운 사회계약을 만들 필요성을 뜻한다. 그는 법의 존엄성에 대한 믿음과 때로 법치를 우회해야 할 수도 있는 자유재량권의 필요성을 같이 묶으려 시도한다. 두 가지가 양립할 수 있을까? 행정부의 자유재량권이 시민들의 자유를 위협하지 않도록 헌법에 명시될 수 있을까? 로크는 설사 해결책을 내놓지 않을지라도, 시대를 초월한 이 문제를 우리에게 환기시킨다.

결국 로크는 혁명적이었지만, 온건하고 신중했다. 이것이 표현상 그렇게 심한 모순이 아니라면 말이다. 합의와 입법부 우위라는 로크의 원칙은 그를 급진적 민주주의자들의 영웅으로 만들 만했다. 제한된 정부와 재산권에 대한 믿음은 그를 입헌적 보수주의자들과 자유주의자들의 영웅으로 만들 만했다. 궁극적으로 로크는 둘 다 아니기도 하고 둘 다이기도 하다. 모든 위대한 사상가가 그렇듯, 그는 단순한 분류를 거부한다. 그러나 그가 근대 입헌 국가에 결정적인 표현 형태를 부여했다는 데에는 의심의 여지가 없다.

로크의 아메리카

로크를 읽은 이라면 누구든 그의 저작이 미국의 형성에 미친 심오한 영향을 인정하지 않을 수 없다. 자연법, 개인 권리, 합의에 의한 정부, 혁명할 권리 등에 관한 로크의 개념은 미국 독립선언문은 물론 미국 건국에 관련된 여러 문서에 영감을 주었다. 어느 정도는 로크에 대한 판단이 미국에 대한 판단임을 말해주며, 그 역도 마찬가지다. 로크는 (어떤 철학자든 어느 정도는 그렇지만) 미국의 철인왕philosopher-king이다. 그렇다면 로크 사후 300년이 지난 지금 우리는 그를 어떻게 생각해야 할까?

로크와 미국 사이의 관계는 오랫동안 대체로 긍정적으로 여겨졌다. 역사학자들과 정치이론가들이 보기에 미국의 정치적 안정성, 제한된 정부 체제, 시장경제는 로크의 원칙에 의거한 광범위한 사회적 합의의 결과였다. 그러나 이를 문제적 관계로 보는 이들도 많았다. 유명한 역사학자 루이스 하츠는 미국의 '비이성적 로크주의'에 대해 불평했다. 그가 말하는 비이성적 로크주의란 로크식 이상에 폐쇄적으로 몰두함으로써 여타 정치적 대안이나 가능성을 차단해버린다는 뜻이었다. 다른 이들에게 로크는 전적으로 시장 관계에 초점을 맞춘 '소유의 개인주의'라는 협소한 윤리를 합법화한 사람이었다. 또 일부에서 보기에, 로크가 권리를 강조한다는 것은 공동선, 공공의 이익, 또는 나머지 집

단 선에 관해 말할 여지가 전혀 없는 법률제일주의적 정치관을 드러내는 것이었다.[15]

그러나 오늘날 로크의 자유주의 이론은, 똑같이 자유주의 전통에 깊이 뿌리를 둔 또다른 대안을 맞닥뜨리고 있다. 바로 널리 읽히고 찬사를 받은 존 롤스의 『정의론』이다.[16] 롤스의 책은 여러 면에서, 현대 철학 및 게임이론의 통찰과 기술을 통해 자연상태와 사회계약에 관한 이론을 일신하려는 현대적 시도이다. 지난 세대에 나온 영미 정치철학서 중 가장 중요한 저술임이 틀림없다. 이 책은 로크에서 시작해 칸트와 존 스튜어트 밀이 발전시킨 자유주의 철학 전통 안에 스스로를 위치시킨다. 롤스는 그 전통을 완성된 혹은 완벽한 형태로 제시하고 싶어한다.

롤스의 『정의론』은 그 전통 중에서도 나머지 모든 것을 파생시킨 권리에 관한 이론과 궤를 같이한다. 다음 명제를 살펴보자.

> 로크: "모든 사람은 자신의 신체에 대해 소유권을 가진다. 그 소유권에 관해서는 오직 그 사람 자신을 제외한 어느 누구도 권리를 가지고 있지 않다." (5장 27절)
>
> 롤스: "모든 사람은 정의에 근거한 불가침성을 가지고 있다. 전체로서 사회의 행복조차 그것을 짓밟을 수 없다. 이런 이유에서 정의는, 일부 사람의 자유 상실이 나머지 사람들에게 돌아간 더 큰 선에 의해 정당화된다는 점을 부정한다."[17]

여기까지는 좋다. 두 저자 모두 정의론을 제시하고 있고, 자유와 평등이라는 자유주의 원칙에 의거해 그 이론을 정당화한다. 둘 다 정부의 목적이 정의의 조건을 보장하는 일이라 여기며, 정의는 피통치자들의 동의(내용을 알고 결정한 동의)에서 나온다고 여긴다. 그러나 이들의 견해는 권리의 원천을 둘러싸고, 즉 정의의 조건을 보장하는 정부의 역할을 둘러싸고 크게 엇갈린다.

로크에게 권리는 자기 소유권 이론에서 나온다. 이 관점에 따르면 모든 사람은 자신의 신체에 대해 소유권을 가진다. 다시 말해 어느 누구도 우리의 신체 또는 우리 자신에 대해 어떤 권리를 가지지 못한다. 로크는 자기 소유권이라는 암반 위에 자연과 정의, 제한된 정부라는 건물을 짓는다. 우리가 정체성(도덕적 인격이라 부를 수 있는)을 가지는 것은 오직 우리만이 우리 자신을 만들어갈 책임이 있다는 사실 때문이다. 우리는 말 그대로 우리 자신이 만든 산물이다. 우리는 우리 자신의 활동을 통해 우리를 만들며, 우리에게서 가장 특징적인 활동은 우리가 하는 일이다.("그의 신체가 행한 노동과 그 자신이 손수 행한 작업은 당연히 그의 것이라고 말할 수 있다.") 로크의 원칙은 세계는 우리 자신이 만든 산물, 우리 자신의 자유 활동의 산물이라는 것이다. 자연이 아니라 자기 자신이 모든 가치의 원천이다. 권리의 고유한 원천은 바로 자기 자신이다. 정부가 할 일은 가장 넓은 의미에서의 우리 재산, 즉 우리에게 고유한 모든 것을 보장하는 것이다.

자유의 원천에 대한 로크의 이론을 롤스의 이론과 대조해보자. 롤스는 자신의 정의 개념에 이른바 '차등의 원칙'을 덧붙인다. 이 원칙은 우리의 타고난 자질들(우리의 재능, 능력, 가족의 배경과 역사, 사회적 위계에서 차지하는 자리)이 도덕적 관점에서 보면 완전히 임의적인 것이라고 주장한다. 그것들은 단언컨대 '우리 것'이 아니다. 그것들은 우리에게 속하지 않으며, 누구든 수령인 자격이 전혀 없는 임의적인 유전자 복권의 결과이다. 그 결과 나는 더이상 내 자산의 유일한 소유주, 또는 거기서 발생하는 장단점의 유일한 수령인으로 볼 수 없다. 행운(마키아벨리의 운fortuna)은 지극히 임의적이며, 따라서 나는 소유자가 아니라, 내가 소유할지 모를 어떤 재능, 능력, 자질의 한낱 수령인에 불과하다고 봐야 한다.

롤스의 원리가 가져온 결과(그리고 로크식 자기 소유권과의 차이)는 더할 수 없을 만큼 놀랍다. 로크식 정의론은 능력주의를 지지한다. 때로 이 능력주의는 기회의 평등이라 일컬어졌다. 다시 말해 어떤 사람이 자신의 자연적 자산을 가지고 행한 것은 전적으로 그 사람의 것이라는 뜻이다. 누구도 우리 노동의 산물에 간섭할 도덕적 권한이 없다. 그 산물에는 "우리 신체가 행한 노동과 우리가 손수 행한 작업"뿐 아니라 우리의 지능과 타고난 자질도 포함된다. 반면 롤스에게 우리의 자질은 애초부터 결코 우리 자신의 것이 아니다. 열심히 일하는 능력, 지능, 야망, 그리고 행운은 당연히 우리 것이 아니다. 그것들은 전체 사회가 공유해야 하는 공동 소유물, 집단 소유물의 일부이다. 다음 구절을 살펴보자. "그 차등 원칙은 사실상 저마다 타고난 재능의 분배를 공동자산으로 여기고, 이 분배의 혜택이 무엇이든지 그것을 공유하겠다는 동의를 나타낸다."[18]

이 공동 자산 개념은 롤스의 분배 정의와 복지국가 이론을 끌어들인다. 로크의 사유재산과 제한 정부 개념을 정당화하는 것이 그의 자기 소유권 이론이었던 것과 마찬가지다. 롤스의 관점에 따르면, 정의는 '최소 수혜자', 즉 유전자 복권에서 가장 안 좋은 경우를 당한 사람들의 이익을 위해 구성된 사회적 장치를 요구한다. 롤스가 보기에 사회는 사회적 불평등을 바로잡는 데 몰두할 때, 그가 최소 수혜자라고 부른 사람들의 이익에 봉사할 때에만 정의롭다. 우리의 공동 자산을 재분배한다고 해서 개인의 존엄성이 침해받지는 않는데, 왜냐하면 우리 노동의 결실은 처음부터 진정 '우리 것'이 아니었기 때문이다. 자기 소유권 이론이 자기 자신, 우리의 도덕적 개인주의를 도덕적으로 정당화하는 로크의 경우와는 달리, 롤스의 차등 원칙은 우리는 결코 우리 자신의 것만은 아니며 항상 '우리'의 일부, 그것의 공동 자산을 전체의 이익에 재분배할 수 있는 한 사회 집단의 일부라고 주장한다.

로크와 롤스는 각자 자유주의 국가에 근본적으로 다른 전망을 제시한다. 한쪽은 광범하게 자유주의적이며, 다른 한쪽은 광범하게 평등주의적이다. 한쪽은 자유를 강조하고 다른 한쪽은 평등을 강조한다. 두 관점 모두 특정한 공통 전제에서 시작되었지만, 저마다 아주 다른 방향으로 나아간다. 로크의 자기 소유권 이론에서 정치 공동체는 개인과 재산에 대한 우리의 자연권을 보호하는 것으로서 대체로 부정적인 관점에서 다루어진다. 롤스의 공동 자산 이론에서 정치 공동체는 공동의 이해를 위해 개인적 노력의 산물을 재분배하는 데 적극적인 역할을 하는 것으로서 긍정적으로 다루어진다. 문제는 이 두 관점 중 어느 것이 더 타당한가이다.

내가 보기에 롤스보다는 로크가 미국의 이론과 실제에 훨씬 더 가깝다. 미국인의 자유헌장인 독립선언문은 각 개인이 생명, 자유, 행복추구 같은 특정의 '양도할 수 없는 권리'를 부여받았다고 천명한다. 이 마지막 구절의 불확정성 자체는 자신의 행복을 결정할 개인의 권리를 강조한다. 이와 더불어 우리 각자가 타고난 재능과 능력의 풍부한 다양성은 물론 그런 다양성에서 파생되는 불평등까지 허락하는 정부 형태를 암시한다. 비록 독립선언문은 정부의 첫째 과제 중 하나로서 분명하게 정의의 확립을 의도하지만, 그러기 위해 우리의 개인적 자산을 전면적으로 재분배해야 한다고 암시하는 구절은 어디에도 없다. 사실 정부가 불평등을 바로잡는 데 적극적으로 개입하는 정도로(그리고 그 정도만큼만) 정의롭다는 롤스의 주장은 지금까지 존재해왔던 모든 정부 위에 불법이라는 먹구름을 드리울 것이다. 아울러 이 관념은 플라톤, 아리스토텔레스, 키케로, 마이모니데스, 토마스 아퀴나스 같은 사상가들에게는 새로운 만큼이나 다르게 다가갔을 것이다. 이들 모두 사회가 고도의 개인적, 집단적 탁월함을 달성하기 위해서는 사회적 불평등이 필요하다고 믿었기 때문이다.

한편, 롤스는 비록 불평등의 도덕적 폐해를 분명하게 주시하고 있으면서도, 불평등을 바로잡을 현실의 정치 메커니즘에 관해서는 순진하게 생각하는 것 같다. 그는 최소 수혜자들의 이익을 위해 일하는 정부를 원하지만, 그러려면 제한된 입헌정부를 뛰어넘는 권리를 누가 얼마만큼 많이 가질지 결정하기 위해 광범위하고 종종 임의적인 사법권을 사용해야 할 것이다. 두 원칙의 밑바탕에는 법에 대해 매우 다른 두 개념이 있다. 로크에게 법이란 분쟁의 심판을 위해 사용되는 알려진 규칙이다. 롤스에게 법이란 희소한 자원을 분배하면서 '공정함'을 고려하는 것이다. 롤스에게 법은 단순히 절차가 아니라 실질적 결과이다. 법은 규칙과 관계된 것이 아니라 규제와 관계된 것으로, 특정의 합리적 경쟁자들은 규제가 재화의 공정한 분배라는 데 동의할 것이다. 롤스의 저작을 가장 뜨겁게 환영한 사람들이 최대 수준의 사회적 평등을 달성하고자 집단 자산의 재배열을 목표로 하는 현대의 규제 정책 옹호자들이라는 사실도 놀랍지는 않다.

우리가 로크에게로 돌아가는 것은 (설사 그런 회귀가 가능하다 해도) 우리를 괴롭히는 것들에 대한 만병통치약이 결코 아닐 것이다. 일부 역사학자(루이스 하츠가 가장 유명했다)는 미국이 독특하게 로크식 토대 위에 건설된 국가라고 생각한다. 더욱 급진적인 형태의 근대성이 점점 더 지배하는 세계에서 미국은 여전히 로크의 유물로 남아 있다고 하츠는 믿었다. 사실 미국인들의 고집스러운 로크주의는 19세기 대부분과 20세기 내내 유럽 대륙을 특징지었던 극단적인 이데올로기 양극화와 갈등을 막아주었다. 그러나 후기 근대성의 충격파로부터 보호해주었던 일종의 이론적 기형으로서의 미국의 이미지는 오래 지속될 수 없다. 로크에게로, 또는 미국 설립자들의 언어로 돌아가자고 주장하는 사람들은 우리 체제의 성격에 접목되어왔던 이후의 발전들(낭만주의, 진보주의, 포스트모더니즘)에는 무지하고 관심도 없다. 조지프 크롭시는 이렇게 주장한다. "미합중국은 근대성이 스스로를 단련하는 무대이다. 건국 문서들은 거대한 논쟁의 전제이자 그에 따른 명제이며, 근대 사상이 부패했거나 부패해가는 순간들이 그 명제 안에 있다."[19]

자기이익이라는 '저급하지만 견고한' 토대 위에, 안락한 자기보존에 대한 욕구 위에 근대적 공화주의 정부를 건설하려는 로크의 노력은 불만족스러운 형태를 탄생시킬 수밖에 없었다. 행복 추구에 바쳐진 체제가 인간 영혼의 가장 깊은 열망을 만족시킬 수나 있을까? 재산의 합리적 축적에 몰두하는 체제가 명예, 고결함, 나라 사랑, 희생 같은 고차원적 덕목에 대한 요구에 응답할 수 있을까? 고통, 불편함, 불안을 피하는 데 전념하는 체제가 현대적 형태의 쾌락주의와 허무주의 이상의 어떤 것이라도 낳을 수 있을까? 로크식의 근대성 개념에 대해 우리가 가진 불만족을 제대로 이해하려면 근대성의 가장 위대한 비평가 장자크 루소를 돌아보는 일이 중요하다.

10장

루소, 문명과 문명의 불만

장자크 루소(1712~1778). 캔버스에 유채.(사진 제공: The Art Gallery Collection / Alamy)

흔히 루소는 자유주의 비판자, 즉 로크가 표현했던 시민적 권리와 제한 정부에 기반한 일종의 재산 소유 사회를 비판한 이로 여겨진다. 그러나 이렇게 루소를 로크식 자유주의의 비판자로 보는 것은 근시안적 관점이다. 루소는 앙시앵레짐ancien régime[구체제]의 산물이었다. 그는 루이 14세가 사망하기 2년 전인 1712년에 태어나 프랑스혁명이 일어나기 10년 전인 1778년에 세상을 떠났다. 그는 기울어가는 절대주의 시대에 평생을 살았다. 루소는 자신이 과도기를 살고 있음을 인식했지만, 그뒤에 정확히 어떤 시대가 올지는 분명히 알지 못했다. 그는 역사적, 정치적 신기원을 여는 새 시대를 앞두고 주춧돌이 되고자 기대하는 사람이 가지는 열정과 강도로 글을 썼다. 그리고 실제로 그렇게 되었다.[1]

루소가 프랑스인이라고 오해하지 말기 바란다. 그는 스위스인이었다. 그는 서명할 때 자기가 태어난 도시 이름을 밝히며 "주네브 시민Citoyen de Genève"이라고 자주 쓰곤 했다. 그는 시계공의 아들로 태어났으나 아버지는 지역 당국과 사이가 틀어진 뒤 가족을 버렸다. 어린 루소는 조각사의 도제가 되었지만 16세 때 영원히 주네브를 떠났다. 그뒤 16년 동안 때로 음악 교사이자 악보 필경사로 일했다. 베네치아에서는 프랑스 대사의 비서로 근무했고 자기보다 한참 나이 많은 부유한 여인의 연인이 되기도 하면서 다양한 삶을 살았다. 1744년 파리로 이주한 뒤, 루소는 파리 문학계의 변두리에서 근근이 살다가 1750년에 『학예론』을 출간했다. 이 저작은 그에게 명성을 안겨주었다. 『인간 불평등 기원론』(이른바 『제2론』[『학예론』의 후속편])은 5년 뒤에 출간되었다. 『사회계약론』과 정치교육에 관한 주저 『에밀』은 둘 다 1762년에 나왔다. 루소는 큰 성공을 거둔 오페라 〈마을의 점쟁이〉의 작곡가이기도 했다. 이 작품은 루이 15세의 궁정에서 공연되었는데, 그는 생애 말년까지 계속해서 악보 필경사로 돈을 벌었다. 이 시기에 내연의 아내 사이에서 다섯 아이를 두었으나 모두 고아원에 버렸다. 그는 다양하고 많은 저술을 남겼다. 자서전도 여러 권을 남겼는데, 그중 하나는 (성 아우구스티누스의 책제목을 본뜬) 『고백록』이었고, 『루소, 장자크를 심판하다』는 대화 형식으로 쓰였다.[2]

역사학자들과 정치이론가들은 루소가 남긴 업적의 성격에 종종 당황한다. 그는 자신의 저서를 통해 프랑스혁명의 급진적 양상을 일깨운 혁명가였을까? 어쨌거나 『사회계약론』은 "인간은 자유롭게 태어났지만 어디에서나 사슬에 묶여 있다"는 선동적인 문장으로 시작한다. 고대 스파르타와 로마의 엄격한 정치 윤리를 본받자는 호소와 함께, 인민이 주권의 유일한 근원이라는 루소의 믿음은 뒤이은 시기의 혁명 정치에 중요하게 작용했다. 아니면 루소는 『인간 불평등 기원론』에서 느껴지듯 일체의 사회적 구속에서 우리를 해방시키려 했을까? 이 저술은 훗날 영국의 윌리엄 워즈워스나 미국의 헨리 데이비드 소로와 관련되는 낭만적 개인주의의 밑거름이 된다. 자연에 대한 단도직입적인 호소와 농민 생활의 소박함에 대한 찬양은 톨스토이를 비롯해 농촌 공동체 유토피아 사상의 수많은 사회 실험으로 나아가는 문을 열어준다.

루소의 영향은 다방면에 걸쳐 다양하다. 그는 계몽주의로 불리는 정치적, 지성적 운동을 완성의 최고 단계(적어도 에드먼드 버크의 생각에 따르면)로 이끌었지만, 한편으로 계몽주의를 가장 심도 있게 비판한 사람 중 한 명이었다. 루소는 드니 디드로를 비롯한 여러 저자와 가까이 지냈고 『백과전서』의 기고가로도 활약했다. 그러면서도 학문과 예술의 진보가 공동체의 도덕 생활에 미친 영향을 혹평했다. 그는 자신의 글에서 서로 다른 여러 입장을 표명했다. 문명화된 인간을 향해서는 자신이 미개인이라 부른 이들을 옹호했고, 엘리트를 향해서는 가난하고 착취당한 자들의 편에 섰으며, 당대의 세련된 지식인들에 대해서는 주네브의 충성스러운 아들이자 시민의 입장이었다. 루소는 어떤 사람이었고 무엇을 옹호했을까? 바로 그것을 알아보려 한다.

추측의 역사와 자연과학

많은 독자가 『인간 불평등 기원론』을 루소의 가장 위대한 저작으로 꼽는다. 18세기 사람들은 이런 책을 추측의 역사라고 불렀다. 실제로 이 책은 역사를 철학적으로 재구성한 일종의 철학적 역사이다. 과거에 실제 일어났던 일이 아니라 역사가 의미를 가지기 위해 일어났어야 했던 일을 재구성한 것이다. 이 책을 시작하면서 루소는 비바람에 심하게 풍화되어 신의 모습이라고는 찾아볼 수 없는 글라우코스의 석상을 역사의 효과에 비유한다.(『인간 불평등 기원론』, 124쪽)[원문 출처는 앞의 '주요 참고도서' 참조] 이는 역사가 우리에게 해온 작용이다. 역사는 인간 본성에 큰 영향을 주고 변화시켜왔기 때문에, 우리가 인간 본성이 무엇인지 이해하고자 한다면 일종의 생각 실험을 통해 역사를 재구성할 필요가 있다.

루소는 『인간 불평등 기원론』에서 자신이 사용한 이런 방법을 물리학자와 우주론자가 우주의 기원을 생각하는 과정에 비견한다. 세계가 정확히 어떻게 형성되었는지 이해하고자 끌어낼 수 있는 경험적, 물리적 증거는 전혀 없다. 우리는 그저 구할 수 있는 증거를 바탕으로 추론과 추측을 할 수 있을 뿐이다. 따라서 루소는 가장 흥미로운 한 문장에서 이렇게 말한다. "그러므로 그 모든 사실을 배제하는 것에서부터 시작하자. 왜냐하면 그것들은 질문과 전혀 관련이 없기 때문이다."(132쪽) 그가 추구하는 연구는 역사적 진실로 받아들여서는 안 되며, 다만 "가설적이고 조건적인 추론"으로 여겨야 할 것이다. 달리 말해 그가 펼치려는 역사는 하나의 실험, 특정 화석이나 유골의 존재로부터 동식물 생태의 발달을 추론하려는 지질학자의 실험과 매우 비슷하다.

루소는 자신의 저술이 잠정적이고 실험적이라고 말하고는 있지만("나는 과감히 추측해보았다"), 동시에 자신의 발견을 지극히 확신하는 듯한 모습도 지울 수 없다. 특히 그는 고대인이건 근대인이건 선학들의 연구를 논의하면서도 부정한다. "사회의 기초를 검토했던 철학자들은 하나같이 자연상태에까지 거슬러올라갈 필요를 느꼈다. 하지만 그들 중 누구도 거기까지 이르지는 못했다." 루소는 마침내 금을 캐낸 자는 자기 혼자뿐이라고 믿는다. 그는 이렇게 밝힌다. "오 인간이여. 당신이 어느 나라 사람이든 그리고 어떤 의견을 가지고 있든 내 말에 귀 기울여보라. 거짓말쟁이들인 당신 동료 인간들의 책 속에서가 아니라, 절대로 거짓말을 하지 않는 자연 속에서 내가 읽어냈다고 믿는 그대로의 당신 역사를 이제부터 말해보겠다."(133쪽) 루소는 인간 본성이 이제 비로소 처음 밝혀질 것이며, 시민사회의 역사가 설명될 것이라고 주장한다.

자연인

루소는 자신이 자연상태라고 부르는 가상의 상황에서 인간 본성을 찾으려 함으로써 위대한 선학들인 홉스와 로크의 발자취를 따른다. 그는 홉스와 로크가 올바른 길을 갔지만, 그 문제의 깊이를 진지하게 받아들이지는 않았다고 본다. 본성을 진지하게 받아들인다는 것은 무슨 뜻일까?

인간 본성을 원래 그대로 이해하기 위해서는 일종의 생각 실험이 필요하다. 우리가 역사, 관습, 전통을 통해 획득해온 모든 것을 양파처럼 한 꺼풀씩 벗겨내야 하는 것이다. 따라서 홉스가 인간은 원래 호전적인 기질이 있다고 생각할 때, 루소는 이것이 옳은 설명일 수는 없다고 생각한다. 전쟁이나 우리를 전쟁으로 이끄는 정념은 우리가 일단 사회 안에 존재해야만 생겨날 수 있다. 즉 모든 사회관계가 존재하기 이전의 자연인에게는 아마도 유효할 수 없을 것이다. 로크도 마찬가지다. 로크는 자연상태의 인간에게 합리성, 근면성, 물욕 같은 특질이 있다고 생각하지만, 이런 특질 역시 사회 안에서만 드러날 수 있다. 재산은 개인 간의 사회관계에 따라오는 것인데, 자연상태의 인간은 사회 이전의 동물이다. 루소가 보기에 인간 본성은 선학들이 상상할 수 있었던 것보다도 훨씬 더 아득하고 이상한 것임이 분명하다.

루소의 자연인은 사실 우리가 충분히 인간으로 알아볼 만한 그 어떤 존재보다 동물에 훨씬 가깝다. 루소는 일부러 인간을 동물화한다. 아리스토텔레스는 인간이 언어를 가지고 있기 때문에 이성적인 존재라고 말했지만, 루소는 이 또한 틀렸다고 본다. 언어는 사회에 의존하며 말 그대로 수많은 세대를 거쳐야 비로소 발달할 수 있다. 언어는 자연인의 소유물일 수 없다. 인간 본성은 동물의 본성과 거의 다르지 않다. 루소는 오랑우탄과 다른 동물 종들에 관해 배우면서 기뻐한다. 그 중 몇몇은 유럽인이 최근에야 발견한 동물이었다. 다윈보다 한 세기 앞서 그가 자신의 책에 『종의 기원』이라는 제목을 붙였어도 무리가 없었을 것이다.

인간과 나머지 종들 간에 공통된 특징이 많기는 하지만, 루소는 인간을 동물과 구분짓는 두 가지 자질을 명시한다. 첫째는 자유, 또는 그가 자유로운 주체라 부르는 자질이다. "내게 모든 동물은 자연으로부터 스스로 활력을 되찾고, 자신을 파괴하거나 고장내려는 경향이 있는 모든 것으로부터 어느 정도까지는 자신을 보호하도록 감각을 부여받은 정교한 기계 같기만 하다. 나는 인간의 몸도 꼭 그렇게 보인다. 차이라고는, 동물의 활동에서는 자연만이 모든 것을 마음대로 행하는 반면, 인간은 자유로운 주체로서 자연의 활동에 협력한다는 것뿐이다." (140쪽)

자유 또는 자유로운 주체의 관념도 겉보기에는 홉스나 로크와 비슷해 보인다. 그들 역시 자연상태에서는 모든 인간이 자유롭고 평등하다고 주장하지 않았던가? 자연에서 시민사회로 이행할 수 있게 해준 것은 정확히 우리의 자연적 자유와 평등 아니었던가? 그러나 루소에게는 다른 점이 있다. 홉스와 로크에게 자유란 이것 아니면 저것을 선택할 자유를 뜻한다. 의지를 실천하고 우리 주변의 다른 사람들에게 방해받지 않을 자유 말이다. 루소도 그렇게 믿지만, 여기에 다른 무엇을 덧붙인다. 그는 같은 대목에서 인간의 이른바 '개선 가능성perfectibilité'을 자유와 연결한다. 그가 이 용어로 말하려는 바는 무엇일까?

개선 가능성이란 변화에 대한 우리의 개방성(사실상 무한한 개방성)을 암시한다. 하나의 종으로서 우리는 저것이 아닌 이것을 할 자유만 가지고 있는 건 아니다. 우리에겐 저것보다 이것이 될 자유도 있다. 변화에 대한 개방성은 우리가 시간을 거치면서 변하기 쉽다는 걸 설명해준다. 우리는 독특하게도 한 종으로서 충분히 결정되지 않은 존재다. 그것은 우리 본성이 어떤지 미리 정해지지 않았음을 뜻한다. 독특하게도 우리 본성은 상황이 바뀜에 따라, 예측하지 못했던 새 상황에 적응함에 따라 스스로를 바꾸고 변화시키는 데 적합하다. 개선 가능성은 개인들의 특징이라기보다 우리 종의 특징이다. 홉스와 로크는 자연상태에서 시민사회로 이행하더라도 인간 본성 자체는 어느 정도 변하지 않는다고 추정했지만, 루소는 인간 본성이 시간이 흐르는 동안 거대한 '혁명'을 겪어왔다고 믿는다. 그는 "거의 무한한 그 능력이 인간의 모든 불행의 원인"이라고 주장한다.(141쪽)

루소는 자유(개선 가능성)만이 우리의 유일한 자연적 특징은 아니지만, 그것은 우리가 되어온 거의 모든 것에 대해 책임이 있다고 지적한다. 우리에게는 자유 말고도 루소가 동정심pitié이라 부르는 능력도 있다. 여기서 루소는 그의 가장 특징적인 모습, 낭만주의의 창시자다운 모습을 보여준다.

인간은 이성적 동물, 생각하는 존재, 데카르트식의 코기토cogito가 아니라 감성적 존재다. 우리는 감각만이 아닌 감수성까지 함께 가졌다. 루소는 동정심이 우리의 본원적 본성의 일부라고 추정할 만한 온갖 유형의 증거를 찾아낸다. 그는 모든 종의 동물이 같은 부류에 속한 또다른 동물의 고통이나 괴로움을 목격하기를 꺼린다는 사실을 발견한다. 그러나 우리가 자신과는 아무 관계가 없는 다른 사람의 불행에 눈물을 흘린다는 사실은 우리에게 감수성이 있다는 증거이다. 우리는 영화를 보면서 우는 걸 즐기지 않는가? 우리에게 영향을 줄 수 없는 허구의 존재인 킹콩의 죽음에 연민을 느끼는 것이 이성적일까? 인간은 감성적 존재다. 너무나 감성적이기 때문에 루소는 여기서 우리의 '선천적 선함'에 대한 증거를 찾았노라고 선언한다. 루소는 왜 이 특질을 강조할까?

텔레비전에 필 박사와 다른 수많은 자기계발 전문가가 등장하기 오래전, 루소는 "감정에 몸을 맡"기라고 가르쳤다. 그러나 자연인이 상냥하고 동정적일지는 몰라도 일단 사회를 만들어 살게 되면 이런 감성은 더욱 강력한 다른 정념에 쉽게 압도된다. 오직 사회에서만 발생하는 이성은 우리를 서로 등지게 한다. 우리는 다른 사람들에게 마음쓰기를 중단하고, 계산하며 돈만 바라게 된다. 이성의 발달은 이기심과 자기중심주의를 더욱 강화한다. 루소는 말한다. "자기편애를 낳는 것은 이성이며, 자기편애를 강화하는 것은 성찰이다."(153쪽) 이성의 발달은 악의 발달을 지원하면서 우리의 타락을 재촉한다. 『인간 불평등 기원론』의 과제는 지금까지의 인위적이고 부패하고 타산적인 모습을 벗어 버리고 우리의 자연적 자아를 회복하는 것이다.

재산과 불평등의 기원

『에밀』은 이런 문장으로 시작된다. "조물주의 손에서 나온 모든 것은 선하지만 인간의 손에 들어온 모든 것은 타락한다."[3] 이는 『인간 불평등 기원론』을 관통하는 사고와 거의 같다. 이 책은 본래 강하고 독립적이고 자유로운 인간이 어떻게 사회 속에서는 약하고 의존적이고 노예처럼 살게 되었는지 보여주려는 시도이다. 어떻게 그리 되었을까? 미개인sauvage(루소가 굉장한 애착을 갖고 쓰는 단어)은 어떻게 시민이 되었을까? 자연인은 어떻게 부르주아가 되었을까?

이 질문에 대한 답은 한 단어로 요약할 수 있다. 재산. 『인간 불평등 기원론』 2부의 첫 문장은 이렇다. "한 땅에 울타리를 치고 '이것은 내 것이야'라고 말할 생각을 해내고, 다른 사람들이 그 말을 믿을 만큼 순진하다고 생각한 최초의 인간이 문명사회의 실제 창시자다."(161쪽) 로크도 당연히 동의할 법하다. 그런데 루소는 계속해서 다음과 같이 말한다. "말뚝을 뽑아버리거나 땅의 경계로 파놓은 도랑을 메우면서 동류의 인간들에게 이렇게 고함을 친 사람이 있었다면 그는 인류에게 얼마나 많은 범죄와 전쟁과 살상과 불안과 공포를 면하게 해주었을 것인가, '여러분, 저 사기꾼의 말을 듣지 마시오. 만일 과일은 우리 모두의 것이고, 땅은 어느 누구의 것도 아님을 망각하면 당신들은 파멸이오." (161쪽)

루소는 공산주의자가 아니었다. 그는 플라톤이나 마르크스의 방식으로 사유재산을 없애는 일이 가능하다거나 바람직하다고 보지 않았다. 그러나 어느 누구도 루소만큼 계급의 폐해나 사유재산의 영향을 예리하게 관찰하지 못했다. 개인사에는 가능한 한 적게 개입하면서 개인들이 보기에 적절할 만큼 생명, 자유, 재산 추구의 자유를 개인에게 맡기는 정부, 사유재산의 보호자로서의 정부 개념에는 뭔가 크게 잘못된 것이 있다고 그는 믿었다. 루소는 여러 면에서 더 오래된 정부 개념을 가리킨다. 정치란 시민들의 재산 추구를 감독하고, 경제적 불평등이 초래할 가혹한 결과들을 누그러뜨리며, 물욕을 통제하는 것이라고 생각했던 고대인들에게서 나온 정부 개념이 그것이다. 루소의 『학예론』에 나오는 한 문장이 이 모든 것을 말해준다. "고대 정치가들은 항상 도덕과 미덕을 이야기했다. 우리 정치가들은 상업과 돈 이야기만 한다."(18쪽)

자기편애와 시민사회

루소가 그저 계급과 경제 불평등 문제에만 관심을 가졌다면 마르크스와 별 차이가 없었을 것이다.[4] 사실 마르크스는 루소의 진가를 이해한 독자였으며, 자본주의 사회를 비판하는 마르크스의 많은 훌륭한 구절은 루소에게서 따왔다. 그러나 루소를 괴롭히는 것은 불평등의 물질적 측면보다 계급으로 인한 도덕적, 심리적 피해이다. 그는 가난하고 착취당하는 사람들의 편에 자주 서지만, 가난 자체는 부와 권력의 불평등으로 형성된 태도와 믿음만큼 그의 분노를 크게 사지는 않는다.

루소는 도덕 심리학자로서 진정한 자기 목소리를 냈다.

『인간 불평등 기원론』에서 주요 악당은 재산이 아니라, 루소가 아무르 프로프르amour propre라 부르는 '자기편애'이다. amour propre는 정확히 번역하기 어려운 말로, 때론 프랑스어 그대로 두는 편이 최선일 수도 있다. 이 말은 자존심, 허영심, 자만심, 또는 굳이 번역하자면 '자기중심주의'나 이기심 같은 일정 범주의 심리학적 특성들과 관련 있다. 자기편애는 사회에서만 등장하며, 우리가 느끼는 불만의 진정한 원인이다. 주석을 길게 달아가며 루소는 이 자기편애를 자기애amour de soi-même와 구분한다. "자기편애와 자기애를 혼동해서는 안 된다. 이 두 정념은 그 성질에서나 효과에서 아주 다르다. 자기애는 모든 동물로 하여금 자기보존에 신경을 쓰게 하고, 이성에 의해 인도되고 동정심에 의해 변형되어 인간애와 미덕을 자아내게 하는 자연적 감정이다. 자기편애는 사회 속에서 생긴 상대적이고 인위적인 감정일 뿐이다. 그것은 각 개인으로 하여금 다른 모든 사람보다 자기를 중시하게 하고, 사람들에게 그들이 서로에게 행하는 모든 악을 부추기기도 하지만, 명예의 진정한 원천이기도 하다."(218쪽) 이 감정은 어떻게 생겨났을까? 어떻게 일어났을까? 그리고 더 중요하게는, 이 감정을 어떻게 할 수 있을까?

홉스의 경우 자만, 즉 남보다 뛰어나려는 욕구는 인간에게 자연스럽다. 그것은 다른 사람을 지배하려는 우리의 자연스러운 욕구의 일부이다. 그러나 루소에게 그런 감정은 자연상태(홉스에 따르면 "고립되고, 가난하고, 불쾌하고, 잔인하고, 짧은" 상태)가 물러나기 시작한 뒤에 비로소 생길 수 있었다. 루소가 보기에 홉스의 설명은 앞뒤가 맞지 않는다. 홉스의 말처럼 자연상태가 진정 고립되었다면 우리가 느끼는 자만이나 허영이 무슨 의미이겠는가. 그런 것은 인간의 사교성과 타인들의 평가를 전제로 하는 것 아닌가? 루소는 홉스를 이용해 자신의 요점, 즉 자기편애가 자연적 감정이 아니라 상대적이고 인위적인 감정, 일단 우리가 사회로 들어간 다음에야 생기는 감정임을 입증한다.

자기편애는 사람들이 어느 오두막 앞이나 큰 나무 주변에 모이기 시작해 서로를 바라보기 시작하자마자 생겨났다고(이 역시 추측의 역사) 루소는 생각한다. 바로 이런 시선 속에서 치명적인 정념인 허영심이 탄생한다. "저마다 타인을 바라보고 타인들도 자기를 바라봐주기를 바라기 시작했다. 그리하여 타인들로부터 받는 호의적 평가와 존경은 가치를 갖게 되었다. 노래를 가장 잘 부르거나 춤을 가장 잘 추는 사람, 가장 아름다운 사람, 가장 힘이 센 사람, 가장 솜씨가 좋은 사람, 가장 말을 잘하는 사람은 가장 존경을 받게 되었는데, 바로 그것이 불평등과 동시에 악덕으로 향하는 첫걸음이었다. 이러한 최초의 선호로부터 한편으로는 허영심과 경멸이, 다른 한편으로는 수치심과 선망이 생겨났는데, 그 새로운 누룩곰팡이에 의한 발효는 마침내 행복과 순수에 치명적인 화합물을 발생시켰다."(166쪽)

여기서 루소는 결정적인 무엇에 도달한다. 자기편애는 대체로 부정적인 용어로 제시되지만, 반대로 그것은 긍정적인 어떤 것, 일단 사회로 들어간 뒤 모든 사람이 느꼈던 욕구, 주변 사람들에게 인정이나 존경을 받고 싶다는 욕구와도 관련이 있다. 인정받고 싶은 욕구는 정의의 뿌리이기도 하다. 이 대목에는, 우리의 감정, 믿음, 견해, 태도가 다른 사람들에게 인정받고 존중받는 것을 우리가 중시한다는 직관이 깔려 있다. 우리 견해가 무시당한다고 느낄 때, 다른 사람들이 그 가치를 인정하지 않는다고 느낄 때, 우리는 화가 나고 앙심을 품는다. 인정 욕구는 정의의 주춧돌이지만, 이렇게 인정을 요구하는 태도는 자칫 잔인하고 폭력적으로 변할 수 있다. 다음 글을 살펴보자.

> 서로를 존중하여 배려의 관념이 사람들의 정신 속에 형성되자마자 저마다 배려를 받을 권리가 있다고 주장했다. 그리하여 타인에 대한 배려가 없는 경우 누구도 더이상 무사할 수 없었다. 그때부터 미개인 사이에서조차 예의범절의 의무가 최초로 생겨났으며, 또한 그때부터 모든 고의적인 나쁜 짓은 모욕이 되었다. 왜냐하면 모욕이 가져다준 고통 외에도 모욕을 당한 사람은 고통 그 자체보다는 견딜 수 없는 자신의 인격에 대한 경멸을 보게 되기 때문이다. 그리하여 누구나 자신이 받은 멸시에 대해 자신이 할 수 있는 만큼 응징하기 때문에 복수는 끔찍해지며, 따라서 사람들은 냉혹하고 잔인해진다. (166쪽)

많이 들어본 소리 아닌가? 그럴 것이다. 루소가 인정하다시피, 자기편애는 변덕스러운 정념이다. 거기엔 정의의 뿌리에 있는, 인정받고 존중받고 싶다는 욕구가 담겨 있다. 하지만 동시에 자기편애는 변하기 쉬워서, 우리의 기본적 권리가 존중받지 못한다고 느낄 때에는 수치심과 분노의 감정을 일으킬 수 있다. 업신여김을 당한다는 느낌을 받으면 그것은 분노로 우리를 불태우고, 부당하다고 느낀 행동을 바로잡고자 자기 목숨을 걸고 다른 사람의 생명을 위협하게 만든다. 루소의 질문은 자기편애가 순전히 부정적인 정념인가, 아니면 정의와 평등 같은 사회적 선을 이룩하도록 그 방향을 돌릴 수 있는가 하는 것이다.

루소가 『인간 불평등 기원론』을 쓰고 난 뒤, 저명한 독일 철학자 헤겔이 이 테마를 이어받는다. 헤겔에게 존중 또는 인정을 받기 위한 투쟁은 행동하기 위한 강력한 심리적 동력만이 아니었다. 그것은 다름 아닌 세계사의 주요 동력이었다. 헤겔은 『정신현상학』에서 각 개인과 계급이 권력과 위신을 놓고 겨루는 생사를 건 인정 투쟁으로 역사를 묘사했다. 인정 투쟁은 세계사의 유명한 변증법의 핵심을 차지한다. 처음에 헤겔(나중에는 마르크스)은 일단 모든 시민을 똑같은 수준으로 존경하고 존중할 수 있는 그런 사회가 창조되어야만 이 변증법을 극복할 수 있다고 주장했다. 헤겔은 어느 정도 입헌적인 당대 군주정의 상황에서도 그런 사회가 가능하다고 믿었다. 하지만 마르크스는 헤겔의 논지를 급진화시켜 세계적 차원의 단일한 무계급 사회만이 헤겔이 말한 인정 요구를 충족시킬 수 있음을 보여주었다.[5]

이는 분명 긴 이야기이지만, 적어도 루소와 프랑스혁명 이후 근대 정치와 역사의 이야기이다. 오늘날 정치는 계급들이 권력의 자리를 놓고 경쟁하는 영역일 뿐 아니라, 사람들이 인정받거나 존중받을 권리를 더 많이 요구하는 영역이 되어왔다.(정치 후보자들과 그 대리인들이 끊임없이 사소한 의제를 찾는 행위, 그리고 그들이 표현하는 거짓된 도덕적 분노의 감정을 생각해보라.) 개인과 재산의 보호에만 관심이 있고, 사람들을 해악에서 보호하기 위한 정치는 문제의 표면만 겨우 긁는 것이라고 루소는 믿었다. 루소를 비롯해 후대의 모든 사상가에게 정치란 보호만이 아니라 존중을, 안전만이 아니라 인정을, 관용만이 아니라 수용까지 보장한다는 더 높은 목적에 봉사해야 하는 것이었다. 어쩌면 루소는 위대한 전통에 속한 여느 철학자들보다 더 우리 시대에 가깝다.

문명과 문명의 불만

영화 〈애니홀〉에서 우디 앨런은 세상에는 끔찍한 사람과 비참한 사람, 이렇게 두 부류의 사람이 있다고 말한다. 끔찍한 사람은 장애처럼 개인적 비극을 겪고 있거나, 말기 질병에 걸린 사람이다. 비참한 사람은 그밖의 모든 사람이다. 루소는 우리가 비참하기를 원한다. 그는 상황이 얼마나 나빠졌는지 우리가 느끼기를 바란다.

루소는 인간적 불만으로 가득한 보편 역사에서 유일한 예외는 초기 원시사회의 등장이었다고 말한다. 그는 이 사회가 순수한 자연상태와 근대적 조건의 발달 사이에서 '중간 시기'를 차지한다고 설명하고는, 그것이 "가장 행복하고 가장 오래 지속된 시기"이자 "인간에게는 가장 좋은" 사회였다고 생각한다.(167쪽) 루소가 행복의 비결, 즉 인간의 힘과 욕구 사이의 완벽한 평형상태를 발견한 것은 바로 이 원시사회(반드시 순수한 자연상태는 아니지만)에서다.

원시사회의 종말은 농업과 야금술, 이 두 가지 발명과 함께 도래했다. 농업과 함께 토지가 분할되었고 이에 따라 재산의 불평등이 생겨났다. 야금술과 함께 전쟁과 정복의 기술이 따라왔다. 이 두 가지 발전으로 인류는 새로운 단계에 접어들었고, 권력을 둘러싼 분쟁을 심판하기 위해 법과 정치제도가 필요해졌다. 정부의 성립은 홉스와 로크가 주장했듯 평화를 가져오기보다는, 이미 떠오르기 시작해 심화되던 불평등을 인정하는 효과가 있었다. 한때 평등했던 인간들이 재산의 불평등과 강자의 통치를 그렇게 쉽게 승낙했다는 주장에는 몹시 충격적인 면이 있다고 루소는 생각한다. 그의 표현을 빌리면, 사회계약은 힘세고 권력을 쥔 자들이 가난하고 착취당하는 자들을 통제하기 위한 일종의 사기다. 이 계약은 정의를 실현하기보다는 그저 과거의 강탈을 합법화할 뿐이다. 정치권력은 경제적 불평등을 합법화하도록 돕는다. 정부는 합의로 운영될지 몰라도, 정부가 보장받은 합의는 허위와 거짓을 바탕으로 한다. 그게 아니라면, 어째서 가난한 자들의 삶보다 부자들의 삶이 훨씬 더 자유로워지고 쉬워지며, 더 즐길 여지가 많아졌는지 어떻게 설명할 수 있단 말인가?

정부 수립은 루소가 펼치는 추측의 역사를 이루는 사슬에서 마지막 고리다. 한편으로 문명에서 이 단계의 등장은 새로운 인간 유형의 창조로 이어졌다. 루소는 그 인간 유형을 최초로 부르주아라 지칭한 사람 중 하나이다. 부르주아는 루소의 발명품이며, 다음 세대가 이 용어를 규정하기까지 그는 큰 역할을 한다. 이 새로운 인간 유형에서 가장 놀라운 점은 실상 어떤 것이 아니면서 그 어떤 것으로 보여야 하는 필요성이다. 그런 체하는 것과 실제 그런 것의 구별이 가장 중요하다. "실제와 겉으로 드러나는 외관은 완전히 다른 두 사실이 되었으며, 그 구별로부터 위엄 있는 호사와 기만하는 술책과 그에 따르는 모든 악덕

이 생겨났다."(170쪽)

『인간 불평등 기원론』의 끝에서 두번째 문단에서 루소는 부르주아의 딜레마를 다음과 같이 설명한다. "미개인은 자기 자신 안에서 사는 데 반해 언제나 자기 밖에서 살아가는 사회인은 타인의 평판 속에서만 살아간다. 그리하여 이를테면 그는 오로지 타인의 판단에 의해서만 자기 자신이 존재하고 있다는 느낌을 갖는다."(187쪽) 자연인은 자기 자신, 오직 자신만 생각하는 반면에, 문명인은 타인을 생각할 수밖에 없는데, 타인을 자기 목적을 위한 수단으로만 생각한다. 부르주아는 타인의 의견 속에서, 그 의견을 통해 사는 사람, 혼자일 때는 타인만 생각하고 타인과 함께 있을 때는 자기 자신만 생각하는 사람이다. 심지어 사회적 유대마저 일종의 계약으로 간주되어, 사회제도 가운데 가장 부르주아적인 성격을 띠는 동업자들 사이의 협정처럼 된다. 자신만 생각하는 자연인과 달리, 또는 자기 국가만 생각하는 고전적 시민과 달리, 부르주아는 도덕적 중간 지점에 살며, 자연적 동정심도 정치적 영웅주의도 발휘하지 못한다. 그런 사람은 표리부동하고 위선적이며 거짓되다. 자신의 의무와 성향 사이에서 영원히 괴로워하는 부르주아는 광적이고 동요하는 존재이다. 자기편애가 부추긴 이 영원한 불안의 상황(훗날 토크빌이 민주주의적 인간상태의 특징이라고 기술한)은 문명이 우리에게 남겨준 특별한 형태의 고통이다.

이를 어떻게 해야 할까? 루소는 원주민들(아이슬란드인, 그린란드인, 호텐토트인)의 품위와 독립성, 그들이 유럽인의 관습과 예의범절에 동화되기를 거만하게 거절했다는 이야기에 깊은 인상을 받았음이 틀림없다. 그들은 현대문명의 안락하고 화려한 삶보다 각자의 개인적 독립을 선택했다. 『인간 불평등 기원론』의 주석에 소개된 빼어난 관찰을 살펴보자.

사람들은 여러 번 파리와 런던을 비롯한 여러 도시들로 미개인들을 데려왔다. 그러고는 열의를 다해 그들에게 우리의 사치와 부와 가장 유용하고 진기한 모든 기술을 보여주었다. 그러나 그 모든 것은 그들에게 어리둥절한 감탄만 불러일으켰을 뿐 탐내는 감정은 조금도 불러일으키지 않았다. 나는 그중에서도 특히 30년 전에 영국 궁정으로 데리고 온 한 북아메리카인 우두머리 이야기를 기억한다. 사람들은 그가 마음에 들어할 선물을 주기 위해 그 앞에 수많은 물건을 내보였다. 그러나 그의 관심을 끄는 것은 아무것도 없는 것 같았다. 우리의 무기는 그에게 무겁고 불편해 보였으며, 우리의 구두는 그의 발에 상처를 냈으며, 우리의 의복은 거추장스러워 그는 그것들을 다 거절했다. 마지막으로 사람들은 그가 양털 담요를 보자 그것으로 어깨를 덮으면서 즐거워하는 것 같음을 알아차렸다. 그러자 곧 누군가가 그에게 이렇게 물었다. "적어도 이 살림 도구가 유용하다는 건 인정하지요?" 그러자 그는 이렇게 대답했다. "예, 이것은 짐승 가죽과 거의 마찬가지로 좋은 것 같습니다." 만일 그가 비가 올 때 그것을 걸쳐보았더라면 그렇게 말하지는 않았을 것이다. (219~220쪽)

루소는 자연상태로의 회귀가 가능하다거나 바람직하다고 믿었을까? 루소는 자주 그렇게 이해되곤 했다. 볼테르는 루소에게 보낸 한 편지에서, 이제껏 누구도 우리 인간을 짐승으로 돌려놓으려고 그토록 지성을 발휘한 적은 없다고 썼다. 영리한 지적이지만 정확하지는 않다. 볼테르는 루소가 자연적 미개인을 칭송하기 150년 전, 유럽인 정복자들의 진정한 미개함과 야만성에 대비되는 브라질 연안의 인디언 부족들을 칭송하는 중요한 에세이 「식인종에 대하여」를 쓴 미셸 드 몽테뉴가 있었다는 사실을 분명히 알고 있었다. 잔인성을 혐오하고 연민을 촉구했던 몽테뉴의 글은 자연인에 대한 루소의 설명에 중요한 영향을 주었다.[6]

어떤 경우든 루소는 자연상태로 돌아가는 것이 더이상 우리가 선택할 수 있는 문제가 아님을 분명히 한다. 루소는 어느 주석에서 이렇게 묻는다. "그렇다면 도대체 어떻게 해야 한다는 것인가? 사회를 파괴하고 네 것과 내 것을 없애고 숲속으로 다시 돌아가 곰과 함께 살아야 한단 말인가? 이것은 내 적들 식의 결론으로, 그런 결론을 내리는 것을 미연에 방지하고도 싶지만 그런 결론을 끌어내어 수치를 당하도록 내버려두고도 싶다."(203쪽) 한마디로 아니라는 것이다. 자연상태로의 회귀는 불가능하다. 왜냐하면 그것은 가축화된 동물을 야생으로 돌려보내는 일과 같을 것이기 때문이다. 가축화된 동물은 계속 다른 동물과 어울리고 그에 의지하면서 보존 본능이 무뎌졌기에 야생에서는 하루를 넘기지 못할 것이다. 자연으로 돌아가기가 불가능하다면, 유일한 대안은 사회 속에서 사는 것이다.

『인간 불평등 기원론』에서 미흡한 대목이 바로 여기다. 이 책은 극도로 절망스러운 주석으로 끝맺는다. 이 책은 문명의 문제를 치료할 어떤 긍정적인 해답도 제시하지 않은 채 그저 가능한 두 가지 해법을 암시할 뿐이다. 하나는 루소가 주네브 시에 보낸 헌정의 편지에서 제시되었다. 루소가 찬양했던 원시사회의 초기 단계와 가장 비슷한 것은 아마도 작고 고립된 농촌 공화국, 소박한 애국주의와 고향 사랑이 자기편애에 의해 아직 완전히 지워지지 않은 곳일 것이다. 주네브 같은 "분별 있게 절제된 민주주의"에서만 시민들이 자연상태 같은 평등을 일부나마 누리는 것이 아직 가능하다.(115쪽) 민주주의는 자연상태와 가장 비슷한 사회적 조건이다. 바로 이것이 루소가 『사회계약론』에서 길게 발전시키게 될 테마이다.

그러나 루소는 문명의 문제에 대한 또다른 해법을 암시한다. 『인간 불평등 기원론』은 모든 사회가 속박이며 자연과 우리 참모습으로부터의 소외라고 믿게끔 만든다. 사회 문제에 대한 답은 사회의 근원으로 돌아가는 것이다. 사회의 근원은 자기보존의 필요성이지만, 자기보존은 존재에 대한 감정, 루소가 앞에서 말했다시피 "자기 존재에 대한 사랑"을 유지하는 데에만 필요하다. 미래를 생각하지 않고, 신경쓰거나 두려워하지 않고 오직 존재의 감정에만 자신을 맡긴다면, 그 개인은 이런 방법으로 어느 정도 자연으로 돌아간다. 자연으로 돌아가는 법을 찾을 수 있는 사람은 극소수뿐이다. 그렇게 할 수 있는 인간은 더이상 철학자가 아니라 예술가이자 시인이다. 그는 그 극소수 중 한 사람, 자연의 진정한 귀족 중 한 사람이다. 특별대우에 대한 그의 주장은 남보다 뛰어난 이해보다 남보다 뛰어난 감수성에, 지혜보다 연민에 바탕을 둔다. 루소는 자신이 그런 사람들 중 하나라고 여겼다. 어쩌면 여러분도 그중 한 명은 아닐까?

사회계약

정치학이라는 근대 학문은 민주주의에 대한 연구가 되어왔다. 민주주의가 무엇인가, 민주주의에는 어떤 유형이 있는가, 민주주의가 등장하게 되는 원인은 무엇인가, 민주주의를 유지하고 보존하는 것은 무엇인가 등이 그 연구 대상이다. 근대 민주주의는 루소 없이 생각하지 못한다. 『사회계약론』을 손에 쥔 사람은 근대 민주주의의 핵심을 쥔 것이다. 루소는 민주주의 정치이론에서 없어서는 안 될 필수 요소로 남아 있다. 그렇다고 해서 근대의 모든 민주주의가 루소식 민주주의라는 말은 아니다. 그와는 거리가 멀다. 내가 말하려는 것은 나중에 등장하는 모든 민주주의 이론가, 매디슨부터 토크빌, 그리고 오늘날 "합리적 유권자 역설"을 낳은 민주주의 "시장이론"을 옹호하는 이들까지 모두 루소의 도전에 맞서야 했고 루소와의 결별을 정당화해야 했다는 뜻이다.[7]

『사회계약론』은 정치철학을 통틀어 가장 유명한 문장 중 하나로 시작된다. "인간은 자유롭게 태어나지만 어디에서나 사슬에 묶여 있다."(『사회계약론』 1부 1장)[원문 출처는 앞의 '주요 참고도서' 참조] 이 한 문장으로 루소는 현존하는 모든 정부와 어쩌면 과거에 존재했던 모든 정부까지 부당하게 만들어버린다. 이 문장은 『인간 불평등 기원론』의 가르침과 완벽하게 일맥상통하는 듯하다. 자연상태에서 우리는 자유롭고 평등하고 독립적인 존재로 태어난다. 사회에 들어와서야 우리는 나약해지고 의존적이 되며 노예화된다. 그러나 그보다 충격적인 것은 이 문장 뒤에 오는 글이다. "어떻게 이런 변화가 생겨났을까? 나도 잘 모르겠다. 다만 무엇이 이 변화를 정당화할 수 있는가에 대해서는 답변할 수 있다고 생각한다."(1부 1장) 루소는 『인간 불평등 기원론』에서 사회의 구속을 부당한 것으로 만들려고 시도했던 반면, 『사회계약론』에서는 거기에 도덕적 합법성을 부여하기 시작한다. 무슨 일이 있었을까? 『인간 불평등 기원론』 이후 『사회계약론』이 출간되기까지 7년 사이에 엄청난 변화라도 겪었던 걸까?

이 질문에 답하기에 앞서 두 책의 차이점을 생각해보자. 『인간 불평등 기원론』은 자연상태에서 시민적 조건에 이르기까지 인간의 발전에 대한 추측의 역사이다. 이 책은 생물학, 오랑우탄 같은 새로 발견된 동물 종에 대한 지식, 카리브해를 비롯한 북아메리카 원주민에 대한 인류학적 연구 등에서 끌어낸 생생하고 과감하며 다채로운 어휘로 쓰였다. 이와 반대로 『사회계약론』은 법률 문서처럼 건조하고 심지어 냉혹하기까지 한 어휘로 쓰였다. 이 책에는 '정치적 권리의 원리에 관하여'라는 부제가 붙어 있다. 이 책은 사회계약과 일반의지 같은 개념들이 주역을 맡은, 상당한 철학적 추상화로 이루어진 저작이다. 루소는 이 책이 원래 이보다 더 긴(하지만 잃어버린) 정치학 연구의 일부분이라고 말했다.

『사회계약론』은 우선 하나의 유토피아, 플라톤의 『국가』처럼 이상적인 도시에 대한 첫번째 예를 제시한다. 그러나 정확히 그렇다고 할 수는 없다. 이 책 앞부분에서 우리는 마키아벨리의 『군주론』에서 따온

한 구절을 발견하게 된다. "나는 인간을 있는 그대로 받아들이고 법을 있을 수 있는 그대로 받아들이면서, 권리가 허용하는 것과 이해타산이 명하는 것을 끊임없이 조화시키려고 힘쓸 것이다."(1부 서론) 루소는 인간을 있는 그대로 받아들이면서, 다시 말해 인간 본성에 관해 과감하게 추측하거나 형이상학적 공상을 펼치지 않고, 저속하지만 단단한 토대인 사실에 입각해서 시작하겠다는 뜻이다. 그러나 루소가 "있는 그대로"의 인간을 묘사한다지만, 인간 본성에서 이런 사실들은 대체 무엇일까?

『사회계약론』 전체 내용의 기본 전제는, 인간은 자유롭게 태어난다는 것이다. 그 이후의 위계나 의무, 권위 같은 모든 관계는 자연이 아닌 합의나 관습의 결과이다. 사회 및 사회를 구성하는 도덕적 관계는 철저하게 관습적이다. 『사회계약론』은 전적으로 그 자신에게만 책임이 있는 자유로운 주체로서 이해되는 인간에게 어울리는 것, 즉 '정치적 권리의 원리'인 정의의 체계를 밝히기 위한 시도이다. 따라서 루소의 정치철학은 우리가 저마다 자유의 조건을 확보하는 데 뿌리 깊은 관심을 가지고 있다는 사실적인 또는 경험적인 믿음에서 출발한다. 루소는 이타주의나 다른 사람을 고려하는 어떤 특징도 가정하지 않는다. 우리는 모두 자신의 자유를 지키려는 이기적 욕구가 있으며, 사회 질서는 우리 자유를 보존하도록 허락할 때에만 합리적이거나 정당하다.

문제는 자연상태에서는 나의 자유를 보존하려는 나의 이기적 욕구가 여러분의 자유를 보존하려는 여러분의 이기적 욕구와 충돌한다는 것이다. 자연상태는 곧바로, 서로 충돌하는 욕구들로 인해 전쟁상태가 된다. 그렇다면 우리는 어떻게 하면 전쟁상태인 무질서에 빠지지 않으면서 우리 자유를 지킬 수 있을까? 이것이 루소의 질문이며, 사회계약 이론은 그 답이다.

일반의지

사회계약은 자연적 자유의 문제에 대해 루소가 내놓은 유명한 답이다. 자연적 자유가 문제되는 이유는 자연은 통치할 사람을 결정하기 위한 표준이나 지침을 결코 제시하지 않기 때문이다. 루소가 모든 합법적인 권력의 토대로서 사회계약을 이야기할 때, 말 그대로 모든 정의와 권리의 표준은 의지에서 나온다는 뜻임을 주목하자. 그의 철학에서 도덕적 핵심을 이루는 것은 모든 초월적 지침을 벗어난 의지의 해방이다. 루소는 이 의지의 우선성을 저해하거나 침해하곤 하는 권위의 모든 근원(자연, 관습, 계시)을 일축할 때 가장 큰 목소리를 낸다.

루소가 말하는 인간 본성의 자유주의적 개념을 생각하면, 사회계약의 실질적 메커니즘에 관한 묘사는 놀라움으로 다가온다. 어떤 방식의 사회계약이 답인가 하는 문제는 1부 6장에서 간단명료하게 언급된다. "'공동의 힘으로 각 구성원의 생명과 재산을 지키고 보호해주는 결합 형태, 즉 각자가 전체와 결합되어 있지만 자기 자신에게만 복종하게 하면서 이전과 다름없이 자유롭게 남아 있게 하는 그런 결합 형태를 찾아내는 것.' 이것이 바로 근본적인 문제로 사회계약이 그 해결책을 제시해준다."

여기에는 주의 깊게 살펴볼 가치가 있는 두 조항이 있다. 첫번째는 사회계약의 목표가 공동의 힘으로 각 구성원의 생명과 재산을 지키고 보호한다는 것이다. 여기까지는 정부가 모든 사람의 생명, 자유, 재산을 보호해야 한다는 로크의 주장과 완전히 일치한다. 그러나 루소는 이 로크식 자유 조항에 두번째 조항, 더욱 확실하게 루소다운 주장을 덧붙인다. 즉 사회계약은 상호 보호라는 조건을 보장해야 할 뿐 아니라 다른 사람들과 통합하더라도 각 개인은 오직 자기 자신에게만 복종하고 전과 다름없이 자유로워야 한다는 것이다. 하지만 이것이 어떻게 가능할까? 상호간 평화와 안전을 위해서 우리의 자연적 자유를 일부 포기하는 것이 계약의 본질 아닌가? 어떻게 우리가 전처럼 자유로울 수 있으며 하물며 우리 자신에게만 복종할 수 있을까?

루소는 이렇게 답한다. "그 조항들을 잘 이해하면 단 하나의 조항, 즉 각 구성원을 그가 가진 모든 권리와 함께 공동체 전체에 전적으로 양도하는 것으로 귀결된다."(1부 6장) 확실히 여기서 "전적으로 양도"와 "공동체 전체"라는 표현이 중요하다. 무엇보다 우선, 모든 사람은 자신을 송두리째 사회계약에 맡김으로써 합의 조건이 모두에게 평등하도록 보장해야 한다. 이 전면적 양도 조항은 사회계약의 조건이 모든 사람에게 똑같도록 만들기 위한 루소의 방식이다.

두번째로, 개인들이 어느 특정 개인의 사적 의지가 아닌 모두의 일반의지의 혜택을 보게 될 때는 우리가 공동체 전체에 우리 자신을 양도할 때뿐이다. 사회계약은 일반의지의 기초이며, 일반의지만이 주권자를 합법화한다.(2부 1장) 왕도 의회도 대표자 회의도 아닌 공동체 전체의 일반의지만이 오직 진정한 주권자이다. 모든 사람이 연합해서 이 일반의지를 만들고 거기에 우리 자신을 내어줄 때, 우리는 우리 자신에게 복종하는 것과 다름없다. 주권자는 사람들과 구분되는 어떤 제삼자가 아니다. 주권자는 집단의 능력으로 행동하는 사람들일 뿐이다.

확실히 무언가 잘못되어버린 느낌이다. 루소는 모든 사람이 자신의 자유를 보호하는 데만 관심을 가진다는 매우 개인주의적인 전제에서 시작했다가, 개인들이 자신의 존재 전체를 공동체의 의지에 내맡겨버린 아주 엄격하고 집단화된 결론으로 방향을 돌리는 듯 보인다. 이는 훗날 토크빌이 분석했던 다수의 횡포라는 상태를 예견하는 것일까? 일반의지는 전체주의를 위한 하나의 공식일까?[8]

역설적으로 들리지만, 루소의 답은 모든 사람이 전체로서의 사회에 자신을 온전히 양도할 때에만 상호 자유의 조건이 이루어진다는 것이다. 왜 그럴까? 그렇게 되면 어느 누구도 다른 사람의 의지에 의존하지 않으며, 왕이나 대통령, 의회가 주권자가 되었다 해도 그럴 것이기 때문이다. 인민은 새로운 유형의 주권자(일반의지)를 확립한다. 엄밀히 말해 그것은 개인 의지의 총합이 아니라 공동체의 전반적 이해 또는 합리적 의지에 더 가깝다. 우리 모두가 이 의지를 구성하기 때문에, 그 법에 복종할 때 우리는 우리 자신에 복종하는 것이나 마찬가지다.

루소는 이런 전환이 우리가 일반의지의 구성원으로서 법을 제정할 때 일어난다고 설명한다. 일반의지 아래에서 시민의 자유란 우리의 의지와 힘이 허락하는 어떤 것도 할 수 있는 자연상태의 자유가 아니다. 이는 법이 명령하는 것만 할 수 있는 새로운 유형의 도덕적 자유이다. 루소는 이렇게 쓴다. "자연상태에서 시민상태로의 이행은, 행위에서 본능을 정의로 대체하고 이전에는 없었던 도덕성을 행동에 부여함으로써 인간에게 아주 놀라운 변화를 가져온다."(1부 8장)

루소는 계속해서 다음과 같이 쓴다. "사회계약으로 인간이 잃는 것은 그의 자연적 자유와 마음이 끌려 손에 넣을 수 있는 모든 것에 대한 무제한의 권리다. 반면에 인간이 얻는 것은 시민적 자유와 그가 가진 모든 것에 대한 소유권이다. ……앞에서 말한 것 외에 정신적 자유를 덧붙일 수 있을 텐데, 그것만이 인간을 자신의 참된 주인이 되게 만든다. 왜냐하면 오로지 욕망의 충동에만 따르는 것은 노예와 같은 예속 상태이며, 스스로에게 규정한 법률에 복종하는 것은 자유이기 때문이다."(1부 8장)

이 구절에는 엄청난 함의가 있다. 루소가 이전의 근대 정치사상가들과 가장 극적으로 결별하는 지점이 바로 여기다. 홉스와 로크가 생각하는 자유란 법에 의해 규제받지 않는 인간 행위의 영역을 뜻했다. 법이 침묵하는 곳(홉스의 표현을 빌리면 "불문에 붙인")에서 시민은 자신의 선택대로 하거나 하지 않을 자유가 있다. 그러나 루소에게 법은 우리의 자유가 시작되는 곳이다. 인간은 자신이 복종하게 될 법을 만드는 데 참여하는 정도만큼 자유롭다. 자유는 우리의 도움으로 형성된 법에 따라 행동하는 것을 뜻한다. 그럴 때에만 개인은 (루소가 앞 대목에서 말하듯) 자신의 주인이 된다.

실제로 자유의 두 개념, 즉 자유주의적 개념과 공화주의적 개념을 둘러싼 논쟁이 있다. 자유주의자들에게 자유란 늘, 법이 침범하지 않는 사적 영역을 뜻한다. 자유주의에서 사적 영역과 공적 영역의 분리는 항상 성스러운 것이 되어왔다. 시민사회에서 개인은 오직 사적 영역에서만 자유롭기 때문이다. 그러나 공화주의적 자유론에서 이런 분리는 사적 이기심을 행하기 위한 핑계일 뿐이다. 여기서 과제는 개인의 이해와 공공의 이해가 충돌하지 않는 공동체, 개인이 자신을 사회집단과 분리해서 생각하지 않는 공동체를 창조하는 것이다. 이것이 바로 자신이 속한 공동체의 법을 결정하는 데 적극적인 역할을 하는 시민의 자유이다.

루소의 목적은 그가 생각하기에 수세기 동안 잠자고 있던 개념을 되살리는 것이다. 1부의 한 주석에서 그는 현대인들에게 그 단어의 참뜻이 거의 상실되었다고 말한다. "현대인들 대부분은 도회지를 도시국가로, 도회지에 사는 주민들을 시민들로 잘못 생각하고 있다." 현대의 세계는 시민의 본보기를 거의 아무것도 제시하지 못한다. 예전의 마키아벨리가 그랬던 것처럼 루소는 시민이 된다는 것이 무슨 의미인지 보여줄 모델을 찾기 위해서 고대 역사, 특히 로마와 스파르타의 역사로 돌아가야 한다고 느낀다. 거기에서만 자기희생, 도시국가에 대한 헌신의 정신을 찾을 수 있을 것이다. 루소가 사는 세계에는 이런 정신을 보여주는 예가 전혀 없다. 심지어 미국을 세운 이들도 어느 정도 이 점을 느꼈을 것이다. 그렇기에 『연방주의자 논집』의 세 저자는 필명으로 푸블리우스Publius라는 로마식 이름을 채택했던 것이다.

시민적 자유라는 루소의 개념은 더 높고 고결한 형태(개인적인 이익 추구를 넘어서는)로 이어질까, 아니면 반대로 새로운 압제로 이어질까? 루소를 악의적으로 해석하는 기저에는 일반의지가 자유의 원천이며 이에 복종하기를 거부하는 자에게는 "자유롭도록 강요"할 수 있다는 루소의 유명한(또는 악명 높은) 주장이 있다.(1부 7장) 강요와 자유의 이런 결합은 새로운 유형의 압제, 정신을 통제하는 압제, 토크빌이 두려워했듯 사람들이 자신의 예속을 사랑하게 되는 전제정치의 수호자를 암시하는 것일까?

루소의 언어는 극단적인데, 충격을 주도록 의도한 것이 분명하다. 그는 역설을 좋아한다. 이런 논쟁의 바탕에는 법 제정과 관련해 정치적 참여의 중요성을 바라보는 근본적으로 다른 두 관념이 존재한다. 루소에게 법은 모든 사람이 법을 만드는 데 직접 참여해야만 합법적이다. 반면 홉스(로크와 그 후계자인 『연방주의자 논집』의 저자들도 마찬가지다)에게 시민의 직접 참여가 갖는 가치는 부차적인 혹은 종속적인 선에 지나지 않는다. 인민의 대리인 또는 대표자로 선택된 사람들이 입법을 더 잘할 수 있다. 법이 일반의지의 직접적 표현이 되기보다 법이 공정한 재판관들에게 널리 알려지고 적용되는 것이 훨씬 더 중요한 일이다. 이 관점의 기저에는 인민에 대한 전반적인 불신, 그리고 정부의 힘과 효율성에 대한 우려가 깔려 있다. 공공의 관심사가 걸린 사안을 결정하기 위해 사람들을 한곳에 모으는 것은 지나치게 거추장스러운 일이다.

루소는 틀림없이 동의하지 않을 것이다. 종종 루소가 인간 본성에 관해 과감한 혹은 비이성적인 가정을 한다고 이야기된다. 대부분의 사람은 공공선을 둘러싸고 다른 사람들과 끝없이 논쟁하기를 원하지 않는다. 그저 방해받지 않고 싶어할 뿐이다. 루소는 이것이 전혀 이상적이지 않다고 말할 것이다. 모두가 입법 과정에 참여하지 않는다면 법이 실제로 일반의지의 표현이 되리라고 보장할 길이 없다. 당신은 다른 사람들의 의지에 의존하거나, 또는 이렇게 되면 정말 문제겠지만, 정치권력을 장악하게 된 어떤 분파, 단체, 이해당사자의 의지에 의존하는 상황에 처할 것이다. 루소는 우리의 이타성에 호소하는 게 아니다. 그는 자유를 지키고 타인의 의도적 지배에 저항하려는 우리의 욕구에 호소하고 있다.

루소의 사회학

지금까지의 설명은 매우 추상적이지만, 루소는 일반의지가 가능한 상황을 명시하기 위해 상당한 노력을 기울인다. 이를 루소의 사회학이라 부를 수 있겠다. 우선 그는 일반의지는 폴리스처럼 작은 국가에서만 가능하다고 강조한다. 계급분화와 불평등이 매우 깊게 뿌리내려서 사람들이 더이상 공동선을 생각하지 못하는 근대 유럽의 큰 왕정국가에서는 일반의지를 상상하기 힘들다. 도덕, 풍속, 습관이 지나치게 타락했기 때문에 인민의 공동의식은 만들어질 수 없다. 바로 이것이 루소가 도시 주민들보다 농촌 사람들을 선호하는 이유이다. 『사회계약론』에서 그리는 사회는 농업 민주주의, 어쩌면 제퍼슨식 자작농 공동체나 이스라엘의 키부츠 같은 것이다. 루소는 유럽 전역에서 일반의지가 발휘될 수 있는 유일한 예로 코르시카를 언급한다.(2부 10장)

그런 동시에, 독자는 일반의지에 대한 루소의 엄격한 요구를 만족할 만한 것은 오직 직접민주주의뿐이라는 인상을 받을 수 있다. 그러나 그렇지는 않다. 『사회계약론』 3부에서 루소는 서로 다른 물리적, 도덕적 기후에 적합한 정부 유형에 관해 놀라운 유연성을 보여준다. '민주정치에 관하여'라는 제목의 장에서 그는 이렇게 말한다. "만약 신의 인민이 있다면 그들은 스스로를 민주적으로 다스릴 것이다." 그러고는 이렇게 덧붙인다. "그토록 완전무결한 정부는 인간들의 처지에는 맞지 않는다."(3부 4장) 민주주의는 아주 특수한 상황에서만 가능하다. 그런 상황이 갖추어지지 않았다면 귀족정, 심지어 왕정까지도 사람들에게는 합법적 선택이다. 루소는 로크가 제시했던 것과 아주 비슷한 이유로 권력 분립을 주장한다. 입법자들이 법 집행의 책임을 맡아서는 안 된다. 이 대목에서 줄곧 루소는 이름을 밝히지 않는 라이벌과 대화를 나누듯 글을 전개하면서 때로 그를 '유명한 저자'라고 부른다. 물론 이 사람은 몽테스키외 남작이다. 루소는 몽테스키외가 다른 상황에서는 똑같이 합법적이었을 다른 유형의 정부를 제시한다고 해석한다. 루소는 『사회계약론』 1, 2부의 교조적 주장을 누그러뜨리기 위해 매우 루소답지 않아 보이는 신중하고 온건한 요소를 도입한다.

그러나 무엇보다 중요한 것은, 루소가 어떤 정부 구조이든 입법권은 항상 인민이 쥐고 있어야 한다고 주장한다는 점이다. 정부 관직은 왕정이나 귀족정에 의해 합법적으로 유지될지라도, 오직 인민만이 주권자이다. 어느 누구도, 그 무엇도 인민의 입법 능력을 방해하도록 허락되어서는 안 된다. '대의원 혹은 대표자에 관하여'라는 제목이 붙은 3부 15장에서, 루소는 대의정부의 합법성을 부정한다. 그는 말한다. "주권은 양도될 수 없으며, 같은 이유에서 다른 누군가가 이를 대표할 수도 없다." 일반의지는 표현될 수 있을 뿐 누군가 이를 대표할 수는 없다. 대의정부는 필연적으로 우리가 말하는 특수 이익집단, 루소의 표현으론 파당에 의한 정부이다. 인민의 직접 통치와 관련된 문제를 피하기 위해 미국 헌법이 복잡한 대의제도를 구축했다는 루소의 비판은 이 폭넓은 맥락 속에 자리잡고 있다.

대의제를 거부하는 루소는 중재단체의 역할까지 회의적으로 생각한다. 파당적 집단은 자기 집단의 이익만을 증진할 뿐 결코 일반의지를 실천할 수 없다. 법 제정은 서로 경쟁하는 파당끼리 의회에서 주고받은 결과물이라고 보는 루소는 자신만의 시민 심의 이론을 제시한다. "인민이 충분히 알고 심의 의결할 때, 만일 시민들이 사전에 연락하여 서로 파당적 행위를 하지 않는다면, 일반의지가 도출될 것이다."(2부 3장) 그런데 시민들이 "사전에 연락하여" 의견을 나누지 않고서 어떤 식으로 심의를 할 수 있을까? 루소는 의회에서 투표를 하면 된다고 답한다. "인민의 총회에서 누가 법을 제안할 때, 인민에게 제안하는 것은 정확히 말해 그들이 그 제안을 찬성하느냐 거절하느냐가 아니라 그 제안이 그들의 일반의지에 일치하느냐 그렇지 않느냐 하는 것이다. 각자는 투표권을 행사함으로써 그에 대한 자신의 견해를 말하며, 개표를 통해 일반의지의 표시가 도출된다."(4부 2장)

루소의 생각은 동시대 프랑스인 콩도르세가 제안한 유명한 '집합체의 기적'과 아주 비슷하게 들린다. 쉽게 말해 개인이 투표하기에 앞서, 결과에 영향을 미치고자 하는 다른 분파들에게서 단서를 얻기보다 내면을 들여다보면서 독립적으로 판단한다면, 그 결과는 일반의지에 부합할 것이다. 따라서 투표 과정은 서로 경쟁하는 이해집단의 균형을 맞추는 수단이면서, 동시에 무엇이 인민의 합리적 의지인가에 대한 진정한 판단을 발견하는 방법이라 이해된다.

어쩌면 루소가 맞닥뜨려야 했던 최대 난제는 일반의지를 어떻게 구축할 것인가, 더 정확히 말하면 스스로 일반의지를 결정할 수 있는 인민을 어떻게 구축할 것인가이다. 여기서 입법자에 대한 그의 원칙이 드러난다.(22부 7장) 루소의 입법자는 마키아벨리의 군주에 대해 그가 내놓은 답이다. 루소는 입법자가 "인간 본성을 바꾸는 힘"이 있으며, "인간의 모든 정념을 이해하지만 그 어떤 정념도 느끼지 않을" 수 있는 비범한 건설자라고 말한다. 마키아벨리처럼 루소는 리쿠르고스, 로물루스, 모세 등 고대사 속의 인물들을 그 예로 제시한다. 그런 입법자들은 후대의 모든 정치가와 시민이 활동할 수 있는 기틀을 세우는 인민의 진정한 건설자들(국가 수립의 아버지들)이다. 확실히 여기서 루소는 가장 마키아벨리를 닮은 모습을 보이면서, 미래의 워싱턴이나 로베스피에르를 향해 처음부터 다시 시작하듯 인민을 새로 만들라고 요청한다. 루소는 우리가 사는 타락한 시대에 자유에 대한 감각을 소생시키기 위해서는 사실상 예외적인 힘을 가진 한 개인이 필요하다고 믿는 듯 보인다.

유산들

루소의 유산들(나는 이 단어를 굳이 복수형으로 쓴다)은 그의 저작만큼이나 다양하다. 입법자는 새로운 유형의 정치적 건설자가 되어야 한다는 그의 말을 프랑스 혁명가들은 잊지 않았다. 그들은 1794년에 루소를 새로운 공화국의 영웅으로 기리고자 그의 유해를 파내어 파리의 국립묘지 팡테옹으로 이장했다. 로베스피에르가 1791년에 쓴 「루소에게 바치는 헌사」의 한 대목을 살펴보자. "성스러운 인간, 당신은 나에게 나 자신을 알라고 가르쳐주었습니다. 내가 아직 어릴 때 당신은 내 본성의 존엄성을 깨닫게 해주었고 사회질서의 위대한 원리를 성찰하게 했습니다. 낡은 건물이 허물어지고 있습니다. 그 폐허 위에 새 건물의 들보가 올라가고 있고, 당신 덕분에 나도 거기에 돌 하나를 더하게 되었습니다. 보잘것없지만 당신께 경의를 표합니다. 당신이 기뻐하리라 믿습니다. 당신의 존경스러운 발자취를 따르고 싶습니다. ……전례 없던 혁명이 이제 막 우리 앞에 열어젖힌 위험한 길에서, 내가 당신의 글에서 찾은 영감에 변함없이 충실할 수만 있다면 내 마음은 기쁠 것입니다."[9]

루소는 종종 프랑스혁명의 선구자로 여겨지며, 『사회계약론』은 혁명의 '법전'이라 불린다. 그렇다 하더라도 루소의 사상이 프랑스혁명에 끼친 영향을 다룰 때는 주의를 기울여야 할 것이다. 혁명 이전까지 루소의 영향은 『사회계약론』보다는 주로 『에밀』과 소설 『신엘로이즈』를 통해 감지되었다. 사실상 이 저작들은 큰 규모의 사회변화가 일어날 가능성을 조심스럽게 경고하는 경향이 있었을 뿐이며 오히려 사랑, 결혼, 가족 같은 친밀하고 감상적인 테마에 초점을 맞추고 있었다. 루소의 독자들은 주로 유년기에 대한 그의 목가적 시각과 '자연적' 육아를 지지하는 귀족들이었다. 상황이 어디서부터 끔찍하게 돌아갔는지를 설명하려고 애쓰던 저자들이 루소의 『사회계약론』을 문제의 근원으로 지목한 것은 혁명이 급진적인 국면으로 들어선 이후에야 시작되었던 듯하다.

혁명 좌파는 말할 것도 없고 반혁명 우파도 루소가 혁명에 중요한 영향력을 발휘했다고 보았다. 에드먼드 버크는 1790년 『프랑스혁명에 대한 성찰』을 완성하고 나서 1년 뒤, 후속작으로 「어느 국민의회 의원에게 보내는 편지」라는 글을 썼다. 여기서 버크는 혁명의 혼란을 부른 밀접한 원인으로 특별히 루소("국민의회의 정신나간 소크라테스")를 지목했다. "프랑스 국민의회는 젊은 의원들에게 그 과감한 도덕성 실험을 공부하라고 권고한다. 그 지도자들 사이에서 누가 루소를 가장 많이 닮았는지를 두고 큰 논쟁이 있다는 사실은 모두가 아는 바이다. 그들은 자신의 정신과 방식에 루소의 피를 주입한다. 그들은 루소를 공부한다. 그들은 루소를 명상한다. 그들은 낮에 부지런히 사고를 치다가도 밤에 방탕한 짓을 하다가도 틈날 때마다 항상 루소를 생각한다. 루소는 그들의 성서이며…… 완벽한 표준형이다."[10]

루소가 프랑스혁명에 끼친 영향에 대해서는 마치 그것이 문제의 끝인 듯 결론짓는 것이 흔한 관례이다. 하지만 사실은 시작에 불과하다. 루소의 영향은 프랑스와 당대의 상황 너머까지 멀리 뻗어갔다. 그 영향은 철학부터 정치학, 대중문화까지 지금도 많은 분야에서 감지된다. 여기서는 두 가지만 언급하려 한다.

첫번째이자 가장 결정적인 것은 칸트에게 미친 루소의 영향이었다. 겉보기에 루소와 칸트는 더이상 다를 수 없는 듯하다. 칸트는 지극히 한결같은 습관을 가진 사람으로, 쾨니히스베르크 시민들은 그가 오후에 산책하는 것을 보고 시계를 맞출 정도였다. 칸트가 딱 하루 산책을 빼먹은 때는 루소의 『에밀』을 읽기 시작한 날이었다. 그러나 루소가 칸트에게 끼친 영향을 보여주는 증거는 이런 일화 말고 더 있다. 칸트가 '독단의 잠'에서 자신을 깨운 이는 흄이었다고 말했는지 몰라도, 그에게 긍정의 영감을 제공한 이는 바로 루소였다. 칸트 자신이 이를 직접 증언한다. 『미와 숭고의 감정에 대한 고찰』(『사회계약론』이 출간되고 불과 2년 뒤에 쓰인 책)에서 칸트는 이렇게 쓸 수 있었다. "나 자신은 성향상 탐구자이다. 나는 지식을 습득할 때마다 찾아오는 만족감뿐 아니라, 지식에 대한 온갖 갈망, 지식 안에서 더 나아가려는 열렬한 조바심을 느낀다. 한때는 오직 이것만이 인류의 영예가 될 수 있다고 믿으면서 아무것도 모르는 군중을 깔본 적도 있었다. 루소가 나를 바로잡아주었다."[11] 여기서 칸트는 인간의 권리에 대해 자신을 처음 일깨워준 사람이 루소임을 말하고 있었다.

칸트가 루소에게서 발견한 것은 무엇보다도 도덕성의 숭고함이라는 새로운 공식이었다. 칸트는 도덕성의 토대는 자연이나 관습, 역사에서 찾아야 하는 게 아니라 이성에 내재하는, 스스로 부여한 법에서 찾아야 한다고 주장했다. 자신을 영원한 외경심으로 채워주는 두 가지는 별이 반짝이는 저 하늘과 우리 마음속에 있는 도덕률이라고 칸트는 썼다. 도덕률에 대한 칸트의 기준은 서로 모순된 듯 보이는 두 가지 특징을 가지고 있어야 한다. 우선 객관적이어야 한다. 다시 말해 특정 개인들과 관계없이 타당해야 한다. 그리고 스스로 부여한 것이어야 한다. 루소가 일반의지의 요건은 일반화의 시험을 견딜 수 있는 법일 것이라고 주장한 것처럼, 칸트는 시간적으로 비슷한 언제, 어디서든, 누구에게나 도덕률이 유효해야 한다고 주장한다. 어떤 특정 상황 속에서 당신이 진실을 말해야 할 것인지 아닌지 알고 싶은가? 만약 당신과 같은 상황에 놓인 모든 사람이 거짓말을 하면 어떨지 자문해보라. 그러면 답을 알게 될 것이다. 칸트는 일반화의 시험을 견뎌내는 행동을 '정언명령'이라 불렀다. 왜냐하면 그것은 범주상 절대적으로 고정된 행동이며, 상황 변화에 맞게 조정할 수 있는 세심한 준칙은 아니다.

그러나 칸트에게 미친 루소의 영향은 이런 준칙의 보편화를 넘어선다. 일반의지에 복종하는 것은 실상 우리가 스스로 정한 법에 복종하는 것이므로, 그럴 때에만 우리는 자유로워진다고 루소가 주장했던 것처럼, 칸트는 보편적 도덕률을 따를 때에만 우리가 자율적인 도덕적 행위자가 된다고 주장한다. 도덕률은 내가 내 것이라고 온전히 받아들일 수 있는 것이다. 칸트가 주장하는 자기입법의 공식은 그가 말하는 '인간의 권리'에 도덕적 토대를 제공한다. 칸트는 정치를 도덕성에 종속시킴으로써, 그리고 그때까지는 도덕성이 결코 가지지 못했다고 여겨지던 신성한 존엄성과 절대성을 부여함으로써 루소의 가르침을 급진적으로 만든다. 이후 모든 정치체는 인권의 심판대 앞에서 자신을 정당화해야 하는 상황을 맞이하게 된다. 칸트의 가르침에 따라, 이제 정치는 안전과 재산, 심지어 행복 추구라는 보다 소박한 목적의 달성을 추구하는 것으로는 충분하지 않을 터였다. 정치는 더욱 고양된 인간적 존엄의 조건과 그만큼 개인에 대한 존중을 보장하는 것과 관련 있어야 한다. 오늘날 우리가 존 롤스 같은 현대 칸트주의 철학자에게서 발견하는 독특한 이상주의, 도덕주의, 비타협적 태도는 모두 루소의 직접적인 유산이다.

그러나 루소의 영향은 칸트를 넘어 훨씬 멀리까지 미쳤다. 프랑스 혁명 이후의 세대인 한 프랑스 청년이 미국으로 여행을 떠났다가 민주주의에 관해 이제껏 쓰인 가장 중요한 책을 남긴다. 독자는 토크빌의 『미국의 민주주의』 수백 쪽을 전부 뒤진다 해도 루소를 언급하는 대목은 찾지 못할 것이다. 그러나 루소의 영향은 사실상 모든 쪽에 분명히 드러나 있다. 그뿐 아니라 토크빌 자신이 그 연관성의 증거를 제시한다. 토크빌은 가장 친한 친구 루이 드 케르골레에게 보낸 편지에서 이렇게 썼다. "내가 매일 약간의 시간을 같이 보내는 세 사람이 있네. 파스칼, 몽테스키외, 루소라네."[12] 그의 말을 받아들인다면(파스칼과 몽테스키외는 논외로 하자) 토크빌은 루소에게서 무엇을 배웠을까?

이 이야기는 다음 장에서 다루겠지만, 지금은 그 두 사람 사이에 비슷한 몇 부분을 간략하게 이야기해보자. 비록 루소가 토크빌보다 75년 앞서 인민주권 원칙을 우리가 추구해야 할 이상으로 삼았지만, 토크빌은 잭슨주의가 지배하는 미국의 어느 오지에서 그 원칙이 현실화되었다고 생각한다. 뉴잉글랜드의 자치구에 대한 그의 묘사는 루소의 일반의지 이론을 현장으로 직접 옮겨온 것 같다. 토크빌이 법과 제도뿐 아니라 습관과 태도를 강조한다는 점도 루소의 흔적을 보여준다. 토크빌이 미국의 설립자들(특히 제퍼슨)을 존경스럽게 대하는 모습은 한 국가의 인민들에게 뚜렷한 흔적을 남긴 위대한 입법자들에게 루소가 보여준 외경심을 연상시킨다. 원주민에 대한 토크빌의 낭만적 묘사에는 루소의 고결한 미개인의 요소가 들어 있다. 물질주의적 경향, 이기심의 윤리, 사회적 고립의 위험 등에 대비한 예방약으로서 미국인의 종교를 바라보는 토크빌의 관점은 루소가 『사회계약론』 말미에서 논했던 시민 종교의 몇몇 특징을 조명하고 있다. 그리고 연민을 민주적 도덕성의 핵심으로 보는 토크빌의 시각은 『사회계약론』과 『에밀』에서 루소가 다루었던 똑같은 테마를 떠올리게 한다.

심지어 토크빌이 가장 눈에 띄게 루소와 결별하는 듯 보이는 순간에도, 내면적 대화의 흔적을 볼 수 있다. '다수의 횡포'가 불러올 위험에 대한 토크빌의 두려움, 그리고 그가 말하는 이른바 '민주적 독재'는 일반의지의 지배 아래 시민이 자유롭도록 강요할 수 있다는 루소의 주장에 대한 내면적 비판으로 볼 수 있다. 시민 연합체를 옹호하는 토크빌의 태도는 시민 연합체가 일반의지를 왜곡하는 편파적인 집단 이해를 낳는다는 루소의 비판에 대한 답변으로 볼 수 있다. 귀족정의 시대를 취향과 예절의 시대, 영혼이 진정 독립적이었던 시대로 바라보던 토크빌의 애정어린 시선은, 일정 부분 루소가 스파르타와 로마를 이상화하면서 그 시기를 거인들이 지상을 거닐던 정치적 덕목의 황금기로 보았던 것에 대한 응답이다. 한마디로 토크빌의 아메리카는 여러 면에서 성숙해진 루소의 『사회계약론』이다.

루소의 유산은 특정한 정치 프로젝트에 국한되지 않는다. 루소의 제안 중 일부는 반동적이거나 무용지물인 것처럼 보인다. 폴리스 같은 작은 사회를 찬양한다든지, 근대 경제학의 작용에 전반적으로 관심이 없다든지, 상업 공화국보다 농업 공화국을 선호한다든지 하는 것이 그런 예이다. 그러나 루소는 다른 어떤 사상가와도 비교가 되지 않을 만큼 우리의 근대적 감수성을 형성시켰다. 우리가 평등을 사랑하고, 특이할 만큼 다수의 의지를 옹호하며, 민주주의가 단지 여러 체제 중 한 유형이 아니라 유일하게 정당한 또는 합법적인 체제라고 굳게 믿는 것은 모두 지금도 계속되는 루소의 영향력을 증명해준다. 누구든 간에 루소를 좋아하지 않는다면, 민주주의를 좋아하지 않는 사람이다.

11장
토크빌과 민주주의의 딜레마

알렉시 샤를 앙리 클레를 드 토크빌(1805~1859). 캔버스에 유채, 1850.
(사진 제공: The Art Gallery Collection / Alamy)

17~18세기에 자유사상과 평등사상은 나란히 손을 잡고 자신 있게 걸어갔다. 홉스, 로크, 루소 모두 자연상태에서 인간은 자유롭고 평등하게 태어났다고 믿었다. 적敵이 힘과 특권을 지닌 견고한 지배층으로 보이는 한 자유와 평등은 떠오르는 민주적 질서의 측면들을 서로 강화해주는 것으로 받아들여졌다.

그러다가 새로운 민주주의 또는 민주주의의 원형이 모습을 갖추기 시작하던 19세기 초에 이르러서야 정치철학자들은 자유와 평등이 사실상 서로 다른 방향을 지향하는 건 아닌지 고민하기 시작했다. 특히 토크빌은(물론 그 명단에 벵자맹 콩스탕과 존 스튜어트 밀도 추가할 수 있겠지만) 새로운 민주주의 사회가 인간의 자유를 조직적으로 위협하는 새로운 권력 형태, 새로운 지배 유형을 창조한다고 보았다. 그가 말한 사회는 프랑스, 영국, 그리고 물론 미국 등지에서 떠오르던 중간계급의 민주주의, 즉 부르주아 민주주의였다. 토크빌은 이 새로운 형태의 정치권력이 미칠 효과를 어떻게 완화할 것인가를 고민했다.

이 문제에 대해 미국 헌법 입안자들이 채택한 표준적인 답은 권력을 나누고 분리하는 것이었다. 토크빌은 전체로서의 인민이 왕이 된 민주주의 시대에, 견제와 균형이라는 이 제도적 장치가 과연 효율적인 안전장치인지 그만큼 확신이 없었다. 앞 장 끝부분에서도 이야기했듯 그보다 75년 전 루소는 인민주권의 원칙을 우리가 추구해야 할 이상으로 생각했지만, 토크빌은 그 원칙이 잭슨주의가 지배하는 미국에서는 이미 무르익었다고 여겼다.

미합중국에 있어서 인민주권이란 현재 성행하는 국민의 습관이나 사상과 무관한 별개의 원칙이 아니다. 오히려 전체 영국계 미국인들을 연결하는 여론의 마지막 이음쇠로 간주될 수 있다. 하느님은 각각의 개인에 관련되는 일들에 한해서 스스로를 이끌어가는 데 필요한 정도의 이성을 모두에게 내리셨다. 이 사실은 미합중국에서 시민적, 정치적 사회가 기초하고 있는 대전제이다. 한 가정의 가장은 그 전제를 자기 아이들에게, 주인은 노예들에게, 타운은 그 관리들에게, 카운티는 타운들에게, 주는 카운티들에게, 연방정부는 주들에게 허용한다. 그래서 나라 전체에 확대될 경우 그것은 인민주권의 원칙이 된다. (『미국의 민주주의』 1권 2부 10장 381쪽)[원문 출처는 앞의 '주요 참고도서' 참조]

토크빌로서는 인민이 통치하는 새로운 민주주의 국가가 예전의 통치 형태보다 더 공정하다거나 덜 임의적일 거라고 믿을 이유가 전혀 없었다. 누구에게도(어떤 개인이나 조직을 막론하고) 안심하고 권력을 맡길 수 없으며, 자유에 대한 보증으로서 인민의 단합된 힘이 다른 어떤 체제보다 더 믿을 만한 것도 아니다. 민주주의 시대에 정치의 문제는 인민의 주권을 어떻게 통제하는가이다. 누가 그것을 할 수 있단 말인가?

토크빌은 귀족정의 시대에는 항상 권력의 대항마가 있어왔다고 믿었다. 왕은 종종 까다롭게 구는 귀족을 다루어야 했다. 그러나 집단적 능력을 지닌 인민이 주권자인 세계에서 누가 또는 무엇이 그 역할을 할 수 있을까? 인민의 의지를 견제할 힘을 누가 또는 무엇이 가지고 있을까? 이것이 토크빌의 정치학("그 자체로 매우 새로운 세계를 위한 새로운 정치학")이 답하려는 문제이다. 민주정부를 인도하고 통제하는 문제, 인민정부와 정치적 판단을 결합할 방법을 문제로 다루는 한, 우리는 모두 토크빌의 자식이라 할 수 있다.[1]

토크빌은 누구일까?

1805년 알렉시 드 토크빌은 유서 깊은 노르만계 가문에서 태어났다. 토크빌 가문의 영지는 지금도 남아 있으며 여전히 그 가문 사람들이 소유하고 있다. 토크빌은 조상 대대로 살던 집에 매우 애착이 강해서 1828년의 한 편지에 이렇게 썼다. "마침내 내 오랜 가문의 유적 안에 있는 토크빌에 왔네. 약 4킬로미터 거리에는 [정복왕] 윌리엄이 잉글랜드를 정복하고자 출항했던 항구가 있지. 주변 사람들 모두 그 정복자들의 명단에 성姓이 올라 있는 노르만인이네. 이 모든 것이 내 나약한 마음에 자존심을 치켜세워준다네."[2] 토크빌의 부모는 프랑스혁명 때 체포되어 거의 1년을 감옥에서 지냈다. 1794년 로베스피에르가 몰락하고 나서야 그들은 처형을 면했다. 나폴레옹 왕조 치하에서 태어난 어린 토크빌은 반동적이지는 않더라도 가장 보수적이라고 할 만한 혁명 이후의 프랑스 사회에서 성장기를 보냈다.

토크빌은 파리에서 법학을 공부했고 1820년대쯤 귀스타브 드 보몽이라는 젊은 귀족과 친해졌다. 1830년에 이 두 사람은 국왕 루이 필리프의 새 정부로부터 의뢰를 받아 미국의 교도소 체계를 연구하고자 미국에 가게 되었다. 토크빌의 미국 방문은 방대한 기록을 남겼는데,

1831년 5월부터 1832년 2월까지 9개월 남짓 계속되었다.[3] 이때 그는 북쪽으로 뉴잉글랜드, 남쪽으로 뉴올리언스, 서쪽으로 미시간 호 외곽까지 여행했다. 말할 것도 없이 이 방문의 결과로 그가 『미국의 민주주의』라고 제목을 붙인 두툼한 두 권짜리 책이 나왔다. 1권은 저자가 겨우 30세였던 1835년에 출간되었고, 2권은 5년 뒤인 1840년에 나왔다. 2006년, 또 한 명의 프랑스인 베르나르앙리 레비는 미국을 여행하며 중요한 장소(라스베이거스, 복음주의 교회 등)를 모두 섭렵해 토크빌과 비슷하게 『아메리칸 버티고』를 내놓았다.[4] 토크빌과 레비의 저작을 나란히 놓고 보면, 아무리 후하게 평가한다 해도 도저히 비교가 안 된다고 말할 수밖에 없으리라.

간단히 말해 『미국의 민주주의』는 민주주의에 관해 쓰인 역사상 가장 중요한 책이다. 그런데 미국 민주주의에 관한 가장 유명한 책을 쓴 사람이 프랑스 귀족이라는 사실은 아이러니를 더해준다. 처음 출간되었을 때 이 책은 존 스튜어트 밀 같은 권위자에게서 걸작으로 환영받았다. 밀은 "민주주의의 영향에 대한 최초의 분석적 질문"이며 "정치학의 과학적 연구에 새 시대"를 열었다고 극찬했다.[5] 토크빌은 명예 미국 시민으로서 사실상 워싱턴, 제퍼슨, 매디슨과 나란히 자리하고 있지만, 이것으로도 충분치 않다는 듯, 최근에 그의 책은 명망 있는 '라이브러리 오브 아메리카' 시리즈에 들어감으로써 귀화 인증까지 받았다.

토크빌에 대한 교과서적인 이미지가 있다. 젊은 귀족인 그가 일종의 빈 서판으로 미국에 도착해 미국식 민주주의를 겪음으로써 크게 변화한다는 것이다. 그러나 이 이미지는 사실과는 너무나 거리가 멀다.

토크빌은 『미국의 민주주의』 1권 출간 직전 가장 친한 친구인 루이 드 케르골레에게 쓴 편지에서, 자신이 이 책을 쓴 목적을 이야기한다.

> 이제 막 출간되려는 이 책을 쓰기로 결심하기까지 많은 심사숙고를 했다네. 난 내 입장에서 신경쓰이는 바를 스스로에게 감추고 싶지 않네. 그것은 누구에게서도 적극적인 공감을 끌어내지 못할 거야. 누군가는 내가 실제로는 민주주의를 좋아하지 않으면서 그에 도움을 준다고 생각하겠지. 또 내가 경솔하게도 민주주의의 발전을 옹호한다고 생각할 사람도 있을 거고. 차라리 이 책이 읽히지 않는다면 나로선 무엇보다 행운일 테고 그냥 지나가버린다면 운이 좋은 경우겠지. 이 모든 걸 잘 알지만 이것이 내 반응이라네. 이미 10년 전쯤에 나는 이제 막 내놓은 작업의 일부를 생각하고 있었네. 나는 이 점에 관해 분명해지도록 미국에 갔던 것뿐이야. 교도소 체계는 핑계였다네.[6]

이 편지와 관련해 언급해야 할 중요한 점이 두 가지 있다. 우선 토크빌이 이 책을 쓰겠다는 생각은 미국을 여행하기 10년 전부터 이미 싹트기 시작했다는 점이다. 즉 그가 빈 서판이었을 리는 거의 없다. 1권 출간 당시 그의 나이가 겨우 서른이었음을 감안한다면, 이 책의 일부는 그가 스무 살이었을 때 이미 뚜렷한 구상이 있었다는 뜻이다. 학부생 나이에 말이다! 그가 미국에 간 것은 자신이 벌써부터 의심하기 시작했던 것을 확인하기 위해서였다.

둘째, 토크빌이 이 책을 쓰고 있었던 건 그가 생각하기에 철학에 별로 취미가 없어 보이는 미국인을 위해서가 아니라 프랑스인을 위해서였다. 특히 그는 여전히 왕정복고를 위해 애쓰고 있는 프랑스인 동료들에게, 자신이 미국에서 목격했던 민주주의적 사회 혁명이 프랑스의 미래를 제시한다고 설득하기를 희망했다. 존 로크가 "태초에 모든 세계는 아메리카와 같았다"고 말했다면, 토크빌은 미래에는 모든 세계가 아메리카처럼 될 거라고 말했다. 그는 자신이 본 것에 대해 희망 섞인 신중한 회의주의를 견지했다. "나는 미국에서 미국 이상을 보았음을 고백한다. 나는 미국에서 민주주의 자체의 이미지를 그 성향, 성격, 편견, 그리고 그 정열과 더불어 고찰했다. 그것은 우리가 적어도 민주주의로부터 무엇을 희망하거나 두려워해야 할지 알아보기 위함이었다." (서론 13쪽)

『미국의 민주주의』에서 답을 찾아보려는 질문은 두 가지다. 첫째 질문은 프랑스어로 앙시앵레짐으로 불리는 구체제, 즉 계급제, 복종, 불평등의 원칙을 기반으로 하는 옛 귀족정 체제를 평등에 기초한 새 민주주의 사회로 점진적으로 대체하는 것과 관련 있다. 이 새로운 사회는 어떻게 일어났으며, 무엇을 야기했을까? 둘째 질문은 뚜렷하게 제시되지는 않지만 실상 이 책의 모든 쪽에 나타난 것으로, 미국에서 나타난 민주주의의 형태와 혁명기 프랑스에서 나타난 형태 사이의 차이점과 관련 있다. 왜 미국의 민주주의는 상대적으로 온순하거나 온화했을까?(우리는 이를 자유주의적 민주주의라고 할 수 있을 것이다.) 그리고 프랑스의 민주주의는 왜 위험할 만큼 공포와 독재로 나아갔을까? 토크빌은 사회가 점점 민주적이 되어간다는 것은 사실상 역사의 섭리라고 믿었다. 다만 확실하지 않은 것은 이 민주주의가 어떤 형태를 취할 것인가이다. 민주주의가 자유와 양립할 수 있을지, 아니면 새로운 유형의 전제정치를 낳을지는 미래의 정치가들만이 답할 수 있는 문제로 남아 있다.

두 질문에서 우리는 토크빌이 정치교육가의 입장에서 책을 썼음을 알 수 있다. 그는 미국의 풍습과 관습을 기록한 단순한 연대기 저자를 뛰어넘어, 혁명과 반동의 여울을 피해 그사이로 자신들의 나라를 이끌고자 한 미래 유럽 정치가들을 위한 교육가였다. 그렇다면 토크빌이 정확히 무엇을 가르치고자 했는지 알아보자.

평등의 시대

『미국의 민주주의』 1권 서론 끝부분에서 토크빌은 이렇게 쓴다. "이 책을 주의 깊게 읽어보는 독자들은 여러 부분을 관통하는 모태 사상을 이 책 전체에서 발견하게 되리라고 나는 생각한다."(14쪽) 토크빌이 말하는 이 "모태 사상", 즉 지배적인 사상은 무엇일까? 가장 유력한 후보는 평등 사상이다. 책의 첫 구절은 이렇다. "미국에 머무는 동안 내 관심을 끈 신기한 일 중 국민 간 생활조건의 평등만큼 강렬하게 내 눈을 사로잡은 것은 없다."(3쪽) 여기서 토크빌이 말하는 평등이란 무슨 뜻일까?

토크빌이 정부의 형태보다는 사회적 상태("조건의 평등")로서의 평등을 이야기하고 있음에 주목하자. 이는 일정 부분 토크빌의 사회학적 상상력에 따른 표현이다. 생활조건의 평등이 민주정부에 선행한다. 그것은 민주정부가 등장하게 되는 원인이다. 유럽과 아메리카에서 모두, 저마다 민주정부가 등장하기 오래전에 조건의 평등이 심어졌다. 민주정부는 기껏해야 미국혁명이나 프랑스혁명과 나이가 같지만 조건의 평등은 근대가 시작되기 오래전부터 뿌리 깊은 역사적 과정에 의해 준비되었다.

서론에서 토크빌은 평등의 역사를 실로 아주 간략하게 이야기하면서 700년 전의 중세시대 한가운데로 역사를 되돌린다. 홉스나 루소와 달리, 그는 평등에 바탕칠하기 위한 수단으로 자연상태를 환기시키지 않는다. 홉스와 루소가 인간은 자유롭고 평등하게 태어났으며 시간이 지나면서 사회적 위계와 불평등이 도입되었다고 믿었다면, 토크빌은 실제로 그 반대를 주장한다. 역사적 과정은 사회적 상태의 불평등에서 점점 더 큰 평등을 향해 이동해왔다는 것이다. 평등은 역사적 힘, 방대한 시간대에 걸쳐 역사 속에서 스스로 작용했고 또 작용중인 무엇이다. 토크빌은 평등이 그저 하나의 '사실'이 아니라 여타 모든 것이 거기서 비롯된 '생성적 사실'이라고 종종 이야기한다. "미국 사회를 연구할수록, 점점 더 나는 조건의 평등이 다른 모든 사실의 원천으로 보이는 생성적 사실임을 깨닫게 되었다." 그는 책의 세번째 문단에서 이렇게 쓴다.

토크빌은 평등에 관해서, 거의 섭리와 같은 힘을 획득하게 된 역사적 사실인 듯 쓴다. 그는 끊임없이 작용하는 힘, 다시 말해 개인 행위자들의 의도에 반하면서라도 작용하는 보편적인 역사 과정을 설명할 때 '섭리'라는 단어를 쓴다. 예를 들어 프랑스의 왕들은 귀족 세력을 억누르기 위해 싸웠지만, 그러면서 (그들도 모르는 사이에) 평등한 사회적 조건을 재촉했다. 평등의 조건이 점진적으로 확산된 과정에는 섭리가 가지고 있는 두 가지 특징이 있다. 보편적이라는 것, 그리고 항상 인간의 통제력을 빠져나간다는 것이다. 평등의 힘 자체는 평등이 저항할 수 없는 힘인 듯 보이게 만든다. 토크빌은 꾸준히 이어져온 평등의 출현은 근대의 산물이라기보다는 수백 년 동안 유럽 역사의 핵심이 되어왔음을 보여준다.

1830년대에 토크빌이 미국에 갔던 이유는 이런 평등의 진전을 이해하기 위해서였다. "내가 지금 이야기하는 거대한 사회혁명이 거의 한계까지 이른 나라가 이 세계에는 한 군데 있다."(12쪽) 물론 그 나라는 미국이다. 이런 맥락에서 그가 자신의 책 제목을 '미국식 민주주의 American Democracy'가 아니라 '미국의 민주주의 Democracy in America'라 붙인 것은 시사하는 바가 크다. 그가 말하려는 요점은 민주주의가 특별히 미국적인 현상은 아니라는 것이다. 전혀 그렇지 않다. 요점은 미국에서 취해온 민주주의 혁명의 형태를 보여주는 것이다. 그것이 다른 어느 나라에서 어떤 형태를 띨지는 결코 미리 정해지지 않았다. 민주주의는 상태가 아니라 과정이다. 그것은 루소가 '개선 가능성'이라 표현했던 것, 변화에 대한 무한한 탄성과 개방성을 특징으로 한다. 그것은 확정적인 체제라기보다는 영원히 앞으로 나아가는 작용이다.

이는 매우 예리한 관찰이다. 민주주의는 하나의 동사動詞가 되어왔던 유일한 체제 형태이다. 우리는 민주화의 과정이 어디서 끝날지, 다른 곳에서는 어떤 형태를 띠게 될지 알지 못한다. 미래의 민주주의 체제는 진보적이고 자유를 사랑하는 체제일까, 아니면 혹독하고 호감이 안 가는 체제일까? 아무리 못해도, 이 질문은 토크빌에게 중요했던 것만큼이나 우리에게도 중요하다. 토크빌이 확신하는 것은 미국의 운명이 유럽의 운명이자 어쩌면 다른 모든 세계의 운명이라는 것이다. "조만간에 우리도 틀림없이 미국인들처럼 거의 완전하게 조건의 평등을 이룩할 것으로 보인다."(12쪽) 당신은 당신이 보는 것이 마음에 드는가? 그는 자기 책의 독자들에게 그렇게 묻는 듯하다. 민주주의가 다른 곳에서 어떤 형태를 띨지는 상황과 정치력에 따라 달라질 것이다. 그의 책은 미래의 정치가들을 교육시키려는 시도이다.

미국식 민주주의

『미국의 민주주의』가 5년이라는 기간을 두고 두 권으로 출간되었음을 기억하는 것이 중요하다. 이 책의 해설자 중 일부는 심지어 이 저작을 『민주주의 I』 『민주주의 II』라 부르기도 한다. 『민주주의 I』은 미국 관련 내용을 훨씬 많이 다루는 반면, 『민주주의 II』는 민주주의 전반의 문제를 다룬다. 『민주주의 I』은 민주주의의 구조에 관해 훨씬 낙관적이지만, 『민주주의 II』에는 민주주의의 운명을 훨씬 비관적으로 보는 시선이 나타나 있다. 이런 차이를 어떻게 설명할 수 있을까? 그전에 먼저, 『민주주의 I』에 나오는 미국 민주주의에 대한 토크빌의 설명을 살펴보자.

토크빌은 미국 민주주의의 특징 중 다음 세 가지를 따로 떼어내어 그것이 번영하는 민주주의 국가에 어떤 기여를 하는지 설명했다. 이는 바로 지방정부, 시민 연합체, 그리고 그가 말하는 종교 정신이다. 이 특징들을 차례로 살펴보자.

미국식 민주주의에서 첫째로 꼽을 만한 가장 근본적인 특징은 지방정부와 지방제도에 주어진 비중이다. 지방주의의 중요성(그리고 거기에서 뿜어지는 정신)은 전체의 핵심이다. 민주주의의 요람은 토크빌이 말하는 코뮌commune, 즉 타운town에서 찾아야 한다. "그럼에도 자유로운 인민의 힘은 타운 제도에 있다. 타운이 자유에 대해 가지는 관계는 초등학교가 학문과 맺는 관계와 같다. 타운에서는 자유가 주민들의 손이 닿는 범위 안에 있으며, 사람들에게 자유를 평화롭게 누리는 안목을 길러주고 자유를 사용하는 습관을 들이게 한다. 한 민족이 자유로운 정부를 세울 수는 있겠지만 타운 제도 없이는 자유의 정신을 가지지 못한다."(1권 1부 5장 57~58쪽)

어디서 들어본 듯한 소리 아닌가? 그럴 것이다. 뉴잉글랜드 타운에 대한 토크빌의 설명에는 루소의 일반의지 정신이 숨쉬고 있다. 자유의 핵심은 공동의 이해를 조직하고, 법으로 만들고, 심의하는 인민이다. 이런 일치성은 우연으로 보기 힘들다. (앞 장에서 인용한) 케르골레에게 보내는 편지에서, 토크빌은 자신이 날마다 시간을 함께 보내는 세 명의 저자 중 한 사람이 루소라고 밝힌 바 있다. 토크빌에게 민주주의를 관찰할 렌즈를 만들어준 이는 다른 어느 저자보다도 루소였다.

그러나 토크빌은 루소를 아리스토텔레스식 반전과 결합시킨다. "타운은 여러 사람이 모일 때면 어디서든 저절로 형성되는, 완전히 자연 그대로의 유일한 연합체이다."(57쪽. 인용자 강조) 타운이 자연의 산물이라는 말이다. 그것은 "말하자면, 인간의 노력을 피해간다." 타운은 자연적으로 존재하지만, 보장받은 제도는 결코 아니기에 허약하고 불확실하다. 그것은 계속해서 침략 위협을 받는데, 외세의 위협이 아니라 더 큰 정부 단위의 위협이다. 타운은 계속해서 연방, 즉 국가 당국의 위협을 받는다. 토크빌은 뚜렷하게 루소를 암시하면서, "계몽된" 주민들일수록 타운의 정신을 유지하기는 더욱 힘들어진다고 덧붙인다. 지역적 자유의 정신은 투박한, 심지어 원시적인 태도 및 관습과 나란히 간다. 바로 이런 이유 때문에 그는 정치적 중앙집중화와 계몽의 과정을 거치며 지역 자치의 조건이 파괴되어왔던 유럽에서는 더이상 타운 정신이 존재하지 않는다고 한탄한다.

타운식 정부 형태에 대한 토크빌의 찬사는 민주주의의 또다른 기둥인 시민 연합체로 뒷받침된다. 바로 이 대목은 『미국의 민주주의』에서 최근에 다시 가장 크게 주목받고 있다. 토크빌은 이 책에서 가장 유명한 한 문장을 이렇게 쓴다. "민주주의 국가에서 연합체의 과학은 어머니 과학이며, 다른 모든 것의 진보는 그 하나가 이룩한 진보에 좌우된다."(2권 2부 5장 492쪽)

주민들은 공동의 노력 속에서 서로 하나가 되어 손을 잡는 것을 통해 자유에 대한 안목을 발전시킨다. "미국에서 나는, 솔직히 전혀 짐작도 하지 못했던 온갖 연합체를 만나게 되었다. 많은 사람이 노력할 공동 목표를 정하고 그것을 향해 자유롭게 나아가게 하는 미국 주민들의 무한한 항해술에 자주 찬탄을 금치 못했다."(489쪽)

지역의 크고 작은 자발적 연합체를 중요하게 여기는 부분은 토크빌이 루소에게서 가장 크게 멀어지는 듯 보이는 지점이다. 루소는 '당파적 연합체들'이 일반의지를 좌절시키는 경향이 있다며 경고했었다. 반면 토크빌은 모든 부류의 자발적 연합체(오늘날의 이익집단)야말로 우리가 진취성, 협동, 책임감의 습관을 배우는 장소라고 본다. 우리 자신의 이익을 돌봄으로써 다른 사람들의 이익을 돌보는 법도 배우게 된다. "감정과 사상은 새로워지고 마음은 넓어지며, 인간 정신이 발전한다."(491쪽) 바로 이런 자유 연합체(자원봉사단, 학부모교사연합, 유대교회당, 교회, 그리고 시민사회의 여타 부분들)를 통해 중앙 권력에 저항할 수 있는 기구들이 만들어진다. 바로 이런 연합체에서 우리는 민주적 시민이 되는 방법을 배운다.

정치학자 로버트 퍼트넘은 시민 연합체의 필요성에 대한 주장을 받아들인 최근의 저서 『나 홀로 볼링Bowling Alone』을 펴냈다.[7] 여기서 퍼트넘은 시민 연합체를 통해 발달하는 '인적 자본'(토크빌이 말한 '풍속mœurs', 즉 정신과 마음의 습관)을 이야기한다. 퍼트넘이 대표적으로 든 예는 볼링 리그이다. 그는 오늘날 미국에서 그런 결속이 줄어드는데 관심을 가진다. 그는 혼자 볼링을 치는 사람들이 점점 늘고 있다고 불평하면서, 이런 고립 경향은 우리의 시민적 능력에 닥친 위험을 나타낸다고 본다. 다른 사람들과 어울리는 능력이 현대사회와 테크놀로지의 힘에 크게 잠식되어온 것 아닐까? 이 나라는 갈수록 더 혼자 있고 싶어하는 사람들과 소파에 누워 텔레비전만 보는 사람들의 나라가 되고 있는 건 아닐까?

이는 심각한 문제이며, 그런 문제를 다룬 글도 대거 쏟아지고 있다.

이런 문헌 가운데 일부는 퍼트넘의 결론이 부풀려졌으며, 로터리 클럽이나 볼링 리그 같은 시민 단체의 회원 감소를 그가 과장했다고 주장한다. 그리고 여타 문헌들은 그가 시민 단체와 민주주의의 관계를 과장해서 말한다고 여긴다. 많은 자발적 단체는 인종, 민족, 성별 등 저마다의 노선에 따라 배타적이다. KKK와 아리안네이션Aryan Nation 같은 백인우월주의 단체는 자발적인 연합체이지만, 토크빌이나 퍼트넘이 우리가 배웠으면 하고 바랄만한 민주주의의 교훈을 가르친다고 보기 힘들다. 더구나 볼링 리그 같은 클럽들이 훌륭한 시민을 만든다는 것이 확실한가? 코언 형제의 훌륭한 영화 〈위대한 레보스키〉를 생각해 보자. 영화 속 등장인물인 듀드, 월터, 도니는 열렬한 볼링광으로 이들의 원대한 야망은 결승전에 올라가는 것이다. 듀드는 술독에 빠진 히피, 월터는 심리적 손상을 입은 베트남 참전용사, 도니는 가난한 백수이다. 이들의 길을 가로막는 자는 성폭행 전과가 있는 지저스 퀸타나이다.("저 자식 제법 한단 말이야" 하고 월터가 말한다.) 이 남자들은 모두 같은 볼링 클럽의 회원들이다. 그러나 이들이 과연 퍼트넘이 생각하는 민주적 시민의 이상일까? 그 팀이 시민 연합체의 모델일까?

미국 민주주의가 기대고 있는 의자의 세번째이자 마지막 다리는 토크빌이 말한 '종교 정신'이다. "미합중국에 도착해서 내가 보고 가장 놀란 점은 이 나라의 종교 양상이었다"(1권 2부 9장 282쪽)고 그는 썼다. 그때나 지금이나 유럽인 관찰자들이 그러는 것처럼, 토크빌은 미국에서 민주주의 정신과 종교 정신이 서로 도움을 주며 작용한다는 사실에 당황했다. 이는 사실상 유럽에서 일어났던 상황과는 정반대이다. 유럽에서 종교와 민주주의는 일반적으로 충돌의 길을 걸어왔다. 미국인들의 민주적 삶에서 이런 독특한 특징을 어떻게 설명해야 할까?

우선 토크빌은 미국이 독특할 만큼 청교도적인 민주주의라고 언급한다. "나는 아메리카의 전체 운명은 아메리카 해안에 상륙했던 최초의 청교도 안에 있었다고 생각한다. 그것은 최초의 인간이 그뒤의 모든 인류를 안에 담고 있었던 것이나 마찬가지다."(267쪽) 미국을 만든 사람들은 확고한 종교적 습관을 지닌 자들로, 정부에 대한 불신과 독립에 대한 강한 욕구를 신세계로 가져왔다. 이것이 교회와 국가를 분리하는 데 도움이 되었고 종교적 자유와 정치적 자유를 둘 다 증진시키는 데 큰 역할을 했다.

토크빌은 미국에서의 종교 생활에 관해 두 가지 중요한 이론적 결론을 끌어낸다. 첫째, 계몽주의 철학자들이 제기한 논지, 즉 종교는 근대성이 대두됨에 따라 시들해지리라는 예상은 명백히 틀렸다는 것이다. 그는 이렇게 쓴다. "18세기 철학자들은 신앙심이 점차 쇠퇴할 것임을 아주 간단하게 설명했다. 자유와 계몽이 확산되면 종교적 열정은 반드시 사라지리라고 그들은 말했다. 불행하게도 실상은 그들의 이론에 전혀 들어맞지 않는다."(282쪽)

둘째, 토크빌은 종교를 없애거나 사회를 완전히 세속화하려는 시도는 끔찍한 실수라고 여긴다. 자유 사회는 공공의 도덕성에 의지한다는 것, 그리고 도덕성은 종교 없이는 효과적일 수 없다는 것이 그의 믿음이었다. 개인들은 이성만 가지고서도 도덕적 지침을 끌어낼 수 있을지 몰라도, 사회는 그럴 수 없다. 공적 생활에서 종교를 폐지하려는 시도가 위험한 이유는 신앙의 필요성 또는 신앙에 대한 의지가 다른 출구를 찾아낼 것이기 때문이다. "전제정치는 신앙 없이도 통치할 수 있지만, 자유는 그럴 수 없다. 종교는 다른 어느 곳보다 공화국에, 민주주의 공화국에 훨씬 더 필요하다."(282쪽) 그러나 공화국에 종교가 왜 그렇게 필요할까?

토크빌은 여러 대답을 내놓는다. 『미국의 민주주의』에서 계속 등장하는 한 가지 주제는 오직 종교만이 민주주의에 내재된 물질주의와 저급한 이기심의 경향에 저항할 수 있다는 것이다. "민주주의에서 종교가 주로 해야 할 일은 평등의 시대에 인간들이 행복에 대해 느끼는 지나치게 강렬하고 배타적인 성향을 정화, 조절, 억제하는 데 있다."(2권 1부 5장 422쪽)

또한 토크빌은 종교적 믿음이 인간 행동의 효능을 위해 필요하다고 여기는 믿음의 형이상학을 가동한다. "한 국민의 종교가 파괴될 때, 의심은 지식인들의 최상층을 지배하게 되며 나머지 모든 사람을 반쯤 마비시킨다."(418쪽) 훗날의 저자들은 이 같은 의지의 마비상태를 허무주의로 진단한다. 신앙이란 우리가 자유로운 행위자이며 그저 맹목적이고 무작위적인 운명의 장난감이 아니라는 믿음을 위해 필요한 요소이다. "이런 불신의 상태는 영혼을 무기력하게 만들 수밖에 없다. 즉 의지의 샘을 약화시키고 시민들이 노예상태를 받아들이게끔 만든다."(418쪽) 자유와 개인의 존엄성에 대한 우리의 믿음은 종교적 신앙과는 분리될 수 없으며, 버팀목이 되는 종교 없이 그런 믿음이 존속할 가능성은 거의 없다는 것이다. 토크빌은 계속해서 이렇게 쓴다. "나로서는 신앙이 없는 사람은 예속될 수밖에 없으며, 자유로운 사람은 믿음을 가져야 한다고 생각하게 된다."(418~419쪽) 그때까지 계몽주의에 이처럼 강력히 도전하는 발언은 없었다.

마지막 문제가 남아 있다. 토크빌은 종종 종교가 가치 있는 이유는 마치 종교의 사회적 기능 하나뿐이라는 듯 쓴다. 이는 확실히 그의 사상에 대한 사회학적 해석과 일맥상통하며, 실제로 토크빌은 이따금 종교적 믿음의 진실보다는 종교의 사회적, 정치적 결과에만 관심이 있는 것처럼 쓴다. "나는 순수하게 인간적인 관점에서만 종교를 생각한다."(419쪽) 그러나 이런 시각은 얼마나 정확할까?

토크빌을 사회학적으로 또는 기능주의적으로 해석한다면 이는 종교를 바라보는 그의 복잡한 태도의 일부만을 포착하는 것이다. 토크빌은 루소만 공부한 것이 아니라 17세기의 종교철학자 블레즈 파스칼도 공부했다. 파스칼은 여느 철학자보다도 믿음 없는 지식의 공허함을 더 많이 지적했다. 인간은 합리적인 동물일지 몰라도, 우리의 이성은 불가해한 우주의 깊이 앞에서 아무것도 아니다. "인간은 자연에서 가장 약한 갈대와 같다. 그러나 인간은 생각하는 갈대다."[8]

토크빌은 파스칼에게서 합리적인 말만으로는 설명할 수 없는 실존적 공허와 삶의 불완전성에 대한 인식을 발견한다. 그의 두려움은 방대하고 무한한 우주 공간에 내던져져 표류하는 한 개인의 두려움이었다. 더욱이 거기에는 은총과 타인들과의 진정한 교감으로부터 단절된 인간의 외로움, 그 불길한 느낌을 조장하는 조건의 평등에 관한 무언가가 있다. 토크빌이 이성에 한계를 두려 했던 것은 정확히 신앙이 들어설 여지를 남기기 위해서였다. 그는 거의 여담처럼 이렇게 쓴다. "60년이라는 짧은 세월은 결코 인간의 상상력을 전부 가두지 못할 것이다. 이 세상의 불완전한 기쁨은 결코 인간의 마음을 만족시키지 못할 것이다."(1권 2부 9장 283쪽) 다시 말해 현시점을 뛰어넘어 오직 신앙만이 줄 수 있는 어떤 것이 있다는 이야기다. 인간은 영원에 대한 갈망, 욕구가 있으며, 물리적 존재의 한계에 대해 뚜렷한 염증을 보인다. "따라서 종교는 희망의 한 특수한 형태이며 희망 자체가 그렇듯 인간의 마음에 자연스럽다. 일종의 지성의 일탈이 있어야만, 인간 본성에 가해지는 일종의 도덕적 폭력이 있어야만 인간은 종교적 믿음에서 벗어난다. 그러나 누구도 꺾을 수 없는 성향이 그들을 되돌린다. 불신앙이야말로 우발적 사건이다. 신앙만이 인류의 항구적 상태이다." (284쪽) 이 대목은 토크빌이 종교사회학자 이상(훨씬 더)의 관점을 취하고 있음을 보여준다. 이는 토크빌 사상의 형이상학적 측면을 말해주며, 그가 위대한 심리적 깊이와 통찰을 지닌 저자임을 보여준다.

다수의 횡포

토크빌은 미국의 민주주의에서 찬양할 만한 것(타운 회의, 시민 연합의 정신, 종교적 헌신 등)이 많다고 보았지만, 한편으로 그 안에서 민주주의의 횡포에 대한 위험한 경향을 짚어냈다. 실제로 그는 이 문제에 대해 매우 독특한 두 가지 분석을 제시한다. 하나는 『미국의 민주주의』 1권에 나오고 다른 하나는 2권에 나온다. 토크빌이 두려워했던 민주주의 횡포의 문제는 무엇이었을까?

『미국의 민주주의』 1권에서 '다수의 횡포' 문제를 다룰 때, 그는 주로 아리스토텔레스와 『연방주의자 논집』을 계승하는 관점에서 바라보았다. 아리스토텔레스는 『정치학』에서 민주주의를 다수, 대체로 자기 이익에 몰두하는 가난한 다수의 지배와 연관시켰다. 민주주의의 위험성은 다름 아니라, 민주주의가 곧 공동체에서 가장 규모가 큰 계급이 소수에 대해 펼치는 자기중심적 지배를 대표한다는 것이었다. 따라서 민주주의는 잠재적으로 항상 가난한 자들이 부자들에 대해 벌이는 계급투쟁의 형태를 띠며, 종종 대중주의적 선동가들이 이를 부추긴다. 『연방주의자 논집』의 저자들도 이 주제를 숙고했다. 결국 다수파 문제에 대해 이들이 내놓은 해결책은 영구적인 다수파의 탄생을 방지하고자 정부의 "영향권을 확대"하는 것이었다. 파당의 수가 많을수록 어느 한 파당이 국내 정치에 전제적 권력을 행사할 수 있는 가능성은 줄어들게 될 것이었다.

『미국의 민주주의』에서 '미합중국에서 다수의 전능한 권력과 그 결과'라는 장은 『연방주의자 논집』에 대한 직접적인 대답으로 봐야 할 것이다. 미국 헌법은 심지어 그 권리를 제한하려 하면서도 다수("우리 국민")를 소중히 떠받든다. 토크빌은 미국 헌법의 연방 구조를 다루는 데 긴 분량을 할애했지만, 다수파의 문제가 해결되었다고 믿었던 매디슨만큼 확신이 서지 않았다. 특히나 미국 헌법이 대의제 및 견제와 균형의 체계를 마련하고는 있지만, 신성한 전능성의 교의를 신학적으로 뚜렷하게 환기시키는 용어인 "다수의 제국"을 효율적으로 견제할 수 있다는 데에는 회의적이었다.(1권 2부 7장 235쪽) 토크빌은 국민을 변화하는 이해집단들의 연합이라는 매디슨식 관점에서 보기보다는 무제한의 멈출 수 없는 것으로서 다수의 힘을 생각하는 경향이 있었다. 소수의 권리가 법적으로 보장되기는 했지만 동원된 여론 앞에서 그것이 효과를 발휘할 것 같지 않았다.

토크빌이 떠올린 다수의 횡포 이미지는 애국주의 열기 속에서 대중을 동원할 수 있었던 앤드루 잭슨이나 나폴레옹 같은 '카리스마' 있는 군사 지도자들이 부추긴 혁명적 폭력의 위협과 떼어놓을 수 없는 것이었다. 대중의 지지를 업고 권력자로 부상한 군사령관 잭슨, 그렇게 만들어진 미국의 잭슨주의는 프랑스의 보나파르티즘과 다르지 않았다.(9장 265쪽) 무엇보다도 토크빌은 이런 군사주의가 무제한의 애국적 열기와 결합될 것을 두려워한다. 인간을 고귀하게 만드는 조건의 평등이라는 특질을 볼 수 있으면서, 한편으로는 민주적 횡포라는 더욱 두려운 가능성 또한 볼 수 있는 곳이 바로 미국이다.

다수의 권력은 입법부를 지배함으로써 자신이 모든 것 중 최고라는 느낌을 갖게 만든다. "모든 정치제도 가운데 입법부는 다수에 가장 흔쾌히 복종하는 권력이다."(7장 236쪽) 본문 중 어느 극적인 순간에 토크빌은 제퍼슨이 매디슨에게 했던 경고를 인용한다. "입법부의 폭정이야말로 현재 정말로 두려워해야 할 위험요소이며 앞으로도 오랜 세월에 걸쳐 계속 그럴 것이다." 토크빌은 이 경고를 특히 불길하게 받아들이는데, "민주정치가 배출한 가장 막강한 사도"를 제퍼슨에게서 보았기 때문이다.(249쪽)

토크빌은 입법부의 횡포와 관련해 무엇을 두려워하는 걸까? 해당

장의 제목이 가리키듯, 토크빌의 주요 관심은 횡포의 원인이 아니라 결과이다. 우선 토크빌은 다수가 소수보다 필연적으로 더 지혜롭다는 믿음에 이의를 제기한다. 그는 이를 "평등 이론이 두뇌에도 적용된다"(236쪽)고 말한다. 수가 많으면 힘이 셀 수는 있지만 수가 많다고 반드시 진리는 아니다. 두번째로, 토크빌은 정책 문제에서 다수의 이해관계가 항상 소수의 이해관계보다 우선시되어야 한다는 생각을 문제삼는다. 토크빌이 "앞날을 위해서 심각하고 또 위험"하게 여기는 것은 정확히 말해 어느 특정 정책이 아니라 다수의 "전능함"이다.(237쪽)

토크빌은 지역의 편협한 다수가 어떻게 개인과 소수의 권리를 침해할 수 있는지 두 사례를 인용한다. 어느 대목에서 그는 1812년 전쟁[미국과 영국 간 전쟁] 때 전쟁 찬성 감정이 고조되었던 당시에 전쟁에 반대했던 두 저널리스트 이야기를 회상한다. 두 저널리스트는 그들의 견해 때문에 체포되어 수감되었고, 야음을 틈타 감옥을 습격한 무리에게 살해되었다. 이 범죄에 가담했던 자들은 나중에 같은 시민 배심원들에 의해 무죄 판결을 받았다. 이어서 토크빌은 평등을 지향하는 퀘이커교인들이 개척한 펜실베이니아에서조차 대중적 편견 때문에 흑인 해방노예가 투표권을 행사하지 못했다는 이야기를 들려준다. 그는 이런 상황을 다음의 가시 돋친 말로 요약한다. "아니! 법을 만드는 특권을 가진 다수가 법에 불복종할 특권도 가지기를 바라고 있군요."(242쪽)

그러나 토크빌은 이 다수의 제국이 특히나 자신의 힘을 드러내는 건 다름 아닌 사상과 견해의 영역이라고 믿는다. 언제 봐도 깜짝 놀라게 되는 구절에서 토크빌은 이렇게 말한다. "내가 알기로는 미국만큼 사상의 독립과 진정한 언론의 자유가 전반적으로 결여된 나라도 없다."(244쪽) 사상의 자유에 대한 위협은 엄격한 심문에 대한 두려움에서 나오는 게 아니다. 그것은 배제와 사회적 따돌림이라는 더욱 미묘한 형태를 띤다. 아마도 토크빌은 사상을 질식시키고, 다수가 승인하지 않는 것은 아예 '생각할 수 없'게 만드는 힘, 요즘 표현으로 '정치적 공정성'의 힘이라 할 만한 것을 분석한 최초의 인물일 것이며, 그의 분석은 여전히 굉장한 통찰력을 보여준다.

자신이 아는 여느 나라보다 미국이 언론의 자유가 가장 적다는 토크빌의 선언은 분명 자기만족에 빠진 이들에게 충격을 주기 위한 과장이다. 그가 말하려는 요점은, 박해는 가장 잔인한 것부터 가장 온화한 것까지 수많은 형태를 띨 수 있다는 것이다. 그는 대중적이지 않은 믿음의 자유로운 표현을 크게 위축시키는 효과를 발휘하는 것은 민주적 배제라는 형태의 온화함(토크빌은 『미국의 민주주의』 곳곳에서 이 단어를 쓴다) 자체라고 생각한다. "사슬이나 처형대는 예전에 폭정에서 사용하던 거친 도구들이다. 그러나 우리 시대의 문명은 심지어 더이상 배울 것이 없을 것 같은 전제정치 자체마저 완벽하게 만들었다. …… 한 사람이 지배하는 절대정부 치하에서 폭정은 잔인하게 신체를 구타해 영혼까지 구타하려고 했다. 그러나 영혼은 그 주먹을 피해 위로 의연하게 솟아올랐다. 그러나 민주공화정에서 폭정은 이런 식으로 진행되지 않는다. 여기서는 신체는 내버려두고 곧바로 영혼을 노린다." (244쪽)

권력의 중앙집중

『미국의 민주주의』 1권에서 다수의 횡포에 대한 토크빌의 설명은 군중 지배 및 전반적인 무법 상태에 대한 두려움과 결부되어 있었다. 대중 선동가의 야망과 결합된 "폭민정치mobocracy"(에이브러햄 링컨이 일컬었듯)의 위험성은 매우 현실적이었다. 토크빌과 그 세대 사람들에게 폭도의 이미지는 어김없이 프랑스혁명 시기 국민의회에 대한 기억과 연결되어 있었다. 혁명 이후 저자들에게 혁명과 폭정은 사실상 동의어였다. 그러나 토크빌이 『미국의 민주주의』 2권에서 민주주의의 폭정에 대한 두번째 설명을 쓸 때쯤에는 혁명의 기억이나 두려움은 이미 희미해지고 있었다. 이런 정신 변화를 무엇으로 설명할 수 있을까?

혁명적 폭력의 이미지가 토크빌의 머릿속에서 흐릿해지기 시작하자, 그 자리에 새로운 두려움이 떠올랐다. 바로 중앙집중화의 위험성이었다. 토크빌은 종종 권력의 중앙집중을 비판하고 지역 자치정부를 옹호한 인물로 해석된다. 이는 어느 정도 정확한 해석이기는 하지만, 그림의 한 조각만을 포착하고 있다. 토크빌은 국가권력의 성장 자체에는 반대하지 않았다. 그가 반대한 것은 관료주의의 등장, 그와 함께 정치적 자유에 대한 가장 심각한 위협으로서 중앙화된 정신의 성장이었다.

중앙집중화라는 주제는 토크빌 사상에서 변하지 않는 상수이다. 이 주제는 『미국의 민주주의』 두 권을 이어줄 뿐 아니라 『미국의 민주주의』와 그의 또다른 역작 『앙시앵레짐과 프랑스혁명』을 이어주기도 한다. 중앙집중화의 문제는 『미국의 민주주의』 1권 앞쪽에서 그가 정치적 중앙집중화와 행정적 중앙집중화를 구분하면서 등장한다.(1권 1부

5장) 토크빌은 정치, 즉 정부의 중앙집중화를 좋은 일로 본다. 구체제 프랑스와 같이 통치권들이 서로 경쟁하거나 중첩되는 모든 체제에서는 통일된 입법의 중심이라는 개념을 크게 선호하게 되어 있다. 미합중국의 경우 정치적 중앙집중화는 어느 정도 입법부의 우위에 힘입어 중대한 진전을 이루었다.

여기서 위험은 입법 기능의 중앙집중화에 있지 않고 토크빌이 말하는 '행정적 중앙집중화'에 있다. 이런 구분은 무엇을 말하는 것일까? 토크빌은 중앙집중적 주권자는 모든 사람에게 똑같이 공평하게 적용되는 관습법의 선포를 위해 필요하다고 생각했다. 정부의 중앙집중화는 평등한 정의가 모든 시민에게 적용되도록 하기 위해 필요하다. 그러나 행정적 중앙집중화는 다른 문제이다. 행정학은 관습법의 확립과 관련 있는 게 아니라 시민들의 일상사에 대한 세부적인 처리나 지시를 감독하는 일과 관련 있다. 그것은 일상생활의 모든 측면 속으로 천천히 몰래 퍼지는 관료주의의 침투를 말한다. 정부의 중앙집중화는 입법과 국방의 목적을 위해 필요한 반면, 중앙집중화된 행정은 주로 예방에 중점을 두며 스스로를 돌볼 줄 모르는 무기력하고 무관심한 시민들을 양산하는 것 외에는 어떤 결과도 낳지 못한다.

행정의 중앙집중화는 우리가 규제국가라고 부르는 병균을 함께 가지고 온다. 토크빌은 바로 이 규제의 정신이 시민들 스스로 행동하는 진취성을 약화시킨다고 본다. 이런 규제는 "별 어려움 없이 일상 업무에 놀랄 만한 규칙성을 부여하고 사회 질서의 세부사항을 능숙하게 관리하며 사소한 무질서와 자질구레한 비행을 억누른다. 또한 개선과 쇠퇴 어느 쪽으로도 향하지 않도록 사회를 현상태로 유지하고, 행정가들이 습관적으로 훌륭한 질서와 공공의 안녕이라고 부르곤 하는 일종의 행정적 졸음 상태를 사회 내에 유지시킨다."(1권 1부 5장 86쪽) 여기서 토크빌이 예견하는 것이 이른바 행정국가의 등장임은 분명하다.

토크빌이 자유를 위협하는 독특한 요소로서 행정의 중앙집중화에 초점을 맞추게 된 이유는 무엇일까? 이것은 여러모로 독특한 프랑스식 세계관을 표현한다. 토크빌이 19세기의 첫 30년 동안 이 글을 쓰고 있을 때, 우리가 진보 운동과 연관시키는 중요 규제 기관들은 적어도 반세기 뒤에나 등장하기 시작했다. 오직 프랑스에서만 행정 권력의 중앙집중화가 구체제 한복판 깊숙이 돌아갔다.

토크빌이 행정국가의 이론과 역사에 관심을 갖게 된 것은 프랑스 역사의 역학에 관한 독서 경험이 있었기 때문이다. 그는 삶의 마지막 20년 동안 중앙집권적 행정 권력의 성장에 대한 최초의 증거를 찾고자 프랑스 여러 도시의 문서보관소들을 두루 섭렵했다. 『미국의 민주주의』 서론과 완전히 일치하다시피, 그는 중앙 관료제의 등장이 새로운 발전이 아니라 적어도 루이 14세 집권기로 후퇴한 것과 같음을 깨달았다. 프랑스 국왕의 행정권 장악은 실로 평등과 민주주의 혁명의 시대가 도래하는 데 가장 큰 역할을 했다. 그의 역설적인 공식으로 보면 프랑스혁명은 그저 앙시앵레짐 시기에 시작되었던 것을 완성했을 뿐이다. 역사의 광범위한 흐름은 행정권의 집중이 점점 심해지는 쪽으로 향하고 있었고, 토크빌은 바로 이 점을 깊이 걱정했던 것이다.

민주적 전제정치

토크빌은 『미국의 민주주의』 2권 끝부분, '민주국가는 어떤 종류의 전제정치를 두려워해야 하는가'라는 불길한 제목이 붙은 장에 이르러 행정국가에 대해 최종적 성찰을 제시한다.(2권 4부 6장) 여기서 그는 다수의 횡포와 새로운 유형의 권력, 즉 이제야 겨우 그 윤곽을 알아볼 수 있게 된 폭민지배의 위험성에 대해 예전에 가졌던 우려를 버린다. 토크빌은 이 장의 시작 부분에서 "5년간에 걸쳐 더 많은 생각을 했지만 나의 두려움은 줄어들지 않았으며 그 대상이 바뀌었을 뿐이다"라고 말하면서 자기 관점이 어느 정도 변했음을 암시한다.(2권 4부 6장 661쪽)

처음에 토크빌은 이 새로운 권력을 규정하기를 꺼리는 듯 보인다. "민주국가의 국민에게 위협이 될 억압의 종류는 지난 시대에 존재했던 어떤 것과도 다를 것이다." 더이상 그는 혁명적인 카리스마를 지닌 지도자, 전형적인 군사 독재자의 등장을 염려하지 않는다. 그러나 우리 기억 속에 어떤 이미지도 없을 새로운 전제정치가 등장한다. 심지어 우리 언어도 이를 규정하기엔 부적절하다. "옛날 말인 '전제정치'나 '폭정'이라는 말은 적절하지 않다."(662쪽) 그렇다면, 그것은 무엇일까?

토크빌의 새 전제정치가 과거의 폭정과 다른 특징 하나는 그것이 지닌 온화함 또는 "유순함douceur"이다.(2권 3부 1장) 민주적 습관과 태도의 온화함은 『미국의 민주주의』 두 권 모두에 흐르는 주제이기도 하다. 조건의 평등은 사람들을 더 상냥하게 만들고 다른 사람을 더 존중하게 했다. 최근 어느 미국 대통령의 말처럼 더 비슷해진 우리는 서로의 고통을 느끼는 능력도 높아졌다. "우리는 선조들보다 더 많은 감성을 가지고 있을까?" 토크빌은 뚜렷한 불신을 나타내며 그렇게 묻는다. "그것은 알 수 없지만, 확실히 우리 감성은 옛날보다 더 많은 대상을 아우르고 있다."(2권 3부 1장 538쪽)

물론 '유순함'은 토크빌의 독자들이 몽테스키외의 『법의 정신』에서 상업에 관한 묘사와 연관시키곤 하는 말이다. 18세기의 여러 위대한 저자들(몽테스키외, 흄, 칸트)은 상업이 사납고 호전적인 사람들을 진정시키고 순화하는 효과를 발휘한다고 보았다. 상업은 사람들이 서로를 덜 혹독하게 대하도록 만들며 낯선 사람에게 더 많은 관용을 베풀게 한다. 그것은 새롭고 더욱 세계주의적인 윤리인 '인류애humanité'의 원인이다. 몽테스키외가 보기에 중세의 전사 윤리에서 근대적인 부르주아 상업 윤리로의 전환은 진보의 표지였다. 토크빌은 이런 두 윤리의 대조적인 면을 인정하면서도 덜 낙관적인 결론을 끌어낸다.

세비녜 부인이 자기 딸에게 쓴 편지에서 보여준 것처럼, 민주주의가 사람들의 습관과 행위를 더 상냥하게 만들어왔다는 사실 자체가 고의적인 잔인성과 인간적 고통에 대한 무관심보다 바람직하다는 건 의심의 여지가 없다고 토크빌은 쓴다.(537쪽) 한편 토크빌은 민주주의가 한편으로 우리를 더욱 유순하고 조종당하기 쉽게 만든 측면도 있다고 믿는다. 바로 이 대목에서 그는 지금까지 규정하기를 거부해왔던 이 새로운 권력을 가리키면서 '민주적 전제정치'라는 말을 만들어냈다. 그는 자국의 신민들을 영원히 정치적 미성년의 상태로 묶어두는 이 전제정치를 "거대 후견 권력pouvoir immense et tutélaire"이라고 기술한다.(2권

4부 6장 663쪽) 무엇보다 그에게서 가장 강력한 반응을 끌어내는 것은 이 새로운 행정국가의 후견주의이다. 토크빌은 『앙시앵레짐과 프랑스 혁명』 2권에서 지나가듯이 이렇게 이야기한다. "우리를 지금 이런 모습으로 만든 것은 폭압이 아니라 정부의 후견에 붙들려 있던 우리 상태였다. 폭정 아래서 자유는 뿌리를 내리고 자랄 수 있다. 행정적 전제정치 아래서 자유는 발전은커녕 태어나지도 못한다. 폭정은 자유주의적인 국민을 만들어낼 수 있지만, 행정적 전제정치는 혁명가와 노예 같은 백성만 만들어낼 뿐이다."[9]

분명히 토크빌은 새로운 유형의 온화한 전제정치가 시민들의 성격에 미치는 영향을 걱정한다. 민주주의 사회질서를 특징짓는 것은 통제할 수 없는 정념의 혁명적 분출이 아니라 극단적 형태의 유순함, 무관심, 그리고 그가 말하는 이른바 '개인주의' 특질이다.(2권 2부 2장 482~484쪽) 토크빌에게 개인주의란 칭찬이 아니라 민주주의 시대의 독특한 병리를 가리킨다. 그것은 극단적인 고립, 아노미, 소외상태를 가리킨다. 그는 개인주의를 규정하면서 이것이 "사색적이고 평온한 감정sentiment réfléchi et paisible으로서 각각의 시민을 동료 구성원 집단과 분리시켜 가족과 친구 관계 안으로 물러나게 한다"고 말한다.(482쪽) 고립된 개인은 마을의 괴짜나 불순응자(토크빌이 찬양했을 만한 사람)가 아니라 사회와는 완전히 차단된 은둔자, 나 홀로족으로, 토크빌의 섬뜩한 표현을 빌리면 "자기 마음의 고독solitude de son propre coeur" 속에 갇혀 있는 사람이다.(484쪽)

평등이 우리를 엇비슷하게 만들었다는 사실은 한편으로 우리가 서로에게, 그리고 우리의 공동 운명에 무관심해졌음을 뜻한다. 미래의 민주주의는 단호한 개인주의자들과 자유사상가들의 땅이 아니라 소파에서 텔레비전만 보는 게으름뱅이들의 나라가 될 가능성이 높다.

> 이와 같이 사회의 각 구성원을 자기 수중에 장악하고서는 그들을 마음대로 다루게 된 다음, 최고 통치권력은 사회 전체로 세력을 확장하게 된다. 통치권력은 사회의 모든 표면을 사소하고 획일적이면서도 복잡한 작은 규칙의 그물로 뒤덮고 있어서, 아무리 독창적이고 정력적인 사람일지라도 이 그물을 뚫고 군중을 뛰어넘을 수 없다. 그것은 사람의 의지를 꺾지는 않지만 약화시키고 굽히고 그 방향을 바꾼다. 그것이 사람에게 행동을 강요하는 일은 별로 없다. 그러나 끊임없이 행동을 가로막는다. 어떤 것을 파괴하지는 않지만 태어날 때부터 방해한다. 그것은 폭정을 휘두르지는 않지만, 국민을 저해하고 방해하고 손상시키고 약화시키고 소멸시키고 우둔하게 만든다. 그래서 마침내 각각의 국민은 한 떼의 겁 많고 부지런한 동물로 전락하게 되며 정부는 그 목자牧者가 되는 것이다. (2권 4부 6장 663쪽)

현대 행정국가에 대해 이보다 더 강력하고 예지력 있는 묘사가 있었던가?

토크빌은 이 온화한 전제정치의 등장이 자신이 전에 걱정했던 다수의 횡포보다 궁극적으로는 자유에 더 위험하리라 여겼다. 이 새로운 후견 전제정치의 이미지는 이른바 보모국가nanny state 또는 치료국가

therapeutic state의 등장을 예견한다. 마이클 오크쇼트에 따르면, 이런 국가는 "모두 같은 병에 걸린 환자들이 이 공통 질병에서 헤어나고자 하는 과정에서 만들어진 연합체로 이해할 수 있다. 정부 관직은 치료 업무를 맡는다. 통치자는 곧 치유자로서, 스스로 선택해서 그곳을 떠나는 환자가 한 명도 없는 요양원의 원장이다."[10] 몽테스키외는 전제정치의 원리가 두려움 속에 있다고 보았다면, 토크빌은 그 원리가 묵종에 있다고 보았다. 모든 대항 세력이 국가의 행정적 통제를 받기 때문에, 시민들은 국가의 피보호자가 될 수밖에 없다. "시민들은 스스로 후견인을 선택했다고 생각함으로써 보호받고 있는 자신의 처지를 위로한다."(664쪽)

민주적 영혼

아마도 토크빌의 고찰을 민주적 폭정에 대한 설명으로 결론짓는다면 잘못 이해한 것이다. 『미국의 민주주의』 2권 목차를 살펴보면, 그가 가장 걱정하는 것은 민주주의 제도가 아니라 민주국가의 삶을 형성하는 사상, 감상, 습관임을 알 수 있다. 혹자는 플라톤을 따라서, 토크빌이 가장 심오하게 고찰했던 것은 민주적 영혼 상태와 관련 있다고 말할 수도 있을 것이다. 『미국의 민주주의』에서 묘사된 민주적 영혼의 특성은 실제로 무엇일까?

내가 어느 정도 시간을 들여 이야기하고 싶은 민주적 영혼의 특징은 세 가지다. 연민, 조바심, 이기심이다. 이런 특징들을 합쳐보면 민주주의 국가의 심리학, 또는 도덕적 범위가 된다. 토크빌은 이런 특징을 묘사하면서 민주적인 삶의 도덕적 현상학을 제시하고, 우리가 과연 스스로를 돌아보고 있는지, 스스로 바라본 자신의 모습이 마음에 드는지 자문해보라고 권유한다.

민주주의가 시민에게 미치는 가장 으뜸가는 도덕적 효과는 우리가 서로에게 더욱 온화해지게끔 만드는 지속적인 경향성이다. 이는 18세기부터 내려온 오랜 주제이다. 몽테스키외는 태도를 더 유순하게 만드는 것은 상업이라고 주장했지만, 동정심 또는 연민(다른 사람의 고통을 바라보는 것에 대한 혐오감)을 자연인의 근본 특징으로 삼은 이는 루소였다. 그보다 더 강력하고 떠들썩한 정념들이 자라나는 와중에도 연민은 우리의 자연적 선善의 유산으로 남아 있다. 그러나 토크빌에게 연민은 자연인이 아니라 민주적인 인간의 특징이다. 우리를 더 온화화게 만들고 우리의 풍속과 태도를 부드럽게 하는 것은 자연이 아니라 민주주의이다.

'사회가 보다 평등해짐으로써 어떻게 관습이 순화되는가'(2권 3부 1장 535~539쪽)라는 장에서, 토크빌은 귀족정 시대에서 민주정 시대로의 이행에 따른 도덕적, 심리적 결과를 설명한다. 귀족정 시대에는 개인들이 자신이 속한 계급이나 부족의 성원들과 서로 비슷할 수는 있어도 그들 스스로는 다른 계급의 구성원들과 다르다고 생각하고 살았다. 이것은 그들을 잔인하게 만들었다기보다는 자기 집단에 속하지 않은 타인들의 고통과 번민에 무관심하게 만들었다. 모두가 평등한 민주주의에서는 "모든 사람이 거의 똑같은 방식으로 생각하고 느낀다." 민주적 시민의 도덕적 상상력은 귀족정 시대에 그랬던 것보다 더 쉽게,

그 상상력 자체를 다른 사람들에게 이입할 수 있다. 민주적 시민은 감정과 감수성, 도덕적 공감 능력의 범위에서 볼 때 모두 비슷하다.(또는 적어도 비슷하다고 인식된다.) 토크빌은 말한다. "사람들이 서로 비슷해짐에 따라 그들은 서로의 불행에 대해 더 큰 연민을 보이고, 국법은 더 온화해진다."(539쪽)

이 같은 도덕성의 변화는 서로 다르지만 중대한 결과들을 초래했다. 도덕성의 변화로 사람들은 확실히 서로에게 더 상냥하졌고 공손해졌다. 고문과 고의적 잔인성, 고통과 굴욕의 구경거리 등 한때 일상생활의 큰 부분이었던 것들이 대체로 사라졌다. 우리가 앙시앵레짐의 세계에서 얼마나 멀리 왔는지 알려면, 미셸 푸코의 『감시와 처벌』 서두에 너무도 생생하게 묘사된 다미앵이나 영화 〈브레이브 하트〉에서 윌리엄 월리스가 받았던 고문과 처형을 떠올리기만 해도 된다.[11] 우리는 심지어 세계의 반대편에서 고통받는 사람들이나 괴로워하는 사람들과도 더욱 쉽게 동일시한다. 우리가 인도네시아의 쓰나미 피해자들이나 아프리카 수단의 다르푸르 학살 피해자들에게 보인 반응을 생각해보라. 죽을 때까지 한번도 가보지 못할 장소와 사람들에게 미친 이 모든 사건이 우리의 도덕적 동정심을 불러일으킨다. 이런 관점을 제대로 간파한 빌 클린턴 대통령은 언젠가 청중에게 말했다. "여러분의 고통을 저도 느낍니다." 조지 W. 부시는 대통령에 출마했을 때 자신을 '온정적인 보수주의자'라고 표현했다. 연민은 우리 시대의 도덕적 표지인 것 같다.

토크빌은 이것이 분명 일종의 도덕적 진보라고 믿었다. 우리가 고의적 잔인성을 지닌 정책을 용인하려 하지 않는다는 점에서는 특히 그렇다. 다른 누구도 아닌 미국인들이 사형제 폐지에 거의 성공했다는 그의 언급에 주목하자.(538쪽) 그럼에도 연민의 진전에는 대가가 따른다. 토크빌은 말한다. "민주주의 시대에는 인간이 서로를 위해 자신을 바치는 일은 거의 없지만 인류의 모든 성원에 대한 일반적인 동정은 흔히 보인다."(538쪽) 이 일반화된 동정은 진짜지만 가볍다. 내가 당신의 고통을 느끼는 능력은 그다지 많은 것을 요구하지 않는다. 연민은 비교적 쉬운 덕목이라는 이야기다. 그것은 감수성과 개방성을 암시한다. 또 판단할 필요 없는 보살핌을 함축한다. 그리고 정확히 상대주의적이진 않지만 자신의 도덕을 타인에게 강요하는 걸 자제한다.

토크빌은 민주적인 사람들이 너무 유순하고 도덕적으로 감수성이 지나쳐서 귀족적 도덕률의 핵심이던 고귀함, 자기희생, 명예에 대한 사랑 같은 남성적 덕목을 보여주지 못한다고 믿는 걸까? 그렇다. 연민은 칭찬할 만한 감성이며 우리의 도덕적 공감 범위를 확장시킬 수 있지만 토크빌이 두려워하는 잘못된 연민도 있다. 연민은 하나의 미덕임에도, 가령 그것이 우리의 도덕적 우월성을 표현하는 기준이 될 때는 남용된 형태를 수반한다. '무감각'하다는 것은 오늘날 많은 곳에서, 특히 대학 캠퍼스에서는 상상할 수 있는 최악의 도덕적 범죄로 비난받는다. 우리는 우리보다 어려운 사람들의 고난에 대해 관심을 가져야 한다.(또는 적어도 관심을 가진 척이라도 해야 한다.) 그 결과 타인들에 대한 고조된 감수성과 감정으로 한 사람의 우월성을 증명하는 새로운 연민의 위계가 탄생한다. '정치적 공정성'의 현대적 형태(우리 가운데 누가 가장 감수성이 뛰어난가?)를 비롯해 우리 시대의 도덕적 어리석음의 뿌리에 있는 것이 바로 이 잘못된 연민의 오류이다.

연민은 민주적 영혼의 유일한 심리적 특질이 아니다. 민주적 성격의 핵심에는 불편함, 불안 같은 뿌리 깊은 감정이 있다. 토크빌은 이를 inquiétude[불안]라는 프랑스어로 지칭한다. 영어에서 이 단어는 restlessness[불안함]으로, 때로는 restiveness[조바심]로 번역되며, 영원히 만족하지 못하는 민주적 영혼의 성격을 나타낸다. 민주주의 자체처럼 민주적 영혼도 결코 완성되지 않으며 언제나 현재 진행형이다.

토크빌에게 이 영원한 불안의 감정은 거의 항상 행복(그가 늘 물질적 행복으로 이해하는)에 대한 욕구와 결부된다. 민주적 영혼의 지배적 동력은 바로 물질적 행복의 관점에서 측정되는 행복에 대한 욕구이다. 토크빌은 민주적 특성인 조바심을 분석하면서, 다른 사람들은 평생 일해야만 가능한 물질적 재화 획득에 대해 일종의 귀족주의적 경멸을 끌어온다. 어쩌면 바로 이 점이 민주주의와 관련한 다른 어떤 것보다 그를 당황케 했을 것이다. 토크빌에게 민주주의는 대체로, 무언가 모호한 욕망의 대상을 끊임없이 추구하는 사람들로 이루어진 중간계급 민주주의, 즉 부르주아 민주주의를 뜻했다.

'왜 아메리카인들은 번영 속에서도 그토록 조바심을 내는가'라는 장에 나오는 다음 구절을 살펴보자.(2권 2부 13장)

> 미합중국에서는 노년을 보내기 위해 신중하게 집을 지어도 그 지붕이 채 완성되기 전에 집을 팔아버린다. 정원에 나무를 심고서는 그 과일을 맛

보기도 전에 남에게 임대해버린다. 들판을 경작지로 만들고서는 작물을 수확하는 일은 다른 사람에게 맡겨버린다. 직업을 가졌다가도 그만둔다. 한 장소에 안주하다가도 변덕스러운 욕망을 쫓아 곧 다른 곳으로 떠나버린다. 개인적인 일을 처리하고 나서 약간의 여유가 생기면 곧바로 정치의 소용돌이 속으로 뛰어든다. 그리고 일로 가득한 한 해를 보내고 마지막에 얼마간 쉴 시간이 생기면 쉴 새 없는 호기심에 미국의 광활한 영토를 이리저리 누빈다. 그렇게 자신의 행복으로부터 관심을 돌리기 위해서라면 며칠 만에 2,500킬로미터라도 가려고 한다. 마침내 죽음이 다가오고, 항상 그에게서 달아나는 완전한 행복을 찾기 위한 이 헛된 추구에 싫증내기 전에 죽음이 그를 멈춘다. (2권 2부 13장 512쪽. 1권 2부 9장 271~272쪽도 참조)

여기서 민주적 영혼의 불안에 대한 토크빌의 설명은 마치 플라톤의 『국가』 8권에서 곧바로 튀어나올 법한 소리로 들린다. 토크빌과 비슷하게 플라톤은 민주적 삶이 다양한 호기심과 취미, 온갖 자극제에 유혹당한 나머지 우리의 전체성을 전적으로 좌우하는 몇 안 되는 것들에 집중하기가 항상 더욱 힘들어진다고 설명한다.

토크빌은 행복의 끊임없는(그리고 자멸적인) 추구로 이해되는 삶에 대해 일종의 경멸을 담아 이 글을 썼다. 행복에 대한 욕구는 민주주의자의 권리가 되지만, 많이 원하면 원할수록 행복은 우리 손에서 빠져나간다. 따라서 방금 인용한 구절 다음 문장에서 토크빌은 이렇게 말한다. "풍요의 한가운데서 그렇게 행복한 많은 사람들이 보이는 이 독특한 동요를 생각하면 처음에는 깜짝 놀라게 된다."(2권 2부 13장

512쪽)

한 세계에 대한 사회적 논평이 이 한 문장에 응축되어 있다. '동요'와 '풍요'라는 단어가 한 문장 안에 같이 쓰였다는 것은 행복 추구가 만족과 휴식보다는 좌절과 불안을 안겨줄 가능성이 높다는 그의 생각을 말해준다. 같은 장에서 토크빌은 프랑스에서는 미국보다 자살자가 많은 반면, 미국에서는 정신이상자가 더 많다는 사실을 짚어낸다. 그 원인은 사실상 의무처럼 된 행복 추구에 따른 끊임없는 조바심과 불안이라고 여긴다. 그는 "민주국가의 주민이 풍요 속에서 드러내는 그 특이한 멜랑콜리"를 지적한다.(514쪽) 삶과 자유, 그리고 행복 추구는 다시 한번 기쁨을 위한 기쁨 없는 탐색이 되어버렸다.

토크빌이 말하는 민주주의 심리학의 세번째이자 마지막 측면은 이기심 또는 '바르게 이해된 이기심'의 원리다. 바르게 이해된 이기심의 원리란 일종의 일상적이고 실질적인 공리주의로, "정직이 최선의 방책"이라는 말처럼 우리에겐 본능적으로 친숙한 원리다. 그것은 매우 단순하고 분명해 보이지만, 그 역사는 복잡하다. 토크빌이 『미국의 민주주의』를 쓸 때까지 이기심 이론은 유럽의 도덕철학자들에게는 오랫동안 일상의 주식主食과 같았다. 이기심 개념은 이미 17세기에 온갖 인간 행위를 설명하기 위한 부적처럼 제시되었다.[12]

이기심이라는 개념이 의도하는 바는 무엇이었을까? 우선 우리는 흔히 이기심이 이타심에 반대된다고 생각한다. 이기심은 원래 자기를 주목하는 기질이고, 이타심은 타인을 주목하는 기질이다. 그러나 토크빌이 글을 쓸 당시 이기적 행위는 대체로 명성, 명예, 그리고 무엇보다 영광에 의해 자극된 행위의 반의어로 제시되었다. 영광이 전쟁 및 호전적 활동과 관련 있었다면, 이기심은 항상 상업 및 평화로운 경쟁과 관련 있었다. 명성과 영광이라는 귀족적인 관심사와는 달리, 이익은 공동의 목적을 위해 서로 협력하도록 사람들을 이끌어주는 상대적으로 평화로운, 즉 해롭지 않은 정념으로 여겨졌다. 자기이해의 추구는 명백히 민주주의적이고 평등주의적인 충동이었다. 그것은 모든 사람이 따를 수 있는 것이었던 반면, 명성과 영광은 그 본질이 불평등한 것이었다.

토크빌은 명예와 이기심 사이의 이 논쟁에 뛰어든다. 그는 '어떻게 미국인은 바르게 이해된 이기심의 원리에 따라 개인주의를 극복하는가'(2권 2부 8장)라는 장을 다음과 같은 고찰로 시작한다. "이 세상이 소수의 부유하고 힘센 사람에 의해 좌우될 때, 그들은 인간의 의무에 대해 숭고한 이념을 부여하기를 좋아했다. 자기 자신을 잊어버리는 것이야말로 영광스러운 일이고, 아울러 신처럼 이기심 없이 선을 행하는 일이 적절하다고 즐겨 고백하곤 했다. 이런 것이 그 시대 도덕의 공식적 원리였다. 인간이 다른 어느 때보다 귀족정의 시대에 더욱 덕망이 있었는지는 의심스럽지만, 덕의 아름다움이 계속해서 이야기되었다는 것만은 확실하다. 그들은 덕의 유용성을 연구할 때는 꼭 비밀리에 했다."(2권 2부 8장 500~501쪽)

토크빌이 이기심이라는 개념에 '바르게 이해된bien entendu'이라는 수식어를 붙였음을 주목하자. 이 수식어가 덧붙이는 것이 무엇일까? 바르게 이해된 이기심은 자기중심주의 또는 루소가 말한 자기편애와는 다르다. 그것은 평판을 얻고 싶고, 눈길을 끌고 싶고, 삶의 경쟁에서 맨 앞에 서고 싶은 욕구가 아니다. 그보다는 행복에 대한 정념과 자신의 상황을 개선하고 싶은 욕구와 관련 있는데, 토크빌에게는 이 욕구가 인간 행동의 중요한 원천이다. 그러나 이런 것들이 행동의 유일한 동기가 아님을 기억하는 것이 중요하다. 토크빌은 도덕적 혹은 심리적 환원론자가 아니다. 그는 오늘날 일부 경제학자나 정치학자가 주장하듯 모든 행동이 이기적이라고 말하지 않는다. 같은 장에서 토크빌은 몽테뉴의 에세이 중 의미심장한 제목인 「영예에 대하여」를 인용하면서, 명성과 명예에 대한 욕구는 인간 행위의 주요한 동기로서 언제나 안녕과 행복에 대한 욕구와 경쟁하리라는 사실을 독자에게 상기시킨다.

토크빌은 바르게 이해된 이기심이라는 새로운 윤리가 무엇을 가져오기를 바랐을까? 우선 그가 이기심의 원리를 과거 귀족주의 시대의 명예와 영예의 기풍에 대한 보편적 해결책으로 추천하고 있지는 않음을 주목하는 게 중요하다. 이후 그는 명예와 기사도 같은 옛 귀족주의 규범이 쇠퇴했다고 한탄한다.(2권 3부 17장) 그에 반해 바르게 이해된 이기심의 원리는 고상해 보이지는 않을 지라도 "명쾌하고 분명하다." 그것은 신뢰할 만하고 예측 가능하다는 특징이 있다. 이기심 자체는 덕목이 아니지만, "규칙을 지키고, 절제하고, 온건하고, 현명하고, 자제할 줄 아는" 사람들을 만들 수 있다.(2권 2부 8장 502쪽) 이런 것들이 근대 민주주의 공화국의 덕목이다. 안전하고 예측 가능하며 부르주아적인 것. 이런 자질은 영웅적이거나 예외적이진 않을지라도 대다수가 가질 수 있다.

토크빌은 약간 모호한 태도로, 모든 "철학 이론" 중에서 바르게 이해된 이기심의 원리가 "우리 시대를 사는 인간의 요구에 가장 적합"하다고 언급한다. 그는 이기심이 모든 인간 행위의 핵심이라고 보지는 않는다. 그랬다면 동어반복이 될 것이다. 바르게 이해된 이기심은 이기심 또는 자기본위에 빠지는 것을 막아준다. 한편으로 그것은 명예와 영예에 대한 지나친 애정을 가로막는 장애물이기도 하다. 민주주의 자체가 그렇듯, 그것은 "평범한 수준의 인류애"를 이야기한다.(502~503쪽)

민주적 국정운영

마지막으로, 민주주의 시대 국정운영의 과제는 무엇일까? 앞에서도 말했지만 『미국의 민주주의』는 토크빌 당대의 지도자는 물론 미래의 지도자들(또는 잠재적 지도자들)에게 전하는 정치 교육서이다. 국정운영의 가능성 자체는 우리가 정치학을 어떻게 이해하느냐에 달려 있다. 책의 서론에서 토크빌은 특유의 경구 같은 문장으로 이렇게 선언한다. "새로운 세계를 위해서는 새로운 정치학이 필요하다."(7쪽) 분명 그는 자신의 정치학이 케케묵은 정치학은 물론이고 로크와 루소 같은 근대 정치학과도 결별한다고 믿는다. 그렇다면 토크빌 정치학의 차별점은 무엇일까?

나는 토크빌의 새로운 정치학이 역사 또는 역사적 힘과 인간 행위의 관계에 대한 참신한 평가에 바탕을 둔다고 주장하고 싶다. 『미국의 민주주의』를 읽는 독자라면 거의 누구나 토크빌이 역사에 일종의 섭리적인 힘을 부여하고 있음을 알게 된다. 이는 이전의 저자들에게선 볼 수 없었다. 귀족정의 시대에서 민주정의 시대로 넘어가는 몇 세기에 걸친 거대한 이행 과정은 마치 신의 섭리인 듯 여겨진다. 토크빌은 독자들에게 이 움직임에 저항하는 것은 헛수고일 뿐 아니라 불경스러운 일이라고 경고한다. 그야말로 신의 의지에 반한다는 뜻이다. 그가 자신의 주장을 과장하고 있다는 데는 의심의 여지가 없지만, 이는 요점을 명확히 하기 위한 것이다. 정치학은 인류 역사의 오랜 구조, 오랜 기간 속에 깊이 박혀 있어서 우리가 그것을 대체하거나 벗어나기 위해 할 수 있는 일이 거의 없다. 우리는 현대 정치학자들이 때로 '경로 발전path development'이라 부르는 이 구조 안에 깊이 박혀 있는 듯하다.

실제로 토크빌은 때로 인간의 주도권과 개인의 힘이 끼어들 여지를 거의 두지 않는 역사적 또는 사회학적 결정론자처럼 글을 쓴다. '운명' '숙명' '경향' 같은 단어들은 정치 행동의 한계를 강조하고자 그의 책 전반에 자주 등장한다. 토크빌은 근원적 추세나 원인을 토대로 빈번히 예측을 제시하곤 한다. 그 대부분은 역시나 독립적인 인간의 주도권이나 국정운영이 역사에서 하는 역할을 부정하기 위한 것이다. 『미국의 민주주의』 1권에 나오는 다음 구절을 생각해보자. "때로 수많은 노력 끝에 입법자가 국민의 운명에 간접적으로 영향을 미치는 데 성공할 경우, 사람들은 그 천재성에 찬사를 보낸다. 반면에 입법자가 어떻게 할 수 없는 그 나라의 지리적 위치, 그의 의사에 관계없이 발생한 사회조건, 그가 기원을 추적할 수 없는 관습과 사상, 그가 알지 못하는 사태의 출발점 등은 이 사회의 진로에 거역할 수 없는 흐름을 부여하기에

그 자신도 버둥거리면서 저항하다가 물결에 함께 실려가버린다."(1권 1부 8장 154~155쪽)

이 대목은 새로운 군주나 입법자의 능력으로 새로운 인민과 제도를 만들 수 있다고 보았던 플라톤, 마키아벨리, 루소 같은 이들의 주장을 비웃는 듯 보인다. 토크빌은 정치가가 자기 힘으로 할 수 있는 일은 상대적으로 거의 없으며, 그가 별로 영향을 주지 못할 수많은 (지리적, 사회적, 도덕적) 요인 때문에 크게 제한받는다고 생각하는 듯하다. 토크빌의 말에서 이런 요인들은 정치가가 "함께 실려"가게 되는 "거역할 수 없는 흐름"을 부여한다. 정치가는 배의 선장 같아서, 배의 운명을 통제하는 외부 조건에 의지한다. 계속해서 토크빌은 이렇게 말한다. "입법자는 바다 한가운데에서 길을 찾는 이와 같다. 따라서 그는 자신을 태운 배의 항로를 지시할 수는 있어도 배의 구조를 바꾸거나 바람을 일으키거나 발밑에서 출렁이는 바다를 방해하지는 못한다."(155쪽)

그러나 토크빌이 종종 정치가는 마치 자신의 주도력을 제한하는 수많은 외부 조건에 둘러싸여 있다는 듯 쓰고 있지만, 한편으로 그는 인간 행위의 힘을 부정하는 역사적 결정론의 모든 체계에 강하게 반발하기도 한다. 때로 그는 인간이 위대하다는 허세를 꺾기 위한 글을 쓰지만 또 그만큼 개인의 역할을 부정하는 자기포기의 경향도 걱정한다. 그는 이 경향이야말로 모든 사람이 평등하게 여겨지고 따라서 저마다 어떤 것에 대해서도 똑같이 무기력한 민주주의 시대의 독특한 특징이라는 듯 여러 번 쓰고 있다. 이런 무기력함을 느끼지 않는 사람이 어디 있을까?

종종 도외시되곤 하는 두 쪽짜리 장 '무엇 때문에 민주국가의 국민은 범신론적 경향을 나타내는가'를 살펴보자.(2권 1부 7장) 겉보기에 이 장 제목은 이상한 걱정을 하는 것 같다. 오늘날 범신론은 에머슨이나 소로 같은 미국인 저자들에게서 기인하는, 약간 온화한 성격의 자연숭배로 여겨진다. 그러나 토크빌은 범신론을 사실상 조건의 평등에 따라 조장된 포괄적인 결정론의 형태로 본다. 우리가 전혀 통제할 수 없고 그에 대해 위험한 환상을 갖고 있는 커다란 비인격적 힘이 우리를 지배하고 있다는 생각은 민주주의 시대 특유의 환상이다. "사회의 여러 조건이 보다 평등해지고, 특히 서로 더 닮아가면서 더 나약해지고 보잘것없어진 개인들은 자신을 개인으로 보지 않고 전체 국민으로만 여기게 된다. ……그러한 체계는 인간의 개체성을 파괴한다 할지라도, 아니 오히려 개체성을 파괴하기 때문에, 민주사회에서 사는 인간들에게 비밀스러운 매력을 발휘할 것이라고 자신 있게 결론지을 수 있을 것이다."(2권 1부 7장 426쪽)

이보다 50여 쪽 뒤에 나오는 '민주주의 시대 역사가들의 몇 가지 특징'이라는 장에서 토크빌은 다시 이 주제로 돌아온다.(2권 1부 20장) 여기서 그는 고대 역사가들(헤로도토스, 투키디데스, 리비우스)이 모든 사건을 몇몇 위대한 개인의 행동과 기질에 기인한다고 보았다면, 근대 역사가들(오늘날 우리가 사회과학자라고 부르는)은 정반대임을 주목한다. 그들은 역사에서 개인의 역할을 일체 부정한다.

> 민주주의 시대의 역사가들은 몇몇 소수가 한 국민의 운명에 영향을 미

치는 힘을 가지고 있음을 부인할 뿐 아니라 국민이 그들 스스로의 운명을 바꿀 수 있는 능력을 가지고 있다는 것조차 부인한다. 그렇게 해서 그들은 확고한 섭리라든가 어떤 맹목적 숙명론에 국민을 예속시킨다. 그들에 따르면, 각 국가는 저마다의 위치, 기원, 조상, 특성으로 인해 인간의 노력으로는 도저히 변경할 수 없는 어떤 운명에 불가항력으로 예속되어 있다. 그들은 세대와 세대에 상호의존성을 부여하고, 그렇게 시대에서 시대로, 필연적 사건에서 필연적 사건으로, 결국 세계의 기원까지 거슬러올라가 연결시킴으로써, 인류 전체를 감싸고 단단히 묶어버리는 거대한 사슬을 만들어낸다. (2권 1부 20장 471~472쪽)

토크빌이 민주주의 시대 역사가들에게 이와 같은 역사 개념이 특이하게 나타난다고 여긴다는 데 주목하자. 물론 그것이 꼭 진실이라고 할 수는 없다. 그러나 우리가 계속해서 역사를 그렇게 생각한다면 그것은 진실이 될 것이다.(바로 여기가 토크빌의 요점이다.) 이 같은 역사적 필연성 이론에는 자기충족적인 요소가 있다. 그것은 우리가 저항해야 할 교의이다. 만에 하나라도 인간 자유의 미래가 위험해질 수 있기 때문이다. 계속해서 토크빌은 말한다. "더욱이 나는 이러한 교의가 현재 우리가 처한 이 시대에는 특별히 위험스럽다고 생각한다. 우리 동시대인들은 각자가 자신의 나약함으로 말미암아 모든 방면에서 제한되어 있다고 느끼기 때문에 너무 쉽게 자유의지를 의심하려 든다. 그러면서도 그들은 사람들이 하나의 사회로 묶인 경우에는 막강한 힘과 독립성을 기꺼이 부여할 것이다. 이런 생각을 조심해야 한다. 그것은 영혼을 고양시키는 문제이지 영혼을 완전히 굴복시키는 문제가 아니기 때문이다."(472쪽) 달리 말해 우리가 채택하는 역사 또는 정치학의 부류는 언제나 일종의 도덕적 선택이라는 이야기다. 어느 정도는 그것이 우리가 어떤 사람인지, 즉 의존적인 사람인지 자유로운 사람인지를 결정하게 된다.

토크빌이 자신의 동시대인들에게 내린 평가는 확실히 옳다. 그의 시대는 다른 체계의 역사적 결정론이 지배했다. 마르크스는 경제적 요인과 계급투쟁에 의해 모든 역사가 결정된다는 획기적인 관점을 제시했던 가장 유명한 사회주의 사상가였다. 그에 못지않게 중요한 또다른 교의가 그 무렵 등장했다. 토크빌과 동시대인인 아르튀르 드 고비노가 막 발표하기 시작했던 이론은 인종주의적 유전학이 모든 역사를 지배한다는 것이었다. 토크빌이 길지만 예의바른 편지를 고비노와 주고받으면서 국민 간, 국가 간의 모든 차이를 인종적(민족을 포함한) 특징으로 환원할 수 있다고 보는 고비노의 환원주의에 격렬하게 항의했음은 주목할 가치가 있다.[13]

분명히 토크빌은 역사의 한 요소로서 인종의 중요성을 무시하지는 않는다. 『미국의 민주주의』 1, 2권을 통틀어 가장 긴 장은 '미합중국 영토에 거주하는 세 종족의 현황과 전망에 대한 고찰'이라는 장인데, 여기서 토크빌은 백인, 흑인, 아메리카 원주민에 대해 논의한다.(1권 2부 10장 302~396쪽) 그러나 토크빌에게 인종은 사회적 설명에서 한 가지 요인에 지나지 않는다. 만약 역사가 과학이라면(토크빌은 그렇게 믿는다) 그것은 계급이든 인종이든 또는 (오늘날 여기에 추가할 수 있다면) 젠더이든, 모든 것을 결정하는 한 가지 원인을 요구하는 학문이 아니다. 역사의 특징은 그것이 보여주는 복잡성이다. 인과관계의 원천은 많다. 물리적 원인, 도덕적 원인, 사상, 감정 등. 이 모든 것이 역사 변화의 원천일 수 있다. 토크빌이 저항하려는 것은 이 모든 것을 단 하나의 요인으로 축소시켜버리는 정신 체계이다.

그렇다면 토크빌의 가르침은 무엇일까? 더 구체적으로 말해서 미래의 국정운영을 위한 그의 조언은 무엇일까? 토크빌은 매우 가느다란 밧줄 위를 걷고 있다. 그는 민주주의 시대는 우리 손에 달려 있다는 것, 귀족정에서 민주정으로의 이행은 돌이킬 수 없다는 것, 그가 말하는 '민주 혁명'이 이미 달성되었다는 것을 동시대인들에게 납득시키기를 바랐다. 동시에 그는, 민주주의가 어떤 형태를 띠는가 하는 것은 우리의 의지에, (그가 종종 '계몽'이라고 부르는) 우리의 지성에, 개인들의 힘에 따라 크게 달라짐을 우리에게 가르치고자 한다. 민주주의는 불가피할지 몰라도 결코 일관되지 않다. 그것은 비인격적인 역사의 힘에 좌우될 뿐 아니라 바르게 이해된 이기심부터 야망과 명예까지 아우르는 적극적인 덕목과 지성에 의해서도 좌우된다. 민주주의는 여전히 많은 형태를 띨 수 있고, 그것이 자유를 옹호할지 아니면 어떤 집단주의적 폭정을 옹호할지 하는 문제는 해결되지 않으며 쉽게 바뀔 수 있다.

토크빌은 책의 마지막 구절에서 이 주제로 돌아간다. "오늘날 적지 않은 이들이 이 세상에서 사람들은 결코 자기 자신의 주인이 아니며, 지난 시대의 사건이나 인종, 국토나 기후로 인해 빚어진 것을 극복할 수도 없고 알 수 없는 우둔한 힘에 필연코 복종하게 된다고 생각하고 있음을 나도 모르지 않는다. 그런 것들은 잘못되고 비겁한 교의이며, 그런 교의는 나약한 국민과 무기력한 국가밖에 만들어내지 못한다." 계속해서 그는 이렇게 쓴다. "신은 인간을 완전히 독립적인 존재나 완전히 노예 같은 존재로 창조하지 않았다. 물론 모든 인간에게는 벗어날 수 없는 어떤 숙명적 한계가 설정되어 있는 것이 사실이다. 그러나 그 방대한 한계 안에서 인간은 강력한 힘을 가지고 있고 자유롭다. 국민의 경우도 마찬가지다."(2권 4부 8장 675~676쪽)

토크빌은 우리에게 어떤 해결책이 아니라 하나의 역설, 더 정확히는 하나의 도전을 남긴다. 우리 운명은 결정되어 있지만, 완전히 그렇지는 않다. 정치가는 역사적, 사회적, 문화적 힘 사이의 급한 여울을 항해하는 법을 알아야 하며, 그 힘들에 대해 우리에게는 아무런 결정권이 없지만 제도 설계나 도덕적 설득은 우리 힘이 미치는 범위 내에 있다. 지성인들이 항상 알고 있었던 것처럼, 정치는 언어 안에서 발생하는 매체이다. 그것은 과거를 구성하고 미래를 상상할 수 있는 언어학적, 수사학적 능력을 국민에게 제공한다. 그것은 변화하는 상황에 적응하고 새로운 상황을 창조할 수 있는 여지, 능력을 부여하는 언어이다. 토크빌은 민주주의 시대를 사는 우리에게 미래의 민주적 정치가들을 만들어낼 언어를 제공한다. 그 언어로 무엇을 할지, 토크빌이 결코 상상하지 못했을 새로운 상황과 조건에 그 언어를 어떻게 적용할지는 전적으로 우리 몫일 것이다.

12장
애국주의를 옹호하며

정치철학의 위대한 전통에서 애국심이란 사람을 고상하게 만드는 감정이었다. 정치철학의 과제는 흔히 애국을 가르치거나 그 이유를 설명하는 것이라고들 생각했다. 역사의 서로 다른 시기에 각기 다른 저자들에게서 끌어낸 다음 문장들을 잠깐 살펴보자.

힐렐[유대교 랍비]: 내가 나 자신을 위하지 않는다면 누가 나를 위해주겠는가? 나 자신을 위해 존재한다면 나는 무엇인가? 그리고 지금이 아니라면 언제가 되겠는가?(기원전 1세기)[1]

키케로: 내가 왜 그리스의 예를 말하고 있겠습니까? 어쨌거나 나로선 우리[로마]의 예가 더 편안한데 말입니다.(기원전 44년)[2]

마키아벨리: 나는 내 조국을 내 영혼보다 훨씬 더 사랑한다.(1527년)[3]

루소: 정부에 관해 생각할 때마다, 항상 내 나라를 사랑하는 새로운 이유를 깨닫게 된다.(1762년)[4]

버크: 우리가 나라를 사랑하게 만들려면, 우리나라가 사랑받을 만해야 한다.(1790년)[5]

링컨: 그{헨리 클레이}는 자기 나라를 사랑했다. 그것이 자기 나라라는 이유도 조금은 있었지만 그 나라가 자유국가라는 것이 가장 큰 이유였다.(1852년)[6]

오늘날 애국주의 관념은 어려운 시기마다 등장해왔다. 적어도 철학자들은 그렇게 생각한다. 이는 애국주의가 곧 사라질 처지에 있다고 말하려는 게 아니다. 애국주의를 도덕적으로 의심스럽게 여기게 된 것은 교양 있는 사람들 사이에서만 있는 일이다. 애국주의는 원시적이고 본원적인 감정이며, 보다 보편적이거나 계몽된 관점을 훼손하면서라도 자신의 것과 자신의 방식을 선호하는 무지한 감정으로 널리 받아들여진다. 더욱이 애국주의는 공격적이고 군사주의적인 태도를 보인다고 이야기되는 민족주의와 쇼비니즘 같은 감정과 자주 연관되곤 한다. 이런 것들은 다른 국민을 지배하려는 욕구, 혹은 적어도 다른 국민을 희생시키면서 자기 방식의 우월성을 주장하려는 욕구와 나란히 간다. 9.11 사건 이후, 국기를 흔들거나 하는 애국적 행동을 과시하는 공공집회를 보면서 많은 이들이 느꼈던 메스꺼움을 주목하자.

대학 캠퍼스에서 애국주의를 거론하면 "애국주의는 무뢰한의 마지막 피난처"라는 새뮤얼 존슨의 가시 돋친 말을 듣기 십상이다.[7] 또는 만약 자기 나라와 친구 중 하나를 배신해야 한다면, 자기 나라를 배신할 용기가 있기를 바란다는 E. M. 포스터의 이야기를 들을지도 모른다.[8] 포스터는 나라보다 우정을, 공적인 선보다는 사적인 선을 택하는 행위를 비극적이고 고귀한 결정으로 제시한다. 그러나 이런 식의 문제 제기는 잘못이다. 배신이 도덕적 악덕이듯 충성심은 도덕적 미덕이다. 한쪽을 행하는 사람이 다른 한쪽에 빠질 가능성은 낮다. 1930년대에 틀림없이 이런 생각에 영향을 받았을 세 명의 케임브리지 대학 학부생(킴 필비, 도널드 매클린, 가이 버지스)은 자기 나라를 배신하는 쪽을 선택했다. 이들은 소비에트 첩보원이 되었고, 몇 년 동안 영국 정보부에서 출세의 사다리를 오르면서 중요한 기밀을 모스크바에 넘기다가 끝내 1950~60년대에 발각되었다. 이내 세 사람은 서로를 배신하기 시작했다. 배신이 그렇지만, 충성심도 자기 의지대로 내릴 수 있는 버스는 아니다. 삶의 한 영역에서 배신하는 사람은 다른 영역에서도 배신할 가능성이 높다.

애국주의를 생각할 때 이보다 나은 방법은 아리스토텔레스의 생각을 따르는 것일 수 있다. 아리스토텔레스는 『정치학』에서 훌륭한 시민과 훌륭한 인간이 똑같은가라는 유명한 질문을 던진다. 우리는 특정 도시, 민족, 또는 국가의 충성스러운 성원이면서 동시에 인류에 대한 더 큰 도덕적 의무를 다할 수 있을까? 지적 탐구에 대한 헌신, 결과에 상관없이 자유롭게 이루어지는 의견 교환, 일군의 특정 제도와 믿음에 대한 충성을 요구하는 시민의 책무, 이런 것들 사이에 갈등이 있을까? 한마디로 말해, 애국주의가 과연 하나의 미덕일까, 만약 그렇다면 어떤 미덕일까?[9]

아리스토텔레스를 따르자면, 어떤 미덕에 관해 생각할 때 가장 좋은 방법은 미덕이 과잉과 결핍의 연속성 위에서 평균점이라고 생각하는 것이다. "미덕, 즉 탁월성은 우리와의 관계에서 성립하는 중용에 의존한다. 중용은 실천적 지혜를 가진 사람이 그것을 판단할 때와 같은 방식으로, 합리적 원칙에 의해 규정된 것이다."[10] 그가 이해하는 중용은 정량적으로 측정한 것이 아니다. 특정 상황에서 행할 옳은 일을 알고 있을 때 거기에 좀더 가까이 어울리는, 적절한 어떤 것이다. 이런 관점에서 애국주의를 생각하면 유용할 수도 있다. 만약 애국주의가 서로 충돌하는 선택을 놓고 고민해야 하는 미덕이라면, 애국주의의 위치는 경쟁하는 두 악덕 사이의 중간일 것이다. 과잉과 결핍 사이 말이다. 이는 어떤 모습일까?

애국심의 과잉이란 누군가의 생활방식(그 사람의 나라, 명분, 민족)에 무조건적인 선으로서 완전히 들러붙은 일종의 당파적 열성일 것이다. 이런 충성심은 "내 나라가 옳건 그르건" 하는 문장으로, 또는 한때 인기를 끌던 "내 조국: 사랑하지 않으면 떠나라" 같은 범퍼 스티커 속 문장으로 표현된다. 이런 태도가 가장 치명적으로 나타난 표현은 독일의 법철학자 카를 슈미트가 1927년에 낸 짧고 선동적인 책 『정치적인 것의 개념』에서 볼 수 있다.[11] 슈미트는 토머스 홉스를 폭넓게 인용하지만, 전쟁상태를 정치 이전의 자연상태와 연결짓기보다 전쟁(그리고 전쟁에 대한 끊임없는 준비)을 빠져나갈 수 없는 정치적 삶의 조건으로 보았다. 슈미트에 따르면, 인간은 죽일 수 있기 때문에 위험한 동물이다. 그리고 개인은 항상 서로를 향해 사실상의 전쟁상태, 적어도 영원한 전쟁 준비상태에 있다.

슈미트는 홉스가 전쟁을 인류의 자연상태라고 결론지었다는 점에서는 옳다고 믿었다. 다만 홉스가 사회계약이 전쟁을 끝낼 수 있는 주권자를 창조할 수 있다고 믿었다는 점에서는 틀렸다고 생각했다. 전쟁을 끝낼 방법은 어디에도 없다. 따라서 우리가 헤어날 수 없는 정치적 진실이 존재하는데, 그것은 친구와 적(우리 편인 사람과 우리에 맞서는 사람)의 구분이 결국엔 친구들끼리 서로 충성을 빚지게 되는 새로운 집단을 만들어내고, 그러면서 다른 모든 사람이 적으로 분류될 수 있는 또다른 구분선이 그어진다는 점이다. 슈미트는 이렇게 쓴다. "정치적 감정은 가장 강렬하고 극단적인 적대감이며, 구체적인 모든 적대감은 더욱 정치적이 될수록 친구 집단과 적 집단을 가르는 최고의 극한점에 가까워진다."[12] 인권에 대한 인도주의적 호소, 자유무역, 민주주의, 이 모든 것이 실상은 갈등이라는 근본적 현실을 피하기 위한 시도이자, 우리 편에 유리하게 다른 편과 손잡기 위한 집단 연대의 정치에 대한 요구이다. 슈미트에게는 오직 당파심과 전쟁만이 현실이다. 합의와 평화는 가짜이다. 미래의 정치는 이 사실을 인정하고 그에 따라 행동할 용기를 가진 사람들이 결정하게 될 것이다.

이 연속체의 다른 쪽 끝에 있는 애국주의의 결핍은 일종의 초정치적 세계주의를 수반한다. 세계주의 사상은 서구 전통에 깊숙이 흐르고 있다. 이는 플라톤의 『소크라테스를 위한 변명』에서 아주 잘 나타나 있다. 여기서 최초의 정치철학자 소크라테스는 도시의 신들을 믿지 않는다는 이유로, 또 젊은이들을 타락시킨다는 이유로 반역죄로 기소되었다. 그러나 고대인의 세계주의를 여실히 표현한 것은 기원후 1~2세기에 살았던 스토아철학자들이었다. 이들의 세계주의 교의는 로마가 세계적 패권을 휘두르던 시기에 등장했다. 로마의 세계 제국은 자유도시국가 같은 국지적인 작은 정치 단위를 대체한 것으로 보였다. 그러나 결국 스토아철학자들도 작은 철학 분파였고, 이들이 가르친 도덕적 자율성과 독립성이 인류 전체를 위한 처방이 될 수 있다는 믿음이 받아들여진 적은 단 한 순간도 없었다. 세계 시민이 된다는 과제는 결코 만만하지 않다. 그것은 익숙한 것들이 주는 편안함과 안전함으로부터의 분리를 요구한다.

오늘날의 세계주의를 결정적으로 형성시킨 이는 또 한 명의 독일 사상가 이마누엘 칸트이다. 칸트는 우리의 도덕적 과제와 의무는 국경이나 인종, 계급, 민족 같은 지역적 부속성과는 관련이 없다고 강조했다. 이런 관점에서 본다면, 우리가 동료 시민들에게 빚진 도덕적 의무는 지구상의 다른 인간에게 빚진 도덕적 의무보다 결코 크지 않다. 시민권은 보통 우연한 출생에 따라 부여되는 임의적인 사실이다. 태어나면서 얻게 되는 시민권은 유전학적 복권의 산물이기 때문에, 거기에는 어떤 도덕적 의무도 수반되지 않는다. 칸트는 (도덕률은 모든 인류에게, 상황에 관계없이 적용된다는) 보편성을 강조하면서 우리 누구나, 모든 개인이 오직 이성과 인간애라는 미덕에 의해 평등한 도덕적 가치와 존중을 받게 될 '목적의 왕국'의 성원들임을 힘주어 이야기한다.

인류애라는 세계주의적 윤리 관념은 오직 공화주의 정부 형태에서만, 더 정확히 말하면 국제법의 감독을 받는 공화국들의 연합에서만 실현될 수 있다고 칸트는 생각했다. 칸트는 선구자적인 논문 「영구평화론」에서 영원한 평화 달성을 위해 국가 간의 전쟁을 끝낼 국가 연합을 제안했다. 전쟁의 위협을 배제해야만 인간의 권리에 대한 완전하고 자유로운 인식을 가로막는 장애물들을 비로소 제거할 수 있을 터였다. 칸트는 주권이 개별 국민국가의 것이라고 본 홉스와 로크가 틀렸다고 생각했다. 칸트에게 국가란 평화를 중심으로 조직된 하나의 세계 공화국으로 가는 길 위에 놓인 발달 단계에 지나지 않았다. 오직 공화국들의 연합 안에서만 민족 간의 평화라는 예언자 이사야의 꿈이 마침내 실현될 터였다. 국가들의 국제적 연합에 대한 칸트의 계획은 결국 그가 사망하고 한 세기가 지난 뒤, 우드로 윌슨의 '14개조 평화원칙'으로, 국제연합의 탄생으로, 1948년 세계인권선언으로 결실을 맺었다.[13]

공화정의 평화적 성격에 대한 칸트의 믿음에는 무지와 낙관주의가 깔려 있었다. 칸트는 과거 많은 공화국에 관한 역사적 기록을 알지 못했는데, 그 역사는 결코 평화로웠던 적이 없다. 스파르타, 아테네, 로마, 피렌체 등은 호전적인 박력과 전쟁을 찬양한 무장 진영이었다. 몽테스키외는 고대 공화국들의 혹독함과 도덕적 금욕주의를 중세 수도회의 삶에 비교하는 유명한 글을 쓰기도 했다.[14] 그러나 칸트가 생각하던 것이 전쟁 대신 무역과 상업을 하는 근대의 상업적 공화국이었음은 의심할 여지가 없다. 우리 모두가 그렇듯, 칸트는 사람들 사이에 증가한 상업과 의사소통이 국가주의나 종교, 그밖의 광적 열기를 누그러뜨리기를 바랐다. 하지만 실제로 그랬다는 기록도 기껏해야 어쩌다 한

번씩 있을 뿐이다. 상대에 관해 많이 안다고 해서 반드시 감정이 좋아지진 않는다. 20세기에 일어난 전쟁 중 대부분은 어느 편을 막론하고 각국이 자기 국민의 완전한 지지를 받지 않았더라면 일어나지 않았을 것이다. 이는 특히 1차대전에서 분명히 드러났다. 당시 사회주의 노동자들은 각자의 국가와 같은 길을 가기로 선택했다. 칸트는 예나 지금이나 매우 중요한 힘인 국가주의의 견인력을 굉장히 과소평가했다.

선한 유럽인

슈미트의 관점도 칸트의 관점도, 즉 정치의 과잉도 정치의 결핍도 애국주의의 특수성을 포착하지 못했다. 확실히 슈미트의 관점은, 세계는 위험한 곳이라는 중요한 진실에 뿌리를 두고 있다. 슈미트는 극단적 상황(전쟁 상황이나 전쟁을 위한 동원 상황)을 채택해 그것을 보통의 상황으로 만들어버린다. 극단적 상황은 사회의 생존 자체, 독립 자체가 위태로운 경우이다. 이는 실존적 조건이다. 슈미트에게 모든 상황은 잠재적으로 사느냐 죽느냐의 상황이다. 거기서는 누구나 친구와 적 사이에서 선택해야 한다. 이런 이유로 인해 정치는 오로지 국가적 이익에 이끌리는 끝없는 권력 투쟁이다. 그렇지만 슈미트의 관점에서 보더라도 끊임없는 전쟁의 정치는 결국 자멸할 수밖에 없을 것이다. 극심한 라이벌 관계나 당파성의 논리가 따지고 보면 모두 국내 문제로 귀결되는 현실에서, 전쟁이 국가 내부에서가 아닌 국가 사이에서만 일어나야 하는 이유가 있을까? 슈미트가 주장하는 논리는 단지 국가 간의 전쟁뿐 아니라 국가 내부의 경쟁 집단 간 내전이나 분쟁까지 가리키고 있다. 그런 갈등 논리의 결과는 역설적이게도 정치에 대한 부정이 될 것이다. 다시 말해 조직화된 정치권력의 장소로서 체제를 파괴하게 된다는 이야기다.

친구와 적을 나누는 슈미트식 구분이 정치를 전쟁으로 축소시키는 결과를 낳는다면, 칸트의 세계주의는 정치와 도덕을 혼동하는 결과를 가져온다. 칸트와 그 후계자들(존 롤스나 위르겐 하버마스 같은)은 주권국가를 초월해서 주권국가를 정의의 국제 규범으로 대체하기를 열망했다. 슈미트에게 인간이 위험한 동물이라면, 칸트에게 인간은 법을 따르는 동물이다. 그러나 법학자들의 국제 공론장을 통해 국가를 초월하려는 칸트의 야망은 순진하고 반정치적이다. 만약에 홉스가 말한 것처럼 "칼이 없는 계약은 그저 말에 지나지 않는다"면, 이런 정의의 국제 규범을 누가 강제할 것인가? 국제적 정의라는 칸트식 이상은 국가 없는 세계, 국경선 없는 세계, 다시 말해 애국주의나 정치가 없는 세계를 갈망한다. 지금까지 국제연합 같은 기구들은 공격적 행동을 억제하거나 제한하기에는 매우 비효율적이었다. 헤이그에 있는 국제사법재판소는 종종 급하게 유죄 판결을 내리면서도 범죄자들을 재판에 회부하는 데는 느리며, 그마저도 선택적이고 임의적일 때가 많다. 세계주의자들은 그린피스나 국제사면위원회의 그런 세계적 명분이 소중하다고 느낄지 몰라도 자기 나라에 대해서는 결코 그러지 않는다. 그런 단체가 제시한 말도 안 되게 높은 도덕적 기준을 미국이나 다른 어떤 나라가 충족시키지 못했을 때, 그 결과는 병적일 만큼 자기혐오적인 환멸로 나타난다. 이는 종종 분노와 경멸의 허무주의적 발작으로 이어지

기도 한다.[15]

문제는 세계주의가 애국주의 감정과 어느 정도로 양립할 수 있는가이다. 그것은 국가 폐지 또는 세계정부 수립을 요구하는가? 심지어 칸트도 세계국가는 "영혼 없는 독재"가 되리라고 인정했다.[16] 어쩌면 세계사에서 가장 폭력적이던 20세기에 "국가와 함께 사멸"할 것을 약속했던 또다른 세계주의가 사망했다는 점은 명심할 가치가 있다.[17] 물론 마르크스 공산주의를 말하는 것이다. 마르크스 공산주의 역시 칸트의 세계주의와 비슷하게 계급, 민족성, 국가주의 같은 것들이 계급 없는 하나의 세계 사회로 대체되리라고 보았다. 세계주의적 이상 밑에는, 어떤 삶을 사는지와 상관없이 삶 자체가 최고의 절대적 선이라는 생각이 깔려 있다. 그런 이상은 도덕적 타락으로 이어질 수 있다. 이상에 삶을 바치고, 우리 삶에 완전성과 의미를 부여하는 몇 안 되는 중요한 일에 삶을 바치는 것이 불가능하거나 내키지 않을 수 있는 것이다. 세계주의 국가는 진정 중요한 것이 없는 세계, 몸 바쳐 싸울 만큼 가치 있는 것이 하나도 남지 않은 세계가 될 것이다. 그런 세계는 엔터테인먼트의 세계, 재미의 세계, 쇼핑의 세계, 도덕적 진지함이 없는 세계이다.[18] 어쩌면 텔레비전 드라마 〈섹스 앤 더 시티〉가 '코스모폴리탄'이라는 음료를 유행시킨 일도 우연의 일치는 아닐 것이다.

물론 이 새로운 세계주의가 전혀 세계주의적이지 않고 일부(어쩌면 아주 작은 일부) 인류의 가치를 표현하는, 특히나 문화 한정적인 형태인 경우가 너무 많다. 그것은 사실상 보편적인 인류 경험과는 정반대로 가는 듯 보인다. 세계 시민이라는 관념은 마치 멀리 떨어진 행성에서 인간사를 내려다보듯 종종 냉담하고 초연하다. 비록 세계주의 옹호자들은 세계주의를 영웅적인 것으로 성급히 제시하지만, 그것은 열정과 강렬함을 결여한 것처럼 보인다. 세계주의는 독특하게 엄격하고 사랑이 없는 성향이다. 무엇보다도 세계 시민은 '쿨cool'하다. 다시 말해 인류의 공통 특징을 구현하지 어떤 개별 민족, 부족, 국가를 구현하지는 않는 사람이다. 쿨함은 무엇보다도 미학적인 태도, 즉 의복, 요리, 언어, 쇼핑 등에서 보이듯 점점 더 탈국가적인 매력을 지닌 태도이다. 쿨함은 원래 미국 흑인의 경험에서 자라났지만(마일스 데이비스의 앨범 〈쿨의 탄생Birth of the Cool〉을 생각해보라) 주변부에서 중심부로 이동하면서 점점 주류가 되어왔다.

쿨함의 화신은 걸작 영화 〈카사블랑카〉에서 험프리 보가트가 연기한 인물 릭 블레인이다. 영화 초반에 우리는 릭이 예전에 열성적인 파르티잔이었음을 알게 된다. 그는 에티오피아 독재에 총구를 겨누었고 스페인 공화파를 위해 싸웠지만, 그만둔 뒤로는 국제적인 도시 카사블랑카에서 가장 인기 있는 바이자 카지노(릭스 카페 아메리켄)를 운영한다. 여기서 그의 친구이자 부패한 경찰서장 루이 르노는 독일군이 유명한 반나치 선동가 빅토르 라슬로를 억류하려 하니 개입하지 말라고 그에게 경고한다. 룰렛에서 잃은 손실분을 만회하고자 릭은 루이를 상대로 내기를 걸며 라슬로가 탈출하리라는 데 1만 프랑을 건다. 릭의 쿨함은 나치 장교의 심문을 받을 때 그들의 대화에서 잘 나타난다.

스트라세 소령: 몇 가지 질문만 하겠소. 물론 비공식적으로.

릭: 원한다면 공식적으로 해도 됩니다.

스트라세 소령: 당신 국적이 어디죠?

릭: 술고래요.

르노 서장: 바로 이래서 릭이 세계시민이지요.[19]

물론 우리는 영화의 끝에서 릭이 마음으로는 항상 낭만적이고 이상주의자였음을 알게 된다. 그는 초연한 태도를 거두고 라슬로와 그의 목숨 같은 연인 일사 룬트의 탈출을 돕는다. 라슬로가 리스본행 비행기에 오를 준비를 하면서 릭에게 건넨 마지막 말이 의미심장하다. "전장에 돌아오신 걸 환영합니다. 이번에는 우리 편이 이기겠네요."

오늘날에는 종종 유럽에서 세계주의 모델을 끌어내곤 한다. 많은 사람이 유럽연합은 '초국가적' 시민권의 새로운 유형을 대표한다고 보기 때문이다. 이런 발전은 이미 백 년도 더 전에 프리드리히 니체가 탁월하게 예견했다. 그는 국적과 심지어 정치까지 초월한 '선한 유럽인'이라는 새 현상의 등장을 이렇게 설명했다. "유럽인은 서로 점점 비슷해지고 있다. 그들은 인종이 유래했던 조건, 어떤 기후나 계급과 관련있는 조건에서 더욱더 멀어진다. 그들은 몇 세기 동안 그들의 심신에 똑같은 요구를 새겨넣으려는 어떤 결정적인 환경으로부터 보다 독립적으로 되어간다. 따라서 본질적으로 초국가적인 유목민 유형의 인간, 생리학적으로 말해 최고의 적응 기술과 능력을 전형적인 특징으로 하는 인간 유형이 서서히 등장하고 있다."[20]

조금도 장소에 얽매이지 않고 새롭게 변화하는 환경에 대해 타고난 적응력을 갖춘 이 유목민적 개인에 대한 니체의 묘사는 공동의 통화, 개방된 국경, 늘어나는 무국적자 등의 모습으로 현대 유럽 세계에서 뚜렷하게 실현되어왔다. 그런 전망은 과거 보수적인 '국가 집합체로서의 유럽Europe des parties', 즉 정치적 다양성으로 특징지워지고 서로 구분되어 건전하게 경쟁하는 전통적 국민국가에 뿌리를 두던 유럽과는 큰 차이가 있다. 이 과거의 관점은 일정한 경제적, 학문적, 기술적 발전에 의해서 비로소 가능해진 국가들의 단일 연합을 의심의 눈초리로 본다. 그러나 모든 전통, 특히 종교에 무관심한 새로운 세계주의는 정치가 사멸해버린 세계에 대한 마르크스식 꿈의 연성 버전만 가져오는 건 아니다. 그것은 편협한 전문가와 기술 관료가 지배하는 세계, "영혼 없는 전문가, 가슴 없는 향락주의자"의 세계에 대한 막스 베버의 두려움까지 함께 동반할 수밖에 없을 것이다.[21]

오늘날 국가주의와 세계주의는 우리가 선택할 수 있는 두 가지뿐인 정치적 선택으로 여겨지곤 하지만, 사실 양쪽 모두 애국주의의 진정한 본질을 모호하게 흐리는 경향이 있다. 그것들은 기껏해야 진실의 일부만을 담고 있다. 국가주의는 정치가 특정한 것(특정 국가, 특정 민족, 특정 국민과 전통 등)의 문제임을 정확하게 파악한다. 국가주의자들에게 특정한 것(이 민족, 이 문화, 이 나라)은 세계주의 관념보다 더 높고 고상한 어떤 것을 상징한다. 모든 위대한 것은 뿌리를 가진 특별한 무엇에서 나온다. 우리는 이 나라의 특정 부분, 특정 주, 특정한 동네에서, 특정 가족의 성원으로 이 세계에 태어난다. 우리는 저마다 이 특정한 요소들의 합성물이다. 이런 애착은 우리의 정체성과 무관하지 않다.

그것들이 지금의 우리를 만든다. 특정 정체성을 포기하고 새롭고 인위적인 세계주의적 정체성을 가지라는 요구는 모국어 사용을 중단하고 에스페란토어를 쓰라는 요구와 같을 것이다. 에스페란토어를 쓰는 셰익스피어가 있었던가?[22]

사실 우리는 가장 가까운 사람에게 관심을 가짐으로써 타인에게 관심을 가지는 법을 배운다. 세계주의적 국제주의는 대부분의 사람이 숭배할 가치가 있다고 여기는 전통으로부터, 또 지역적 방식으로부터 사람들을 단절시키는 결점이 있다. 세계주의 이상에는 경외감이나 성스러움이 끼어들 여지가 별로 없어 보인다. 고대 역사가 헤로도토스는 페르시아인에 관해 이런 이야기를 들려준다. "무엇보다도 그들은 스스로를 존중하고, 다음에는 자기 이웃에 사는 이들을 존중하고, 그다음에는 그 이웃의 이웃에 사는 이들을 존중하는 식으로 계속해나가므로 존중의 순서는 거리와 관계가 있다. 이는 그들이 스스로를 모든 면에서 가장 뛰어난 인류로 여기고 다른 사람들은 그 인접함에 비례해 덕목을 지닌다고 생각하기 때문이다. 가장 먼 곳에 사는 이들이 가장 천박한 사람들이다."[23]

헤로도토스가 페르시아인의 속성으로 간주한 것은 사실 모든 인류의 보편적 경험이라 할 수 있다. 우리는 가장 가까운 것들을 소중히 여기며 우리의 도덕적 성향 및 공감과 거리가 멀다고 여기는 것에는 애착 관계가 훨씬 약하다. 헤로도토스는 페르시아인의 지역주의를 비난하려고 그렇게 쓴 게 아니었다. 그 반대였다. 우리는 일련의 동심원 안에 살고 있으며 그 원들 안에서 우리와 함께 사는 이들은 크게 존중받는다. 이것이 애국주의의 밑에 깔린 핵심 믿음, 기본 성향이다. 이는 애국주의(자기 것에 대한 사랑)가 편협한 마음이나 심한 편견의 징표가 아니라는 것, 모든 사람에게 거의 보편적인 경험임을 시사한다. 애국주의가 반드시 선입견이나 편협함의 표지는 아니며, 공동의 믿음 체계, 가치, 생활방식을 공유하는 모든 사람에게는 관대하고 개방적이어서 그들을 소중히 여기는 것일 수 있다.

그러나 세계주의적 입장에서도 할 말은 있다. 우리는 우연한 출생으로 인해 특정 국가의 전통을 따라 사는 것 때문에 지탄받고 있지 않은가? 이는 우리 안의 가장 숭고한 것, 즉 우리의 선택 능력, 주변 환경을 초월하는 능력, 어떻게 살고 무엇이 될지 스스로 결정하는 능력을 부정하는 것 아닌가? 선택이라는 관념은 인간의 존엄성에 대한 우리 경험의 핵이다. 우리는 종종 어떻게, 누구와, 어떤 조건하에 살지 선택하는 능력을 통해 우리의 도덕적 가치를 경험하곤 한다. 이런 세계주의 윤리는 상상을 통해 우리가 처한 특정 상황 밖에서 생각하게 해주고 우리 자신을 보편적 관점에서, 사심 없는 구경꾼의 관점에서 보도록 해주는 덕목이다. 확실히 그런 비판적 거리는 우리 자신과 사회를 판단하는 데 도움이 된다. 우리는 그것을 다른 사람을 보듯 (중립적으로, 객관적으로, 사심 없이) 보아야 한다. 이것이 세계주의의 도덕성이다. 비록 그 도덕성이 홀로 존재할 수는 없지만 그 안에는 권유할 만한 덕목들이 있다.

이런 요소들(국가주의적 이상과 세계주의적 이상)은 저마다 적절하게 구성된 애국주의 속에 일정한 자리를 차지하고 있다. 예를 들어 미국 체제를 생각해보자. 어떤 면에서 미국은 진정 최초의 근대 국가(근대 철학의 원리 위에 세워진 국가)이다. 미국의 건국 문서인 독립선언문은 모든 인간이 평등하게 창조되었다는 전제를 떠받든다. 평등의 원칙은 생명, 자유, 행복 추구권의 토대를 이룬다. 모든 합법적 정부는 피통치자의 동의를 기반으로 삼고 있으며, 정부가 우리의 권리를 보호해주지 못할 때에는 정부를 전복하고 새롭게 시작할 수도 있다는 조항도 바로 이 원칙에서 나온다고 말해진다. 이 원칙은 단지 미국인뿐 아니라 언제 어디서든 모든 인류에게도 유효하다고 말해졌다.(지금도 그렇다.) 미국식 애국주의는 결코 과거의 관습적 도덕성을 제시하지 않으며, 가장 높고 보편적인 도덕 원리에 헌신하기를 요구한다. 미국식 애국주의의 본성 자체에 세계주의적 차원이 내장되어 있는 것이다.

동시에 미국식 애국주의는 일군의 공식적 원칙에 대한 헌신 이상의 것을 요구한다. 그 원칙은 한 국민을 지금의 모습으로 만드는 생활방식 전체(도덕적, 종교적 관례, 습관, 풍속, 감정 등의 혼합)로 이루어진다. 체제는 아리스토텔레스식 의미의 에토스, 즉 특유의 인간 유형을 키우는 특유의 성격이다. 그리고 에토스는 한 체제의 분위기, 그 체제가 무엇을 가장 찬양할 가치가 있다고 여기는지, 그 체제가 무엇을 가장 우러르는지 말해준다. 따라서 토크빌은 『미국의 민주주의』에서 미국 체제를 연구할 때, 우선 헌법에 열거된 공식적 정치제도(권력 분립,

주와 연방의 권한 구분 등)부터 시작했고 이어서 미국인의 태도와 도덕, 작은 시민 연합체를 조직하려는 경향, 종교 생활은 물론 독특한 수동성과 과장된 도덕주의 경향 같은 비공식적인 관행들까지 계속 살펴보았던 것이다. 토크빌이 "이처럼 미국인의 과민한 애국주의만큼 그들의 생활 습관에서 거슬리는 것은 없다"고 불평하게 된 것도 바로 그 마지막 성격 때문이었다.[24]

우리의 애국주의는 도덕적 보편주의와 함께, 특정 생활방식에 대한 확고한 헌신의 요소를 모두 포함한다. 그것은 단지 앎의 방식이 아니라 감정의 방식이기도 하다. 애국주의는 도덕적 감정, 즉 토크빌이 "마음의 습관"이라고 불렀던 것이다.[25] 이를 다른 말로 하면, 애국주의는 일군의 추상적 관념에 대한 이해와 평가는 물론이고 특정한 역사와 전통에 대한 이해와 평가까지 요구한다는 이야기다. 자기 나라를 제대로 사랑하는 일은 어떤 특정한 것에 대한 사랑이다. 나는 프랑스의 언어와 음식, 시골, 문화를 찬양할 수는 있지만 프랑스인이 하는 방식으로 프랑스를 사랑할 수는 없다. 나는 어떤 프랑스인이 [프랑스 국가國歌이자 혁명의 노래] 〈라 마르세예즈〉를 들을 때 느끼는 감정을 결코 느낄 수 없다. 우리는 우리 것을 가장 사랑한다. 버크가 영국인의 헌법과 생활방식은 "우리 선조들에게서 우리에게로 와 후손에게 전해질 유산을 수반한다"[26]고 말했을 때 그 뜻은 바로 이것이었다고 나는 생각한다.

그렇다면 애국주의는 특정한 종류의 사랑이다. 그러나 무엇에 대한 사랑일까? 어떻게 자기가 알지도 못하는 수백만 명의 사람에게 사랑이나 감사를 느낄 수 있단 말인가? 이 문제는 한나 아렌트의 저서 『예루살렘의 아이히만』[27] 출간을 둘러싸고 게르숌 숄렘과 아렌트가 벌인 논쟁의 핵심이었다. 아렌트는 잡지 『뉴요커』에 아이히만의 재판에 관한 글을 연재하면서 이스라엘 재판소와 심지어 목격자들의 증언까지 혹독한 비판에 시달리게 만들었다. 숄렘은 홀로코스트(그는 항상 홀로코스트보다는 재앙catastrophe이라는 말을 선호했다)의 상처가 아직도 생생한 시기에 그 재판이 있는 그대로 표현되었던 만큼 이런 정도의 초연함은 배신이라고 여길 수밖에 없었다. 그는 물었다. 그 상황에서 좀 더 공감을 보이는 편이 적절하지 않았겠는가? 이에 대해 아렌트는 자신은 민족 같은 추상적 관념을 사랑할 수는 없고 사람 개개인만을 사랑할 수 있다고 고상하게 답했다. 바로 이 대목에서 숄렘은 아렌트를 향해 그녀 자신의 민족인 유대 민족에 대한 적절한 사랑, 즉 '아하바트 이스라엘Ahavat Yisrael'을 결여하고 있다고 비난한다. 그는 공개서한에 이렇게 썼다. "한나, 독일 좌파 출신의 수많은 지식인처럼 당신에게서도 이것[아하바트 이스라엘]의 흔적은 거의 찾아볼 수가 없군요. 이런 상황에서는 헤르첸스탁트Herzenstakt[마음의 예의]라는 점잖은 독일어로만 설명할 수 있는 것이 들어설 자리가 없지 않을까요?"[28]

좋은 관념은 모두 오용될 수 있다. 애국주의와 관련해서는 더욱 그렇다. 애국주의는 사람들에게서 최선과 최악을 끌어내는 것 같다. 좌파 비평가들이 애국주의의 모든 표현을 전쟁 도발 및 국가주의적 쇼비니즘으로 보고 일상적으로 폄하해왔다면, 우파 협잡꾼들은 미국에 대한 모든 의문을 어떻게든 비미국적인 것, 따라서 애국적이지 않은 것으로 재빨리 묘사해왔다. 내 생각에 미국은 세계에서 유일하게 '미국화Americanization'라든가 '비미국적un-American' 같은 단어를 만든 나라이다. 내가 아는 한 유럽의 어느 언어에서도 비슷한 현상을 가리키는 단어는 없다. 만약 애국주의가 가혹하고 징벌적일 수 있다면, 한편으로는 고양시키고 고귀하게 만드는 어떤 것일 수도 있다. 최선의 미국식 애국주의는 예의바름, 준법성, 타인에 대한 존중, 책임감, 명예에 대한 사랑, 용기, 충성, 지도력 등을 주입하는 것뿐 아니라, 그에 따라 행해지는 도덕 교육의 형태이기도 하다.

정치 교육

애국주의는 단순히 도덕적인 덕목이 아니라 지적인 덕목이기도 하다. 올바르게 나라를 사랑하는 덕목은 우리가 물려받는 것이 아니라 배워야 할 것이다. 인간은 정치적 동물일 수 있겠지만, 이 말이 곧 우리 DNA 속에 정치가 암호화되어 있다는 뜻은 아니다. 정치는 기술이며, 모든 기술이 그렇듯 가르치고 배워야 한다. 하지만 가르치려면 교사가 필요한데, 이 기술을 가르칠 교사를 어디서 찾아야 할까?

아마도 역사학, 정치학, 경제학 분야에서는 아닐 것이다. 오늘날 역사학 교수들은 종종 모든 것을 가르치는 듯 보이지만 정작 자신들의 정치 전통을 올바르게 존중하는 법은 가르치지 않는다. 우리는 세계의 모든 국가 가운데 오직 미국만 인종주의, 동성애 혐오, 지구환경 파괴에 책임이 있다는 식의 인상을 종종 받는다. 내가 몸담고 있는 정치학 분야(한때 정치가와 시민이 지닌 그 기술을 일컬었던 분야)에서 시민 교육은 이른바 '게임이론'으로 대체되어왔다. 게임이론에서 정치는 단지 개별적인 선호가 형성되고 효용이 최대화되는 시장으로만 여겨진다. 새 정치학은 학생들에게 시민으로서 스스로 생각하라고 가르치기보다 그저 우리가 선호하는 것을 실행하기 위해 존재하는 '합리적인 행위자'로 우리를 취급한다. 그러나 우리가 무엇을 선호해야 할까? 그 선택은 어떻게 해야 할까? 가장 근본적인 이런 질문에 대해 정치학은 말이 없다. 정치학은 아무것도 제시해주지 않는다. 새 정치학은 모든 정치를 선택의 문제로, 모든 선택을 선호의 문제로 축소시킴으로써 결국 개인이나 집단이 표현하게 될 모든 선호(그것이 아무리 비열하고 천박하고 야비할지라도)에 어쩔 수 없이 합법성을 부여할 수밖에 없다. 그런 허무주의적 관점에는 정치적 판단이 들어설 여지가 없다.

그러나 정치학의 가능성 자체는 최고의 정치적 판단을 가정한다. 여기서 판단이란 배심원단이나 정치적 회합, 또는 시민 연합체 등 심의가 이루어지는 모든 곳에서 구성원들이 실행하는 실천적 이성의 기술을 뜻한다. 정치는 아리스토텔레스가 의도했던 방식으로 이루어지는 실천적 기술이다. 그것은 단지 지식만이 아닌 행동까지 지향한다. 심의, 통찰, 신중함을 포괄하는 행동 말이다. 정치적 판단에는 정치가가 선보이는 비책이나 요령이 따라온다. 그것은 지적 자질이자 도덕적 자질이다. 그것은 정치적 사실에 대한 지식을 요구하지만 그 지식이 본질적으로 경험적이진 않다.

정치적 판단은 기술적 지식(행정 업무에 필요한 전문지식)과 구분되어야 한다. 한편으로 이론적 지식(인간 행동을 지배하는 보편 법칙에 대한 탐구)과도 구분되어야 한다. 이론적 지식과 달리 정치적 판단은 적절한 것, 어울리는 것에 대한 지식으로, 뉘앙스나 상황의 특수성에 대한 주의력을 요구한다. 그런 지식은 늘 잠정적일 것이다. 즉 대체로는 진실이되 항상 예외를 인정할 것이다. 이런 지식을 가진 사람에게는 순수하게 이론적이거나 사색적인 기질의 소유자와 구분되는 특별한 자질인 통찰력과 안목이 있을 것이다.

판단이라는 재능에는 경험이 필요하다. 판단은 단순히 암기해서 배우고, 외워서 반복하고, 기계적으로 적응시킬 수 있는 기술이 아니다. 그것은 언어를 배우는 능력과 비슷하다. 언어 습득은 문법과 구문을 암기하는 일이기도 하지만 언어 자체에 대한 몰입을 요구한다. 그것은 분석보다는 종합의 능력을 수반한다. 이는 꼭 더 많은 정보를 가지거나 사실들의 더 큰 집적체에 접근하는 문제가 아니다. 오히려 남들보다 앞서 어떤 것을 내다보는 능력, 무엇을 해야 하는지, 언제 해야 하는지 아는 능력이 필요하다. 그것은 국가라는 배가 가라앉지 않도록 하기 위해 새롭고 종종 예측하지 못할 상황에 적응하는 능력이다.

윈스턴 처칠은 에세이 「정치의 일관성」에서 이 정치적 판단력을 아주 잘 묘사했다. 나는 그 글이 영어로 쓰인 위대한 정치 에세이 중 하나라고만 말하겠다. 처칠은 일관성에는 두 종류가 있다고 주장한다. 하나는 어떤 규칙이나 원칙(결코 거짓말하지 않기, 결코 속이지 않기 등)에 대한 절대적 헌신을 암시한다. 그러나 정치에서의 일관성은 그보다 복잡하다. 이는 변화하는 상황에 원칙을 어떻게 적용할지, 상황에 따라 그것을 어떻게 조정할지 아는 것을 포함한다. 이렇게 말하면 기회주의 또는 손바닥 뒤집는 듯한 태도처럼 들릴 수도 있겠지만, 사실 그것은 무엇보다 오래된 정치술이다. 즉 배를 안정되게 유지하는 기술이다. 이 주제에 관한 처칠의 이야기를 들어보자.

> 정치적 무일관성의 두 부류를 구분해야 할 것이다. 첫째로, 사건들의 유동적인 해류를 만나 배를 안정되게 유지하고 변함없는 항로로 나아가고 싶은 정치가는 자신의 온 체중을 실어 수시로 이쪽저쪽 몸을 기울일 것이다. 그가 각각의 경우에 내놓은 주장을 비교해보면 성격이 매우 다를 뿐 아니라 그 정신이 모순되고 방향도 반대로 비춰질 수 있다. 다만 그러는 가운데에도 그의 목표는 내내 똑같을 것이다. 그의 결의, 바람, 전망은 바뀌지 않았을 것이다. 그의 방법론들은 말로는 양립할 수 없을지 모른다. 그러나 이를 무일관성이라 부를 수는 없다. 실상 가장 진실된 일관성이라 주장할 만하다.[29]

처칠이 말하는 요점은 도덕적, 정치적 경험의 세계는 너무 복잡하기 때문에, 토마스 아퀴나스의 자연법이든, 칸트의 정언명령이든, 아니면 최대 다수의 최대 행복이라는 공리주의 원칙이든 간에 어느 하나의 규칙 또는 원칙으로 축소할 수 없다는 것이다. 모든 음식에 똑같이 잘 어울리는 한 가지 와인이 없듯, 모든 경우에 사용될 수 있는 단 하나의 도덕 규칙은 없다. 실천적 판단의 원칙은 융통성 없는 도덕 명령이 아닌 하나의 경험 법칙으로 생각해야 할 것이다. 다시 말해 유용하지만 그럼에도 상황에 맞춰 계속 수정되어야 할 부정확한 표준이라고 생각하라는 이야기다. 새로운 사례가 생길 때마다 표준은 특정 상황의 뉘앙스나 색깔, 질감을 가장 잘 포착하는 사람에 의해 결정될 것이다.

오늘날 정치학은 대체로 정치적 판단의 역할을 등한시해왔다. 정치적 판단이 너무 '주관적'으로 보이고 정량화를 거부하거나 그 영역 바깥에 있다는 이유 때문이다. 정치학은 판단력 대신 '방법론'에 맞춰진 편협한 초점을 강조해왔다. 정치의 본질을 구성하는 삶과 죽음의 문제들을 종종 희생하면서 말이다. 이렇듯 정치학을 물리학 같은 과학으로, 또는 경제학이나 심리학 같은 사회과학으로 만들려는 시도는 정치학의 원래 목적을 망각하는 일이다. 정치학의 목적은 개미의 행동을 관찰하는 곤충학자처럼 정치 공동체의 위나 바깥에 서는 것이 아니다. 갈등이 들끓는 상황에 평화와 안정을 회복하기 위해 시민의식을 가진 분쟁 관리자로서 봉사하는 것이다.

그렇다면 오늘날 정치학 연구는 무엇이어야 할까? 한때 마르크스가 제기했던 질문을 빌려 말하면, 교육자들을 누가 교육할까? 정치적 판단의 기술을 어떻게 재도입할 수 있을까? 그럴 능력을 갖춘 사람이 누구일까? 최선의 답을 얻으려면 오래된 책들, 종종 아주 오래된 책들을 연구해야 한다. 진정한 교사의 공급이 부족한 세계에서 이런 책들은 우리에게 최선의 교사이다. 이 책에서 다룬 책들 외에, 플라톤의 『법률』, 타키투스의 『연대기』, 몽테스키외의 『법의 정신』, 그리고 『연방주의자 논집』 등을 언급해두려 한다. 그 책들을 쓰던 그런 정신으로 그 책들을 읽는다는 것은 정치적 책임감을 가지고 교육을 받는 것과 같다.

하지만 가장 위대한 정치철학자들의 책이라 하더라도 가장 예리한 심리 소설가들의 작품으로 보완할 필요가 있다. 위대한 소설에는 위대한 철학자의 이론에 맞먹는 도덕적 추론과 설득, 성찰의 사례가 담겨 있다. 레프 톨스토이, 헨리 제임스, 제인 오스틴 등의 소설은 가장 두드러진 예일 뿐이다. 섬세한 판단 기술을 배우고자 한다면 오스틴의 책 『설득』의 십여 쪽을 읽는 것이, 갈등 해결을 연구했노라면서 서가 하나를 가득 채운 오늘날의 책들을 읽는 것보다 더 나을 수 있다. 그런 다음에는 페리클레스, 비스마르크, 디즈레일리부터 제퍼슨, 매디슨, 링컨, 윌슨, 두 루즈벨트, 처칠, 만델라 등 전 세계에서 가장 중요한 정치가들의 업적과 저술로도 보완해야 한다. 이들의 글은 위기의 시대에 문제 해결을 위한 협상술을 가르치는 교육서나 다름없다.

일단 이런 책들을 읽었다면(또한 그래야만) 여러분은 [예일대] 브랜퍼드 칼리지의 기념문Memorial Gate에 새겨진 대로 최고 수준의 예일대 학생에 걸맞은 삶을 살고 있다고 말할 수 있을 것이다. "신을 위해, 조국을 위해, 예일대를 위해."[30]

주

1장 왜 정치철학인가?

1. John Maynard Keynes, *The General Theory of Employment, Interest, and Money* (New York: Harcourt, Brace and World, 1964), p.383.

2. Alexander Hamilton, *The Federalist Papers*, ed. Clinton Rossiter (New York: Signet, 1961), p.33.

3. Abraham Lincoln, "Eulogy on Henry Clay," in *The Writings of Abraham Lincoln*, ed. Steven B. Smith (New Haven: Yale University Press, 2012), p.48.

2장 안티고네와 갈등의 정치학

1. James Madison, *The Federalist Papers*, ed. Clinton Rossiter (New York: Signet, 1961), p.322.

2. 이 점에 관해서는 Peter Ahrensdorf, *Greek Tragedy and Political Philosophy: Rationalism and Religion in Sophocles' Three Theban Plays* (New York: Cambridge University Press, 2009) 참조. 유용하다고 입증된 나머지 작품에 대해서는 Bernard Knox, *The Heroic Temper: Studies in Sophoclean Tragedy* (Berkeley: University of California Press, 1964); Seth Benardete, "A Reading of Sophocles' *Antigone*," *Interpretation* 4 (1975): pp.148~196; 5(1975): pp.1~55, 148~184; Arlene Saxonhouse, "From Tragedy to Hierarchy and Back Again: Women in Greek Political Thought," *American Political Science Review* 80 (1986): pp.403~418; Warren J. Lane and Anne M. Lane, "The Politics of Antigone," in *Greek Tragedy and Political Theory*, ed. J. Peter Euben (Berkeley: University of California Press, 1986), pp.162~182 참조.

3. Leo Strauss, "Preface to Spinoza's Critique of Religion," in *Liberalism Ancient and Modern* (New York: Basic Books, 1968), p.224.

4. Knox, *The Heroic Temper*, p.84.

5. G. W. F. Hegel, *Lectures on the Philosophy of Religion*, trans. E. B. Speirs and J. B. Sanderson (London: Routledge and Kegan Paul, 1962), II: pp.264~265.

6. Martin Heidegger, *An Introduction to Metaphysics*, trans. Ralph Manheim (New Haven: Yale University Press, 1959), pp.146~165 참조.

7. Numa Denis Fustel de Coulanges, *The Ancient City* (Baltimore: Johns Hopkins University Press, 1980), p.34.

8. Fustel de Coulanges, *The Ancient City*, p.381.

3장 소크라테스와 성찰하는 삶

1. 소크라테스의 재판에 관한 유용한 연구로는 I. F. Stone, *The Trial of Socrates* (New York: Little Brown, 1988); Thomas C. Brickhouse and Nicholas D. Smith, *Socrates on Trial* (Princeton: Princeton University Press, 1989); Morgens Herman Hansen, *The Trial of Socrates from the Athenian Point of View* (Copenhagen: Royal Danish Academy of Science and Letters, 1995); Joseph Cropsey, *Plato's World: Man's Place in the Cosmos* (Chicago: University of Chicago Press, 1995); Arlene Saxonhouse, *Free Speech and Democracy in Ancient Athens* (Cambridge: Cambridge University Press, 2006); Robin Waterfield, *Why Socrates Died: Dispelling the Myths* (New York: W. W. Norton, 2009) 참조.

2. John Stuart Mill, *On Liberty*, ed. David Spitz (New York: W. W. Norton, 1975), p.24.

3. Thucydides, *The Peloponnesian War*, Crawley translation (New York: Modern Library, 1982), II. 37.[투키디데스, 『펠로폰네소스 전쟁사』(천병희 옮김, 도서출판 숲, 2014) 참조]

4. Thucydides, *Peloponnesian War*, II. 39.

5. Thucydides, *Peloponnesian War*, II. 40.

6. 30인의 참주에 관한 설명은 Aristotle, *The Athenian Constitution*, XXXV. 1~4 참조.

7. 정치에서 일종의 양심적 반대자로서 소크라테스를 변론한 사람들에 관해서는 Hannah Arendt, "Philosophy and Politics," *Social Research* 57 (1990): pp.73~103; Dana Villa, *Socratic Citizenship* (Princeton: Princeton University Press, 2001); George Kateb, "Socratic Integrity," in *Patriotism and Other Mistakes* (Princeton: Princeton University Press, 2006), pp.215~244 참조.

8. 소크라테스가 이야기하고 있는 것은 기원전 406년에 있었던 실제 역사적 사건으로, 아르기누사이 해전에서 패한 장군들을 민회가 불법적으로 투표로 재판했던 사건을 말한다. Xenophon, *Memorabilia*, trans. Amy L. Bonnette (Ithaca: Cornell University Press, 1994), I, i. 18.

4장 플라톤의 정의와 인간 선

1. 플라톤 전반과 특히 『국가』를 다룬 저작은 엄청나게 많지만, 내가 배운 주요 저작은 다음과 같다. Leo Strauss, "On Plato's Republic," in *The City and Man* (Chicago: University of Chicago Press, 1964), pp.50~138; Danielle S. Allen, Why Plato Wrote (Malden, MA: Wiley-Blackwell, 2010); Seth Benardete, *Socrates' Second Sailing: On Plato's "Republic"* (Chicago: University of Chicago Press, 1989); Eva Brann, *The Music of the Republic: Essays on Socrates's Conversations and Plato's Writings* (Philadelphia: Paul Dry Books, 2004); G. R. F. Ferrari, *City and Soul in Plato's "Republic"* (Chicago: University of Chicago Press, 2005); Iris Murdoch, *The Fire and the Sun: Why Plato Banished the Poets* (Oxford: Oxford University Press, 1977); Stanley Rosen, *Plato's "Republic": A Study* (New Haven: Yale University Press, 2005); Bernard Williams, "The Analogy of City and Soul in Plato's Republic," in *Exegesis and Argument: Studies in Greek Philosophy Presented to Gregory Vlastos*, ed. E. N. Lee, A. P. D. Mourelatos, and R. M. Rorty (Assen: Van Gorcum, 1973), pp.196~206.

2. 『국가』를 하나의 풍자로 읽어야 한다는 선언을 도발적으로 주장한 것은 Allan Bloom, "Interpretive Essay" in Plato, *Rupublic* (New York: Basic Books, 1968), pp.409~411.

3. Plato, *Seventh Letter*, in *Plato: Complete Works*, ed. John M. Cooper (Indianapolis: Hackett, 1997), 324b~336b.[플라톤, 『편지들』(강철웅, 김주일, 이정호 옮김, 이제이북스, 2009) 참조]

4. 가장 큰 주목을 끌며 플라톤의 전체주의적 측면을 둘러싼 논쟁을 불러일으킨 것은 Karl Popper, *The Open Society and Its Enemies,* 2 vols. (New York: Harper and Row, 1963); 비슷한 비판은 R. H. S. Crossman, *Plato Today* (London: George Allen and Unwin, 1959) 참조. 또한 Mark Lilla, *The Reckless Mind: Intellectuals in Politics* (New York: NYRB, 2001), pp.193~216 참조.

5. Jean-Jacque Rousseau, *Emile or On Education*, trans. Allan Bloom (New York: Basic Books, 1979), p.40.

6. 이 이야기가 처음 쓰인 것은 Herodotus, *The History*, trans. David Grene (Chicago: University of Chicago Press, 1987), I.8~15.(pp.36~39)

7. Simone de Beauvoir, *Force of Circumstance*, trans. Richard Howard (New York: Putnam, 1965), pp.34~35.

8. Payl Shorey, *The Republic*, in the Loeb Classical Library (Cambridge, MA: Harvard University Press, 1937), 5: 489.

5장 아리스토텔레스의 체제 정치학

1. 아리스토텔레스의 『정치학』에 관한 저작들 중 나에게 많은 도움이 되었던 것들은 다음과 같다. Carnes Lord, *Education and Culture in the Political Thought of Aristotle* (Ithaca: Cornell University Press, 1982); Stephen Salkever, *Finding the Mean: Theory and Practice in Aristotelian Political Philosophy* (Princeton: Princeton University Press, 1990); Carnes Lord and David K. O'Connor, eds., *Essays on the Foundations of Aristotelian Political Science* (Berkeley: University of California Press, 1991); David Keyt and Fred D. Miller, eds., *A Companion to Aristotle's "Politics"* (Oxford: Basil Blackwell, 1991); Judith A. Swanson, *The Public and the Private in Aristotle's Political Philosophy* (Ithaca: Cornell University Press, 1992); Bernard Yack, *The Problems of an Political Animal: Community, Justice, and Conflict in Aristotelian Political Thought* (Berkeley: University of California Press, 1993); Clifford Angell Bates Jr, *Aristotle's "Best Regime": Kingship, Democracy, and the Rule of Law* (Baton Rouge: Louisiana State University Press, 2003); Jill Frank, *A Democracy of Distinction: Aristotle and the Work of Politics* (Chicago: University of Chicago Press, 2005).

2. Stuart Hampshire, "Two Theories of Morality," in *Morality and Conflict* (Cambridge, MA: Harvard University Press, 1983), p.10.

3. Thomas Jefferson to John Adams, October 28, 1813, in *The Adams-Jefferson Letters: The Complete Correspondence Between Thomas Jefferson and Abigail and John Adams*, ed. Lester J. Cappon (Chapel Hill: University of North Carolina Press, 1987), pp.388~389.

4. John Stuart Mill, *Consideration on Representative Government*, ed. Currin V. Shields (Indianapolis: Bobbs-Merrill, 1958), pp.114~116.[존 스튜어트 밀, 『대의정부론』(서병훈 옮김, 아카넷, 2013), 147~149쪽]

5. 선거의 원칙이 인민정부에 과두정의 요소를 도입하기 위해 설계되었다는 주장에 대해서는 Bernard Manin, *The Principles of Representative Government* (New York: Cambridge University Press, 1997) 참조.

6. Isaiah Berlin, "Political Judgment," in *The Sense of Reality: Studies in Ideas and Their History*, ed. Henry Hardy (New York: Farrar, Straus and Giroux, 1997), p.47.

7. Berlin, "Political Judgment," p.47.

6장 성서의 정치학

1. Leo Strauss, "Jerusalem and Athens: Some Preliminary Reflections," in *Studies in Platonic Political Philosophy*, ed. Thomas Pangle (Chicago: University of Chicago Press, 1983), pp.147~113; Leo Strauss, "Progress or Return," in *The Rebirth of Classical Political Rationalism*, ed. Thomas Pangle (Chicago: University of Chicago Press, 1989), pp.227~270 참조. 또한 Lev Shestov, *Athens and Jerusalem,* trans. Bernard Martin (Athens: Ohio University Press, 1966).

2. 아브라함 이야기의 문제를 풀어보려는 한 철학자의 시도에 관해서는 Soren Kierkegaard, *Fear and Trembling: A Dialectical Lyric,* in *Fear and Trembling and Sickness unto Death*, trans. Walter Lowrie (Princeton: Princeton University Press, 1974 참조. 또한 Emil L. Fackenheim, "Abraham and the Kantians," in *Encounters Between Judaism and Modern Philosophy* (New York: Schocken, 1973), pp.33~77 참조.

3. 『창세기』에 대한 나의 생각은 Leo Strauss, "On the Interpretation of Genesis," in *Jewish Philosophy and the Crisis of Modernity*, ed. Kenneth Hart Green (Albany: SUNY Press, 1997), pp.359~376에 빚지고 있다. 또한 Unberto Cassuto, *A Commentary on the Book of Genesis* (Jerusalem; Judah Magnes Press, 1964); Robert Alter, *Genesis; Translation and Commentary* (New York: W. W. Norton, 1996); Leon Kass, *The Beginning of Wisdom: Reading Genesis* (New York: Free Press, 2003) 참조.

4. John Milton, *Paradise Lost*, ed. David Scott Kastan (Indianapolis: Hackett, 2005), XII (p.406).[존 밀턴, 『실낙원』(이창배 옮김, 범우사, 2008) 참조]

5. Fackenheim, "Idolatry as a Modern Possibility," in *Encounters Between Judaism and Modern Philosophy*, pp.185~186.

6. 다윗의 이야기에 대한 나의 해석은 다음에 크게 빚지고 있다. Robert Alter, *The David Story: A Translation and Commentary of 1 and 2 Samuel* (New York: W. W. Norton, 1999); Robert Pinsky, *The Life of David* (New York: Schocken, 2005); Israel Finkelstein and Neil Asher Silberman, *David and Solomon: In Search of the Bible's Sacred Kings and the Roots of the Western Tradition* (New York: Free Press, 2007).

7. Larry McMurtry and Diana Ossana, *Brokeback Mountain: A Screenplay*, p.83. 이것은 Annie Proulx, Larry McMurtry, and Diana Ossana, *Brockeback Mountain: Story to Screenplay* (New York: Scribner, 2005)에 나오는 애니 프루의 단편소설을 바탕으로 한 것이다.

7장 마키아벨리와 정치적 건축술

1. 마키아벨리에 관해 가장 중요한 최근의 저작들은 Leo Strauss, *Thoughts on Machiavelli* (Seattle: University of Washington Press, 1958); Isaiah Berlin, "The Originality of Machiavelli," in *Against the Current: Essays in the History of Ideas* (New York: Viking, 1980), pp.25~79; Vicike B. Sullivan, *Machiavelli's Three Romes: Religion, Human Liberty, and Politics Reformed* (DeKalb: Northern Illinois University Press, 1996); Harvey C. Mansfield, *Machiavelli's Virtue* (Chicago: University of Chicago Press, 1996); Louis Althusser, *Machiavelli and Us*, trans, Gregory Elliott (London: Verso, 1999); Mikael Hörnqvist, *Machiavelli and Empire* (Cambridge: Cambridge University Press, 2004); John P. McCormick, *Machiavellian Democracy* (Cambridge: Cambridge University Press, 2011).

2. 마키아벨리에 관한 최고의 전기는 Roberto Ridolfi, *The Life of Niccolò Machiavelli*, trans. Cecil Grayson (Chicago: University of Chicago Press, 1963) 참조. 보다 최근의 저작으로는 Maurizio Viroli, *Niccolò's Smile: A Biography of Machiavelli*, trans, Anthony Shuggar (London: I. B. Tauris, 2001), 더욱 최근의 저작으로는 Miles Unger, *Machiavelli: A Biography* (New York: Simon and Schuster, 2011) 참조.

3. 마키아벨리가 1513년 12월 10일 프란체스코 베토리에게 보낸 편지. *Machiavelli and His Friends: Their Personal Correspondence*, trans, and ed. James B. Atkinson and David Sices (DeKalb: Northern Illinois University Press, 1996), no.224 (p.264).[마키아벨리, 『군주론』(박상섭 옮김, 서울대학교출판문화원, 2013), 142~143쪽 참조]

4. 이 고전 연구는 Friedrich Meinecke, *The Doctrine of Raison d'État and It's Place in Modern History*, trans. Werner Stark (New Brunswick, NJ: Transaction, 1998); 또한 Ernst Cassirer, *The Myth of the State* (New Haven: Yale University Press, 1946); Maurizio Viroli, *From Politics to Reason of State: The Acquisition and Transformation of the Language of Politics* (Cambridge: Cambridge University Press, 1992) 참조.

5. Strauss, *Thoughts on Machiavelli*, p.9.

6. Jean-Paul Sartre, *Dirty Hands,* in *No Exit and Three Other Plays* (New York: Vintage International, 1989). act V (p.218). 이 문제에 관한 철학적 논의에 관해서는 Michael Walzer, "Political Action: The Problem of Dirty Hands," *Philosophy and Public Affairs* 2 (1973): pp.160~180.

7. Graham Greene, *The Third Man*, www.dailyscript.com/scripts/the_third_man.html.

8. John Le Carré, *The Spy Who Came in from the Cold* (New York: Coward-McCann, 1964), p.246.[존 르 카레, 『추운 나라에서 돌아온 스파이』(김석희 옮김, 열린책들, 2005), 293쪽 참조]

9. Sheldon, Wolin, *Politics and Vision: Continuity and Innovation in Western Political Thought* (Boston: Little Brown, 1960), p.223.

10. Baruch Spinoza, *The Political Treatise,* in *The Political Works*, ed. and trans. A. G. Wernham (Oxford: Clarendon Press, 1958), V.7 (p.313).

11. Jean-Jacques Rousseau, *On the Social Contract*, in *The Social Contract and Other Later Political Writings*, trans. Victor Gourevitch (Cambrige: Cambridge University Press, 1997), III, vi, p.95.

12. 마지막 장의 집필 시기에 관한 논쟁은 John M. Najemy, *Between Friends: Discourses on Power and Desire in the Machiavelli-Vettori Letters of 1513~1515* (Princeton: Princeton University Press, 1993), pp.177~184 참조.

13. 마키아벨리가 1513년 8월 26일 프란체스코 베토리에게 보낸 편지. *Machiavelli and His Friends*, no.222 (pp.259~260).

14. 마키아벨리가 헌정사를 바친 이들의 사교 모임인 이른바 오티마티Ottimati에 관해서는 J. G. A. Pocock, *The Machiavellian Moment: Florentine Political Thought and the Atlantic Republican Tradition* (Princeton: Princeton University Press, 1975), pp.114~155, 185~186 참조.

15. 마키아벨리의 민주적 또는 평민적 성향에 관해서는 John P. McCormick, *Machiavellian Democracy* (Cambridge: Cambridge University Press, 2011).

16. 누마에 관한 고전적인 설명은 Livy, *The Rise of Rome: Books 1~5*, trans. T. J. Luce (New York: Oxford University Press, 1998), I. pp.18~21/23~27; Mark Silk, "Numa Pompilius and the Idea of Civil Religion in the West," *Journal of the American Academy of Religion* 72 (2004): pp.863~896 참조.

17. Robert Bellah, "Civil Religion in America," *American Civil Religion*, ed. Russell Richey and Doanld Jones (New York: harper and Row, 1974), pp.21~44.

18. Bellah, "Civil Religion," p.29.

19. Bellah, "Civil Religion," pp.34~35.

20. Abraham Lincoln, "Address to the Young Men's Lyceum of Springfield, Illinois," in *The Writings of Abraham Lincoln,* ed. Steven B. Smith (New Haven: Yale University Press, 2012), pp.10~11.

8장 홉스의 새로운 정치학

1. 홉스에 관한 중요한 연구서들은 Leo Strauss, *The Political Philosophy of Hobbes: Its Basis and Its Genesis*, trans. Elsa M. Sinclair (Chicago: University of Chicago Press, 1966); Michael Oakeshott, *Hobbes on Civil Association* (Berkeley: University of California Press, 1975); Richard Tuck, *Hobbes* (New York: Oxford University Press, 1989); Norbert Bobbio, *Thomas Hobbes and the Natural Law Tradition*, trans. Daniela Gobetti (Chicago: University of Chicago Press, 1993); Quentin Skinner, *Reason and Rhetoric in the Philosophy of Hobbes* (Cambridge: Cambridge University Press, 1996); Noel Malcolm, *Aspects of Hobbes* (Oxford: Clarendon Press, 2002).

2. Thomas Hobbs, *De Corpore*, in *The English Works of Thomas Hobbes*, ed. Thomas Molesworth (London: Bohn, 1839~1845), vol.1, p.ix; 또한 Strauss, *The Political Philosophy of Hobbes*, pp.1~2 참조.

3. Alexis de Tocqueville, *Democracy in America*, trans. Harvey C. Mansfield and Delba Winthrop (Chicago: University of Chicago Press, 2000), II, ii, 2 (p.482); 르네상스 시대 개인주의의 등장에 관해서는 Ian Watt, *Myths of Modern Individualism: Faust, Don Quixote, Don Juan, Robinson Crusoe* (Cambridge: Cambridge University Press, 1996) 참조.

4. Fred R. Shapiro, ed., *The Yale Book of Quotations* (New Haven: Yale Uiversity Press, 2006), p.790에 수록. 비달의 말은 *Newport Daily News*, 3 November, 1978에서 인용되었다.

5. 홉스가 자유주의의 토대를 확립했다는 주장에 대해서는 Leo Strauss, *Natural Right and History* (Chicago: University of Chicago Press, 1971), pp.181~182; Pierre Manent, *The Intellectual History of Liberalism*, trans. Rebecca Balinski (Princeton: Princeton University Press, 1994), pp.25~26 참조. 반대되는 의견은 Judith Shklar, "The Liberalism of Fear," in *Political Thought and Political Thinkers*, ed. Stanley Hoffman (Chicago: University of Chicago Press, 1998), p.6 참조.

6. 이 문제에 대한 성찰은 Francis Fukuyama, *The End of History and the Last Man* (New York: Free Press, 1992) 참조.

7. Pierre Hassner, "The Bourgeois and the Barbarian," in *The Future of War*, ed. Gwyn Prins and Hylke Tromp (The Hague: Kluwer, 2000).

8. James Bowman, *Honor: A History* (New York: Encounter, 2006).

9장 로크와 입헌정부의 기술

1. 로크와 자유주의 정책의 관계에 대해서는 Martin Seliger, *The Liberal Politics of John Locke* (New York: Praeger, 1968); Ruth Grant, *John Locke's Liberalism* (Chicago: University of Chicago Press, 1984); Nathan Tarcov, *Locke's Education for Liberty* (Chicago: University of Chicago Press, 1984); Thomas L. Pangle, *The Spirit of Modern Republicanism: The Moral Vision of the American Founders and the Philosophy of Locke* (Chicago: University of Chicago Press, 1988); Michael Zuckert, *Launching Liberalism: On Lockean Political Philosophy* (Lawrence: University Press of Kansas, 2002) 참조.

2. Jeremy Waldron, *God, Locke, and Equality: Christian Foundations of Locke's Political Thought* (New York: Cambridge University Press, 2002); John Dunn, *The Political Thought of John Locke: An Historical Account of the Argument of the "Two Treatises of Government"* (Cambridge; Cambridge University Press, 1969). 던은 로크 사상의 신학적 기원을 주장해왔지만 이것이 로크를 오늘날과는 완전히 무관한 것으로 만든다는 우울한 상념으로 결론을 맺는다.

3. 자본주의의 옹호자로서 로크의 역할은 C. B. Macpherson, *The Political Theory of Possessive Individualism: Hobbes to Locke* (Oxford: Clarendon Press, 1962)가 주장한 바 있다. 또한 Joyce Appleby, *Economic Thought and Ideology in Seventeenth-Century England* (Princeton: Princeton University Press, 1978) 참조.

4. James Madison, *The Federalist Papers*, ed. Cliton Rossiter (New York: Signet, 1961), p.78,

5. Michael Oakeshott, "Rationalism in Politics," in *Rationalism in Politics and Other Essays* (Indianapolis: Liberty Press, 1991), p.30.

6. Karl Marx, *Capital*, trans. Samuel Moore and Edward Aveling (London: Lawrence and Wishart, 1970), pp.76~77.[카를 마르크스, 『자본 I-1』(강신준 옮김, 길, 2008) 참조]

7. Max Weber, *The Protestant Ethic and the Spirit of Capitalism*, trans. Talcott Parsons (New York: Charles Scribner's Sons, 1958), p.53.[막스 베버, 『프로테스탄티즘의 윤리와 자본주의 정신』(김덕영 옮김, 길, 2013) 참조]

8. Leo Strauss, *Natural Right and History* (Chicago: University of Chicago Press, 1971), p.251.

9. Daniel Bell, *The Cultural Contradiction of Capitalism* (New York: Basic Books, 1978).

10. 로크가 대중민주주의자였다는 주장에 대해서는 Willmore Kendall, *John Locke and the Doctrine of Majority Rule* (Urbana: University of Illinois Press, 1941) 참조.

11. David Hume, "Of the Original Contract," in *Essays: Moral, Political, and Literary*, ed.

Eugene F. Miller (Indianapolis: Liberary Press, 1987), pp.465~488.

12. Abraham Lincoln, "Speech on the Kansas-Nebraska Act," in *The Writings of Abraham Lincoln*, ed. Steven B. Smith (New Haven: Yale University Press, 2012), p.76.

13. Harvey C. Mansfield, *Taming the Prince: The Ambivalence of Modern Executive Power* (New York: Free Press, 1989), pp.181~211 참조.

14. U. S. Constitution, Article 1, Section 9; Abraham Lincoln, "To Erastus Corning and Others," in *The Writings of Abraham Lincoln*, p.402.

15. Louis Hartz, *The Liberal Tradition in America: An Interpretation of American Political Thought Since the Revolution* (New York: Harcourt, 1955) 참조. 미국 건국과 로크를 분리하려는 시도는 John Dunn, *The Political Thought of John Locke*에서 초기에 갈채를 받았다. 여기서 던은 로크의 『통치론 제2론』이 미국 사상의 방향에 "우연한 책임이 있다"는 주장은 "대체로 잘못"이라고 단언한다. 그 이상의 논의는 없다. 그렇지만 책 후반에 가서는 로크의 책과 미국 혁명 사이의 "약간 우연한 관계"를 알아차린다.(pp.7, 204) 더욱 최근에는 미국 건국에서 로크의 역할을 축소시키려는, 심지어 미국 건국에서 제명하기 위한 많은 시도가 있었는데, 로크 대신에 마키아벨리의 공화주의 전통 또는 시민적 인문주의 전통을 강조했고(그 예로 J. G. A. Pocock, *The Machiavellian Moment: Florentine Political Thought and the Atlantic Republican Tradition* (Princeton: Princeton University Press, 1978) 참조) 때로는 Garry Wills, *Explaining America: The Federalist* (New York: Penguin, 1982)의 경우처럼 스코틀랜드 계몽주의 전통을 강조하기도 했다. 미국의 입안자들에게 미친 로크의 영향에 대한 오래된 관점을 새롭게 하려는 시도는 Michael Zuckert, *Natural Rights and the New Republicanism* (Princeton: Princeton University Press, 1994) 참조.

16. John Rawls, *A Theory of Justice* (Cambridge, MA: Harvard University Press, 1971).

17. Rawls, *A Theory of Justice,* pp.3~4.

18. Rawls, *A Theory of Justice,* p.101.

19. Joseph Cropsey, "The United States as Regime and the Sources of the American Way of Life," in *Political Philosophy and the Issue of Politics* (Chicago: University of Chicago Press, 1977), p.7.

10장 루소, 문명과 문명의 불만

1. 루소에 관해서는 훌륭한 책들이 너무 많아서 어디서부터 시작해야 좋을지 판단하기 힘

들다. 내가 배운 것들 가운데 몇몇을 추려본다면 Judith Shklar, *Men and Citizens: A Study of Rousseau's Social Theory* (Cambridge: Cambridge University Press, 1969); Hilail Gildin, *Rousseau's "Social Contract": The Design of the Argument* (Chicago: University of Chicago Press, 1983); Jean Starobinski, *Jean-Jacques Rousseau: Transparency and Obstruction*, trans. Arthur Goldhammer (Chicago: University of Chicago Press, 1988); Arthur Melzer, *The Natural Goodness of Man: On the System of Rousseau* (Chicago: University of Chicago Press, 1990).

2. 루소의 생애에 대한 최고의 안내서는 역시 루소 자신이다. Jean-Jacques Rousseau, *The Confession and Correspondence, Including the Letters to Malesherbes*, trans. Christopher Kelly, ed. Christopher Kelly, Roger D. Masters, and Peter G. Stillman (Hanover, NH: University Press of New England, 1995). 현대에 나온 훌륭한 전기는 Maurice Cranston, *Jean-Jacques Rousseau, The Early LIfe and Work of Jean-Jacques Rousseau, 1712-1754* (Chicago: University of Chicago Press, 1990)와 *The Noble Savage: Jean-Jacques Rousseau, 1754-1762* (Chicago: University of Chicago Press, 1991). 또한 Christopher Kelly, *Rousseau's Exemplary Life: The "Confessions" as Political Philosophy* (Ithaca: Cornell University Press, 1987) 참조.

3. Jean-Jacques Rousseau, *Emile, or On Education*, trans. Allan Bloom (New York: Basic Books, 1979), p.37.

4. 루소를 마르크스주의화시킨 매우 암시적인 일부 해석에 관해서는 Louis Althusser, *Politics and History: Montesquieu, Rousseau, Hegel, and Marx*, trans. Ben Brewster (London: Verso, 1972); Lucio Colleti, *From Rousseau to Lenin: Studies in Ideology and Society*, trans. John Merrington and Judith White (London: Verso, 1972); Andrew Levine, *The General Will: Rousseau, Marx, Communism* (Cambidge: Cambridge University Press, 1993).

5. Alexandre Kojève, *Introduction to the Reading of Hegel*, trans. James H. Nichols (New York: Basic Books, 1969).

6. Michel de Montaigne, "Of Cannibals," in *The Complete Essays of Montaigne*, trans. Donald Frame (Stanford: Stanford University Press, 1976), pp.150~159 참조. 이 에세이는 Judith Shklar, "Putting Cruelty First," in *Ordinary Vices* (Cambridge, MA: Harvard University Press, 1984), pp.7~44를 위한 토대가 되었다.

7. 루소의 일반의지 개념의 일관성을 부정하는 최근의 일부 시도에 관해서는 Anthony Downs, *An Economic Theory of Democracy* (New York: Harper, 1957); William H. Riker, *Liberalism against Populism: A Confrontation between the Theory of Democracy and the Theory of Social Choice* (San Francisco: W. H. Freeman, 1982) 참조. 이 문헌에 대한 통찰 있는 비판은 Brian Barry, *Economist, Sociologist, and Democracy* (Chicago: University of Chicago Press, 1978).

8. 루소에 대한 '전체주의적' 해석에 관해서는 Jacob Talmon, *The Rise of Totalitarian Democracy* (Boston: Beacon, 1952) 참조. 또한 Lester Crocker, *Rousseau's Social Contract: An Interview Essay* (Cleveland: Case Western Reserve University Press, 1968).

9. Robespierre, Carol Blum, *Rousseau and the Republic of Virtue: The Language of Politics in the French Revolution* (Ithaca: Cornell University Press, 1986), pp.156~157에서 인용. 또한 Bernard Manin, "Rousseau," in *A Critical Dictionary of the French Revolution*, ed. François Furet and Mona Ozouf, trans. Arthur Goldhammer (Cambridge, MA: Harvard University Press, 1989), pp.829~841 참조.

10. Edmund Burke, "A Letter to a Member of the National Assembly," in *Further Reflections on the Revolution in France*, ed. Daniel E. Ritchie (Indianapolis: Liberty Press, 1992), p.47.

11. Immanuel Kant, *Observations on the Feeling of the Beautiful and Sublime and Other Writings*, trans. Paul Guyer and Patrick Frierson (New York: Cambridge University Press, 2011), p.96.

12. 1836년 11월 12일 토크빌이 루이 드 케르골레에게 보낸 편지. Harvey C. Mansfield and Delba Winthrop, "Editors' Introduction," in *Democracy in America* (Chicago: University of Chicago Press, 2000), p.XXX에서 인용.

11장 토크빌과 민주주의의 딜레마

1. 토크빌의 '새로운 과학'을 이해하기 위한 더 나은 시도로는 Raymond Aron, *Main Currents of Sociological Thought,* vol. 1, trans. Richard Howard and Helen Weaver (New York: Doubleday, 1970); John Koritansky, *Alexis de Tocqueville and the New Science of Politics* (Durham, NC: Carolina Academid Press 1986); Roger Boesche, *The Strange Liberalism of Alexis de Tocqueville* (Ithaca: Cornell University Press, 1987); Pierre Manent, *Tocqueville and the Nature of Democracy*, trans. John Waggoner (Lanham, MD; Rowman and Littlefield, 1996) 참조. 토크빌을 '합리적 선택' 이론가로 바꾸려는 이상한 노력에 관해서는 Jon Elster, *Alexis de Tocqueville: The First Social Scientist* (Cambridge: Cambridge University Press, 2009).

2. 토크빌이 1828년 10월 5일 루이 드 케르골레에게 쓴 편지. *Journeys to England and Ireland*, ed. J. P. Mayer, trans. George Lawrence and K. P. Mayer (New Brunswick, NJ: Transaction, 1988), p.21.

3. 토크빌의 미국 여행에 관한 논의는 George Pierson, *Tocqueville in America* (New York: Oxford University Press, 1938); James Schleifer, *The Making of Tocqueville's "Democracy in*

America" (Chapel Hill: University of North Carolina Press, 1980) 참조.

4. Bernard-Henri Lévy, *American Vertigo: Traveling America in the Footsteps of Tocqueville* (New York: Random House, 2006).

5. John Stuart Mill, "De Tocqueville on Democracy in America," in *The Philosophy of John Stuart Mill: Ethical, Political, and Religious*, ed. Marshall Cohen (New York: Modern Library, 1961), p.123.

6. 토크빌이 1835년 1월에 루이 드 케르골레에게 쓴 편지. *Alexis de Tocqueville: Selected Letters on Politics and Society,* trans. Roger Boesche and James Toupin (Berkeley: University of California Press, 1985), p.95.

7. Robert D. Putnam, *Bowling Alone: The Collapse and Revival of American Community* (New York: Simon and Schuster, 2000). 미국 내 공동체의 운명을 고찰하기 위해 토크빌을 활용한 것은 퍼트넘이 처음은 아니었다. 또한 Robert N. Bellah, Richard Madsen, William M. Sullivan, Anne Swidler, and Steven M. Tipton, *Habits of the Heart: Individualism and Commitment in American Life* (Berkeley: University of California Press, 1985)을 참조할 것.

8. Blaise Pascal, *Pensées*, trans. Roger Ariew (Indianapolis: Hackett, 2005), frag. 200 (p.64). 파스칼이 토크빌에게 미친 몇 가지 흥미로운 생각에 관해서는 Peter Augustine Lawler, "The Human Condition: Tocqueville's Debt to Rousseau and Pascal," in *Liberty, Equality, Democracy* (New York: New York University Press, 1992), pp.1~20 참조.

9. Alexis de Tocqueville, *The Old Regime and the Revolution, Volume II: Notes on the French Revolution and Napoleon,* ed. François Furet and Françoise Mélonio, trans. Alan S. Kahan (Chicago: University of Chicago Press, 2001), p.296.

10. Michael Oakeshott, *On Human Conduct* (Oxford: Clarendon Press, 1975), p.308.

11. Michel Foucault, *Discipline and Punish: The Birth of the Prison*, trans. Alan Sheridan (New York: Vintage Books, 1995), pp.3~6.

12. 이기심의 개념에 관해 유용한 몇 가지 설명으로는 J. A. W. Gunn, *Politics and the Public Interest in the Seventeenth Century* (London: Routledge and Kegan Paul, 1969); Albert O. Hirschman, *The Passions and the Interest: Political Arguments for Capitalism before Its Triumph* (Princeton: Princeton University Press, 1977); Jane J. Mansbridge, ed., *Beyond Self-Interest* (Chicago: University of Chicago Press, 1990) 참조.

13. 토크빌과 고비노 사이의 인종 관련 서신교환에 관한 매혹적인 논의는 James W. Ceaser, *Reconstructing America: The Symbol of America in Modern Thought* (New Haven: Yale University Press, 1997), pp.136~161 참조.

12장 애국주의를 옹호하며

1. *Sayings of the Fathers or Pirke Aboth*, trans. Joseph H. Hertz. (New York: Behrman, 1945), I: p.14.

2. Cicero, *On Divination*, trans. David Wardle (Oxford: Oxford University Press, 2006), I, 55 (p.63).

3. 마키아벨리가 프란체스코 베토리에게 1527년 4월 16일에 쓴 편지. *Machiavelli and His Friends: Their Personal Correspondence*, trans. and ed. James B. Atkinson and David Sices (DeKalb: Northern Illinois University Press, 1996), no.331 (p.416).

4. Jean-Jacques Rousseau, *The Social Contract and Other Later Political Writings*, trans. Victor Gourevitch (Cambridge: Cambridge University Press, 1997), book 1 (p.41).

5. Edmund Burke, *Reflections on the Revolution in France*, ed. Connor Cruise O'Brien (New York: Viking, 1986), p.172.

6. Abraham Lincoln, "Eulogy on Henry Clay," in *The Writings of Abraham Lincoln*, ed. Steven B. Smith (New Haven: Yale University Press, 2012), p.48.

7. James Boswell, *The Life of Samuel Johnson*, ed. R. W. Chapman (London: Oxford University Press, 1957), p.615. 보스웰은 다음의 설명을 덧붙인다. "그는 나라에 대한 진실하고 관대한 사랑을 이야기한 게 아니라 모든 시대 모든 나라에서 수많은 사람들이 이기심을 은폐해 왔던 가식적인 애국심을 말하는 것이다."

8. E, M, Forster, *Two Cheers for Democracy* (New York: Harcourt and Brace, 1951), pp.68~69.

9. 많은 현대인들의 관점을 표현하는 최근의 선집으로는 *For Love of Country: Debating the Limits of Patriotism*, ed. Joshua Cohen (Boston: Beacon Press, 1996) 참조. 또한 George Kateb, *Patriotism and Other Mistakes* (New Haven: Yale University Press, 2006) 참조. 가장 훌륭하지만 자주 인정받지 못하고 있는 논의로는 Alasdair MacIntyre, "Is Patrotism a Virtur?" (The Lindley Lecture, University of Kansas, 1984) 참조. 애국주의의 옹호에 관해서는 Walter Berns, *Making Patriots* (Chicago: University of Chicago Press, 2001).

10. Aristotle, *Nicomachean Ethics*, trans. Martin Ostwald (Indianapolis: Bobbs-Merrill, 1962), 1106b~7a (p.43).

11. Carl Schmitt, *The Concept of the Political*, trans. George Schwab (New Brunswick, NJ: Rutgers University Press, 1976).

12. Schmitt, *The Concept of the Political*, p.29.

13. Immanuel Kant, "Perpetual Peace: A Philosophical Sketch," in *Political Writings*, ed. Hans Reiss, trans. H. B. Nisbet (Cambridge: Cambridge University Press, 1970), pp.93~130.

14. Montesquieu, *The Spirit of the Laws*, trans. Anne Cohler, Basia Miller, and Harold Stone (Cambridge: Cambridge University Press, 1989), V, ii (pp.42~43).

15. Michael Ignatieff, "The Seductiveness of Moral Disgust," in *The Warrior's Honor: Ethnic War and the Modern Conscience* (New York: Henry Holt, 1997), pp.72~108.

16. Kant, "Perpetual Peace," p.113 참조.

17. Frederic Engles, "Socialism: Utopian and Scientific," in Karl Marx and Frederick Engels, *Selected Works*, vol.3 (Moscow: Progress, 1973), pp.147, 151.

18. Francis Fukuyama, *The End of History and the Last Man* (New York: Free Press, 1992) 참조.

19. 각본은 Julius J. Epstein, Philip G. Epstein, and Howard Koch, *Casablanca* (www.weeklyscript,com/casablanca.txt).

20. Friedrich Nietzsche, *Beyond Good and Evil*, trans. Walter Kaufmann (New York: Vintage, 1966), para. 242 (p.176).

21. Max Weber, *The Protestant Ethic and the Spirit of Capitalism*, trans. Talcott Parsons (New York: Charles Scriber's Sons, 1958), p.182.

22. 아름다운 에세이인 Robert Pinsky, "Eros against Esperanto," in Cohen, ed., *For Love of Country*, pp.85~90 참조.

23. Herodotus, *The History*, trans. David Grene (Chicago: University of Chicago Press, 1987), I. 134 (p.96).

24. Alexis de Tocqueville, *Democracy in America*, trans. Harvey C. Mansfield and Delba Winthrop (Chicago: University of Chicago Press, 2000), I.ii.6 (p.227).

25. Tocqueville, *Democracy in America*, I.ii.9 (p.275).

26. Burke, *Reflections on the Revolution in France*, p.119.

27. Hannah Arendt, *Eichmann in Jerusalem: A Report on the Banality of Evil* (New York: Viking, 1963).

28. 게르숌 숄렘이 한나 아렌트에게 1963년 6월 23일에 보낸 편지. *On Jews and Judaism in Crisis: Selected Essays*, ed. Werner J. Dannhauser (New York: Schocken, 1976), p.302.

29. Winston Churchill, "Consistency in Politics," in *Thoughts and Adventures*, ed. James W. Muller (Wilmington: ISI Books, 2009), pp.35~36.

30. 이 장에 포함된 생각의 일부는 Steven B. Smith, "In Defense of Politics," *National Affairs* (Spring 2011): pp.131~143에 나타나 있다.

옮긴이의 말

정치철학? 정치철학이 뭘까? 이 책에서 저자는 "정치철학이란 모든 사회가 마주할 수밖에 없는 정치적 삶의 영원한 문제를 탐구하는 학문"이라고 말한다. 그런데 정치적 삶이라니, 무슨 말일까? 우리 삶에서 정치와 관련된 부분을 뜻하는 건가? 경제적 삶, 문화적 삶, 이런 말처럼?

정치적 삶이라고 할 때, 우선은 참정권, 투표 참여 같은 말이 떠오른다. 그러나 정치적 삶이 몇 년마다 찾아오는 선거에 맞추어 어떤 후보에 표를 줄지 고민하고 투표권을 행사하는 데 그치지는 않을 것이다. 가만히 생각해보면 우리 삶의 많은 부분이 정치와 관련되어 있다. 아니, 관련되지 않은 게 거의 없다. 특히나 지난 몇 년 사이 우리나라에 회오리처럼 불어닥친 사건들은 우리 삶의 많은 부분이 정치와 연결되어 있음을 깨닫게 해주었다. 재난구호처럼 당연해 보이는 국가의 역할도 결국은 정치였으며, 세금과 집값을 비롯한 온갖 경제정책도 정치였고 연극, 영화, 음악, 미술 등의 문화 활동, 심지어 스포츠도 크게 또는 작게 정치와 관련이 있었다. 백년대계라는 교육 역시 정치와 관련이 있었다. 기업 활동은 정치와 떼어놓을 수 없는 것이었고, 언론은 노골적으로 정치적이었다. 그 언론을 전달하는 인터넷 포털도 매우 정치적이었다. 그리고 정치 기사는 물론이고 정치와 무관해 보이는 인터넷 기사에 달리는 수많은 댓글은 그야말로 정치적이었다. 물론 그 깨우침은 많은 것이 정치적이라는 현실 인식으로 이어졌다. 나아가 어떤 제품의 옷을 입고 어떤 식품을 먹는가 하는 것도 정치적일 수 있다. 하다못해 커피 한 잔까지도.

이 책에서는 정치적 삶이라고 말하지만, 정치적이라는 단어 앞뒤로 괄호를 붙여야 한다는 생각이 들 정도로 우리 삶 자체가 정치와 깊이 관련되어 있는 것 같다. 이렇게 된 데에는 우리나라 역사의 특수성도 있겠지만, 민주주의와 복지국가를 향해 가는 세계사적 흐름이 있을 것이다. 민주주의 시대, 복지국가를 사는 우리에게는 우리가 살면서 하는 많은 일이 정치적일 수밖에 없는 것처럼 생각된다. 한때는 '정치적'이라는 말이 '이념적'이라는 말과 거의 비슷하게 쓰이기도 했다. 그러나 지금 '정치적'인 것이란 '우리의 행복'과 관련이 있는 것이지 않을까. 정치적이고 싶지 않아도 이미 우리의 많은 활동이 정치적인 것이 되어버렸다. 투표에 참여하거나 또는 참여하지 않기를 선택하는 것, 어떤 후보를 선택하는 것, 어떤 뉴스를 볼 것인지 선택하는 것, 어떤 기사를 볼 것인지 선택하는 것, 어떤 의견에 '좋아요'를 누를지 말지 선택하는 것, 정치적 의사표현을 하거나 하지 않기를 선택하는 것 등이 모두 정치적인 행동이다. 그 행동의 결과가 곧바로 우리 삶에 영향을 주고 행복을 좌우하기도 한다.

이런 선택은 어떻게 해야 할지, 이런 행동을 어떻게 해야 할지 판단 기준 또는 근거를 세워주는 것이 정치철학이다. 정치철학이 정치학과 다른 점은 정치의 방법론, 기술보다는 판단에 중점을 둔다는 것이다. 그 판단은 실천을 위한 것이다. 따라서 정치철학은 정치가들만이 아닌 우리 시민 모두를 위한 실천적 학문이다. 나는 그 점이 마음에 든다. 경제학을 공부해서 부자가 되기는 쉽지 않겠지만 정치철학을 공부해서 정치적 판단력을 기르고 더 나은 선택을 함으로써 우리 삶을 조금씩이나마 개선할 수 있다면 정말 매력적이지 않은가. 그리고 철학만큼 방대하지 않으니 접근하기가 두렵지 않으며 실생활에서 훨씬 더 요긴해 보이기도 한다.

"민중은 개돼지"라고 말했다가 질타와 비난을 받은 공직자가 있었다. 실제로 그런 말을 한 적이 없고 그런 말을 한 사람을 비난하는 정치인들 중에서도 그런 관점을 가진 것처럼 행동하는 이들이 많다. 그들에게 정치철학은 없고 충성의 잣대와 술수만 있는 것 같다. 확실히 정치철학은 시민은 물론 정치인도 교육을 받아야 한다는 걸 말해준다.

이 책에 소개된 유명한 저작들은 대부분 번역되어 있고, 여러 판본이 나와 있는 것도 많다. 독자들은 마음에 드는 판본을 선택해 읽을 수 있을 것이다. 다행히 예전보다는 훨씬 쉽게 읽히는 번역본들이 있으니 독서가 훨씬 흥미로울 거라고 본다. 어쩌면 그런 책 속에서 제시하는 문제들이 오늘날의 것과 다르지 않음을 보면서 '시대를 초월한'이라는 말을 실감하면서 고개를 끄덕일지도 모르겠다. 다만 독자에게 양해를 구하고 싶은 것이 있다. 정치학이나 철학 전공자가 아닌 나로서는 각 사상가들이 사용하는 주요 개념이나 용어를 이 이 책에서 일관되게 옮기기가 까다로웠다. 개별 사상가에게서는 완결성 있게 보이던 용어도 다른 시대의 사상가에게 그대로 옮겨 쓰기에는 무리가 있는 경우가 있었다. 이 책이 '오픈예일코스'의 정치철학 입문서라는 점을 감안해 전공 학생보다는 일반 독자를 염두에 두고서, 전체적 맥락을 중시하며 우리말로 옮겼다. 그리고 인용문의 경우 한국어판 번역서를 참고하되 이 책의 문맥에 맞게 약간 수정한 부분도 더러 있다. 해당 저서에 관해서는 원 번역자 선생님들이 가장 많이 고민하시고 잘 아시는 분들일 텐데 누가 되지 않기를 바라며 최소한도로 수정했다. 이 책이 여기서 소개된 주요 정치철학 저작들을 펼쳐보게 되는 계기가 되었으면 좋겠다.

이 책을 끝맺으며 저자는 같이 읽으면 좋을 책들을 소개한다. 이론적 무장만이 아니라 간접적인 경험과 사례를 통해 지식과 시야를 두루 갖추어서 적절한 정치적 판단력을 기르도록 권하고 있다. 훌륭한 인간, 이 시대의 훌륭한 시민이 되기 위한 길을 알려주는 이 책은 독자에게는 정치철학 입문서를 뛰어넘어 어떤 실용서보다도 알맹이 있는 정치적 삶의 지침서가 되지 않을까 한다.

찾아보기

지은이 **스티븐 스미스 Steven B. Smith**
미국 예일 대학 정치학과 교수이며 정치철학과 정치사상사의 권위자이다. 1951년생으로 테네시 대학을 졸업하고, 더럼 대학에서 철학 석사학위를, 시카고 대학에서 박사학위를 받았다. 1984년부터 예일 대학에서 가르쳤고 1990년 종신교수가 되었다. 1997년 뛰어난 논픽션 작품에 수여하는 랠프 월도 에머슨 상을 수상했다. 주요 저서로 『헤겔의 자유주의 비판』(1991), 『스피노자, 자유주의, 그리고 유대인 정체성의 문제』(1997), 『레오 스트라우스 읽기: 정치학, 철학, 유대주의』(2006), 『모더니티와 그 불만』(2016) 등이 있다.

옮긴이 **오숙은**
서울대학교 노어노문학과를 졸업하고 한국브리태니커회사 편집실에서 일했다. 현재 전문번역가로 활동하고 있다. 옮긴 책으로 『문명과 전쟁』(공역) 『식물의 힘: 녹색 교실이 이룬 기적』 『가볍게 읽는 시간 인문학』 『위작의 기술』 『전설의 땅 이야기』 『당신의 시간을 위한 철학』 『가브릴로 프린치프』 『회색 세상에서』 『유럽 문화사』(공역) 『프랑켄슈타인』 『궁극의 리스트』 『추의 역사』 등이 있다.

오픈예일코스
정치철학

초판 인쇄 2018년 4월 20일
초판 발행 2018년 4월 30일

지은이 스티븐 스미스 | 옮긴이 오숙은 | 펴낸이 염현숙
책임편집 김영옥 | 편집 송지선 허정은 고원효
디자인 김현우 유현아 | 저작권 한문숙 김지영
마케팅 정민호 이숙재 정현민 김도윤 오혜림 안남영 | 홍보 김희숙 김상만 이천희
제작 강신은 김동욱 임현식 | 제작처 영신사

펴낸곳 (주)문학동네
출판등록 1993년 10월 22일 제406-2003-000045호
주소 10881 경기도 파주시 회동길 210
전자우편 editor@munhak.com | 대표전화 031) 955-8888 | 팩스 031) 955-8855
문의전화 031) 955-3578(마케팅) 031) 955-1905(편집)
문학동네카페 http://cafe.naver.com/mhdn | 트위터 @munhakdongne

ISBN 978-89-546-5106-6 04340
978-89-546-4397-9 (세트)

www.munhak.com